| 数据分析与决策技术丛书 |

Product Analytics

Applied Data Science Techniques for Actionable Consumer Insights

商业产品分析

从用户数据获得商业洞见的数据科学方法

[美] 乔安妮·罗德里格斯 　著　安丛 万星 魏玮 　译
（Joanne Rodrigues）

机械工业出版社
CHINA MACHINE PRESS

图书在版编目（CIP）数据

商业产品分析：从用户数据获得商业洞见的数据科学方法 /（美）乔安妮·罗德里格斯（Joanne Rodrigues）著；安丛，万星，魏玮译 .—北京：机械工业出版社，2023.8
（数据分析与决策技术丛书）
书名原文：Product Analytics: Applied Data Science Techniques for Actionable Consumer Insights
ISBN 978-7-111-73301-0

I.①商…　II.①乔…②安…③万…④魏…　III.①数据处理 – 应用 – 产品 – 分析　IV.① F273.2-39

中国国家版本馆 CIP 数据核字（2023）第 152551 号

机械工业出版社（北京市百万庄大街 22 号　邮政编码 100037）
策划编辑：刘　锋　　　　　　　责任编辑：刘　锋　　张秀华
责任校对：张爱妮　陈　越　　　责任印制：郜　敏
三河市国英印务有限公司印刷
2023 年 9 月第 1 版第 1 次印刷
186mm × 240mm · 22.75 印张 · 508 千字
标准书号：ISBN 978-7-111-73301-0
定价：129.00 元

电话服务　　　　　　　　网络服务
客服电话：010-88361066　机　工　官　网：www.cmpbook.com
　　　　　010-88379833　机　工　官　博：weibo.com/cmp1952
　　　　　010-68326294　金　书　网：www.golden-book.com
封底无防伪标均为盗版　机工教育服务网：www.cmpedu.com

在好友安丛、万星、魏玮的推荐下，我第一时间翻开并认真读完了这本书，收获良多。

本书是一本从业指南。在我所处的软件行业中，产品分析是一项极具价值又颇具难度的工作。我们一直在思考有没有行之有效的方法能帮助产品分析人员不断进阶，书中提到的"可实践的洞见"为我们打开了一扇门：行为改变是产品分析的核心，了解人们何时以及为何做他们所做的事对于构建成功的产品至关重要。我们可以运用统计学方法来帮助改变用户行为，并在需要的时候预测用户行为。在技术领域，这已司空见惯。举个例子，当需要快速向市场交付功能、抓住市场机遇或赶上竞争对手时，我们需要知道发生了什么：对市场过度承诺？工程领导力很差？抑或技术债务过多？由此我们开始思考并关注可提升开发人员生产力的架构和平台，采用因果推断方法，引入"可实践的洞见"来改变技术从业者的行为。

本书是一份工具手册，为读者提供了消费者洞察实践的有效工具。建议读者拿到本书后，先快速阅读一遍，找到感兴趣的章节，并形成自己所需的工具图谱，比如建模用户行为的定性工具，以及由算法组成的预测工具包。我将本书放在书架最显眼的地方，不仅因为它是数据科学工具包的入门级教程，更因为它是一份能随时取阅的工具手册。

本书提供一种思维模式。在数字化时代，坚持以用户为中心，需要我们能从用户数据中收获洞见。作为咨询顾问，在和很多汽车企业客户的交流中，我看到了这样的事实：在过往的发展中，汽车行业的生产线大多数都实现了柔性生产，即同一条生产线可以生产多种车型——生产的计划和排程是根据用户订单、经销商需求、市场预测等因素确定的。在"以用户为中心"的思维模式下，汽车企业需要知道的是用户究竟需要哪种车型、哪种配置，工厂应该生产多少车辆，以及如何基于当前的订单数引导用户产生更多的购买需求等。以用户为中心，即用户需要什么，企业就生产什么，用户参与到产品设计中——因此产品分析是其中最重要的课题。

本书的几位译者都是专业的咨询顾问，她们长期工作在数字化转型的第一线，在自己喜欢的领域持续学习，对软件行业的理解也极为深刻。在翻译的过程中，她们融入了很多非常有价值的见解，其中的文字让我深受启发。在交谈的过程中，我们发现了很多被彼此"点亮"的欣喜。

非常感谢她们为我们带来这样一本好书，在这里，我向各位隆重推荐这本书，祝各位阅读愉快。

——万学凡，凯捷咨询副总裁，数字化团队总经理，

《EDGE：价值驱动的数字化转型》

《如何编写好程序》

《敏捷回顾：24 个反模式与重构引导实践》

《解决方案架构师手册》

《AI 重新定义企业》等书译者

由于学业的缘故，我在统计学和运筹学领域做过一些研究，因此在拿到这本书的时候，倍感亲切。本书体系化地囊括了数据科学中的众多经典方法，这是我读完本书的第一个感受。

本书从定性分析的视角切入，循序渐进地展开讲解一系列定量分析方法。在进行数据分析之前，有一个好的定性方法的确至关重要，这可以确保优进优出——这是数据分析领域有效工作的共识。作者非常巧妙地以晚宴为喻，帮助读者理解用户行为的常见陷阱，进而去印证定性分析框架的重要性。之后，通过"构建社交宇宙理论"，向读者讲解量化人类行为的社会学工具。在探索概念想法的同时，也逐步带领读者进入"量化"分析，探讨了一系列经典的分析算法，包括 k 均值、主成分分析、线性回归、逻辑回归、决策树、支持向量机，以及时间序列建模，同时简要探讨了高级主题，例如双重差分模型、统计匹配和增益模型。

从产业实践的角度，尤其是从咨询和互联网从业者的角度来看，本书是一个实用的工具集。这是我的第二个感受。

本书的目标读者是企业家、产品数据科学家、产品经理，以及所有利用用户数据运营产品的从业人员。因此，本书的内容主要围绕如何更好地建模、理解和改变 Web 和移动产品中的用户行为展开。通过实际案例，读者将了解到：如何将社会环境中的个人行为场景化；如何拟定产品的核心指标和用户分析的关键绩效指标；如何构建直观的预测模型捕获产品中的用户行为；如何使用准实验设计技术和统计匹配技术从观察数据中梳理出洞见和因果关系；如何基于目标定位方法设计营销活动进而达成增益。

非常感谢三位译者的付出，在此向大家推荐本书，预祝开卷有益。

——马徐，腾讯云数字化转型专家，《服务设计方法与项目实践》译者

推荐序三 *Foreword*

产品存在的意义是满足用户需求，然而用户群体和产品使用场景千差万别，因此，如何利用用户行为数据去挖掘用户的真实需求，并且用合理的方式去验证某种解决方案就显得尤为重要。

在现实世界中，大多数产品从业人员往往容易脑补用户画像，按照自己的想象给用户贴标签，缺乏事实依据。此外，滥用用户数据也是比较普遍的现象，例如：诱导用户行为，有意识地屏蔽某些信息而只推送希望用户看到的信息；获取用户的兴趣爱好，屏蔽用户不喜欢的某些信息；备受诟病的大数据"杀熟"等。这些行为在短时间内或许可以获利，但长期来看禁锢了用户的创造力，无法满足用户真实的需求，也无法创造真正的价值。

究其原因，一方面是我们缺乏对用户行为的真正洞见和有效度量工具的数据支撑，无法对用户的行为进行定性和定量分析；另一方面是缺乏科学合理的分析机制，无法深入了解用户行为场景并探索用户行为的发展方向。

本书给产品从业人员提供了一个产品分析的新思路。本书的作者 Joanne Rodrigues 是一位经验丰富的数据科学家和企业管理者，拥有数学和社会科学方面的专业知识。她将社会学、心理学和人口统计学的定性工具与统计数据、机器学习和计算机科学的定量工具进行整合，将之应用于产品分析领域，引导我们获取更加合理的理论和指标，并通过工具进行建模、测试，对用户数据进行定性、定量分析，从而获得新的洞见，改变行为，最终实现业务价值。

产品是现实世界的缩影，用户在与产品的交互中会存在数百万种可能的行为，充满了随机性和不确定性。通过晚宴模型我们可以得知：用户数据往往是不完整且没有明确结果的，我们不能轻易通过用户数据推断因果关系。我们需要运用合理的定性方法，正确地使用算法、设计实验，并通过定性工具来准确模拟用户行为和社会过程，将用户的上下文与分析结果关联起来，尽可能还原真实的用户场景。如果没有适当的数据，各种分析方法、工具都将毫无用处，我们得到的只会是错误的结果。

随着时间的推移，产品的用户群体、用户行为都会发生改变，我们不仅要改变理解用户行为的方法，还要把握产品全生命周期的过程，在不同时间、空间去预测用户行为和需求的变化。对全生命周期的预测需要基于因果推断，因为来自观察数据的因果推断对于获取真实情况至关重要。所幸，本书提供了多种预测推理工具包和方法，包括 k 均值、主成分分析、线性回归、逻辑回归、决策树等。通过预测未来的用户需求，我们可以更加明确产品未来的改进方向。

产品分析是一个复杂的过程，因为用户行为和产品使用场景之间的关系并不是线性的，往往更加复杂、多维。我们不能片面地理解用户的行为，而是需要用科学的方法和理论去探寻，用各种工具去验证，最终从用户数据中获取可实践的洞见。

谢谢三位译者的专业翻译，希望大家都可以利用本书中的方法进行相关实践，真正把握好用户需求，进而促进用户增长，提升用户参与度并提高组织效率。开卷有益！

——王春生，禅道软件创始人

推荐序四 *Foreword*

数据驱动的思维已经深入人心,产品经理们也都意识到利用定量数据获取洞见是必备技能之一。但在实际工作中,面对繁杂的产品信息和数据,如何构建模型,如何提出假设,如何向数据分析师提出数据需求,如何把数据分析师给出的算法统计数据与业务联系起来,如何转化成真正对产品发展有意义的举措建议,却是知易行难。一方面,因为现实世界的复杂性、不可预测性,产品经理的数据信仰可能发生动摇;另一方面,看起来很吓人的各种数学统计模型也让产品经理望而却步。

本书抓住了这两个痛点,用生活化的故事和案例,帮助产品经理快速掌握用数据分析生成洞见的原则思路和实操步骤;同时,用简洁易懂的方式来帮助产品经理理解算法模型的原理和应用场景,让产品经理结合特定案例进行思考。如果你是产品从业人员,那么可以把这本书作为产品数据分析的入门书和实践参考书,学习如何更自信地与数据科学家、数据工程师一起工作。

——亢江妹(KK),Thoughtworks 总监产品咨询顾问在翻译本书时，我刚从软件咨询行业踏入互联网行业。以前负责软件咨询业务时，我们更多的是面向客户，将客户的业务痛点和诉求转化为需求，在这个过程中，我们主要采用的业务分析方法是客户访谈。通过客户访谈，结合企业内部信息化与数字化现状调研，为企业量身定制个性化解决方案。通常来说，业务成功的关键指标，以及验证业务是否成功的方法是有迹可循的。

进入互联网行业后，我发现很多产品经理对于如何确定产品的指标以及挖掘用户真正的使用场景是很茫然的。面对互联网行业的海量用户数据，如果没有良好的统计分析背景，产品经理通常很难理解这些海量数据所呈现出来的描述性信息之间的关联，在很多场景下，这些信息甚至是互相矛盾的。所以我经常看到在产品经理做了大量线上用户分析并采取了一系列优化措施之后，产品指标提升也并不理想的情况；有时候从产品指标来看，用户体验做得很好，但从社区或者用户口碑反馈来看，产品功能却不尽如人意。

之前我还无法理解到底哪里出了差错，读完这本书后我豁然开朗。正如书中所揭露的，很多时候，我们无法理解产品数据所呈现出来的全貌，在探索单一用户行为时，我们倾向于挑选其中几个描述性事实，尝试围绕这几个事实精心编写用户故事来解释这种用户现象，最终迷失在一些细节中。这种现象相当常见。当我们知道产品的情况并且可以证明这些结论时，讲故事是十分有用的。但虚假的故事可能具有破坏性，它会导致资源分配不当而且无法在Web产品中实现真正的功能。虚假的故事会导致我们做出错误的假设，而假设会大大影响我们理解和改变产品的关键能力。如何基于用户数据设定假设继而验证假设的正确性，如何设定定性分析指标，以及如何设计合适的实验验证指标等，涉及很多关键步骤和专业知识。作者在讲述这些专业知识的时候，没有通篇讲解晦涩难懂的统计学知识与数学公式，而是从实际案例出发，从现象到本质一步一步展开。多数章结尾还会提炼可以落地的实践洞见，这对于想进一步掌握产品分析的读者来说，更容易理解并实践。

在日新月异的市场上，高质量的产品是否会变得更弥足珍贵？我们如何通过更富有创意的方式将产品传递给消费者？有哪些新的消费习惯正在形成，而我们又该如何适应这些习惯？我们该如何利用产品的成功指标，使之成为推动增长的创新工具？这些都可以从本书中找到答案。需要注意的是，本书中讲述的很多专业知识，需要反复阅读才能理解其精髓。

感谢万星和魏玮，在翻译这本书的过程中，她们经常与我分享翻译过程中有趣的上下文信息和教科书般的案例，使得我的翻译进程颇为顺利。我也想感谢家人，是他们陪我们一起阅读和优化书中比较晦涩难懂的内容，也是他们的支持和鼓励才让我们最终翻译完此书。

数字世界变化的速度仍然有增无减，作为团队和组织的管理者，对技术的持续发展和应用必须心存敬畏，而为资深人员提供持续历练和学习的机会就是通往数字化时代学习型组织的必由之路。感谢这本书，让我们一路前行。开卷有益，祝各位阅读愉快！

安丛

Preface 前　言

当一个观点不能被洞察和理解时，这种观点就会变得危险。

——马歇尔·麦克卢汉

　　本书是为产品分析从业者设计的一本从业指南，主要讲解如何基于消费者数据生成可实践的洞见。这些"可实践的洞见"源自曾经在 Web 产品、移动产品或整个组织中驱动过变革的实践。很多组织都曾从其 Web 产品或内部组织获得了 TB[⊖]级的用户数据，然而这些数据都未曾被使用过。怎样使用这些数据促进用户增长，增加收入，提升用户参与度并提高组织效率，组织并没有认真思考过。

　　本书将教你逐步地从用户数据中收获洞见。通过精心分析基于用户数据理论曲线构建的高峰和低谷，观察不同实验设计产生的实验效果，再在复杂的开发模式上实现，最终将这些结果转化为可实践的洞见。本书是一个产品数据科学工具包的入门级教程。

　　数据科学是一个多学科交叉领域，其目标就是从数据中收获洞见。数据科学产品的重心是利用用户数据来驱动产品和组织变革，以实现核心业务目标。它强调使用先进的分析策略来理解用户并改变用户，从而帮助初创企业和大型公司构建符合市场的产品，并超额完成销售目标。注意，本书不涉及其他数据科学工作流程，例如构建可扩展的推荐系统、计算机视觉和图像识别或其他类型的应用程序。

　　数据科学中涉及的分析数据来源非常多。通常情况下，这些数据可能是来自 Web 产品的用户数据，也可能是电子邮件或邮寄广告类的数据、调查数据、公司内部数据或营销综合数据，还可能是人口统计或普查数据，以及各种其他类型的数据等。

　　⊖　是一种信息计量单位，如今通常在标示大容量存储介质的存储容量时使用。——译者注

读者对象

本书的目标读者包括企业家、数据科学家、分析师，以及所有利用用户数据来推动 Web 产品或移动产品的用户增长、收入增加、效率或用户参与度提高的从业人员。如果你想成为产品数据科学家、产品数据分析师、建立企业网站或 Web 产品的企业家，又或者对处理 Web 上可用的 TB 级行为数据感兴趣，那么这本书很适合你。这本书是为从业者编写的，不适合学术读者。如果你想了解现实世界中的产品数据，那么本书就再合适不过了。

产品数据科学要从用户行为中获取洞见，这依赖于多门学科知识。虽然分析工具包更现代化，但它仍然依赖计算方法和统计方法，会涉及一些新的机器学习和因果推断技术。在过去的 400 年，社会科学家一直在研究人类行为，"可实践的洞见"还需要充分整合社会科学方法和分析工具才能得以生成。

通常，从业人员只使用一种工具包，不会同时使用多个工具包。许多数据科学家精通最新的机器学习技术，但是缺乏用户专业知识和定性技能，导致不能使用这些技术从用户数据中提取"可实践的洞见"。当面临开发大量社会过程理论和将概念落实到具体实践时，他们常常会陷入困境。

相比之下，许多对人类行为有充分了解的用户专家，由于缺乏统计和机器学习的知识，因此无法充分测试他们的想法和模型数据。本书的目标是为主题专家和机器学习专家架起一座桥梁，将主题专家的上下文洞察力与机器学习专家的复杂方法相结合，从而在 Web 或移动分析领域生成有意义的洞见。

本书内容

本书结合 Web 分析领域的实际案例介绍：

❑ 如何像社会科学家一样思考，将社会环境中的个人行为情景化，探索人类行为的发展方式，并为改变行为创造条件；

❑ 如何为 Web 产品定制核心指标和用户分析的关键绩效指标；

❑ 如何理解统计推断、相关性和因果关系间的差异，以及在何时应用这些技术；

❑ 如何进行更有效的 A/B 测试；

❑ 如何构建直观的预测模型，帮助捕获产品中的用户行为；

❑ 如何使用准实验设计技术和统计匹配技术，从观察数据中梳理出因果关系；

❑ 如何实施复杂的目标定位方法，例如针对营销活动的增益建模；

❑ 如何使用高级人口预测方法，预测业务成本和人口子群体之间的变化关系。

本书主题

本书包含 3 个主题：

（1）将社会学、心理学和人口统计学的定性工具与统计学、机器学习和计算机科学的定量工具进行整合，应用于 Web 分析领域。

（2）因果推断（不是预测）方法，它对于改变人类行为不可或缺。

（3）以非数学解释和 R 语言演示应用程序的方式讨论机器学习和因果推断主题。因为这些领域的大多数著作都不是为从业者编写的。

主题 1：定性工具与定量工具

第一个主题是本书的核心。该部分的目标不仅是为读者提供分析工具，还为读者提供应用这些分析工具和示例所需的资源。这些工具和示例最适合用于 Web 应用程序。数据科学或机器学习领域中的许多书籍都只是简单地介绍了底层算法。尽管这些算法确实发挥了重要的作用，但我的脑海不禁浮现出"垃圾进，垃圾出"[⊖]这句话。没有适当的数据，算法将毫无用处。将错误的算法应用于错误的问题可能会导致一大堆问题。

要正确应用算法或设计实验，我们需要回顾一下整个过程：理论构建、概念化、操作化、指标构建、假设检验、证伪等。我们可以使用大量定性工具来准确地模拟人类行为和社会过程。如果不使用这些工具，就会丢失大量的信息、细微差别和洞见，还可能完全误解用户在我们的 Web 产品中的行为。第 1～3 章主要向读者介绍那些用来理解和建模用户行为的定性工具。

获得可实践的洞见需要了解上下文和每个变量中存储的信息。如果无法清楚地将概念想法与分析结果关联起来，那么什么结论也获取不到。我的一个好朋友拥有物理学博士学位，他目前在一家女装公司担任数据科学家，正好面临这样的情况。他热爱物理学，也喜欢将物理学算法应用于各种数据集，但他很难将结果与具体的商业环境联系起来。我经常会问他对女装业务有何见解，但他总是回答说，他通过"一些极其复杂的调整"应用了最新的"X"模型。尽管将复杂的、经过优化的算法应用于正确的上下文非常棒，但这些算法也有可能被应用于错误的数据集，还可能被人们用来掩盖自己对于某个主题缺乏真正洞见的事实。

"可实践的洞见"实际上并不依赖于人们是否使用最新的算法。通常来说，好的算法的确能稍微改善结果，但是一旦使用错误的数据，获得有价值洞见的希望将会彻底破灭。还有一个问题是人们对准确数据的误解，这在行业中非常普遍。

⊖ 数据分析行话，意思是你给计算机的是垃圾数据，得到的结论也是垃圾。——译者注

因此，在开始数据分析之前，选一个好的定性方法是非常重要的，这样就可以避免以"垃圾出"告终。不过，由于原始数据通常不容易被记录，因此由变量测量或统计的内容就很容易被误解。我们必须准确理解用户采取哪些必要步骤才能获得特定变量，以及用户完成哪些操作后才能获得特定的变量结果。如果用变量代表一个概念复杂的想法，那么这个变量实际上测量的是这个概念的哪些部分呢？适当地具备相关的理论知识和正确的定性框架知识，便能对数据进行更合理的解释和更正确的使用。

主题 2：因果推断

第二个主题更偏重于因果推断，而不是预测。许多数据科学书籍都专注于预测算法。本书提供了由以下算法组成的基本预测工具包：k 均值、主成分分析（PCA）、线性回归、逻辑回归、决策树、支持向量机以及一些时间序列建模技术。更高级的主题（例如双重差分模型、统计匹配和增益模型）都与因果推断相关。

不过，我们在第 9 章中提到了先进预测技术，即人口统计学中的人口预测技术。在第 9 章中，我们通过一种比较新颖的方式使用预测建模技术来创建更好的核心用户指标（例如留存指标），以此了解 Web 产品中不同子群体的变化，从而预测未来用户的变化。通常，对于用户行为的分析，因果推断优于预测。

主题 3：产品分析的入门指南

之所以撰写这本书，是因为我发现大多数有关数据科学、因果推断统计或人口统计学的书籍都非常学术化，需要很强的论证思维。尽管这些知识在某些情况下很重要，但是这超出了普通人在数学领域的认知。因果推断工具的使用大多数时候不需要过多的数学知识，在对 R 语言不了解的情况下，也可以非常容易地使用。统计数据科学和因果推断工具在许多业务环境中都很有用，但由于缺乏数学领域的复杂知识，往往无法在实际中应用。

本书的目标就是让所有完成高中数学和统计学的人都可以学习和掌握数据分析的方法。这可能有些乐观，因为某些主题（例如统计匹配、增益建模和人口预测）在数学上的确非常复杂。所以，我们首先要使它们在概念上易于理解。数学知识比较缺乏的读者需要先了解一些算法的工作原理和应用场景。阅读本书后，读者需要找到符合设计或者能应用到自己的特定案例的模型来进行练习。在确定正确的设置和算法后，读者应该能够在 R 中运行自己的分析程序。本书的核心目标是向读者介绍这些算法的工作原理，在哪些情况下应该在用户或 Web 分析上下文中应用特定的算法，以及可以应用 R 中的哪些工具来获得正在寻找的答案。

在本书中，我们很少使用数学符号，因为这会让很多读者没有阅读下去的兴趣。第 1～6

章将尽可能少地使用数学符号，只从文字上描述一下方程式。第 6 章之后可能会依赖一些数学素材，所以随后的章节将偶尔使用数学符号。

本书结构

本书的目标是更好地建模、理解和改变 Web 产品和移动产品中的用户行为。本书将按如下结构分五大部分进行阐述：

❑ 第 1 ～ 3 章讲解用来建模用户行为的定性工具及理论；

❑ 第 4 ～ 6 章介绍入门级的产品分析中的统计方法；

❑ 第 7 ～ 9 章探讨预测建模和预测方法；

❑ 第 10 ～ 13 章介绍真实世界中数据的因果推断方法；

❑ 第 14 ～ 16 章用 R 实现定量方法。

第 1 章是一个介绍性章节，通过晚宴的比喻向读者阐述不利于理解用户行为的常见陷阱，例如将社交数据视为一个"过程"而不是一个问题。社交数据往往信息非常不完整，没有明确的结果，而且还有大量相互关联的变量，是一个容易被扰乱的系统，因此我们很难推断因果关系。

第 2 章回顾科学方法，并介绍量化人类行为的社会学工具。在探索概念化想法的同时，我们也在思考"量化"这个词，包括它代表着什么，以及在量化过程中会丢失什么。当今，一切量化都在朝着指标发展。人们尝试用一些定量指标来替换复杂的定性指标，这是一件非常困难的事情，因为这些指标很少能捕捉到原始人类在探索过程中的一些高级行为或一些出乎专家预料的复杂行为。从业者很少深入研究所使用指标的缺点，这导致了更多的误导策略。

第 3 章介绍人类行为改变。用户分析已从人口统计分析的形式转变为更复杂的形式，即在 Web 产品中定位用户和改变用户行为。哪些功能最有可能改变用户行为？本章探讨当前的行为改变理论、最有可能导致行为改变的因素以及某些改变的幅度。

第 4 章介绍基本的统计工具，方便处理用户数据。

第 5 章探讨开发关键想法的定量指标的本质。本章结合"时期""年龄"和"队列"这些人口统计概念，帮助我们了解指标的发展，并帮助我们丰富用于测量人口的工具包。此外，第 5 章还通过用户分析中的四个关键领域（获客、留存、参与度和收入）的示例，探讨使用常用指标的一些好处和不足。

第 6 章是 A/B 测试的实用指南。什么是 A/B 测试？A/B 测试要如何设置？如何分析测试结果？本章还梳理了如何进行统计测试和简单的功效分析。最后，本章探讨了 A/B 测试的复杂性，例如针对短期和长期指标之间冲突结果的最佳行动方案。

第 7 章和第 8 章探讨监督学习和无监督学习的基础知识。这里对模式识别的介绍侧重图形描述和示例，以促进理解。它是一个基本工具包，可帮助我们进行日常解释性分析或预测性分析。它也是第 10 ～ 13 章中复杂统计技术的基础，涵盖的主题包括 k 均值、PCA、线性回归、逻辑回归、决策树和支持向量机。

第 9 章介绍预测 Web 产品中总体和子群体人口变化的方法。它依靠人口统计学的人口预测工具，以多维和独特的方式对用户行为进行建模。产生的大多数数据都是观察性的数据，这意味着我们必须梳理出因果关系。

第 10 章和第 11 章介绍一些根据观察数据得出因果洞见的基本技术。这些技术包括自然实验、双重差分设计和断点回归——所有这些都可以帮助我们从现实世界的数据中获得可实践的洞见。

第 12 章介绍统计匹配以及其他因果推断方法不适用的场景。A/B 测试和预测建模是一种非常有效的方法组合。

第 13 章主要介绍增益建模，这是一种将两种因素关联起来从而增益用户定位的技术。

本书的最后一部分主要介绍用 R 语言实现以上技术。第 14 章介绍用 R 语言实现统计分布和指标计算。

第 15 章介绍用 R 语言实现 A/B 测试、预测建模和人口预测。

第 16 章介绍用 R 语言实现双重差分建模、统计匹配和增益建模。

最后

本书是一本中级用户分析指南，它的所有内容都基于因果推断和预测推理技术。阅读完本书后，你应该能够构建关于用户行为的理论，并验证这些理论，针对产品生成可实践的洞见，以此来改进产品。本书介绍的工具和实用建议适用于任何角色，无论是营销经理和项目管理人员，还是业务分析员和企业家。

Acknowledgements 致　　谢

我要感谢以下人员。感谢本书的策划编辑 Debra Williams Cauley 对本书的立项和内容的指导。我还要感谢本书的审稿人 Lawrence Rodrigues、Jared Lander、Luda Janda 和 Nick Cohron，他们逐字逐句地阅读了本书，提供了大量的建议，这在很大程度上提高了本书的质量。最后，我要感谢 Sohini Sircar、Cloy Rodrigues、Hubert Lee、Rajesh Mascarenhas 和 Paul Chung，他们也对本书提供了总体反馈。

目 录 *Contents*

定性方法论

本书第一部分包含第 1～3 章，我们将讲解用来建模用户行为的定性工具及理论。第 1 章阐述不利于理解用户行为的常见陷阱。第 2 章介绍量化人类行为的社会学工具。第 3 章介绍如何改变人类行为。

第 1 章　*Chapter 1*

数据活动：晚宴模型

在人类历史上，我们从未获取过如此种类繁多的海量社交数据。通过这些数据，我们可以得到有关人类行为的惊人的、革命性的洞见。本书的目标就是帮助你获得产生这些洞见所需的技能，并以此发展业务、改进产品。

我们从最基础的部分开始入手。本书主要讲述如何分析 Web 产品或者移动产品中的用户行为。在本书中，Web 产品或移动产品指所有可以在线获取或通过手机获取的产品或服务，包括网上商城（比如在线销售摩托车的网站）、社交工具等移动产品。互联网改变了游戏规则：它让我们能够收集大量关于用户行为的数据——比以往任何时候都多——从用户点击的内容到他们与朋友的聊天内容，包罗万象。

我们可以尝试利用这些数据来改进我们的产品。社交数据的强大之处在于我们能够使用它分析上万甚至上百万种简单行为，然后尝试去纠正或改变这些十年前可能都尚未可知的行为。

为什么用户分析如此重要？因为用户分析是现代经济的命脉。是否了解用户与 Web 产品的交互行为通常决定了一家公司的成败，即使这家公司销售的是实物产品。随着互联网的发展，从零售交易到看病就诊，很多活动都将在网上进行，所有人都必须理解为什么用户会产生这种行为，并迅速着手改善用户体验。

在过去十年中，数据爆炸让我们能够对社交产品和传统产品的营销、销售和配送环节进行快速迭代和改进。

本章定义了 6 种核心方式来探讨用户分析领域，在这些方式下，用户分析的应用与传统数据科学和统计应用有所不同。本章将使用晚宴的例子来展现使用用户数据的一些独特之处。本章较少涉及技术，主要探讨理论构建和实验设计或模型设计的框架搭建，并以此验证一些对于 Web 产品和移动产品的假设。

接下来将深入探讨直观洞见和高级分析之间的差异，这些差异存在于许多行业中。本书的其余部分将带你踏上弥合这一巨大鸿沟的旅程。

1.1 用户数据中断

对于任意产品来说，理解用户在各种场景下的行为可以帮助我们更有针对性地设计营销活动，从而增加收入，提高用户满意度和参与度。不论是数据科学家还是产品经理，无数专业人士的任务就是理解、改变和预测用户行为。然而，即使在有大量投资的情况下，大多数组织也难以有效地利用自己的数据。除了利用数据很困难外，许多分析师也无法通过提出正确的问题、利用适当的上下文或者使用最好的工具来推断人类行为。本书将展示社会科学和统计学中最有效的工具，以从用户那里获得有用的洞见。

在本章中，我们将探讨分析用户数据时的常见问题、一个社会过程示例（一个晚宴），以及从复杂的社会过程中得出结论时的常见陷阱。读完本章后，你将对用户分析的难点有更好的了解。后续章节将帮助你解决或克服这些问题。

1.1.1 不要让用户离开模型

大多数现代 Web 产品都在设计中嵌入了社交元素，这使得这些产品在某种程度上成了社会的一种缩影。社会地位、友谊、文化以及一系列有趣的互动和行为推动着这些产品的发展。所涉及的人类行为的复杂性使得我们很难在没有正确工具包的情况下对社交产品进行分析。即使是简单的购物网站，也存在大量的行为数据和复杂的行为过程需要分析，例如用户点击流、用户会话、用户购买行为和用户流失率等。

用户的"点击流"数据是指按照时间排序之后的用户在网站或模型产品上的点击路径相关数据；用户会话是指用户从网站上的第一次交互到最后一次交互的持续使用状态；用户流失率是指在特定时期内离开网站的用户数量或比率。这些数据几乎在所有 Web 产品中都存在，当与正确的上下文结合时，分析并理解这些数据对于了解用户在产品中的行为将会非常有用。

注意，所有这些点击流数据和 Web 数据都是行为数据。有时，这些数据无法获取，因为在一些特定的 Web 环境下，我们无法识别具体使用产品的用户。

为什么了解这些行为数据很有用？建立好的人类行为模型可以帮助我们组织、获得洞见并改变用户行为。从商业角度来看，当你了解用户是谁、用户使用产品做什么以及用户购买产品并与产品交互的原因后，就可以尝试干预其购买行为并提升他们的参与度。

作为一名分析师，你可能会问以下问题：怎样才能使 Web 产品具有黏性，即提高用户留存率？是什么促使用户进行购买？如果我们对产品进行某种更改，用户会适应吗？

首先，我们来了解一下最初有多少人要和这些数据打交道。查看数据的一种非常简单的方法是关注"描述"。大多数分析师都停留在这个水平。描述仅仅意味着收集到了用户在如何使用你的产品这个基本信息。例如，假设一般用户在首月平均会访问网站 3 次；用户一般在会话期间花费 30s 查看列表；只有 10% 的用户会浏览主页等。你可以从 Web 产品中收集到大量类似的描述性内容。大部分人的首要倾向就是将这些互不相干的描述性事实编织成一个故事，或者先编造一个故事，然后再寻找支持它的描述性事实。

剧透警报

将零散的事实编织成一个故事并不是理解产品的好方法。何出此言呢？这是因为当我们对产品没有全面的了解时，我们的推断很可能是不正确的。本书将引导你完成从仅关注描述性信息到实现真正的统计推断的全过程，从而对 Web 产品进行改善。在开始这个过程之前，我们先来探讨一下分析用户数据时的一些常见问题。

1.1.2 初级分析师

刚开始时，许多分析师会在尚未探索更大背景的情况下就试图回答有关用户行为的问题。他们孤立地看待某种行为，然后试图解释这种行为为什么会发生。然而，孤立地看待某种行为通常是行不通的，因为人类行为和 Web 流程通常很复杂且相互关联。这些没有"因果联系"的推断往往令人疑惑。

例如，假设有一个销售雪地摩托的网站。这个网站为雪地摩托爱好者提供了一些很棒的产品，但大多数用户似乎从未浏览过主页。网站跳出率非常高。网站跳出率是指只浏览一个页面就离开网站的用户比例。分析师可能需要数周时间来回答为什么网站的用户如此之少。

为了解决这个问题，分析师可能会提取各种描述性统计数据进行分析。我们暂且叫这位分析师安娜吧。安娜抓住了一条描述性统计数据：40% 的来自谷歌搜索引擎的用户会浏览主页，而来自雅虎搜索引擎的用户只有 30% 有浏览主页的行为。然后，她可能会开始编故事来匹配这条描述性数据：谷歌用户比雅虎用户更富有、更追求物质，而更富有、更追求物质的用户对雪地摩托更感兴趣，因此他们浏览主页的概率更高。安娜为她的工作成果感到自豪，并和你分享了这个精心制作的故事。

听到这个故事后，你可能认为这个故事是有些道理的。因此，要销售更多的雪地摩托，我们只需要弄清楚如何更好地定位有钱用户。但在为此投资之前，你询问安娜有什么证据可以支持这个故事。她咕哝着回答，"呃……好吧，我们知道谷歌用户平均来说更富有。"听到这个解释你还是会有疑惑，因为我们并不知道哪部分的谷歌用户访问了网站。他们会比一般的谷歌用户更富有吗？谷歌用户也更有可能是国际用户、男性用户和千禧一代用户，那么安娜是如何处理这些潜在的冲突属性的？这些属性中的任何一个都可以解释为何谷歌和雅虎的数据有所不同。

所以你问安娜为什么认为财富是导致这个差异的核心要素。安娜看起来很忧心，这让你意识到她也许从未考虑过这个问题。这种情况在许多行业中并不罕见。如果没有良好的统计分析背景，通常很难处理一些相互矛盾的描述性信息。

挑选出来的描述性数据时常令人沮丧。探索单一行为感觉就像在玩打地鼠游戏，当你解释了一个事实后，结果却突然发现有另一个与之矛盾的事实。如果只关注几个描述性事实，则无法全面了解产品中究竟都发生了什么——最终我们只会迷失在细节中。

更糟糕的是，我们可能会发现我们的结论是不正确的。由于我们不知道为什么从谷歌访问我们产品的用户比从雅虎访问的多，因此我们编造了一个故事：他们之所以访问主页是因为他们更富有。这种推理让人觉得这些用户更有可能购买我们的雪地摩托。

但是，我们甚至从未研究过他们的购买比率是否更高。这里就会涉及第二个问题：当我们识别出一种行为的原因时，会出现另一种用户行为的数据表明这个原因不成立。

我们假设谷歌用户购买雪地摩托的可能性低于雅虎用户。这个信息似乎与分析师编造的故事相矛盾。用精心挑选的描述性信息来解释一个现象的情况在行业里经常发生。我们不知道为什么会存在这种描述性特征，因此需要做更多的分析来弄清楚原因。正如你所看到的，这不是一个探索产品中用户行为的好方法。然而，围绕描述性信息精心制作故事的做法现在在许多公司和行业中相当常见。

高管们通常希望故事能够清楚地阐明和解释现象。当我们知道产品现在的情况并且可以证明这些结论时，讲故事是十分有用的，但虚假的故事可能具有破坏性，它会导致资源分配不当而且无法在 Web 产品中实现真正的功能。

本书会解释和阐述如何构建用户行为模型，测试模型并准确推断导致这种行为的原因，从而帮助你准确讲述用户的故事。究竟是什么原因导致了雪地摩托购买量的增加？

回到刚刚的例子，你可能想问分析师的另一个问题是效应的大小。这个问题在行业中经常会被问到，但如果不了解变量之间更广泛的关系，答案往往是错误的。

我们用一些简单的数字来看下这个问题。假设每天有 1000 名自然浏览（或无广告）用户⊖访问该网站，其中 50% 的用户来自谷歌，50% 的用户来自雅虎。你注意到有 30% 的雅虎用户购买了产品，有 40% 的谷歌用户也购买了产品。你的分析师推测如果所有用户都来自谷歌的话将会增加购买量。依据这个假设，她推断按年计算会在现有基础上增加 36 500 的购买量。你告诉她：干得漂亮——让我们投资购买谷歌广告吧！

假设广告非常有效，现在每天有 1000 人直接从谷歌访问网站（达到了理论标准），但事实上每年只增加了 150 笔购买记录。为何如此呢？相较那些通过谷歌搜索引擎导流到产品页面的用户，广告会针对来自谷歌的其他不同用户群组进行投放，但这些被广告吸引来的用户很可能会有不同的购买率。这种情况相当常见。当不能清楚地理解变量之间的关系时，测量效应的大小通常是无用功。

正如我们从这个例子中看到的那样，确定产品中发生的事情并进行推断以提高业务的盈利能力，通常需要确定行为原因并了解其效应的大小。我们将在本书中围绕这些核心思想展开讨论。

1.1.3　数据大师

2011 年，麦肯锡全球研究所（Mckinsey Global Institute）发布的一份报告中指出，由于

收集到的数据量庞大，几乎每个组织都将出现分析专业人员严重短缺的情况。在这份题为"大数据"的报告中，作者写道："到 2018 年，仅美国就可能面临深度分析人才供需之间出现 50% ~ 60% 的缺口。"麦肯锡推测，数据科学家能够填补这一空白。数据科学家应该是统计学家、计算机科学家和商业大师的混合体，是应对行为数据大量增长的不二之选。

数据科学家的工具包中的分析部分主要由机器学习（Machine Learning，ML）和人工智能（Artificial Intelligence，AI）组成。为什么 ML 和 AI 并不总是那么有用？尽管其他方法论也是工具包的一部分，但 ML 和 AI 通常侧重于预测，对于预测用户增长、提供产品推荐以及发现用户流失风险都非常有帮助。然而，在获取洞见或改变用户行为方面，预测不如因果推断有用，因为它不能帮助我们找到真正导致用户产生某种行为的变量，例如决定购买的因素。

正如前言中所讨论的，因果推断的准确性不一定会随着数据的增加而改善。因果推断依赖有效的反事实测试或"安慰剂"测试。但是，大量数据确实可以改进预测模型。出于这个原因，合理的预测正处于某种复兴过程之中。

因果推断比预测推断更难进行，并且更适合一次性案例而不是总体模型。尽管因果推断是科学探究的支柱方法，但因为它的准确性不会随着数据的增加而改进，所以在这场大数据运动中它被搁置一旁。

预测还允许基于外部数据或新数据进行概括和验证。因果推断很难在实验之外进行概括和验证。本书将更详细地讨论哪种类型的问题最适合用哪种方法解决，以及两者之间的区别。

要了解用户，首先要构建概念模型并收集正确的指标或描述性统计数据来证明或证伪该模型。然后，使用指标、实验和统计推断来获得有关用户的洞见。最后，在了解行为原因的基础上，专注于改变 Web 产品中的用户行为。理解因果关系通常无法用传统数据科学工具包实现，因为 ML 的原始应用大多都专注于非常不同的问题点。我们将在本章后面更多地讨论这个问题。

因果推断的数据统计近年来发展迅速，可以为我们提供一整套新工具来处理这些在理解用户行为方面看似棘手的问题。此外，使用社会科学方法论，我们可以依靠该领域的最佳实践和定性工具来构建高质量的描述性指标和更好的理论模型。总体而言，通过将社会科学方法与统计学以及机器学习模型相结合，我们可以更好地了解用户。

1.2　晚宴模型

我们暂时转移一下焦点，先来探索一个简单的实验。想象一下，你想举办一场晚宴来庆祝最近的工作晋升。你期待举办一场很棒的宴会，但这是你第一次举办晚宴，你不确定怎样才算"很棒"。在准备宴会时，你会花一些时间思考怎样的宴会才是"很棒"的宴会？你认为一次很棒的宴会应包含一些重要的元素，例如食物、人和地点。

首先，要思考需要什么样的食物。是要家常的食物还是花哨的食物？要多少品种？是否提供酒品？你不确定。这真的得全盘考虑。其次，要考虑参加宴会的人。邀请的人会好好相处吗？是应该邀请所有朋友还是只邀请特定社交圈内的朋友？同样，你也没法确定。

最后，要考虑宴会应该在哪里举办。是在自己家举办还是在餐厅请客？嗯，你还是不确定。

你做了决定并打算在宴会后对这个决定进行评估。这个决定便是提供很多家常食物和酒品，邀请来自各个社交圈的朋友、家人和同事，并在家里举办这场宴会以降低成本。

宴会于周六下午 5:00 开始。不幸的是，这天下雨，所以客人们只能待在屋内。客人们在 5:30 左右开始陆续到达。你的哥哥和他的几个朋友以及你的两个同事先行到达了现场。他们拿了一些开胃菜后就开始谈论最近的大学篮球比赛。

随着到达的人越来越多，客人们会分散到不同的房间，和他们各自的社交圈朋友待在一起。圈子之间会有一些互动，比如你的哥哥会与你的同事和朋友们闲聊。但是，你的大多数朋友、家人和同事都待在各自的圈子里。人们也慢慢地走进厨房，开始大快朵颐。你准备的食物和美味的开胃菜得到了宾客们的赞美。

随着宴会的进行，客人们喝了些酒，开始与他们不太认识的人进行互动。各种各样的对话正在发生，你很好奇他们都在谈论什么，于是开始四处晃悠，并试图了解一下。客厅里的几个人在谈论本区的学校，另一些人正在讨论最近的冰球比赛，还有两个朋友正在交换电话号码。

晚上 11:00 左右，随着客人们的离开，宴会逐渐进入尾声。到了午夜，只剩下残羹冷炙：装满苏打水的杯子、装满甜点的盘子、掉在地板上的纸和散落的椅子。你和你的伴侣一边慢慢打扫，一边思考最初的问题：这是一场很棒的晚宴吗？

首先，我们从结果开始分析。你如何定义"很棒"？假设你很善于分析，想要对很棒的概念进行量化。于是，有几种不同的方法浮现于脑海。最显而易见的方法是应用少数服从多数的规则：大多数客人玩得开心吗？但是，要使用此指标，你会意识到你需要一个结果：开心或不开心。怎么才算开心呢？会不会不同的人对开心有不同的定义？如果是这样，是不是要聚合每个人对开心的定义，获得一个统一的结果，再来判断这场宴会是不是很棒？当然，这还能变得更复杂。你是否可以通过改变客人的组合或将某些客人引导到某些房间，以最大限度地让他们感到开心？这是一种奇怪又非常功利的想法。

人们的开心程度可以被最大化吗？你永远没法知道客人们的快乐源泉是什么。一些客人可能有远不同于他人的极端偏好。例如，也许一位客人觉得看电影非常有趣，但其他所有客人都觉得看电影没那么有趣。

我们接着沿另一个方向探索。你可以关注客人们明天是否会谈论这场宴会，并以此评估晚宴是不是很棒。或者可以直接问问他们是否觉得很棒。但是，如果他们不愿意与你分享他们的真实感受怎么办？

也许我们可以将"开心"定义为实现目标。客人们可能是带着认识新朋友、交换食谱或寻找浪漫伴侣的目标而来。实现他们的目标便会让他们认为这个晚宴很棒。你可以基于客人们参加宴会的目标对他们展开调研。

功利主义

功利主义是一种探索效用最大化的哲学理论。功利主义的创始人杰里米·边沁（Jeremy

Bentham）将效用描述为行动所带来的所有快乐的总和减去参与该行动的任何人的痛苦。效用理论是经济学领域的基础。然而，功利主义存在一些问题，因为有些人的效用可能是无限的，并且超越了大多数人的偏好。

你有了更好的主意。可以通过再举办一次宴会，然后根据客人选择是否还来参加来确定他们是否在上一场宴会上玩得开心。但如果下次周末举办宴会的时候大家都出城了，没人参加怎么办？

好吧，这似乎都是徒劳，但我们可以肯定的是，评估晚宴是否成功很困难，我们甚至还没有考虑晚宴上发生的所有事件和互动的细节呢。

结果

在构建简单模型时，一般有两种结果：二元结果和回归结果。

二元结果是一个二分类结果。例如，我们有高、矮两个类别，可以将所有人都归入其中的一个类别。我们可以将类别规范建立在简单的决策规则上：如果身高超过 5ft 9in [⊖]，那么就属于高个子；否则就属于矮个子。因此，身高 6ft 6in 的迈克尔·乔丹将被归类为高个子，而身高 5ft 4in 的喜剧演员凯文·哈特将被归类为矮个子。

回归结果是一个实值结果。例如，假设我们测量了每个人的确切身高。这就是一个实值结果。人们的身高分布在一定范围内，不会有高矮这种切分。

还有其他类型的结果，例如多分类结果、复杂型二元结果和计数变量（必须是整数或自然数）。

1.2.1　为什么社会过程难以被分析

像晚宴这样的社交活动是很难被重新归类到有明确结果的问题类型的。这些复杂事件的关键特征是什么？我们试图推导什么？在任何情况下，即使是在 Web 产品中，理解人类行为都具有独特的复杂性：

- ❑ 社交行为是一个过程，而不是待解决的问题；
- ❑ 社交系统属于开放系统，这意味着存在可能影响结果的容易被遗漏或无法衡量的变量；
- ❑ 在探索社交行为时，通常没有明确定义的结果；
- ❑ 社交系统普遍存在信息不完整或片面的问题；
- ❑ 社交系统由数百万种潜在行为组成；
- ❑ 推断因果关系或某事发生的原因几乎是不可能的。

1.2.2　宴会是一个过程

我们探讨一下这些复杂性在晚宴背景下都代表什么。首先，正如我们之前讨论的，晚宴不是一个简单的分类问题。假设我们想对图像中的对象进行分类（是人还是狗），则可以

⊖　1ft = 0.3048m。1in = 0.0254m。——编辑注

寻找一些描述性特征以确定图像中的对象是否为人类。例如，对象是否有皮肤或毛皮？是直立行走还是爬行？假设我们有一些人类和狗的图像待分类，那么只需通过这两个问题就可以将这些图像归入最佳类别。

这个例子中有一个明确的结果——基础分类结果。但是晚宴呢？这是一个由许多互动和行为构成的事件。参加宴会的人经历了不同的阶段——进入晚宴大厅，与一大群人互动，吃饭喝酒，进行更多互动，然后离开。这些事件的发生以及他们对晚宴的理解因人而异。

这个过程中有问题存在吗？问题指"基于陈述性假设得出结果的调研"。由于晚宴是一个由一系列事件塑造的过程，因此在这种情况下，并不能从中识别出一个相对明确的问题，反而有可能存在数千个已定义的问题。在某些特定情况下，部分问题可能相比其他的问题更有意义，但这些都不足以描述晚宴这整个事件。

同样，Web 产品中的人类行为是由一系列的社会过程组成的，而不是一个具有明确定义的方法论的问题。用户会反复访问产品并与他人和 Web 内容进行互动。他们还会创建内容，建立社区，加强规范并建立文化，这反过来又会影响其他用户与之互动的环境。**规范**是社区内普遍接受的社交行为模式。在这个更广泛的背景下，你选择查看的那些问题通常过于狭隘，且不易从背景环境中提取出来。

1.2.3　宴会是一个开放系统

在晚宴等社交活动中，外部变量可能会影响整个系统。我们所说的"外部变量"是什么意思？假设我们用心智模型中的三个变量（食物、人和地点）来定义宴会。作为分析师，我们必须简化上下文，否则将无法构建晚宴模型。请记住，即使像这样简单的晚宴，如果能够收集到所有宾客、互动和事件的细节数据，我们将拥有数百万的变量。

人脑是无法处理这么复杂的数据的。诚然，经过简化的数据更方便处理，但在某些情况下，任何被忽略的变量都可能对模型产生很大的影响。例如，天气和疾病是潜在的外部变量，它们可以极大地影响社交活动的质量。反映极端事件的变量会极大地影响社会过程，它们很难预测，并且经常被排除在模型之外。因为社交系统中存在众多变量，而由于我们对它们的全部影响知之甚少，因此总会有一些被排除在模型之外。例如，在某些情况下，对 Facebook 或其他社交社区的不良宣传可能会极大地影响其用户群的增长。由于极端的负面曝光情况很少见，因此一般这种宣传的质量，无论是好的还是坏的，可能在大多数公司的增长预测模型中都没有考虑。

1.2.4　"很棒"的宴会很难定义

社会过程通常没有明确定义的结果。这一切又回到了我们最初的问题：宴会很棒吗？如果我们没有对"很棒"进行定义，就无法回答这个问题。一旦我们定义了"很棒"，问题就变成了：这是想要的结果吗？也许我们更关心人们在宴会上待了多久，或者他们是否至少喝了一杯酒。

大多数社交行为都是过程，而不是问题。我们是应该关注单一的结果，还是应该关注潜在动机和因果关系才能更好地定义晚宴上发生的事情？在 Web 产品中，也有类似的问题。在社会过程中，如果能够了解用户的动机以及不同行为对用户行为的因果效应，那么这些行为就很好理解。因果效应和用户动机是了解产品的关键，但这两点却被排除在预测框架之外。我们将在后面的章节中大量讨论因果推断和结果确定。

哪些社会过程定义了产品？如何找到正确的结果或结构进行检查？在工业中，结果变量通常是相对随机的，由历史选择变量、易于收集的结果或易于解释的变量来定义。这并不意味着这些变量就是要查看或测试的"正确"变量。

1.2.5 宴会上客人的动机和想法往往是未知的

即使在自己举办的晚宴上，也会面临着信息不全这一常见的棘手问题。信息不全确实是一个令人讨厌而且常被忽视的问题。许多分析师、数据科学家和其他从业者会认为他们收集的变量已经能够清楚地定义他们正在建模的系统。

假设你已经捕获了有关用户行为的数千个变量。人们很容易把数量和质量混为一谈。实际上，想要收集到描述用户行为的最重要的变量并不是那么容易。最容易被排除在外但又对确定行为至关重要的变量就是动机或用户目标。

说回晚宴这个例子，我们必须了解的信息是：客人如何定义"开心"，他们在参加之前有什么目标或期望，以及宴会如何满足这些期望。这三项数据都是获得晚宴盛况或潜在动机结构的重要信息，但你可能永远不会知道这些信息，除非这些信息来自最亲密的朋友或家人（见图 1.1）。

考虑一下图 1.1 中描绘的晚宴。暂时假设我们是无所不知的，可以看到每位客人的目标。在 Web 产品或者实际生活中，我们可能永远不会得到这些信息——但这丝毫不会降低其重要性。我们对他人的动机推断得越清楚，就越能成功地理解 Web 产品。

Web 产品的用户可能有各种各样的动机，这些动机会影响他们访问和查看 Web 产品的方式。了解个人目标和动机可以帮助我们改进产品。当晚宴的主人知道每位客人的动机时，他就可以优化大家的体验。他可以与丽莎分享食谱，帮助保罗结交一些新朋友。了解动机对于改善用户体验相当重要，但几乎十有八九会被排除在模型之外。

图 1.1 一场假想的晚宴

1.2.6 晚宴引发的变量搜索问题

社会过程的另一个关键特征是可以定义过程的大量潜在变量。宴会的哪些方面对决定质量很重要呢？是客人第一次谈话的韵脚吗？还是他们与多少人互动？他们吃了多少食物？或者他们做各种事情的顺序？有些变量可能比其他变量更有意义，但还有许多潜在变量，尚不清楚哪些是最重要的。

我们也许能够记住晚宴上谁与谁交谈过，但是很难记住实际的谈话主题，以及他们讨论的时长和质量。同样，在 Web 产品中，某些功能更容易上手，但这并不会使它们成为最棒的功能。正如我们所见，像目标和期望这种被忽略的信息非常重要，但我们可能永远无法获取它们。反之，我们可能有数千个不太有用的变量，我们需要筛去这些变量，找到正确的变量来描述整个过程。正如我们稍后将讨论的，拥有有关过程的理论或心智模型可以帮助我们缩小范围，组织变量并识别缺失的变量。

1.2.7　盛大宴会的真正奥秘难以捉摸

我们来思考一个很难回答的问题：我们可以做些什么来让宴会变得更好？是应该花时间准备更好的食物，还是邀请不同的人，抑或选择另一个周末举办宴会？如果我们知道是哪些因素造就了一场很棒的宴会——尽管这听起来很疯狂，那么我们就可以最大限度地提高宴会的质量。例如，假设我们知道大量饮酒会使人们在宴会上待得更久，玩得更开心。除此之外，没有其他因素会影响宴会的质量。在这种情况下，我们可以通过提供大量酒品来优化宴会。

虽然我们可能对举办更好的宴会有一些想法，但因为没有反证存在，所以我们并不能测试这些论断。**反证**是一种替代场景，在这种场景下，除了要考察的变量，其他一切都与原场景一模一样。它使我们能够确定这一变量如何影响结果。例如，如果我们可以举办两场完全相同的宴会，一场供应大量酒品，另一场不供应酒品，那么不供应酒品的宴会就是反证。这样我们就可以评估酒品供应对我们晚宴的影响。对于大多数社交活动来说，会有许多其他因素混入其中，使得找寻合适的反证变得不可能。对于 Web 产品来说，在确定简单因素时，因果关系的预测要好一些，但当存在大量因素时，创建有效的反证就变得非常困难。我们将在后续章节中详细讨论这个问题。

我们将花费大量时间处理可以进行实验和无法进行实验的情况。一种非常传统的实验方式是分组测试，即将人们随机分配到两组，一组接受特定的操作，另一组作为对照。对照组类似于反证。许多医学研究都是以这种方式进行的，即一半人接受新药或治疗，另一半人接受安慰剂药丸或对照剂（不含任何药物的假药丸）。Web 产品中的分组测试也称为 A/B 测试。

例如，假设你想测试网站背景应该用绿色还是红色。因为你的网站通常是红色的，所以可以使用红色背景作为反证进行测试。访问网站的用户有一半将被随机展示新的绿色背景，另一半则还是看到旧的红色背景。这样你就可以确定新的绿色背景是否可以提高用户留存率。

由于限制众多，进行实验或 A/B 测试通常可行性不高，例如针对不能随机分配的情况或事件已经发生的事实就不能进行。因此，我们经常需要使用其他方法进行因果推断。当

A/B 测试不可行时，可以尝试使用其他方法，例如自然实验、断点回归和统计匹配等，我们将在本书的因果推断部分进行讨论。本书将介绍如何在无法进行 A/B 测试的情况下推断因果关系。

探索 Web 产品中的人类行为就像分析现实生活中的社会过程一样，但两者有一个重要区别。在宴会等社交活动中，这些社会过程和互动发生在真实的物理世界中。作为观察者，能够看到和体验这些社交互动，可以更容易地看到和识别潜在的过程，也更容易将它们识别为社交事件。

过去很少有人关注 Web 产品的社交维度，这是因为分析师和数据科学家并不认为 Web 产品与其他社交事件有可比性。一部分原因是我们面对的仅仅是一系列数据，无法直接观察到用户如何体验 Web 以及后续发生的交互。但 Web 产品中的人类行为也是人类行为。读完本书后，你将能够处理大型数据集，识别正在发挥作用的核心潜在社会过程，并对推断展开相应的测试。

1.3 用户数据有何独特之处

在本节中，我们将进一步介绍社交数据的六个基本方面以及它们与 Web 产品的关联。我们还提供了这些潜在障碍的一些实际示例。在整本书中，我们将围绕这些核心概念，深入研究如何使用更复杂的工具来处理这六个问题。

1.3.1 人类行为是过程，而不是问题

社会过程被定义为"个体或团体为实现预期目标而与其他人经历的任何双向互动"。我们来对这个定义进行拆解。首先，互动是由目标或规范驱动的。如前所述，人类在互动过程中被激励去执行某些行为，了解他们的动机对于解释行为至关重要。第二个驱动因素就是规范或文化习俗。

举一个规范相关的例子。在社交产品中，假设可以通过两种方式将其他用户添加为好友。你可以发送好友请求让对方接受，也可以直接点击"关注"按钮，用户不需要接受你的关注请求。用户只需单击一下即可启动任一社交互动。假设两者在社交平台上都很容易实现。

评估该产品的描述性数据，你发现关注操作是好友请求的两倍。为什么会有如此差异？因为围绕"友谊"是有一些社交规范存在的。友谊可能需要现实生活中的互动或某种程度的共性，这比"关注"行为的门槛更高。

一些用户可能害怕被拒绝或者申请石沉大海。这两个因素都具有社会意义，会导致交友行为减少或用关注行为取代交友行为。

这些规范存在于社交社区中，它们绝对会对用户行为产生影响。当设计产品的功能时，可以鼓励用户打破社交规范（至少在某种程度上）或创建新规范。

社会过程包含多个（有时是数千个或更多）有序事件，而不是单个事件。相比之下，问

题通常集中在单个结果或事件上。例如，对图像中对象是狗还是人进行分类时就有一个明确的结果。一个单一的过程便会导致这种结果——找到能区分人类和狗的特征。相比之下，潜在的复杂性使社交行为建模变得更加困难。

此外，在社会过程中，个人和群体可以通过改变行为来学习和适应未来的事件。而在构建模型时，我们通常假设行为随着时间的推移保持不变。但是，如果假设 Web 产品中的大多数人类行为都是经过学习和调整的，那么会得到完全不同的结果、方法论和最佳实践。习得的行为往往是改变了的行为。在第 3 章中，我们将更详细地探讨行为改变。

总的来说，过程不同于问题。问题被定义为"特定条件下进行的查询，以证明或调查某个事实、条件或定律"。问题往往关注获取解决方案。而对于人类行为来说，并没有明确的解决方案可言。相反，潜在的过程通常与潜在的选择结果一样重要。这就是问题框架在这种情况下不太有用的原因——尽管在某些情况下，我们可以将过程分成更小的部分，使其更好地适配问题框架。

如何探索一个社会过程？第一步通常是定性分析：了解应用程序中发生了什么。是否有能够描述应用程序中所有情况的描述性信息？开始收集尽可能多的关于用户在产品中做了什么以及如何做的信息。

社会行为是多维的，所以第二步是建立一个可测试的心智模型。我们将在 2.1 节更详细地讨论相关原因。基本上，心智模型应该具有以下几个特征：它应该是广泛的，能得出有用的结论，并且是可证伪的。一旦有了可测试的理论，就可以开发核心指标，按时间和用户群体细分来进行相应追踪。

实际例子

以下是几个实际示例：

❑ **个人图片之谜**。当 Web 产品公司聘请第一位数据科学家或分析师时，首先关注的领域通常是产品留存或用户使用时长。产品留存是一个复杂的过程。业内有两种常见的方式来分析它：（1）通过描述性指标；（2）通过预测留存的因素。

也许有头像的用户在产品中停留的时间比没有头像的用户长得多。看到这些结果的产品经理可能会说："让我们强制所有用户上传图片或把上传个人图片作为登录的第一步。这将增加产品留存"。

当团队对产品进行这种更改时，留存只有微量的增长。这意味着什么？个人图片可能不会增加留存，只是与留存相关。也许是其他变量同时推动了产品留存和用户上传个人图片的欲望。留存过程的复杂度远超预期，目前使用的工具还不足以让我们了解实际导致留存增加的原因。

❑ **中学舞会**。在许多社交 Web 产品中，绝大多数用户创建的内容极少。他们主要消费和使用已有内容。少数用户主宰了平台，拥有许多关联信息，创建了大部分内容，使用过产品的全部功能。他们甚至可能比产品设计师更了解产品！这就像一场中学舞会，大多数参与者都是站在体育馆墙边的局外人，而一些爱交际、喜欢冒险的六年级学生则在中心跳舞。其他人小心翼翼地看着，不敢往舞池中央走去。

那么问题就变成了：能把这些局外人从墙边弄到舞池的中心吗？我们很可能没法把他们中的大部分拖到舞池中央。那么，我们应该制作一款迎合沉默的大多数人的产品，还是一款服务于最有发言权、最活跃的用户的产品？每个产品都必须处理被动、低调的大多数用户与活跃的少数用户之间的内在紧张关系。这个问题突出了 Web 产品是社交系统的现实。创建、维护和尝试优化该社交生态系统是拥有健康产品的关键。Instagram 和 Snapchat 等产品使用过滤器取代创建独特内容，解决了这个问题。不过，还有很多方法可以处理这种内在的紧张关系。

1.3.2　没有明确定义的结果

正如前面提到的，社会过程没有明确定义的结果，而机器学习和人工智能中的许多技术都是针对具有明确定义结果的问题而构建的。我们来谈谈机器学习和人工智能中的一些著名问题，以及这些问题的结果与理解人类行为的结果之间有何巨大差异。

首先，计算机视觉中的界定问题之一是数字分类。数字分类是让计算机将十个手写数字 {0, 1, 2, 3, 4, 5, 6, 7, 8, 9} 中的任意一个归入正确的类别，即正确识别手写数字。这是一个难题，因为人们可能会以不同的方式书写 4、9 或其他数字。在历史上，邮政承运人员需要读取信件上的地址并将其识别出来。然而，由于机器学习的能力所在，现在的情况大有不同。

某些机器学习算法非常擅长解决这个问题。人工分类员的错误率远低于 1%——这与最好的机器学习算法相当。这些算法非常好用，美国邮政局使用它们每天对数百万封信件进行分类。想象一下，如果需要邮政工作人员对这些信件进行分类，那么所需的人工成本会有多少。

数字分类是具有明确的结果的。在创建练习数据集时，要求人工数字创建者书写，然后输入数字。练习数据集中的每个元素都有正确的结果。而对于人类数据来说，情况未必如此。我们可能永远不知道客人是否喜欢自己举办的晚宴。他们甚至可能自己都不知道是否真的喜欢晚宴。这些问题并不总是有正确答案。

"开心"也有各种定义、级别和维度之分。每个人对"开心"的理解可能不同，但他们所有的解释都会归入"玩得开心"类别。这是一个会包含错误的非常"模糊"的结果。甚至错误的程度都无法评估。想象一下，用解决数字分类问题的算法对晚宴宾客"开心"与否进行分类。由于结果变量缺乏清晰的定义且有错误，因此该算法收效甚微。

为什么我们会认为针对具有明确、具体结果的问题而创建的算法，在处理模糊结果和人类启发式或简单的近似解决方案时会很有效？实际情况并不是这样。

另一个著名的问题是旅行销售员问题，这是一个非常简单的问题。销售员想要前往波士顿、旧金山和纽约等几个城市。他想找到访问这些城市的最短路径，是应该按照纽约、波士顿、旧金山的顺序，还是纽约、旧金山、波士顿的顺序？显然，第一条路径更短。但是，当要去的城市很多时，这个问题会变得很棘手。注意，这个问题可以通过计算前往不同城市的所有路径找到最优解。这是一个明确且定义清晰的解决方案！

我们也可以找到非常好的模糊解决方案。很容易消除纽约—旧金山—波士顿这条最坏路径。另外两条路径也类似：纽约—波士顿—旧金山和波士顿—纽约—旧金山。这样来看，我们有两个可接受的结果。无论选择哪条路径，这个问题都有定义明确的结果：我们可以通过将所选路径与最佳结果进行比较，来评估所选路径是否可以接受。但是，我们不能对社交数据做同样的事情。即使我们的头脑中有一个"模糊的"可接受的结果，我们也无法将其与某个正确的结果进行比较。假设我们决定通过参加第二次晚宴的客人数量来评估我们的晚宴。75% 的客人出席了第二次宴会。但是我们真的不知道成功晚宴的标准是什么，是 90% 的出席率吗？我们也不知道对于其他的成功晚宴，第二次出席人数有多大差异是可接受的。假设社会过程有单一、最佳结果的算法会引发很多潜在问题。

现代计算中最"模糊"的概念性问题是图灵测试。现代计算机科学之父艾伦·图灵（Alan Turing）对机器是否可以思考很感兴趣。为了回答这个相当模糊的问题，他提出了一个结构良好的实验。该实验的初衷是解决这个问题。它为模糊、宽泛的问题设置了一个狭义、清晰且明确的结果。图灵测试背后的想法是创造一台非常"像人类"的计算机，以至于它会被误认为是人类。在实验的理念中，计算机程序必须在 5 分钟的键盘对话中，让超过 30% 的评委相信它是人类。

这个实验是否从根本上回答了"机器是否会思考"？不一定，但它为我们提供了一个框架，让我们在这方面迈进了一步。当图灵测试通过时，就意味着我们有一台机器可以让 30% 的评委相信它可以思考。在很多方面，社交行为也是如此：我们必须定义理论，创造指标，并开发狭义的实验来了解社交过程的各个方面。这将以重要的方式推动我们的发展或理解，并帮助我们重新构建更好的理论、指标和实验。

实际例子

以下是几个实际示例：

❑ **目标不明确的陷阱。** 通常，给定分析的目标并不明确。确定该分析可以评估的产品变化或业务目标，找出有助于实现目标的分析结果，对于识别目标都很有用。虽然这看起来很显而易见，但在实践中很难做到。

为什么？首先，组织可能有相互竞争的目标。例如，假设有一个产品，其目标是增加用户的健康行为。但企业不一定能直接利用这些健康行为赚钱，而是利用用户群的参与度和规模（用户每月可能访问该网站的次数）赚钱。在这种情况下，目标可能是矛盾的，因为所做的某些产品更改可能会增加参与度，但却会减少健康行为。我们需要量化这两个目标之间的关系，才能为公司找到最佳解决方案，这在实践中通常很困难。

其次，利益相关者自己可能都不了解给定分析的作用是什么。我们需要传达准确的信息。例如，A/B 测试和实验只能测试很少的变化。A/B 测试无法在数以百万计的潜在功能中寻找最佳功能进行测试，它只会测试我们选出来的少数候选功能。Web 产品的潜在变化可能是无限的，那么我们如何决定要测试什么呢？A/B 测试对此无能为力。利益相关者可能不了解这一事实，从而抱有不同的期望。

☐ **有限的文档**。通常，分析师和编写代码以收集数据的开发人员不是同一个人。当我们在 Google Analytic 或内部数据库中看到变量时，我们通常不知道它们正在捕获什么。更糟糕的是，公司通常只有有限的文档。在行业中，我们往往在充分了解某个变量所捕捉的内容之前就开始了分析过程。这种问题在各种规模的公司中都存在。它的影响通常被低估，且可能对已经完成的工作产生了影响。

1.3.3　社交系统信息不完整问题频现

在信息不对称的情况下，会出现不完整信息。信息不对称的情况包括一方比另一方拥有更多信息，或双方对各自的动机、回报和行为缺乏完整了解。不完整信息的问题也存在于许多 Web 产品中，因为对于产品而言，用户可能拥有不同程度的信息，而这些信息可能决定他们的行为。分析师也可能缺乏有关参与者潜在社交行为的完整信息。

从社会过程的定义（"个人或团体为实现预期目标而与其他人经历的任何双向互动"）来看，很明显，在解释社会过程时，理解参与者的目标非常重要。动机驱动行为。但是，与其他重要的社交变量一样，动机是基于信息的，从用户和分析师的角度来看并不总是很容易获得。

用户研究是分析师了解用户动机和其他重要社交维度的一种方式。但是用户研究（包括调查、焦点小组和其他获得反馈的方式）经常受到偏见或误解的困扰。我们可能永远都不会知道是什么激励了用户群——他们可能永远不会告诉我们，我们自己可能也永远无法观察到。在后面的章节中，我们将讨论如何处理不完整信息的问题。

实际例子

计步器数据

对于大多数产品，我们永远不会有完整的数据。例如，假设你有一份计步器数据。每个用户的步数每天都不同，而我们可能永远不知道原因。

我们可能会怀疑用户没有每天都佩戴计步器。通过调查、焦点小组和其他方法来征求用户的反馈是解决问题过程中的一个重要部分。获得定性数据对于回答这种类型的问题非常有用。定量调查数据可以与产品数据结合起来，但它仍然可能无法回答所有的问题，而且它可能与产品数据相矛盾。

每日步数的变化可能另有原因。也许它反映了用户日程安排的变化——用户请了一天假，跑了一场马拉松，或者进行了一趟旅行。

我们可能会对用户佩戴计步器的时间做出假设，或者假设用户每一天的日程安排都是相似的。有什么方法可以评估这些假设吗？

我们无法询问每个用户的个人模式，所以必须做出一些假设。这些假设的质量会大大影响我们理解和改变与产品有关的行为的能力。

1.3.4 社交系统由数以百万计的潜在行为组成

处理社会过程不可避免地要处理大量变量。假设有一个社交产品，我们可以在上面按任意顺序执行数百个操作。我们可以与其他用户及他们的内容进行交互，他们也可以与我们和我们的内容进行交互，这可能会导致出现数以千计甚至数以百万计的变量。有些变量是无用的，例如 Web 产品中两位用户首次对话的押韵程度。有些变量则非常有用，例如一条内容的发布时间。社交反馈与发布时间之间的关系对于了解该帖子是否会触发反馈非常重要。相比使用复杂的建模方法，找到正确的指标和功能进行跟踪对于构建优质产品更加重要。

拥有数百万个潜在特征会导致出现一个巨大的搜索问题，这简直是大海捞针。如何解决搜索问题并找到合适的变量呢？

用户分析专家可能能够在我们不知道的地方找到核心变量。人类往往会创造出很好的启发式方法，例如解决旅行销售员路径问题的方法。结果可能不对，但已经非常接近了。有时，著名的"嗅觉测试"可以作为变量筛选的第一关。当然，应该测试这些变量（我们不想陷入确认偏差的问题中），我们将在后面的章节中进行更多讨论。

确认偏差是我们根据已经相信的内容明确搜索结果或构建模式时发生的数据偏差。解决该偏差的关键是让用户分析专家提醒我们注意那些不在我们关注范围内的变量，从而帮助我们解决搜索问题。即便如此，我们也必须坚持对他们建议的变量或推断进行测试。

我们可以尝试根据上下文估计潜在变量的数量，并按类型组织变量。在产品中，可能有单独的行为变量、游戏变量、社交网络变量、社交互动变量等。将它们组织成概念层次结构有助于组织搜索空间以及识别遗漏的区域。有许多方法可以探索这个空间——依靠用户分析专家。使用随机性、试错以及查阅学术文献，这些都可能有助于识别高质量变量。

实际例子

戒烟动机

我们将在本书后面看到一个关于使用数字教练来帮助人们戒烟的例子。在那个例子中，我们收集了数百个变量并基于这些变量建立了匹配模型。但总是缺少一些东西，这些变量并不是那么有预测性。在阅读一些关于戒烟的学术文献时，我们意识到与戒烟有关的最重要的变量实际上是戒烟的动机。内在动机对于理解社会过程至关重要，但往往被数据科学模型所忽略。

1.3.5 社交系统通常是开放系统

封闭系统不与周围环境进行任何形式的交换，并且不受任何外部力量支配。然而，社交系统并不是封闭系统，因此外部变量会影响基础系统。许多物理过程和算法过程都是封闭系统，我们在大多数模型中都假设基础系统是封闭的。

例如，旅行销售员问题是一个封闭系统。我们假设没有其他外部变量可以影响到达不同城市的路径长度。然而，道路封闭、天气等因素都可能影响从城市 A 到城市 B 的旅行距离。当创建过程的模型时，我们必须假设这是一个封闭系统。一个小窍门是评估该假设的质量。需要多大的外部冲击才能改变这个基础系统？此外，我们需要考虑哪些变量可能会影响这个系统但我们没有考虑在内。

在处理封闭系统时，我们必须寻找可能对社会过程造成破坏的变量。对于晚宴模型，疾病、天气和不速之客都可能影响晚宴的质量。对模型造成最大损害的变量是罕见的事件变量，它们在发生时会产生巨大影响。

此外，我们需要关注为创建封闭系统所做的假设。能否评估需要多大的影响才能破坏系统？影响系统的机制是什么？即使我们不能完美地回答这些问题，探索它们依旧是个很重要的环节。

实际例子

我们可以"游戏"游戏吗？

在许多手机游戏（实际上是任何游戏）中，"作弊"的存在是为了帮助游戏者获得比他们本应获得的更有利的地位。通常情况下，游戏参与者对"作弊"的感受在开始时会比较轻微，很快就会一发不可收拾。如果一个作弊行为足够大，比如直接升级或积累无限的资源，它就会迅速改变你的整个游戏生态系统。

在多人游戏中，如果游戏因这种作弊行为而变得过于不平等或向某些玩家倾斜，就会使新用户流失。作弊可以把一个伟大的多人游戏变成一个糟糕的多人游戏，需要马上处理。没有考虑到的外部变量或现象，如导致作弊的 bug 或意外的游戏模式，会极大地改变多人游戏的社会动态和难度。重要的是，要马上处理那些可能对你的产品造成外源性或外部冲击或改变社区运作方式的主要变量。

总会有用户试图"游戏"这个系统。问题是这些"作弊"有多重要，对它们的了解有多广泛。游戏社区可能是联系紧密的，会让"作弊"的知识迅速传播。

1.3.6 推断因果关系几乎是不可能完成的任务

通过变量之间的因果关系可以生成可实践的洞见并改变对应的用户行为。例如，如何让用户购买更多产品？如果我们能理解导致用户购买更多产品的因素，那么就可以建立非常有利的业务模式。

推断类型

有几种方法可以验证我们的推断，无论是因果关系推断还是其他推断。如前所述，验证因果推断的一种方法是将其与反事实进行比较。大多数科学实验都是通过这种方式进行验证的。

想象一下在培养皿中进行实验的情形。假设我们要用两个培养皿测试青霉素对细菌生长的影响。我们将青霉素滴入其中一个培养皿，另一个培养皿不滴入青霉素，然后将两个培养皿置于类似的环境中并观察效果。这是验证推断结果的一种方式——在本例中，我们推断青霉素会抑制细菌的生长。在进行实验后，我们可以确定青霉素的作用。遗憾的是，并非所有情况都适合这种形式的推断。此时，我们可以尝试使用其他类型的推断。

统计学家通常依赖基于随机性的推断。基于随机性的推断可以用来测试因果关系，但必须在设计上做更多工作。它是如何工作的呢？假设某个事件不太可能随机发生，如果它发生了，那么可能是由某种原因导致的（即不是随机的）。

我们可以这样想，假设地震每两年袭击一次某个偏远岛屿。该岛上无人居住，因此没有人观察到上个月是否发生了地震，但我们可以观察并测量当前藻类的生长情况。地震后的一个月，我们往往会看到藻类快速生长。在没有地震的情况下，藻类自然地达到这种生长速率是非常罕见的——假设这种生长速率每百年中才会有一个月的时间自然出现。回到刚刚的岛上，如果我们观察到藻类大量生长，那么可以推断上个月发生地震了吗？

这听起来像是一个脑筋急转弯问题——但事实并非如此。这种藻类生长速度随机发生的情况非常罕见，因此我们可以推断它很可能是由上个月的地震引起的。我们还可以通过贝叶斯法则计算错误的概率。通过基于随机性的推断，我们永远无法确定是否发生了地震。地震只是非常非常有可能发生，以至于我们假设它真的发生了，而且在大多数情况下也确实真的发生了。

贝叶斯法则简介

贝叶斯法则根据对可能与事件有关的条件的先验知识，描述了事件的概率：

$$P(A \mid B) = \frac{P(B \mid A) \cdot P(A)}{P(B)}$$

回到地震的例子，让我们用贝叶斯法则推断地震发生的概率。在藻类大量繁殖的情况下，发生地震的概率可以利用我们已知的概率来重写。我们已知在有地震和没有地震的情况下，出现藻类大量繁殖情况的概率分别为 1 和 1/1200。如果发生了地震，藻类大量繁殖的情况总是紧随其后发生，所以发生地震后藻类大量繁殖的概率是 1。每 100 年有 1 个月会自然出现藻类大量繁殖的情况，所以 1/1200 是自然发生藻类大量繁殖的概率。发生地震的概率是 1/24，因为它每两年发生一次。

知道了这些概率后，我们便可以使用贝叶斯法则来寻找条件概率，即在藻类大量繁殖的情况下发生了地震的概率。贝叶斯法则方程的分母是藻类大量繁殖的概率，也就是在地震发生的情况下藻类大量繁殖的概率和藻类自然大量繁殖的概率。这一事件因地震而发生的概率是 1/24。我们还必须考虑自然原因导致的藻类大量繁殖的概率，即 1/1200 ×（23/24）。贝叶斯法则方程的分子中的一项是反向条件的概率，也就是地震发生时藻类大量繁殖的概率，这个概率是 1。分子的另一项是地震发生的概率，因为地震每 24 个月发生一次，所以这个概率是 1/24。如果将其相乘，就会得出：大约 98% 的情况下，藻类大量繁殖是地震导致的。

$$P(\text{发生地震}|\text{藻类大量繁殖}) = \frac{P(\text{藻类大量繁殖}|\text{发生地震}) \times P(\text{发生地震})}{P(\text{藻类大量繁殖})}$$

$$P(\text{藻类大量繁殖}) = P(\text{藻类大量繁殖}|\text{发生地震}) \times P(\text{发生地震}) + $$
$$P(\text{藻类大量繁殖}|\text{没有发生地震}) \times P(\text{没有发生地震})$$

$$P(\text{发生地震}|\text{藻类大量繁殖}) = \frac{(1) \times (1/24)}{(1) \times (1/24) + (1/1200) \times (23/24)}$$

$$P(\text{发生地震}|\text{藻类大量繁殖}) \approx 98\%$$

通过基于反事实的推断，例如培养皿细菌实验，我们可以明确地测试因果关系。当依赖随机性时，原因和结果便是设计实验时需要考虑的要素。我们可以通过设计参数来确定随机性的差异是否表明存在因果关系。但是，基于随机性的推断处理的不一定是因果关系。在地震与藻类例子中，我们评估的是事件是否发生，而不是因果关系。

验证推断结果的另一种方法是通过预测。如果我们可以预测结果，那么就可以验证预测模型。当预测结果具有一定重要性时，预测推断很有用。例如，人口统计学家专注于预测总人口。预测未来五年或十年的总人口数据对于评估社会需求相当重要。例如，学区可能需要对未来五年从幼儿园到高中的学龄儿童数量进行评估，从而建设足够的学校，聘请充足的教师，并购买足够的教材。

同样，政府可能需要估计退休人口，以便建立疗养院设施并培训提供护理的医务人员。按年龄预测人口本身就很有用。以人口为例，我们不一定需要了解是什么因素导致了人口增长，相反，未来人口估计的准确性更为重要。

有时，分析师认为验证是否了解用户行为的最佳方法是对其进行预测。在工业领域，许多公司使用预测模型来寻找好的预测变量，并假设它们会影响结果或者因其预测能力而对系统很重要。

与因果推断不同，预测推断的变量可以是相关的或定量相关的，但不一定具有因果关系。我们将在后面几章讨论为什么这是不好的实践。预测推断验证了我们所使用的模型相比其他模型的质量的好坏，或者说它验证了模型对某个量的未来值的预估准确度，但它不能验证变量之间的因果关系。

在本节中，我们介绍了三种不同类型的推断：实验推断、基于随机性的推断和预测推断。我们将在本书后面的章节中更详细地介绍这些方法。

1.4 为什么因果关系很重要

就业计划能帮助工人找到工作吗？从长远来看，高质量的教育是否会带来更高的收入？喝红酒能延年益寿吗？回答诸如此类的因果问题至关重要。它能帮助我们做出关于健康的决策，帮助政府建立有效的计划，并帮助我们开发有效的 Web 产品。

如前所述，为了评估因果关系，我们依靠具有令人信服的反事实或统计设计的实验。

因果推断非常强大，因为它可以改变行为和结果。如果我们知道红酒可以延长寿命，我们就可以喝更多的红酒，从整个人口的统计角度来看，我们会活得更久。如果我们知道就业计划有效，政府就可以针对就业计划投入更多。了解因果关系后，就可以采取相应行动，从而得到更好的结果。

影响的范围，即影响有多大，虽然并不总是能被考虑或准确估计，但也很重要。如果每周喝三天红酒平均可以延长一年的寿命，那么喝红酒的人群平均会多活一年。太棒了！这是一个很好的结果。我们希望每个人都每周喝三天的红酒！

如果能找到导致结果的因素，并且平均而言它们会产生很大的影响，那么就可以开始拉动这些"操作杆"了。将因果关系想象成一台有着很多操作杆和一个输出的卡通机器。假设我们知道每个操作杆对输出的影响，那么就可以拉动所需的操作杆来创造完美输出。正如我们在上一节中所讨论的，对于社会过程，数以百万计的变量或操作杆都可能会影响结果。我们需要找到（在大型搜索空间中搜索）并隔离我们认为最强大的操作杆，并对其进行测试。

显然，这说起来容易做起来难——但如果能找到这些操作杆，我们就可以改变我们产品中的行为和结果。在社交产品中，假设我们希望用户购买雪地摩托。如果能找到导致更多购买量的潜在操作杆，那么我们就可以拉动它们。

现在我们将思路转到考虑个人购买雪地摩托的行为。可能有各种各样的先天和后天因素，如用户喜欢寒冷天气的遗传倾向，用户父母是否带用户去玩雪地摩托，用户的地理位置、受教育程度、年龄、收入、朋友的喜好、空闲时间，以及网站质量、现有雪地摩托型号等。有太多的因素，以至于很难选择要考虑哪些。

假设我们发现乘坐雪地摩托、走进雪地摩托陈列室以及朋友是否拥有雪地摩托与购买雪地摩托存在因果关系。如果这些因素的影响都很大，那么我们可以尝试拉动这些操作杆。我们可以向企业负责人提供此建议，这样他就可以更好地吸引客户并将雪地摩托定位到合适的客户以增加收入。

社交产品的经验表明，大多数因素往往具有较小的因果效应。找到那些具有较大因果效应的因素非常困难，需要我们深入了解用户行为或运行大量测试。后面讨论 A/B 测试、统计匹配、自然实验和其他方法时，我们将继续讨论如何改变用户行为。

实际例子

最后的呼吁：有效的反事实

有很多时候，我们无法进行 A/B 测试，但仍然希望知道其中的因果关系。这可能是因为活动已经开始了，或者对大型营销活动进行 A/B 测试的成本太高。不管是什么原因，我们可能仍然能够通过找到一个有效的反事实来推断因果关系。例如，我们可以利用地理上的差异。通常情况下，媒体活动（例如电视活动）只在某些指定的市场区域（Designated Market Area，DMA）进行。如果能找到两个对可能媒体活动效果的影响非常相似的 DMA——其中一个有媒体活动而另一个没有，那么就可以用没有媒体活动的 DMA 作为有效的反事实。使用地理差异（这里是指 DMA，但也可以按县、州或国家）或其他维度（即时间或随机切割点）来创建有效的反事实，进而评估因果效应是可行的。

虽然这些因果效应的估计可能并不完美，但它们可以提供大量的证据来支持未来的 A/B 测试活动。这些测试因果效应的事后努力在行业中特别有用。

本章介绍了在 Web 产品环境中分析用户行为的一些独特问题。社会过程是过程，而不是问题。它们是具有大量潜在变量和结果的开放系统，信息不完整的问题非常普遍，并且没有明确定义的结果。当然，这些问题使得推断因果关系极其困难——但因果关系是改变行为和理解社交系统的核心。本书将为你提供一个全面的工具包来解决这六个问题，让你能够使用可用的最新方法来深入了解 Web 产品。

1.5　可实践的洞见

本章的可实践洞见如下：

❑ Web 产品是社交宇宙的缩影。

❑ Web 产品中的社会过程与现代数据科学解决方案之间存在差距。

❑ Web 产品是一个开放的过程或系统，包含数百万种可能的人类行为。它充满了不完整的信息，没有明确的结果，并且因果关系难以找到。

❑ 我们需要通过反事实来推断因果关系。许多分析师使用预测验证或变量间的相关性得出了不正确的因果关系。

第 2 章将构建 Web 产品的概念模型以及测试这些模型的指标。

构建社交宇宙理论

第 1 章中有一个例子说明用户分析有时感觉就像打地鼠游戏。在这种游戏中，不同的事实交织在一起，试图创造一个有凝聚力的故事，但却不断被更新的信息打乱。为了帮助你避免相关问题，本章将引导你完成构建可测试理论的过程。我们将从晚宴示例开始，以三个可测试的潜在用户分析理论结束本章。每当需要分析 Web 产品中的新社会过程时，都应该从理论构建开始。这是获得可实践洞见的必要基础。

本章涵盖以下主题：

❏ 构建和验证概念模型。

❏ 根据抽象的、无形的概念创建指标。

❏ 从数据中推断人类行为。

本章可作为一份实用指南，可引导大家构建概念模型、验证假设，创建测试用户行为相关复杂理论的指标。拥有扎实的理论是从 Web 产品或移动产品中提取可实践洞见的基石。

2.1 构建理论

第 1 章深入探讨了使用行为数据和社会过程建模的一些困难。本章将帮助大家构建可以测试的理论并对相关概念进行定义。假设产品存在内容生成问题，用户没有在产品中生成或共享足够的内容，从而导致产品没有吸引力。这是导致产品缺乏黏性的一个常见困境。为了测试是否真的如此，我们需要创建指标来量化内容的质量和数量。

定义数量相对容易。我们可以通过计算消息、图片和评论的数量来实现这个目标。但是确定内容的质量意味着我们需要衡量诸如"令人惊讶"或"有趣"之类的定性概念。本章将介绍如何从抽象理论中得到可量化的指标。

2.1.1 花式算法不能解决所有的问题吗

构建理论对于改进 Web 产品至关重要，因为我们需要一个规则来理解产品中发生的事情。否则，我们就会面对一连串难以理解的事实。

我和一位负责某大型跨国公司某个核心业务的高管有过一面之缘。他跟我们聊到他花了数百万美元聘请外部公司在不同方面对他的业务进行 A/B 测试。他知道在场景 X 下，用户会选择 Y，并且他知道用户正在从产品 P 转向 Q，但这些还是不能帮助他更好地了解产品，他不知道如何将这些信息融入对产品更广泛的理解中。现在回想起来，我希望我当时能说："只要你向我支付外部咨询公司一半的价格，我就可以为你提供更好、更全面的产品视图。你所要做的就是改变理解用户行为的方法。你需要从更高的层面开始，循序渐进地深入细节，而不是从细节开始。"

用户为什么要使用这位高管的产品？产品到用户手中后，他们会做什么？他不确定。他毫无头绪，仅仅是在几个毫无关联的方面提出假设然后进行测试。我们无法以一种可理解的方式将这些信息放在一起，所以一些小数据块看上去就毫无用处。最终，这个项目以失败告终。数据是有用的，但前提是我们有更宽泛的背景来理解——而这正是理论为我们提供的。我们需要一个全局视图来组织我们的想法。它帮助我们记录需要在产品中测试的内容以及尚未解决的问题。

2.1.2 无意义的一次性事实

与这位高管的情况一样，在我们快节奏的世界中，有趣的一次性事实使一些人看起来更有见识。但这会导致随机事实的扩散，这些事实会模糊而非增强我们的理解。

假设你是一家新公司的数据科学家，该公司提供 Web 流媒体平台（基本上是 Fire TV 或 Roku 类型的设备，你可以通过社交功能从其他来源获取流媒体视频）。当你开始工作时，经理会告诉你以下三个事实并征求你的建议：（1）订阅了 Netflix 的 Roku 用户在月底时，使用频率会下降；（2）当用户失业时，他们使用 Roku 的概率更高；（3）新用户一般要等到收到信息后再发出新的消息。基于此，经理会向你提问："你对提高用户参与度有什么建议？"

从数据分析的角度来看，正确答案是你不知道。（当然，就像本书中的所有内容一样，仅仅因为某些东西从统计或分析的角度来看是有意义的，并不能使其在工作环境中变得好用。）

概括地说，在某些随机情况下，用户会这样做或那样做。你问自己，其他时候发生了什么？更准确地说，非 Netflix 订阅者的使用情况如何，受雇用户的使用情况如何，以及采取其他社交互动类型（例如被动消费他人的内容，点赞或关注其他用户）的用户的使用情况如何？只听到这三个事实，我们实际上并不知道产品的其余部分发生了什么。通常人们只是用错误的假设来填补信息空白，例如假设"非 Netflix 用户的使用量会在月底增长。""在失业后，用户感到沮丧并频繁使用 Roku。"以及"新用户不会参与任何其他社交行为。"但这些假设真的成立吗？和以前一样，我们可能知道，也可能不知道。

大多数人在接受和理解新事实之前，需要了解事情的环境或背景。没有环境，我们就像迷路的小狗。我们会看到一些熟悉的路标，但不知道如何回家。这就是需要用数据证实的心智模型或理论的原因，这对我们来说太有用了。它使我们能够将用户行为情景化，情景中的事实可以增加这种理解的丰富性。

2.1.3 类型学的艺术

分类（将对象分组的做法）是一种非常有用的理解和概括行为的技术。在我看来，这种技术使用得还不够多。是否有效地使用类型学是从假设或模型中能否获得可操作的洞见的判断标准。

当我以数据科学家的身份参加第一份工作时，公司要求我接管一个项目，并要求在产品中量化用户的社交行为。该公司对社交行为类别没有明确的定义，只是将所有的社交行为（例如点赞、发送消息和互动内容）的数量，进行相加。这种方式导致指标对于社交行为的量化完全无效且无意义。简单地将所有社交行为（包括入站与出站⊖）进行加和会建立错误的指标。它将许多类型的用户混为一谈：（1）具有大量入站交互（意味着消息传入）的用户；（2）具有大量出站交互的用户（意味着消息传出）；（3）具有不同数量入站和出站交互的用户。

这种做法认为用户是单一维度的人：他们要么参与一些社交互动，要么不参与。人们也很快意识到，计算这些行为通常会导致冗余信息。例如，活跃的社交用户通常会有很多消息和点赞——而且由于这些操作高度相关，因此通过简单地将信息汇总并不能针对社交行为获取更多新的信息。在这里，我们没有将用户的被动行为视为社交活动。实际上，评论或发送消息的第一步——阅读他人的内容——通常都是被动的。因此，我们需要重新思考社交行为是如何运作的，不同类型的社交互动是如何相互关联的，以及如何构建能实际反映社交行为的有意义指标。

分类使我们能够按上下文以有意义的方式对大量数据进行排序和组织。在"社交行为"下设置类别有助于我们获取大量变量并形成类型学——也就是将具有意义的社交行为子类型分组的方法。例如，假设对社交行为很重要的维度是主动或被动、传入或传出，我们可以创建如图 2.1 所示的社交行为类型。

我们有四种社交行为类型：

❑ **主动外向社交**：外向且主动，例

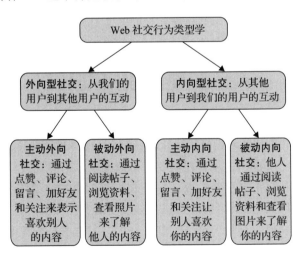

图 2.1 社交行为类型学

⊖ 这里是指主动发起和被动发起社交行为。——译者注

如发送消息或点赞别人的帖子。

❑ 被动外向社交：外向且被动，例如阅读他人的帖子或查看他人的资料。

❑ 主动内向社交：内向且主动，例如让他人向你发送消息或评论图片。

❑ 被动内向社交：内向且被动，例如让他人阅读你的内容。

使用这个分类方案，我们可以更好地对我们看到的行为进行归类，并更全面地理解这些不同类别的社交行为中的模式。我们还可以确定哪些行为是有趣的。例如，我们可以问一问为什么这个人会选择被动类型的互动而避免积极的参与。此外，传入的消息如何影响传出的消息？我们能否通过已建立的账户向所有新用户自动发送"欢迎"消息来增强消息传递？

如果不对社交行为进行分类，这个概念就会变得毫无意义，我们也将无法用它做其他事情。构建类别似乎是一个简单的过程（而不是烦琐或有趣的分析工作），但它是必不可少的。此外，如果不进行分类，也就没有可实践的洞见产生。

2.1.4 项目设计过程：理论构建

项目设计过程是从用户行为模式概括到测试和推断的过程。项目设计过程有四个核心方面：

❑ 理论开发：针对用户在产品中的行为构建一个通用模型。

❑ 假设生成：定义一些有助于验证该理论的可测试陈述。

❑ 指标创建：寻找代表所需数量的可量化度量。

❑ 建模和推断：进行实验和建模，在原始理论的基础上进行推断。

项目设计过程的所有这些核心方面都是充分探索用户行为所必需的。接下来的几节将探讨项目设计过程的前三个方面。图 2.2 中展示了整个项目设计过程。

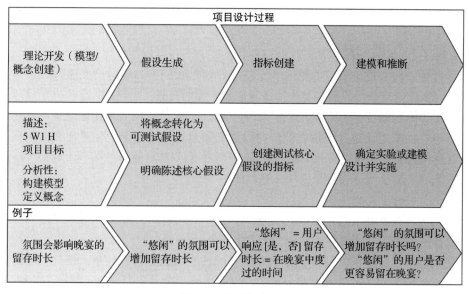

图 2.2 项目设计过程

2.1.5 好理论的实现步骤

在讨论理论项目设计过程的重要元素之前，我们先定义一下理论。

理论

为解释现象而提出的合理的或科学上可接受的一般原则或原则体系。

在这里，我们经常试图解释或预测的现象是人类行为。我们试图对解释人类行为的原则进行定义。理论有两个核心组成部分：概念和原则。正如我们在上一节中讨论的那样，**概念**是抽象的想法。**原则**是"一种基本事实或主张，是信念系统、行为或推理链的基础"。原则是论点中想法之间的联系。它们建立了不同对象或概念之间的相互关联关系。

理论并不是假设。**假设**是需要测试的智力猜想，而理论远不止于此。从本质上讲，**理论**是一组可以解释某种现象的已验证或可测试的因素的集合。

我们想要开发理论的基本原因有两个：一是方便了解系统，二是方便预测未来行为。了解系统通常意味着解释某些事情发生的原因。一旦我们可以回答为什么，就可以修改系统。许多高管想要得到一些可实践的洞见。通过了解系统中某些行为产生的原因，我们可以获得洞见，并以我们想要的方式改变行为。

预测系统中的未来行为也很有用，因为我们可以使用这些信息做出更好的营销和投资决策。例如，我们想了解人们购买某些产品的原因（从而增加销量），至少要了解是什么导致他们购买产品，以及他们将来是否会再次购买。好的理论能够加深我们对购买行为的理解，让我们能够预测未来谁可能会购买产品。

在构建理论时，我们需要确保一些基本要素。本章将讨论好理论的五个特性：它需要是可归纳的、客观的、可验证的、可证伪的和可复现的。我们将详细介绍每个方面。在此之前，我们考虑一下这个问题，即我们从哪里开始理论构建过程？

2.1.6 描述：问题和目标

项目设计过程或理论构建的第一步是描述。如果我们不知道自己在做什么，那么就无法评估或分析任何东西。我们需要先描述我们感兴趣的过程。

我们回到晚宴的例子（见第 1 章）。如何创建一个简单的模型来更好地理解是什么让晚宴变得有趣？在确定什么是有趣之前，我们需要知道晚宴上究竟发生了什么以及有趣指的是什么。这里需要思考和回答几个核心问题：

❏ 人们在晚宴上实际在做什么——5W1H？

❏ 什么让晚宴变得有趣？

❏ 人们为什么要做他们正在做的事情？

❏ 是什么激励了我们的客人做他们所做的事？

在新闻业中，针对任何故事新作家要回答的核心问题是谁、何事、何地、何时、为什么和如何（也称为 5W1H）。在产品分析中，也有类似逻辑。我们需要了解产品的核心功能，通过回答这些核心问题，我们对想要理解的东西将有更好的理解。Web 产品提供哪些功能？

人们在产品中做什么？谁在做这些事情，他们是如何做的？何时何地发生？最后，它们为什么会发生？

我们还是从晚宴开始这个过程。首先，我们需要回答谁来了，什么时候来的，他们在宴会上做了什么，他们是怎么做的。假设你是墙上的一只苍蝇，可以看到客人所做的一切。我们可以概括地说，客人参与了三种类型的活动：（1）社交；（2）观看比赛；（3）喝酒和吃饭。参加晚宴的每个人都经历了活动 1 和 3，但很多人没有经历活动 2。这三项活动上所花费的时间和强度因人而异。还有一些客人在宴会上没有做的事情，例如睡觉、看书或整理院子。这些洞见是我们理论的基础。

为什么描述很重要？如果不评估可能发生和确实发生的事情，我们无法构建理论。对于 Web 产品，用户行为通常是不可观察的。我们需要考虑产品的核心功能，并确定什么是可能的以及它意味着什么。假设我们有一个 Web 产品，用户唯一可展示的社交行为就是给某次购买行为点赞。例如，乔买了一辆雪地摩托，玛莎在他的个人资料上看到了他的购买记录并点了赞。在这种情况下，"点赞"是什么意思？玛莎是谁？玛莎在现实生活中认识乔吗？这些都是此时需要思考的问题。我们需要了解产品的功能，并从更高层面上了解用户在产品中的行为。

一旦我们知道发生了什么，那么我们必须考虑到结果。我们想了解或解释什么？对于晚宴的例子，我们想了解怎样才算是一次很棒的宴会。所谓很棒，是指我们的客人玩得很"开心"，并且未来他们愿意参加类似的宴会。基于此，我们可以理论化哪些行为或过程对这个结果有重要作用。

2.1.7 分析性：理论和概念

接下来，应该考虑原因方面。为什么用户如此行事？是什么激励了他们？有没有能想到的联系或机制？我们将深入探讨这个过程。现在，我们针对晚宴提出一个理论。

例如，从理论上讲，我们认为有三件事对举办一场很棒的宴会很重要：

❏ 愉快的社交氛围。
❏ 美味的食物和饮料。
❏ 友好的客人。

当这三件事正确组合时，客人会感到轻松自在，能够实现他们度过一个轻松、有趣的夜晚的目标，并且未来愿意再次参加这样的宴会。

我们刚刚描述了我们认为直观上正在发生的事情——假设。该假设可能是正确的，也可能是部分正确的，还可能是错误的，所以我们需要对模型进行测试。可是现在我们并没有测试它的工具。例如，我们不知道如何量化愉快的社交氛围。此外，我们的理论中也没有明确的陈述可以验证。2.2 节将讨论如何概念化、测量和测试理论假设。基于此，我们首先需要了解好的理论的组成部分有哪些。

2.1.8 好理论的特性

某些特性使一种理论优于另一种理论。好理论的五个特性如下：

❑ 可归纳：识别普遍现象、行为或诱因。

❑ 客观的：无偏见。

❑ 可验证：可测试。

❑ 可证伪：可以被证明是假的。

❑ 可复现：保持一致且可以在不同的上下文和示例中显示。

本节将详细讨论这五个特性。

2.1.8.1 可归纳

虽然理论开发是一个创造性的过程，但我们仍可以使用一些技术来促进这个过程。第一步是了解可能发生的事情和已经发生的事情。我们在上一节关于晚宴的部分探讨了这个过程。在这一步，我们要全面了解产品，并对用户如何与产品交互有一个大概的看法。对于 Web 产品，应该避免在第一步中收集任何数据，只需观察产品的行为，全面了解正在发生的事情以及哪些功能可用，哪些功能不可用。不要因过早地查看过多数据而使理论产生偏差。

第二步是制定可测试的陈述——假设生成的过程。要开始这个过程，我们需要关注好理论的第一个特性，即它是充分可归纳的。归纳是什么意思？这意味着我们可以在不同的人、事物或过程中找到共同的现象。例如，我们可以归纳出人们来参加晚宴的目的是吃晚饭，因为每个人在晚宴上都会吃晚饭。

即使不总是正确，归纳对理论开发仍然很有用，因为它允许我们从个人用户行为中进行抽象，尽管这一行为需要非常谨慎。一些异常值绝对不会被给定的归纳过程描述，所以当我们为普通用户开发功能时，可能会剔除重要的异常值。有时，最好的用户刚好是这些被剔除者，因此对产品以及产品功能更改所瞄准的目标人群有一个很好的了解尤为重要。

我们考察模型或归纳的质量的两个重要统计概念是 I 类错误和 II 类错误（见表 2.1）。I 类错误和 II 类错误有时会严重到足以迫使我们废弃模型。假设我们已经确定了到达晚宴后不久就吃东西和饥饿之间的关系。我们的简单模型是，每个饥饿的人都会在参加晚宴后 30 min 内吃晚饭。假设有些人饿了但没有在 30 min 内吃晚饭（也许因为他们聊天分心了），有些人即使不饿也会在 30 min 内吃完晚餐（也许因为他们无事可做）。当我们仅仅因为他们没有在 30 min 内进食就将真正饥饿的人归类为不饿的人时，就会发生 I 类错误。当我们仅仅因为他们在 30 min 内进食而将不饿的人归类为饥饿的人时，就会发生 II 类错误。当进行归纳时，我们通常会犯一些 I 类错误和 II 类错误。I 类错误和 II 类错误可以表明我们理论的归纳能力。完美的理论不会有 I 类错误或 II 类错误。

表 2.1　I 类错误和 II 类错误：原因和潜在结果

零假设 如果客人在 30 min 内吃了晚餐，那么他们饿了	零假设为真，饿了	零假设为假，不饿
未能拒绝零假设 客人在 30 min 内吃了晚餐	真正的推断结果 他们很饿，在 30 min 内吃了晚餐	II 类错误（假阴性） 他们并不饿，但他们在 30 min 内吃了晚餐
拒绝零假设 没有在 30 分钟内吃晚餐	I 类错误（假阳性） 他们很饿，但他们没有在 30 min 内吃晚餐	真正的推断结果 他们不饿，所以他们没有在 30 min 内吃晚餐

再犯风险：Ⅰ类错误和Ⅱ类错误

现实世界中有一个关于Ⅰ类错误和Ⅱ类错误的令人痛心疾首的真实例子，就是罪犯再犯罪风险，即被假释的囚犯犯下新罪行的概率。在假释听证会上，法官会拿到一份再犯风险报告，该报告展示了被假释者对关于生活方式、过去行为以及其他人口统计和社会经济因素等方面的200个问题的回答情况。模型会计算一个分数，表明被假释者再次犯罪的概率。

然而，与大多数模型和理论一样，预测算法也存在一定程度的Ⅰ类错误和Ⅱ类错误。它们无法预测某些人是否会犯罪，也会对没有犯罪的人误判。这是个问题，因为错误的程度会影响某人是否最终入狱以及入狱多长时间。本例中的零假设是模型给出的分数准确地预测了犯人是否会犯下另一项罪行。如果假设无效，那么就有Ⅰ类错误或Ⅱ类错误。Ⅰ类错误率高意味着不会再犯罪的犯人被送进监狱。从纳税人的角度来看，这意味着为了囚禁对社会没有风险的人而付出高昂的成本。Ⅱ类错误率高意味着释放将犯下新罪行的犯人，他们的犯罪行为会给社会带来影响。

我们如何平衡这两种风险？其中一个比另一个更糟糕吗？考虑到潜在的成本，是否值得拥有一个模型？这些是我们需要针对每个假设都要回答的问题。这是一个很好的例子，因为我们也有数据偏差的问题。因此，了解Ⅰ类错误和Ⅱ类错误的成本以及构建预测算法或模型的基础数据的质量非常重要。这个例子也说明如果模型建立在有偏差的数据集上，预测算法是不公正的。

第三步是寻找想法间的联系。**联系**是两个被认为不同的想法之间的明确关系。创造力通常被认为是建立不同联系的过程。大多数人过滤信息过滤得太重了。例如，回到晚宴的例子上，我们可能会假设人们的谈话主题与房子的布局无关。但我们可能会错过重要的联系。一个可能的潜在联系是较小的房子会产生更高质量的谈话。在更大、更宽敞的房子里，谈话主题可能更笼统，类似于闲聊。相比之下，在更小、更舒适的房子里，人们可能更亲密。这种差异也可能涉及这样一个事实，即我们在更大的房子里会邀请更多人参加宴会，这意味着参加者认识的人更少。在这一点上，我们并不是要确定这些联系是否真实，而是要确定它们是否可能存在并且是否有趣。

此外，归纳也试图回答"为什么"或理解潜在的因果过程。思考并分析行为"为什么"发生很重要。例如，在晚宴示例中，我们可能假设晚宴参加者之所以会来是因为他们没有比参加我们的晚宴更好的活动。是否有选拔机制，使得更受欢迎或更靠谱的人没参加？在一些自然系统中，因为有一些因果关系的特征，所以建立这种关系可能更容易。正如我们在第1章中所讨论的，社会过程通常有数以千计的因果变量，我们的工作是根据因果效应的大小找出最重要的变量。我们将在第6章和第10～13章详细讨论如何找到这些变量并评估它们的影响。

2.1.8.2 客观的

好的理论是客观的。人人都有偏见。其中一些偏见是有意识的，而另一些则是无意识的。偏见会影响我们思考和看待 Web 产品的方式。人们喜欢确认他们想看到的，这种倾向称为**确认性偏见**。偏见也会影响我们将在产品中测试的内容以及评估这些测试的方式。在构建理论时，我们可能要咨询外部资源，这样可以尽量减少偏见，并尽可能保持客观。我们还应该尽最大努力在我们相信推断结果之前测试和验证它是否正确。这一步非常重要，因为当新的信息与当前持有的信念、观点和想法相矛盾时，人类会面临压力或不适——这种情况被称为**认知失调**。

2.1.8.3 可验证

好的理论必须是可验证的。这代表什么意思？首先，这意味着我们必须能够检验这些理论。验证主义意味着只有通过感官可验证的陈述才是有意义的，否则它们就是逻辑真理。例如，弦理论是一种关于宇宙的理论。它指出通常微小的字符串是所有事物的基础，但它们太小了以至于人们无法看到甚至无法测试它们是否存在。这个理论很酷很有趣，也有原理的存在，但目前还无法验证。

2.1.8.4 可证伪

好的理论必须是可证伪的。可证伪性指的是证明理论不真实的能力。如果理论的核心要素不成立，那么该理论就会失败并被证明是错误的。例如，假设有以下理论："平均而言，美国女性比德国女性高，只是因为美国人在青春期喝了更多的牛奶。"你可以查看美国女性和德国女性的平均身高来验证这一理论。

假设你发现一群德国女性更高。这个事实并不能支持该理论。因此，你调整了陈述，将其改为"美国中西部女性比德国女性高，因为她们喝的牛奶比其他美国女性多。"你总能想出办法让所谓的修正理论成为现实，但这些调整与最初的假设并不相符。现在假设加利福尼亚洲女性青春期喝的牛奶比美国中西部女性少，但比德国女性喝的牛奶多，但仍然比德国女性矮。这个发现会推翻你的理论。

假设真正决定女人身高的唯一因素是她母亲的身高。这个理论根本无法通过充分的测试来证伪。在现实生活中，证明理论实际上非常困难，因为证明给定的变量之间没有因果关系并不是一件容易的事。我们将在第 6 章和第 12 章中更详细地讨论这个问题。

2.1.8.5 可复现

好的理论也必须是可复现的。这意味着我们能够看到某种类型的行为发生不止一次，而是一次又一次。例如，假设我们认为吸烟会导致癌症。为了证明这一理论，我们需要看到不仅在一个队列中，而且在大多数或所有队列中吸烟者的癌症发病率更高。可复现的结果表明，我们不仅在处理随机误差或噪声，而且还在处理真实的事物。

在这种情况下，我们还需要考虑吸烟与癌症之间的关系。吸烟会将危险的化学物质吸入肺部，导致基因突变，从而导致肺癌。从吸烟到癌症的过程称为机制。好的理论能够描述现象的机制。

现在，我们总结一下我们对好理论的特性的讨论。首先，好的理论需要具有广泛性和可归纳性。我们应该能够描述有趣的过程，最好与感兴趣的元素建立新的联系，同时仍然能描述完整的行为过程。其次，好的理论必须是客观的。我们需要审视偏见，尽量避免因偏见而耗费过多精力。再次，理论需要是可验证和可证伪的。这意味着我们应该能够测试它并表明要素何时不成立。此外，当我们的想法被证明不正确时，我们无法通过改变目标或理论来匹配期望结果。如果关键的基本原则被打破，就必须放弃理论。最后，理论描述的行为应该是可复现的或反复出现的。好的理论还试图回答"如何"问题，记录因果效应的机制或解释变量相互影响的方式。

让我们回到晚宴理论，该理论指出悠闲的环境、美味的食物和友善的人会让更多人愿意参加未来的宴会。这个理论是对行为的概括，但这并不是说只要有悠闲的环境、美味的食物和友善的人，就一定会让人们来参加，只是说这些条件会增加人们参加的意向。理论应该是客观的。我们努力不让偏见影响理论，查看描述性数据，并提出相应理论。理论应该是可验证的：我们可以测试假设是否正确。理论应该是可证伪的：如果核心假设是错误的，那么理论就会崩溃。理论也应该是可复现的：这种关系会发生在任何一方——无论是今天发生还是十年后发生。

现在我们有了理论，但可以测试的东西很少。首先，我们可以测试是否准确地描述了这种现象。其次，我们可以测试理论中的假设是否成立。我们还可以对这种现象发生的原因进行理论分析，并设计出测试该部分的方法。最后，如果想用该理论来预测未来的行为，我们可以测试它在这方面的有效性。所有的测试内容都将在后面的章节中介绍。

2.2 概念化和测量

回答最初的描述性问题会产生可观察的事实。直接观察的结果一般是对所有人显而易见且可测量的量。例如，参加宴会的人数是一个直接的量。间接量是不可观察但仍可清楚测量的量。例如，你可以调查你的朋友昨晚睡了多长时间——这个量对你来说可能无法观察到，但它是可以测量的。直接测量和间接测量的量广泛用于用户分析。本节讨论用于实施定性概念的核心社会学工具。

2.2.1 概念化

可观察和可测量的量将我们限制在容易定义的对象上。我们无法处理广泛、抽象的想法，即使它们更可能是最有趣的！例如，考虑社交氛围的概念。社交氛围是一个概念，因为它是由不能间接或直接观察和测量的元素组成的抽象概念。不过，Web 产品中最有趣的现象，例如用户激励和目标，往往需要概念化。这只是意味着我们必须开发和定义更复杂的概念来捕捉最有趣的行为类型。概念化是定义抽象思想和概念的艺术。虽然它是一门艺术，但社会科学中的技术已经被开发出来，以改进和简化概念开发和测量的过程。

晚宴是否具有愉快的社交氛围是不容易测量的，因为社交氛围本身就是一种主观感受，难以直接观察。它是一个更广泛的概念，必须明确定义才能找到测量它愉快与否的方法。我们想象一些具有不同氛围的社交环境。首先，它可以是一个休闲的晚宴，朋友到处闲逛，觥筹交错，低声畅谈。社交环境也可能是一个热闹的公园，孩子们在玩耍，父母们互相交谈。公园里的社交氛围与休闲晚宴的氛围大不相同。这种对比应该有助于你思考社交氛围中应该包含哪些元素，例如场地和人群的特殊性。

社交氛围可能由多种元素构成。而描述元素可能因人及其偏好而异。有人可能会认为社交氛围是由社交互动的类型决定的，也有人可能认为社交氛围主要是由场地的装饰和灯光决定的。社交氛围对你来说意味着什么？

为了实现某个概念并使其发挥作用，我们必须考虑概念的核心属性，这些属性应能被大多数人认同；这种方式称为结构效度，指在研究中将假设中的结构改变为可测量的量的过程。

操作化是获取概念并确定如何测量它的过程。我们还需要确保定义是可靠的，在各种情况下都能成立。虽然可能存在分歧，但我们应该考虑大多数人的意见。大多数人可能认同的社交氛围的定义一般是"特定地点、环境和人群的一般或共同感觉或氛围"。图 2.3 展示了从概念过渡到测量的方法。

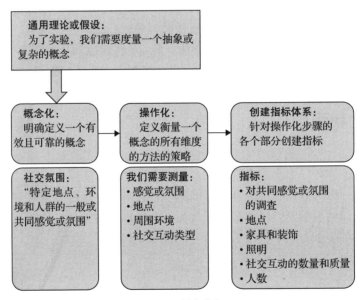

图 2.3 制定指标

为了了解人类行为的复杂概念，我们需要定义概念以进行测量。要测量某些事物，必须对其进行明确定义。定义不一定要包含所有内容，但我们需要能够清楚地说明定义中包含的内容。

复杂概念的定义通常具有多个维度或属性。社交氛围的维度可能因文化而异。例如，不同的文化、国家或地区可以对社交氛围有不同的定义。例如，某些文化可能将舞蹈或服饰考虑在内。另一个维度可能是参与者或观察者的年龄。老年人可能会以不同的方式描述社交氛围。包含所有内容并不重要，但我们必须考虑清楚，为什么我们会引入特定元素而不是其他元素。

我们还应该考虑其他人过去对这些概念的定义。其他人是如何书写或思考社交氛围的？它在哪里发挥了重要作用？

现在，有了明确的（至少是深思熟虑的）定义，就可以寻找测量这个概念的方法了。这还不是一个完美的过程，而且概念的深度和细微差别往往会有所丢失。然而，这很重要，因为如果我们能够量化概念 10% 的意义，就可以找到复杂概念和多角度测试的相关性。但请注意，在此过程中经常会出现信息损失。

要将社交氛围这个概念操作化，我们需要想办法测量以下几点：（1）氛围或总体感觉；（2）地点；（3）周围环境——装饰、布置等；（4）社交互动的类型。这就是我们讨论的社交氛围的四个不同的维度。

一旦概念被实施，我们就需要创建指标体系。指标体系由一组指标组成，通常涉及这个概念可以测量的方面。例如，参与者对于晚宴总体感受的问卷可以作为氛围的一个指标。房子里的房间可以作为位置的指标。房间的亮度可以作为周围环境的一个指标。谈话的时长可以作为社交互动类型的一个指标，等等。指标在调查工作中经常使用，这里我们只是简单地举了几个例子。事实上，还有很多的潜在指标，所以我们需要将所有这些指标按照类型学进行组织。

医疗保健提供者和雇主可能使用另一个真实示例。幸福是一个复杂的概念。为了定义"幸福"，Gallup 和 Healthways 提出了六个维度：获得必需品、身体健康、健康的行为、情绪健康、财务健康和生活评估。获得必需品的定义是有食物和住所。身体健康与当前的疾病有关。健康的行为是坚持锻炼、正确饮食和其他对身体有益的做法。情绪健康是一个人的亲密关系、精神压力水平等健康状况。财务健康与储蓄、债务和实现财务目标有关。最后，生活评估是如何看待生活进步。

这些组织认为，只有这六个维度完全涵盖，才能全面描述复杂的"幸福"概念。每个维度都包含多个调查问题，这些问题的答案将汇总为各维度的得分；所有维度的得分相加即最终的幸福得分。这样的幸福得分使我们能够在同一个幸福量表上比较具有不同生活方式和目标的个体的幸福感知。基本上，幸福得分允许我们使用多种健康指标来量化复杂而抽象的定性概念。

2.2.2 测量

我们如何测量这些概念？我们需要考虑元素之间的关系。如果概念已经是定量的，例如晚宴期间室内温度或饮酒量，那么这很容易。这些都是实值变量。然而，正如我们之前所描述的，许多有趣的概念缺乏明确的数值衡量标准。

例如社会阶层，这样的概念是按等级排序的概念，没有任何明确的距离度量。我们知道上层阶级高于中产阶级，中产阶级高于下层阶级。但我们并不知道上层阶级高于中产阶级的量等。上层阶级和中产阶级之间的距离也可能不同于中产阶级和下层阶级之间的距离。其他概念甚至无法进行任何类型的排序。

例如，对于关系状态的概念，我们可以有"单身""已婚"等状态。没有明确的方法可以对这些状态进行排序。具有有序值的变量称为**序数变量**。无序且只有类别值的变量称为**名义变量**。

我们也可以有可计数的结果，它必须是整数。例如，出席人数和客厅椅子的数量是**计数变量**。在一些测量分类系统中，这类变量被称为**区间变量**。

我们还可能有**二元变量**，它只有两个类别——例如出席或不出席。表 2.2 列出了可以创建以反映不同类型的量的变量类型。

我们可以有各种描述抽象概念的指标。例如，对于社会阶层，可以有以下指标：（1）家庭收入的实值变量；（2）自我识别的阶层的序数变量；（3）家中卧室数量的计数变量；（4）该人是租客还是房屋所有者的名义变量；（5）受教育水平的序数变量。

表 2.2　变量类型

类型	定义
实值变量	区间（$-\infty$，∞）内的数字
序数变量	有顺序的类别
名义变量	没有顺序的类别
计数变量	区间（0，∞）内的整数
二元变量	布尔值，仅有两个类别

现在我们已经创建了可测量的概念，可以使用这些概念来测试假设了。

2.2.3　假设生成

此时，我们可以明确地陈述出构成晚宴理论基础的假设。首先，什么是**假设**？

假设

根据有限的证据提出的假设或提议的解释，可作为进一步调查的起点。

假设是量化联系或提出解释的第一步。在这一点上，假设不一定是正确的或经过验证的，但应能使我们将我们的想法写下来。假设是两个变量之间的关系或对变量变化的预期。例如，我们可能会假设，那些直接收到信息的用户更有可能感受到与产品的联系，并最终产生购买行为。我们还可以针对产品的变化提出假设，如添加一个新的"关注"功能可以显著提高留存率。我们可以提出一些解释行为的假设。

对于晚宴理论，我们有几个明确的假设：

❑ 愉快的社交氛围更有可能让客人参加未来的宴会。

❑ 美食更有可能让客人参加未来的宴会。

❑ 客人友好更有可能让客人参加未来的宴会。

❑ 与这些单独的因素相比，愉快的社交氛围、美食和友好的客人三者结合更有可能让人们参加未来的宴会。

根据这些假设，我们可以明确地陈述出我们理论的核心原则并开始测试它们的过程。

在开启寻找测试这些假设的指标的过程之前，我们应该注意定义假设的两种不同方式。我们来考虑一下社交氛围假设。一方面，我们假设愉快的社交氛围会增加人们未来参加宴会的可能性。为了测试这一点，我们需要众多宴会数据；否则，将没有变化可供探索。对于参加宴会的所有用户，我们必须以相同的方式定义社交氛围，因此我们只有一个示例。我们不能根据一个例子一概而论。

另一方面，我们需要考虑对社交氛围的看法，这因客人而异。我们可以假设，认为社交氛围愉快的客人更有可能参加未来的宴会。在使用产品理论时，自变量应能够变化——自变量即我们想要测试的变量（这里指社交氛围）。结果变量（这里指参加未来宴会与否）也称为因变量，也应该有所不同。我们通常可以先假设自变量的变化既不与因变量的变化相关，也不会引起因变量的变化。

2.3 Web 产品的理论

现在我们已经了解了如何衡量晚宴理论，接下来我们探讨一些 Web 分析示例。本节将讨论一些特定于 Web 产品的理论。它们是简单的例子，但可以修改为 Web 产品的基本理论。第一个理论针对简单的购物网站，第二个理论针对内容分享过程的网站，第三个理论则针对简单的社交 Web 网站。我们将通过这三个示例演示本章中介绍的工具。

2.3.1 用户类型模型

让我们回顾一下雪地摩托购买网站。假设我们是雪地摩托公司新聘用的数据科学家，公司所有者希望能更好地了解用户并增加收入。

我们从哪里入手呢？首先，我们从用户生命周期的四个方面（获客、留存、参与度和收入）提取一些核心指标（有关指标的更多讨论，请参考第 5 章）。然后，我们需要更好地了解哪些用户购买了，哪些不购买，与公司的所有者和创始人交谈，以了解他们对用户的看法。公司所有者可能告诉我们他不太确定用户的类别是什么。

现在，我们开始考虑用户可以在网站上做什么。该网站的功能确实非常有限。它主要让用户方便购买雪地摩托并在社交媒体上分享购买记录。鉴于此，我们提出了一个用户类型模型。

我们推断有三种类型的用户经常访问雪地摩托网站。第一种是雪地摩托的狂热爱好者。这些用户非常了解雪地摩托。他们非常了解最新的雪地摩托类型，了解各商家，可能会购买多辆雪地摩托。这类用户很少，但他们是我们产品的主要购买对象。第二种是谨慎购买者。这类用户对雪地摩托感兴趣甚至可能正在积极尝试购买，但由于使用成本、空间或不确定性而犹豫不决。此类用户可能是经常访问但未能及时购买雪地摩托的访客。第三种是随机尝鲜者。这类用户随机访问我们的网站。也许他们正在寻找其他东西，然后偶然发现了我们的网站，也许他们只是在社交媒体网站上发现了这个链接。他们进入网页，随便看了看，但对于雪地摩托的兴趣转瞬即逝，然后迅速离开网站。他们占访问网站的用户的大多数，但很少真正进行购买。

上一段描述了一个简单的用户类型模型，提出了诸如"狂热爱好者"之类的定性概念。我们需要使用上一节中阐述的技术来量化不同类型的用户。

我们来具体谈谈这个模型的一些假设。第一个假设是存在三种用户类型，而不是两种、五种或十种。这是一个非常强大但可能不准确的假设。第二个假设是，对于存在的类型，组外变异必须多于组内变异。这是一种非常简单的统计方式：组间随机成员的分布应该大于组内随机成员的分布。对于区分变量，组内的变异基本上小于组间的变异。最后，我们假设我们至少可以在某种程度上衡量组成员身份。

现在，我们有了一个可以检验的理论。接下来，我们来看可检验的假设和明确定义的指标。以下假设很容易脱离这个理论：

狂热爱好者、谨慎购买者和随机尝鲜者在以下维度上与各自组内的其他人有更多的共同点：

❑ 用户留存行为。

❑ 购买行为。

假设我们用来定义这些类型的指标是基于获客和参与度的。为了让这个假设变得可行，我们需要根据参与度和获客行为的差异来定义用户类型，并测试这些分类是否适用于留存和购买行为（我们感兴趣的变量）。

最后，我们需要定义用于确定每个组中的成员资格并测试组分类对我们感兴趣的行为的有用性的指标。这些用户类型有数百个潜在指标，但在这里我们只介绍其中几个。

用户类型可以通过第一次会话时长、用户新建方式、访问频度（user recency）、用户使用频率以及用户搜索的雪地摩托类型等指标来定义。我们可以通过用户首次购买的时间、在产品页面停留的时长、留存时间是否超过 3 天、购买次数和购买金额等指标来测试模型。

即使假设被证明是正确的，也不能说是这些用户类型的指标导致了结果变量，只能说它们是相关的，即其他变量可能会将它们朝着同一个方向推动。可以说，这些用户行为类型对于描述和预测购买行为很有用。

2.3.2 资讯提供算法模型

假设我们有一个更复杂的 Web 产品，它有一个资讯提供功能。这里所说的资讯提供功能是指页面中展示的社交内容，例如帖子和图片，是由其他用户提供和发布的。最近发布的帖子会出现在资讯提供页面的顶部。这是最简单的资讯提供功能。我们的目标很简单：需要准备合适的信息流，使最好的、最有趣的内容展示在顶部。

由于各种原因，这是一个比较难解决的问题。人们到底想看什么？有大量不同受欢迎程度的内容，例如文章和音频等不同类型的内容。我们如何判断哪些内容是"高质量"的，哪些是用户想看的？更复杂的模型往往更难以实现。

首先，我们使用 5W1H 的方式来评估一下如何查看和生成资讯：需要提供什么内容，何时提供，在何地提供，如何提供，由谁来提供，为什么提供？我们意识到，我们可以看到所有的内容，这些内容不仅仅来自我们的朋友们。用户可以通过阅读或"收藏"来主动或被动地表达喜欢相应内容。我们不知道他们到底阅读了多少内容，只知道他们选择继续加载接下来的 20 个帖子。通过用户的"点赞"或"回复"行为，我们可以准确地知道他们是否主动喜欢这些内容。

在目前的资讯提供模块中，用户无法给受欢迎的内容点赞。新的内容无论质量如何都会受到重视。高质量的用户内容是非常棒的，因为它不需要网站做任何事情，就可以帮助产品拥有更高的用户黏性。

从这里，我们可以提出一个关于如何提高内容质量和参与度的理论。我们可以假设，用户更有可能喜欢其他用户喜欢的内容。此外，他们可能会对他们过去经常浏览的朋友所发布的内容感兴趣。资讯提供模块可以使朋友的朋友之间产生更多的社交互动。他们可能更喜欢独特的格式，如图片和视频，而不是纯文字和音频。几乎可以肯定的是，他们更喜欢实时的内容和用户好友发布的内容。

现在，我们有了潜在的可测试的理论。此时，我们需要从理论转向可测试的假设和定义明确的指标。我们的理论已经产生了一些可以测试的假设：

- ❑ 一般来说，用户更喜欢朋友发布的内容。
- ❑ 一般来说，用户喜欢更受欢迎的内容。
- ❑ 用户喜欢实时的内容。
- ❑ 相比其他类型的内容，用户更喜欢视频和图片。
- ❑ 当用户看到朋友的朋友的帖子的重复内容时，他们会交更多的朋友。
- ❑ 用户更喜欢他们好友列表中好友发布的内容。

我们可以用这些可测试的假设来验证模型。然后，我们需要衡量标准来验证定性概念"更好"。在这里，我们可以创建主动参与和被动参与两个衡量标准。

接下来，我们定义"主动参与"的指标。对于某条资讯，有点赞数、评论数，以及分享数，也有点击量。这些都是"主动参与"的潜在指标。

对大多数 Web 产品来说，捕捉被动活动是困难的，因为我们必须通过一些间接的行为来捕捉它。例如，我们可以捕捉到用户在主要资讯页面上停留的时长或打开的资讯页面的数量。总的来说，我们有两个衡量"被动参与"的指标：（1）在资讯页面上停留的时长；（2）用户是否加载更多页面。

现在，我们有了可以测试假设的指标。我们可以通过推广朋友发布的内容而不是其他用户的内容的资讯提供算法来测试这些假设，看看主动或被动指标是否有变化。

我们可以通过这种方式测试所有的假设。

2.3.3　中学舞蹈模型

接下来，我们来讨论另外一个社交 Web 产品，这个产品的用户是茶爱好者（我也是忠实用户之一）。

这个网站的主要功能是让用户对新茶和茶馆进行投票，并讨论茶的品质。

这个应用程序有一个很大的社交组件，在该组件中，用户通过留言，对茶和茶馆进行评分，以及上传茶叶图片来创造内容。每个用户还可以创建个人资料、留言并发布内容。可通过发布广告和推荐新茶馆的方式来赚钱。然而，虽然这个社交 Web 上有很多人，但很少有人真正为任何茶馆评分。我们的目标是增加用户发布的内容的数量。我们需要一个可以帮助我们做到这一点的模型。

这里我们来打一个比喻。我们假设开发的模型是类似于中学舞蹈的社交产品。我们将那些在体育馆中央跳舞的狂热中学生称作"鲸鱼"[⊖]。他们就是那些对新茶馆进行评分的人，他们有很多朋友，经常发送和收到大量信息。

与此同时，我们将那些站在体育馆周围，不跳舞，并尝试弄清楚该怎么跳的这类人称作局外人。这类人在被动地消费内容，实际上无法进行社交活动并创造自己的社交内容。我们会想，是否可以调高音乐的音量，调暗灯光，让其中一些局外人走进舞池。此外，我们可能会想，让"鲸鱼"接触局外人是否值得，这可能会对 Web 产品的社交动态产生怎样的影响。

现在，我们有以下假设可供测试：

❑ 用户行为在不同类型之间的差异大于群体内部（"鲸鱼"和局外人）的差异。

❑ 用户使用产品的强度和能力因群体而异。

❑ 外向社交能力表现顺序为："鲸鱼"到"鲸鱼">"鲸鱼"到局外人>局外人到"鲸鱼">局外人到局外人。

❑ 与"鲸鱼"相比，局外人主动行为的变化对产品的整体健康状况更重要，这表现在核心指标的变动上。

现在，我们已经提出了假设，接下来需要定义一些指标来区分这两个群体。假设，这是一个基于朋友的社交 Web，那么这将是一幅社交图。"鲸鱼"是社交关系最多的，是社交 Web 的核心。我们可以通过一些社交 Web 指标来定义他们，这些指标本章暂时先不讨论。现在，我们来关注一下他们的 Web 中心性，如好友数以及好友互动量。

为了检验前两个假设，我们可以确定一下留存率和参与度指标在群体之间的变化是否比群体内部的变化更大。我们可以使用方差分析（ANalysis Of VAriance，ANOVA）来做这个分析。对于第三个假设，我们可以只检查群体间发生了多少互动。可以使用"鲸鱼"到"鲸鱼"、"鲸鱼"到局外人、局外人到"鲸鱼"、局外人到局外人之间的平均主动外向社交（点赞、留言、评论等）数来进行验证。可以每天主动获取这个数据来查看所有群体的差异有多大。

最后，可以（通过首次登录时必须发帖的方式）强迫产品中的局外人主动进行互动。我们可以通过 A/B 测试来测试最后一个假设的效果，看看强迫互动是否会导致第 1 章中描述的核心留存率、参与度和收入指标的变化。

这些例子应该让你对理论开发的过程有了一个概念。第 4 章将介绍指标的制定，这将帮助你衡量与产品最相关的定性概念。

表 2.3 总结了我们所开发的三个模型，覆盖了从模型描述到社交指标建立的过程。

⊖ 鲸鱼是一种非常善于社交的哺乳动物，在这里指代那些社交活跃的用户。——译者注

表 2.3 Web 产品：三种模型

心智模型	简单模型描述	要测试的概念	假设	指标
用户类型模型	用户有三种类型：（1）狂热爱好者（有动机的购买者，会多次购买）；（2）谨慎购买者（积极搜索产品，但处于观望状态）；（3）随机尝鲜者（偶然发现网站，但没有购买意图）	我们可以将用户分为不同的类型。假设群体外的变异多于群体内的变异。我们可以针对这一点展开测试	群体内成员的行为将根据我们的衡量标准有很大的不同，并根据预测方式而有所变化	留存指标： • 在产品页面停留的总时长 • 在主页上停留的时间 • 第一次会话时长 收入指标： • 购买次数 • 购买频率 • 首次购买的时间 行为指标： • 产品信息点击量 • 查看图片数量 • 同类产品点击量
资讯提供算法模型	用户与他们喜欢的内容进行交互，这意味着内容是实时的，来自他们感兴趣的个人，格式独特，并得到其他人的喜欢	关于内容的质量有一些普遍的真理：实时的内容很重要；人们更喜欢别人喜欢的内容；过去的行为对未来的行为很重要；人们喜欢视觉内容多于书面内容	• 最近发布的内容比后来发布的内容要好 • 人们更喜欢与他们过去喜欢的内容相似的内容 • 相比于书面内容，人们更喜欢视觉内容 • 人们更喜欢别人喜欢的内容	参与度指标： • 浏览次数 / 曝光率 • 资讯的点击量 • 在资讯页面上停留的时长
中学舞蹈模型	少数用户（"鲸鱼"）创造大部分内容并使用产品的全部功能。大多数用户（局外人）被动地消费内容且使用的产品功能有限。让局外人加入，更多地融入产品，决定了产品的成功	用户符合各种类型。我们假设被动类型和主动类型的内容消费之间存在强度差异。"鲸鱼"和局外人之间存在着互动	• 根据我们的衡量标准，这两种类型的用户有很大的不同 • 使用强度和能力因群体而异 • 局外人行为随时间的变化对产品的整体健康状况（即核心指标的变化）很重要	参与度指标： • DAU/MAU • 平均会话时长 • 每个会话中的事件数 社交指标： • 主动的社交互动 • 被动的社交互动 • 社交互动的强度 产品使用指标： • 全部产品功能使用与否 • 全部使用或一半使用的时间 游戏化指标（如果存在的话）： • 达到一定级别（解锁更强大的功能） • 受到游戏的驱动 确定产品健康状况的收入、留存和参与度指标

2.4 可实践的洞见

本章的可实践洞见如下：

❑ 每个分析项目都有四个步骤：（1）构建模型；（2）提出假设；（3）制定指标；（4）统计分析和推断。

❑ 我们需要建立上下文和背景来理解关于用户的事实。这个过程需要生成理论。好的理论应该是可归纳的、客观的、可验证的、可证伪的和可复现的。

❑ 从抽象的概念到可测量的量，还需要经过概念化（即定义概念），以及操作化（即测量概念的过程）。

第 3 章将探讨人类行为改变理论，这些理论是 Web 产品中因果推断的组成部分。然后，我们将介绍一些处理和分析用户数据的基本统计方法（第 4 章），讨论用户分析中最常见的指标（第 5 章）。

第 3 章 *Chapter 3*

终极目标：如何改变人类行为

第 2 章探讨了一些工具来帮助我们建立用户行为的理论。在用户分析中，我们经常被赋予改变或引导用户行为的使命。本章将探讨常见的行为改变理论，这将帮助我们在 Web 产品或移动产品中建立更有效的理论。

本章将尝试回答以下问题。何时以及如何改变客户的行为？最重要的是，最有可能改变用户行为的因素有哪些？在探讨行为改变理论之前，我们应该先讨论一下行为改变与得出可实践洞见的目标有什么关系。

3.1 理解可实践的洞见

原始数据是如何逐步演变为关键指标的？这个过程比许多人意识到的要困难得多。简单从应用程序中提取的原始数据存在一大堆问题。它们很混乱，很复杂，而且有很多信息交织在一起。我们必须从结构化的混乱（原始数据）引申出可证明的理论。也正是由于这些原因，许多公司无法获得可实践的洞见，而往往跟着高管的直觉走，即使它们公开倡导"数据驱动"的决策。回顾一下，"可实践"意味着公司可以根据已经分析过的数据采取明智的商业行动。许多可实践的洞见都依赖于行为的改变。

例如，假设我们进行了一个 A/B 测试，以测试在宣传材料的标题中包含数字会增加点击率（Click-Through Rate，CTR）这一假设。如果在标题中加入数字确实能提高点击率，那么我们就应该在未来的促销邮件标题中加入数字——例如，"使用新款雪地摩托可做的 10 件事"——以增加用户返回网站的可能性。

在这种情况下，期望的最终结果是客户行为的改变（用户返回网站）。事实上，对于绝大多数产品，许多可实践的商业洞见都是以简单的人类行为改变行动为中心的。

回到第 2 章中介绍的项目设计过程图，我们现在准备额外增加两个步骤（见图 3.1）：
（1）行动；（2）行为改变。

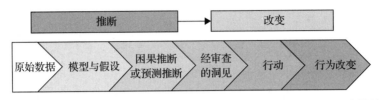

图 3.1　项目设计过程的六个阶段，从原始数据到用户行为改变的最终结果

行动表示我们采取了一个商业行动，例如在主页上增加一个购买功能。行为改变表示行动在某种程度上发生了变化。我们的目标是利用洞见使 Web 指标朝着积极的方向发展。对于大多数 Web 产品，要影响指标，通常需要让用户发生某些变化。

为了达到预期的结果使大多数用户行为改变，我们必须经历两个主要阶段。第一个阶段是推断——开发并测试理论，以产生洞见。在后面的章节中，我们将介绍更复杂的推断技术。另一个阶段是将洞见转化为实际的用户或组织行为改变（对于因果推断相关的洞见）。

在本章中，我们将触及第一阶段（开发理论）和最终阶段（将洞见转化为行为改变）。这里的"行为改变"一词用得非常随意。它可以指产品中用户行为的改变，也可以指实施洞见所需的组织改变或其他改变。我们将提供一些关于行为改变的理论框架，以及一些将洞见转化为预期行为改变的工具。在本章中，我们将采取一种不同的方法——逆向归纳法，即考虑我们所期望的变化结果和达到这一目的的正确步骤。例如，在跳棋或国际象棋中，我们知道如何通过移除对手的所有棋子或杀死对手的国王来获胜。在当前的棋局中，达到这个目的的最佳路径是什么？

我们需要针对人类行为改变做同样的分析，以确定我们所追求的理想改变是什么，以及如何找到最佳行动来测试并最终实现这一目标。了解人们的行为方式以及他们行为变化的原因，对于构建我们想要测试的理论和假设（围绕用户行为的各个方面）极有帮助。本章将帮助大家了解人类行为改变的当代理论，讨论实施改变的策略，并提供促进 Web 产品改变的例子。

为了使洞见能够被实践，组织内部必须有进行变革，通常在机构层面进行。可实践的洞见在多个方面与行为改变有着深刻的联系。在本章中，我们将重点讨论一种可实践的洞见——因果关系洞见，它与行为改变直接相关。虽然其他类型的洞见也可以导致行为的改变，但这不一定是预期或常见的结果。

在深入研究因果关系洞见之前，我们先确定一下洞见的类型。以下是四种常见的可实践的逻辑类型洞见：

❑ 观察性洞见。
❑ 比较性洞见。
❑ 因果关系洞见。
❑ 预测性洞见。

观察性洞见一般是指从产品中观察到的简单事实。例如，我们洞察到用户正在购买 X、

Y 和 Z 商品，那么我们的实践可能就是让购买 X、Y 和 Z 变得更容易，例如把这些商品移到商品列表的头部。观察性洞见很容易得到，但可能具有误导性，需要大量的假设或未经验证的理论才能使其变得可实践。

比较性洞见是基于两个量之间的比较（X 比 Y 大）的。通常情况下，要使这种洞见具有可实践性是很困难的，因为我们往往不知道是什么造成了这种差异。假设两个量之间的唯一区别是营销活动，我们可以推断出因果关系。这样，我们就可以将比较性洞见操作化。比较性洞见比观察性洞见更难找到，也很难变得可实践。我们需要更多设计或背景来理解它们并使之可实践。

我们获取到的大部分可实践洞见都属于观察性洞见、因果关系洞见或预测性洞见。

因果关系洞见聚焦在发现导致结果的因素，例如 X 导致了 Y。它们可直接实践的，但也是最难识别到的洞见。A/B 测试通常是昂贵的、时间密集的，而从观察数据推断（我们将在后面的章节中讨论）是很难的。因果推断与人类行为直接相关。当了解导致相关行为的因素时，我们就可以改变这些因素以增加或减少特定行为的总量。

预测性洞见与预测环境的影响有关。预测性洞见是可实践的，但往往与用户的行为改变无关。我们可以利用预测模型来预测费用，为未来的增长做准备，并预测用户的行为，但无法改变行为。表 3.1 总结了四种类型的洞见。

表 3.1 洞见的类型

洞见类型	描述	举例
观察性洞见	基于现象、环境、行为等描述的一种洞见	洞见：用户在主页上花费大量时间 行动：我们把主页做得漂亮、可浏览、有条理
比较性洞见	与两个独立量之间的比较有关的洞见	洞见：我们看到与上个月相比，这个月的有机用户有了明显的增加 行动：找出造成这种增加的原因
因果关系洞见	关于导致另一个因素发生的因素的洞见	洞见：我们看到促销活动导致用户购买了手提包 行动：如果向更多的用户展示促销活动，我们会看到手提包购买量增加
预测性洞见	与未来将发生的事情有关的洞见	洞见：如果人口以同样的速度增长，到 2020 年我们将需要一个 5 倍大的仓库 行动：计划租赁或购买一个更大的仓库

虽然存在其他类型的推断，但因果推断可能是对可实践洞见和人类行为改变最重要的。下一节将开始探索人类行为以及它何时会改变及改变的原因。

3.2 一切都是为了改变行为

要想了解人类行为改变的原因，首先要理解“行为”。**行为**是一个人对刺激或情况的反应方式。例如，**刺激**可能是促销活动，而反应可能是点击电子邮件链接来购买产品。

行为改变比对刺激产生反应更复杂。它是指我们可以执行一个行动 A（我们将在本章后面讨论这些行动），这将导致与行动 A 没有发生时的不同用户反应。例如，用户从不返回网站。然而，有一次，该用户通过电子邮件点击了返回网站的链接。如果我们不发送这封电子邮件，该用户就不会返回网站。

这里有一个语义问题，即这是"改变行为"的例子，还是"改变刺激"的例子？我们认为这是"改变行为"，因为我们明确地在数据（来自类似的用户）中寻找一个刺激因素来改变用户的行为，以达到我们期望的行为。这个想法会等到我们在此领域有更深入的理解时再做详细讨论。

在整个技术行业中，人们对人类行为改变有一种隐性迷恋。我们经常听到这种说法。从大型技术公司到小型初创公司，都对人类行为的改变做出了各种各样的声明，如"我们正在彻底改变人们做……的方式""我们正在推动用户做……"，或者"我们正在改善……的方式"。这样的例子不胜枚举。我们正在改变人们买房子、做饭、开车、监测健康状况的方式，等等。有些"改变"仅仅是改变了做事情的过程或难度。通常情况下，它不仅简单地改变过程；它也在每次使用产品时以小的方式改变人类行为。

历史上，社会科学家研究人类行为（数据少得多），如果结果是高度结论性的（如"吸烟易导致癌症"），就会有一些政策变化或公共运动。这些运动需要很长的时间来实施，而改变公众的意识则需要更长的时间。但是如今，我们有机会立即、持续地改变人类行为（通过不同应用程序的频繁使用），并有能力严格研究其影响。这里需要注意的是，这些改变往往很小，比如点击量和一笔小金额支付（一次购买）。

不管怎么说，从人类历史的角度来看，这是一个重大的进步。在此之前，我们从未能够对行为的多个方面进行严格的研究，以达到精确到每次点击的精确度。作为 Web 产品的用户，这一事实应该让你感到不安，因为所有这些公司都拥有你的大量数据，并试图利用这些数据改变你的行为，有时是明确的，但更多时候是默许的。我们将在本书中探讨这些方法。在这里，我先提出一个问题：在没有用户明确且一致同意的情况下改变用户行为是否合乎道德。鉴于这个话题的争议性和哲学深度，在本书我们不做深入讨论。

第二个对数据科学家来说非常有趣的问题是什么是可能的。也就是说，我们能在多大程度上改变一个人的行为，以及这种改变对普通人的影响有多深？现实情况是，即使在 Web 分析领域，这方面的研究也非常少，因为它是如此之新。行业中的许多最佳实践都来自游戏化技术。许多公司使用游戏化技术，以人类心理学的方式来改变用户行为。在人口层面上，这一领域的大部分学术研究都与行为矫正疗法和基于健康的行为改变有关。一般来说，这些文献都围绕着重要的行为改变项目——如戒烟和大型公共宣传活动展开。

我们从行为改变的理论开始考虑这些问题。行为是如何改变的——也就是说，潜在的心理过程是什么？短期改变和长期改变之间，以及有意识的改变和无意识的改变之间有什么区别？讨论完这些话题之后，我们将转到行为改变在 Web 分析领域的应用。

首先，我们从最简单的用户行为改变类型——"助推"（nudge）开始。

3.2.1 这是真正的行为改变吗

器官捐赠绝对能拯救生命，但主动选择器官捐赠的人比率很低。我们不会深入研究这种不情愿的态度，但低比率是有原因的，例如对摘取器官的恐惧。基本上，当人们被迫考虑这个问题时，他们一定会拒绝。然而，在必须明确选择拒绝器官捐赠的地方，更多的人没有选择拒绝。也许他们没有考虑到这一点，也许选择拒绝捐赠太费劲，也许他们没有意识到他们可以。不管是什么原因，这种做法最终导致选择捐赠的人的比率提高。经济学家理查德·泰勒（Richard Thaler）举了这个简单的例子来论证"助推"⊖的力量。

在 Web 产品中，"助推"的例子有选择数据共享（如让用户提供社交媒体账户的信息）、鼓励在 Web 产品中创建账户。

有趣的是，几乎所有的用户在得知他们正在被助推时，都会有负面的反应。泰勒曾说过："如果人们在决策时被告知他们正在被助推，他们会抵制并做出不利的反应。"用户对助推背后的指导思想过程了解得越多，他们就越抵制。在 Web 产品设计中，这意味着必须让用户感觉助推是产品流程的一部分。

这项研究最有趣的地方不是助推对个人决策的影响有多大，而是在这个过程中所创建的响应群体。个人在面对助推时，往往只默许那些他们同意的助推（或有可能无动于衷）。有些人对助推有负面的反应。有些用户积极抵制行为的改变，即使是最微小的行为。

我们可能还想考虑所"助推"的每个用户的价值。虽然"助推"可能鼓励普通用户做出特定的改变，但也可能会让某些特别有价值的用户感到不快。

可以想象，无动于衷的群体通常要比受到负面影响的群体大得多，但对于受到负面影响的群体来说，"助推"对行为的影响可能更大，而且这种负面影响是持续的。例如，在器官捐赠的例子中，有负面反应的人可能会逐渐害怕政府发起的器官捐赠项目，并完全避免它们。在 Web 产品中，这些用户可能永远不会再使用该产品。他们可能会留下不好的评论。他们可能会以无数的方式损害你的业务。

数据科学的美妙之处在于，我们可以利用技术来找到那些有正面反应的用户，并避免那些有负面反应的人。从本质上讲，通过使用"助推"、特定的网站架构或路径依赖，我们可以鼓励用户选择。如果我们愿意的话，可以使用增益模型来减轻其对受到负面影响的用户的影响。

这种洞见是设计或构建 Web 产品过程中的核心。我们应该持续不断地引导用户做出我们希望的行为，而不是强调它是"助推"这一事实，同时，为我们不希望的行为设置障碍并加以强调。然后，我们可以修改产品，以说服那些不喜欢"助推"的用户，为他们提供另一条行为路径，从而减轻他们的负面反应。

3.2.2　戒烟：行为改变的艰巨任务

正如我们在上一节中所看到的，"助推"对于短期行为改变和高级决策是有效的，但是对于需要进行实质性有意识的生活方式改变的行为改变，例如打破酒瘾的束缚，其效果又

⊖　所谓助推，就是政策制定者利用人类的认知缺陷来帮助人们做出更好的选择，例如在香烟盒上用图形警示的办法来让人们少抽烟。——译者注

如何呢？我们都知道，要打破成瘾的行为模式是很困难的。

客观来讲，戒烟是非常难做到的一件事情。这是一个很多人都想改变但却无法做到的行为。据统计，几乎 70% 的美国吸烟者都想戒烟。吸烟会增加患心脏病、肺癌和其他恶疾的风险，也会增加中风的风险。它可能对胎儿和孩子产生有害的影响。然而，很少有人能成功戒烟。吸烟者平均需要尝试 6～30 次才能成功戒烟。在不使用药物的情况下，所有尝试戒烟的人的戒烟率在 2%～6% 之间浮动。

人们经常争辩说，由于生理原因，戒烟很困难。这种看法一般来说是错误的。药物可以在很大程度上消除人们对烟的生化依赖性，使用这类药物后，戒烟率确实有所提高，但幅度不大。大约 25% 的吸烟者通过 6 个月的药物治疗成功戒烟。尽管已经去除了生化依赖因素，仍然还有 75% 的人无法戒掉这种危害健康的行为。若戒烟周期超过 6 个月，无法戒烟成功的比例可能大大高于 75%。如果我们相信问题主要是化学依赖，那么随着这一因素的消除，预计戒烟率将直线上升。但事实是戒烟率仍然相对较低，尽管这种行为非常有害健康。

为什么即使去除化学依赖性，戒烟率依旧如此之低？因为与大多数技术初创公司传达信息相比，人类行为的重大和持续改变是非常困难的。要让人们做出重大的生活改变是一项艰巨的任务。对于戒烟，需要有各种事件，如个人的戒烟动机、社会支持、药物治疗等的配合。

社会环境和社会支持对行为改变起着很大的作用。从电话辅导到支持小组，许多社会制度已经建立起来，以帮助人们尝试戒烟。在现实中，人们很少主动寻求社会支持来帮助他们戒烟。在一项研究中，只有 6% 的人主动联系了戒烟热线，即电话支持热线。同时，增加的社会援助使药物治疗更加有效，从而使戒烟率位于 50%～75%。

吸烟并不独特。任何重大的行为改变都是困难的。即使是像吸烟这样的有害行为——其长期影响是众所周知的（如患癌症和心脏病的风险增加，死亡率增加），人们也很难改变这种行为。化学依赖虽然看起来是戒烟的主要障碍，但实际上比内在动机、内部思想和社会环境的障碍要小。

虽然大部分的行为改变研究都是在公共卫生领域进行的，但其结果也让我们对其他领域的行为改变有了深入了解。重大的行为改变必须由内部动机和社会支持来同时驱动。

现在，我们把这一点应用到 Web 产品领域。促进重大行为改变的一个核心方面是要有强大的社交组成部分。Web 社区和社区中的社会支持是非常重要的社交元素；事实上，如果没有社交组成部分，就不会看到干预带来重大行为改变。社会支持社区行为改变的要素与产品特性相关，必须经过严格的测试。例如，假设你在一家膳食规划公司（如 Blue Apron）工作，并鼓励人们改变行为，希望人们每周用你提供的食谱做饭。那么，添加社交元素，如用户制作类似食物的直播，可能会让用户兴奋，从而对产品产生浓厚的兴趣。

其他人正在做类似的食物，展示烹饪技巧，并分享日常，这种想法可能会培养一种社交感，鼓励用户在产品中停留更长的时间。这也可能让用户想到你的公司的次数增加，因为他们在一天中都会得到社交回应。吃饭和一些其他类型的活动可能看起来并不具有社交性，但是增加社交性可以使行为正常化，增加兴奋度和接受感（共同感）。

对于许多产品功能，我们需要严格测试其社交效果。为此，我们首先需要了解如何定量地测量行为变化。

3.2.3　衡量行为改变

在本节中，我们将探讨应用行为分析（Applied Behavior Analysis，ABA）的测量技术。ABA 的重点是鼓励对社会上的异常行为进行行为修正。这一理论与人际行为改变有关，不过它也适用于 Web 环境中的在线行为。

正如我们前面指出的，行为是对刺激或输入（内部或外部的、有意识或潜意识的等）的反应。对刺激的反应可以通过学习来改变，这个过程称为条件反射。行为条件反射有以下两种类型：

- 操作性条件反射：自愿反应受到后果的影响。在这个过程中，行为受正负强化的调节。通过这一学习过程，我们在行为和对该行为的反应（积极或消极）之间建立了联系。
- 经典条件反射：对敏感的刺激发生潜意识的反应。最好的例子是巴甫洛夫的狗。巴甫洛夫每次喂狗时都会摇铃。狗开始没有对食物做出反应，而是对铃铛的声音做出反应。一旦铃声响起，狗就会流口水，这是一种对刺激（在本例中是铃声）的生物性无意识反应。

对于操作性条件反射和经典条件反射的划分，我们暂时不做深入研究，只注意到行为可以由心理因素触发。然而，在大多数 Web 应用程序中，操作性条件反射和经典条件反射基本上是以相同的方式测量的。

我们怎样才能测量一个行为呢？首先，我们需要评估我们对该行为的哪些品质感兴趣。是什么构成了"行为"？我们可以使用第 2 章中讨论的方法来定义和操作特定的行为。找出行为的核心要素，对其进行定义，然后提出测量它们的方法。例如，对于用户的**购买行为**，我们可能有以下标准：

- 用户通过完整的用户漏斗进行购买。
- 用户支付购买费用。
- 用户在 10 天内没有退回购买的物品。

基本上，一旦满足了这些标准，那么"购买"行为就已经实现了。

一旦我们定义了一个有趣的行为来探索，就可以评估特定行为的其他方面。表 3.2 举例展示了我们可以测量的行为的四个方面：

- 可重复性，即行为发生的频率和程度。
- 时间范围，即行为的持续时间。
- 时间位置，即事件之间的时间。
- 衍生指标，即其他综合指标。

表 3.2 测量：行为的类型

行为改变测量的概念	描述	示例
可重复性	行为发生的频率和程度	计数：总数 速率：每小时、每分钟行为发生的次数 速率变化：速率随时间的变化
时间范围	行为持续多长时间	持续时间：行为发生的时间长度
时间位置	行为之间的间隔时间	反应潜伏期：从治疗到反应的时间 反应间时长：从一个行为到下一个行为的时间
衍生指标	其他综合指标	到符合标准的试验次数：学习一种行为需要尝试多少次 与另一行为的相互作用：一个行为与另一个行为成比例变化（线性相关）

这四类衡量标准对于探索行为的各个维度都很有用。当然，它们不仅可以用于衡量行为，还可以用于衡量行为的改变。行为改变可以发生在四个维度中的任何一个上。许多人只关注行为是否发生或行为发生的次数，但其他方面，如行为之间的间隔时间和完成行为所需的时间也可以被跟踪。这些都可以成为行为改变的早期信号。

此外，学习一种行为的难易程度或其与其他行为的相关性都可以被测量出来。例如，我们可以使用指标来对 Web 产品中的用户行为和行为改变进行情境化与跟踪。在下一章中，我们将开始理解和分析 Web 产品的指标；届时，我们可以参考本节内容，建立与指标有关的行为改变。

3.3 关于人类行为改变的理论

每位高管都想知道，"怎样才能让人们购买产品或服务？"这是一个价值万亿的问题——但正如你可能怀疑的那样，并没有什么灵丹妙药。然而，某些特征或因素更有可能导致人们改变他们的行为。本节将阐明这些因素是什么。

数据集中可能有成千上万的潜在特征可以导致人们改变他们的行为。以购买行为为例，我们可以想象，产品的形象、输入信息的难易程度、产品的成本、用户的心情，以及用户的购买偏好都可能影响用户是否选择购买。在考虑哪些因素会导致行为改变之前，我们先问问自己，行为改变是如何发生的？本节将探讨目前围绕行为改变的一些理论。在本章的最后，我们将把这些理论应用于产品设置。

3.3.1 学习模型

人们如何学习？在许多情况下，人们通过模仿和强化来学习。模仿指模仿其他人的行为。强化指人们从其他人、软件和环境中的其他因素得到的对该行为的反应。以孩子为例，他们通过观察他人、模仿他人，以及得到积极或消极的回应来学习新的行为。

积极的反应往往会导致该行为的持续，并且学到的行为将被应用于更复杂的情况。对于 Web 产品上教用户如何使用新功能的场景，通过示例、重复展示和强化印象来鼓励用户采取相应行为是很有用的。重复的行为是提高易用性、成瘾性和参与度非常有效的工具。它能让用户变得熟练，能在更难的任务中使用他们的新技能（如果要让用户完成更难的任务，请记住这一点：把它分成几个步骤，并不断展示）。

现在我们来讨论行为如何与社会环境交互的问题。人类行为依赖于三个核心原则及三者之间的相互作用：（1）社会环境（即社会模仿和强化）；（2）个人思想；（3）行为。个人思想影响个人行为，而个人行为影响社会环境。社会环境会影响个人思想，而个人思想又会影响个人行为，如此反复。这三个因素形成一个循环，在这个循环中，它们相互作用，相互适应。好的模型应该考虑到这三个因素。

虽然我们无法知道用户的想法是什么，但我们可以假设它们是由自我利益驱动的。所以问问自己，如果你是那个用户，那么你使用产品并完成特定行为的驱动力是什么。

接下来的几个模型会阐述一些人类用来改善行为的个人想法和心理工具。

3.3.2　认知模型

感知对行为和行为改变相当重要。人们看待自己和世界的方式会影响他们的行为。在本章中，我们将强调行为改变，而不是简单地关注行为，因为这才是我们想要达到的目的。

我们对行为改变的思考方式对我们是否真的会改变行为有很大的影响。我们将探讨一个关于行为改变如何发生的认知模型。

行为改变阶段模型认为，改变行为需要五个步骤：

1. **预先思考**：没有意识到问题或改变行为的需要。
2. **思考**：了解问题并考虑改变行为。
3. **准备**：制定行为改变计划。
4. **行动**：表现出行为改变。
5. **维持**：持续保持该行为改变 6 个月以上。

这几个阶段划分能帮助我们认清从理解和诊断问题到保持行为改变需要经历哪些阶段。

在思考和准备阶段会发生什么？研究人员推断，这两个阶段都包括一个**目标设定**步骤和一个**目标达成**过程。在目标设定步骤，我们对自己的未来行为做出承诺；当我们试图实现这些承诺时，就会产生目标达到的行为。思考和准备是发自内心的和自我调节的，这意味着我们评估功效，然后不断改变行为。

在 Web 产品中，为了促进大规模的行为改变，积极为用户设定目标并鼓励他们实现这些目标可能是有用的。试着做思考和准备阶段的艰苦工作，并"助推"用户进行后期的行动和维护。

关于心理状态有两个重要的概念：**自我实现**和**自我效能感**。自我实现指我们如何看待自己完成一项任务（成功与否）。自我效能指我们如何根据自己的自我认知来判断自己的能力水平[⊖]。感知可以是"真实的"，它们来自外部成功或积极的反馈。自我效能感也可以来自

　　⊖　简单来说，就是一个人能否运用自身的能力，相信自己可以做到某些事情或达成目标的程度。——译者注

自己的内心状态和自我说服能力。

在目标设定过程中，用户可能会考虑自我效能，包括过去的类似行为如何发展，以及用户可能面临的任何潜在风险。在目标达成过程，我们会获得与实现这些目标有关的经验。在准备阶段，我们可能会自我实现，也就是说，我们想象自己完成了任务，因为我们计划改变行为。

在 Web 产品中，我们可以通过向用户展示其他用户如何成功地完成一项困难的任务，或者通过添加显示完成情况和预期奖励（如社会接纳度或鼓励）的图形来促进用户的自我实现。

3.3.3　随机可变的投资计划

老虎机让一部分人非常上瘾，这很大程度上是因为它们管理奖励的方式。如果赢钱是有规律可循的，比如每拉三次就会赢一美元，那么即使平均支付相同数量的钱，它们的受欢迎程度也会大大降低。随机奖励具有非常大的激励作用，因为它们是出乎意料的。人们通常期待下一次高额奖励或下一次出乎意料的奖励。

许多公司采用可变投资计划来使产品具有用户黏性。心理学家 B. F. 斯金纳（B. F. Skinner）发现，当有随机数量的正确反应且这些反应是变化的时候，鸽子的响应度最好。如果它们按照某种固定模式出现，那么它们对"鸽子"或人类的吸引力就没有那么强了。

因为有自然而重复的互动存在，所以在线互动使我们能够制定这些类型的间歇性奖励计划。人们渴望下一次奖励更高，那么为了持续让用户感觉有趣，在产品中设计随机性概念很重要。采用随机的奖励系统，我们可以实现增加用户完成一个动作的可能性的目标。

重要的是要记住，奖励不一定是赢得某种东西。例如，可以针对完成的任务给予奖励。如果改变了产品对任务完成的反应方式，那么也可以使该产品更容易让人上瘾。

3.3.4　超乎预期的积极回报和减轻的损失

另一个可以用来增加用户完成某种行为的可能性的策略是给予非常积极的奖励，比如使用鲜艳的颜色和华丽的图形来奖励用户的完成某种行为。当用户行为完成失败或拒绝完成时，产品应减轻这种体验的负面影响。简而言之，通过增强完成行为的积极情绪和减弱社交排斥的消极情绪，Web 产品可以增加产品的社交互动性。

例如，如果你正在创建一个茶爱好者的社交网站，当两个人互相接受对方的朋友请求时，就可以让它成为一个华丽的、令人兴奋的事件。然而，如果未能建立好友联系，就不要再提，并使其难以搜索。注意，这种做法可能会适得其反，比如如果用户在现实生活中相遇，他们可能对互动有更高的期望。

超乎预期的积极回报是成功发展大型社区的有效策略之一。看看个人的内在欲望，并在奖励中强调这些欲望。如果个人希望自己很重要，就在奖励中强调接纳度维度。例如，如果一个用户收到了另一个用户的私聊信息，可以展示用户私聊信息的接收数量这一数据——例如，"你收到了一条来自 X 的新信息，X 是很少发送私聊信息的。"如果发送者发送了很多信息，则无须提及，可以找一些其他维度的"特殊性"。

3.3.5 福格行为改变模型

我们继续深入理解一下人类行为改变。它所涉及的不仅仅是认知，还包括外部环境。福格模型（行为改变文献中非常重要的模型）认为行为改变是以以下三个核心要素为前提的：

- ❏ 动机。
- ❏ 能力。
- ❏ 诱因。

福格模型认为人们本质上是懒惰的。要让人们做事情，需要考虑三个要素——动机、能力和诱因。

福格推测有以下三种类型的动机。第一种是快乐或痛苦，它产生强大的、直接的反应。第二种是希望或恐惧，分别对积极或消极结果预期产生延迟反应。最后一种是社会接纳度，它包括基于他人对我们的看法和我们对他人的看法的动机。

行为改变的下一个核心要素是能力。行为越简单或我们越擅长，我们就越有可能改变它。影响行为难易程度的一些常见因素有时间、金钱、体力劳动、认知、社会偏差（即社会不支持的行为）以及日常习惯。基本上，在决定做某出一行为之前，我们会有意识地或下意识地评估该行为的难度。我们要求用户做出的行为越难，用户改变行为的意愿就越低。

假设我们不知道三种期望的动机中哪一种在激励着用户。我们可以设计 A/B 测试或实验来测试这些动机中最相关的是哪个。A/B 测试的设计细节见第 6 章，这里只举个例子。例如，我们可以在新手教程中创建一个步骤，让一些用户看到重点动机，例如"得到一辆新的雪地摩托"的乐趣，而另一些用户看到另一个基于雪地摩托的"社会接纳度"的动机。这种差异能更好地帮助我们理解，针对不同类型的用户，哪种动机对行为改变最有效。

一般来说，人们想把 A/B 测试结果按子群体进行细分，以便最好地理解它们对未来目标的影响。人们是不同的，动机也是不同的，所以在设计产品时要考虑到这些的差异。

福格行为改变模型的最后一个要素是诱因。诱因是对某一行为的提醒，无论是隐式的还是显式的。例如，假设你很久以来一直想买一辆雪地摩托。诱因可能是看到了衣柜里的冬季外套，它让你想起下雪时可以做很多有趣的事情。Web 产品中的诱因可以是促销活动、短信、电子邮件、警报或其他类型的信息。

我们可以通过用户对诱因的响应时间、诱因和预期行为之间的滞后时间来评估诱因的有效性。如果有很多人点击并立即完成一个动作，那么这就是一个有效的诱因。如果在期望时间内这个动作没有完成，那么它很可能不是一个诱因，而是某更大的行为改变过程的一部分。如果有很高的点击率，但对预期的行为没有影响，那么它可能不是一个好的诱因。

我们可以将认知模型和福格模型结合起来，把福格模型看作鼓励行为改变的结构性维度，把认知模型看作我们头脑中使行为改变得以实现的内部计划。为了有效地改变 Web 产品的行为，最好同时且有效地利用这两种模型。

3.3.6 ABA 行为改变模型

对行为改变的另一种认知是，人们通过行为来达到期望的结果或者避免不希望的结果。

仔细观察行为本身,可以让我们获得可能导致该行为的条件。这可以帮助我们寻找正确的因果因素。

人们为了获得希望的结果而做出某些行为的原因有:

❑ 获得关注:社会支持。

❑ 获得实物:得到奖品。

❑ 自动正强化:积极的反应。

人们为了避免某些事情而做出某些行为的原因有:

❑ 避免某种社会环境或特定任务(操作性条件反射)。

❑ 避免某种特定类型的刺激(经典条件反射)。

ABA 理论让我们对动机的理解更加深入。如果某种行为能够让人获得他们想要的结果,或者避免他们不想要的结果,那么人们就会做出某种行为。

如果我们对行为的改变感兴趣,我们必须思考什么能激励用户采取行动。同时,如果我们不希望用户完成某种行动,那么必须弄清楚如何使用刺激机制来使他们避免做出特定的行为。

现在,我们已经知道人们普遍喜欢积极的结果而尽量避免消极的结果,接下来我们来深入探讨一下行为改变在 Web 产品中是如何运作的。

3.4 Web 产品中的行为改变

我们已经介绍了一些关于导致人类行为改变的理论,现在我们补充一些针对 Web 产品的见解。Web 产品也支持行为改变。

我们将使用福格提出的"人类是懒惰的"假设以及泰勒提出的"助推"概念来理解用户行为改变在 Web 产品中是如何运作的。在 Web 产品中,"懒惰"通常意味着遵循结构路径或用户漏斗。这就是路径依赖的概念,即一个步骤导致了下一个步骤。依赖路径的结果往往是遵循阻力最小的路径。例如,一封电子邮件提供了一个到主页的链接,主页有个人资料模块,个人资料模块可链接到个人信息。这是一种常见的用户模式,因为这种设计很容易,下一步是点击前一个页面的最高点击量链接。用户可以采用另一条路径,但他们可能要向下滚动才能找到。遵循这种模式比采用蜿蜒曲折的路径更容易。在大多数设置中,用户都可以:

❑ 做处于路径上的某些事情(一种助推行为)。

❑ 做出一些偏离路径的行为。

我们能做什么来促进 Web 产品中人类行为的改变呢?我们可以从结构上建立它,所以它是阻力最小的路径。对于小任务和短期内的任务,促进路径行为的效果很好。然而,没有证据表明它对长期任务依然有效。

路径上的行为也不一定是行为改变,因为它并不总是明确的。例如,假设我们建立了一个自动定期支付系统,它可以自动扣除下个月的支付款。我们是否改变了用户的行为?

我们真的不知道。有很多选择，但只有几个涉及行为改变：

❑ 用户可能从未意识到进行了二次购买（根本就没有真正改变行为）。

❑ 用户可能一直在计划这样做（在第一次购买时就经历了某些行为改变）。

❑ 用户可能在购买后主动改变自己的想法（可能改变未来的行为）。在购买之前，用户可能不想要这个商品，但在购买之后，他们可能已经接受了这个商品，或者意识到他们欣赏这项服务，或者认为删除它太费劲了。

❑ 用户可能试图撤销购买（煽动一些用户的负面反应）。这也可能导致行为的改变，比如删除服务或离开网站。

在下一节中，我们将讨论 Web 产品中的行为改变类型。表 3.3 中描述了相关的要素。

表 3.3 Web 产品中因果变化的类型

因果维度	描述	举例
结构性因素	与某种设置有关的因素使得难以避免路径依赖行为	制定定期付款计划 一键式购买
指导性因素	直接导致行为转变的因素	令人兴奋的促销活动或折扣 较大的产品改变或功能改变
边际变化因素	重要的因素导致了一个小的主动路径转移（买尿布的用户现在也买了湿巾）	新的促销活动 展示最新家具设计的电子邮件
巨大变化因素	导致用户发生巨大转变的因素（从不购买的用户现在购买了）	一个社交社区将具有某种观点的用户妖魔化，以至于用户随着时间的推移改变了自己的观点

我们将从两个维度来看待这些因素。第一个维度是这些因素是如何在用户面前出现的：（1）结构性因素是可以（有意识或下意识地）影响边缘行为的关键路径因素；（2）指导性因素是本身能够改变行为的因素。

第二个维度是行为改变大小，其中两个因素分别是：（1）边际变化或微小的行为改变，如点击一个链接；（2）巨大变化或导致行为发生转变的因素，如从不购买的用户购买了。

在这种框架中，内置的路径依赖因素被认为是结构性因素。结构性因素是有害的，因为如果我们注意不到它们，它们可能会在边缘地带改变用户的行为。例如，建立自动定期支付系统可以消除用户重新激活服务必须采取的额外步骤，最懒惰的用户可能会遵循这种路径依赖行为。

即使是路径上的行为也可能是较难完成且有意识的。行为可以是主动的（需要用户做出改变或点击什么），也可以是被动的（像定期支付一样，依靠自动的行动）。主动的路径行为对用户来说可能过于烦琐。例如，初次购买可能需要用户输入个人信息和信用卡信息。这可能是路径上的行为，但对普通用户来说太烦琐了——最简单的行动方式就是离开网站。为了让用户做出这种烦琐的行为，我们需要了解是什么原因导致他们做出这样的行为。当用户意识到这种改变发生时，他们可能会对这种改变做出消极的反应。

第二类因果因素是指导性因素，也就是说，是直接导致因果关系的因素，而不是间接导致因果关系的因素。从理论上讲，结构特征可以是指导性的。如果一个行动会导致某种结果，无论它是在路径上还是在路径外，而如果行动在路径上，那么它就既是结构性的又是指导性的。例如，在呼吁人们采取行动从经济上支持某个慈善机构之前，通常会发送一条温暖人心的信息。这条信息是支持慈善机构的路径，同时也说服了用户从经济上支持该慈善机构。

为了引起非路径行为的改变，我们需要了解导致行为改变的原因。虽然结构性改变不一定如此，但我们一般都知道，结构性因素是行为改变的关键。如果我们知道导致行为的指导性因素，就可以通过改变这些因素来改变该行为。我们可能无法改变每个用户的行为，但至少可以改变一组用户的行为。

此外，还可以将行为改变的因果因素划分为边际变化因素和巨大变化因素。这两类的所有行为都是用户的主动行为。当用户路径上的操作需要一个明确的行动时，产生的小的行为变化就是边际变化。想一想点击链接或为图片点赞的行为：成本很低。

理论上，如果个人遵循路径，导致这种行为改变所付出的努力应该是很小的。例如，让一个购买尿布的用户购买湿巾可能不需要付出太多努力，但要让这个用户购买昂贵的珠宝可能要困难得多。让一个星期六购买的用户在另一天购买可能是一种非边际变化。

与边际变化对立的是巨大变化——构成行为上的实质性逆转，如戒烟行为。对于巨大变化，行为的改变是困难的，以至于它需要更深入的认知过程，如对行为改变的思考和准备。在边际变化和巨大变化之间有一系列的可能性，人们必须从理论上确定这些可能性的潜在因素。

作为产品分析师，你的工作是设计产品，在产品中，应包含一些会导致你感兴趣的行为发生微小改变的结构性因素。此外，你也应该寻找导致行为发生巨大变化的指导性因素。

在查看数据的时候，你会发现可能有数百个混杂的变量隐藏在指导性因素之间。你需要通过因果推断方法来找到这些因素。

显然，让行为（如吸烟行为或其他有害行为）发生巨大变化对于临床医生来说是非常困难的，同样，对于 Web 产品的设计者来说，也很难使行为发生巨大改变。我们应该对行为改变有怎样的期待？能不能把结果和产品联系起来？

3.5　行为改变的现实期望是什么

在本节中，我们将以现代 Web 产品中人类行为改变为例，总结本章介绍的内容。

3.5.1　多大比例的用户会在产品中有真正的行为改变

正如我们在戒烟示例中所看到的，巨大的行为改变是困难的。但是，我们能否为我们有可能看到行发生改变的用户的比例确定一个大致的范围？

我们以另一种方式提出这个问题：什么是成功的 A/B 测试结果？我们将在第 6 章中讨论统计显著性，但在这里我们考虑的是变化幅度。为了得到一些数字，我们可以参考在各领域进行的人类行为改变研究的结果数据。

随着行为的边际变化，比如在问卷调查中用户的加入和退出，我们构建用户漏斗的方式可能会导致行为的巨大变化。选择加入调查的用户比例可以从较低的比例到50%或者90%不等，取决于调查的构建方式。我们在器官捐赠示例中也看到了这一点，这对Web产品来说也是一个重要的洞见。如果想让大多数用户做某些简单的事情，那就把它变成选择退出的行为，而不是选择进入的行为。但请记住，这可能会使一些用户感到厌烦。我们将在第13章中讨论如何找到这些用户。

现在，我们转向巨大的行为变化，如戒烟、下载应用程序、在应用内进行大额购买，以及改变财务习惯或自尊心。这些转变超级大。我们可以通过戒烟行为和其他健康行为来了解我们可能看到的人类行为改变水平。

巨大行为变化率通常保持在10%以下（见表3.4）。这确实反映了我们在产品中看到的情况。对于巨大的行为改变，2%～10%的回应率确实很不错，而超过10%的回应率是非常不现实的，这对于绝大多数的行为来说，基本是不现实的。对于小的变化，如选择加入应用的行为或为一张图片点赞，成功的话可以大幅推高行为变化率，但通常仍不会超过30%。

表3.4　成功实现行为改变的用户比例

行为	实现改变的比例
戒烟	2%～7%
戒酒	3%～9%
减肥成功率	<10%
新年决议的成功率	8%
删除或移除一个应用程序 （针对各种Web产品）	1%～5%

请注意，在用户群体中，大多数产品已经进行过了一些选择。用户如果已在网站上，很可能已经有某些动机使其接受了核心产品，所以这不是一般的转换率。这可能会增加行为变化成功率。例如，假设有一个约会应用程序，用户的结婚率可能比一般人群的结婚率高，因为程序所选择的是那些想尽快结婚的用户。然而，在约会应用程序中购买行为转换可能与结婚意愿无关，所以我们可能看到与其他应用程序类似的转换率。

3.5.2　某些行为是否更容易改变

作为产品分析师，我们想知道哪些行为最容易改变。我们将关于人类行为改变的理论应用于Web产品，从而猜测这些行为。你可以在自己的Web产品中测试一下。

基本上，我们可以从行为改变模型中得到一些启示：

- ❑ 尽可能地使行为改变变得简单。若想让人们购买商品，那么就让购买过程变得简短而不费力（提前将信息进行了整理）。
- ❑ 找到可能促使用户改变某些行为的诱因。发出信息，提醒他们检查X。
- ❑ 强化积极的行为，消除潜在的消极行为的影响。感谢用户的购买行为。避免告诉用户他们花了多少钱。
- ❑ 帮助用户在经历之前将过程可视化。向他们展示添加个人头像是多么容易。
- ❑ 为用户设定目标。这些目标可以是明显的或不明显的，如这个月消费30美元可返还5美元，首次购物有机会赢得一个新的Xbox。
- ❑ 在发出行动呼吁或鼓励某种行为时，要考虑到社会接纳度、恐惧、希望、快乐和痛苦等。

表 3.5 总结了一些关于行为改变理论的核心洞见，并展示了如何将它们应用于 Web 产品。

表 3.5　如何在 Web 产品中应用人类行为改变理论

	描述	Web 应用程序举例
自我实现 / 自我胜任	想象自己完成一项任务；认为自己会擅长某项任务	为用户简单描述过程，这样他们就能更容易地想象出他们应该做什么 为用户提供一些他们可能擅长的其他行为，让他们像完成游戏或拼图一样完成某动作
正 / 负强化 (学习模型)	一种积极的、强化行为的反应，或消极的、导致继续行为会导致不良反应的反应	完成一项任务（如写一篇文章）后奖励积分，并在留言板上显示积分 如果用户对其他用户有不敬的行为，可以取消其账户
目标设定 / 目标达成 (APA 模型)	要实现行为改变，需要两个阶段：设定目标，然后努力达到目标	通过提出日常目标（如"记住今天要清理垃圾邮件文件夹"）来改善行为然后评估用户实现这一目标的情况
五个阶段：预先思考、思考、准备、行动和维持	改变行为需要经历认识、了解行为改变方式，制定改变计划，做出改变，维持这种改变的阶段	让用户意识到某种行为，如"你最近没有访问这个网站。我们想念你。" 通过向用户展示行为改变的各阶段，帮助他们制定改变计划
动机：痛苦 / 快乐、希望 / 恐惧、社会接受度 (福格模型)	有不同类型的动机。触及这些核心动机之一就可以刺激行为	用户经常害怕社交拒绝。通过不向用户展示拒绝信息来减轻社交拒绝的痛苦。不让用户看到被拒绝成员的资料 使用社会支持作为转换的工具。从朋友那里获得对某项服务的评论或支持情况 根据用户过去的行为确定哪些诱因对用户是最有力的。用户是否对强调社会认同、未来希望或错过恐惧的行动呼吁有反应？根据他们的反应来调整行动呼吁
能力加诱因 (福格模型)	始终从时间、金钱、精神和体力等角度使行为尽可能容易	使改变行为变得容易，例如，使购买变得快捷方便
社会环境、个人思想和行为的相互作用	这三个因素相互作用，形成一个自我强化的过程	了解内部社会环境的性质——它鼓励什么样的行为，以及个人动机可能对其产生的影响。假设产品中有很多"鲸鱼"和局外人。最初，在产品中，所有的社交行为都需要有至少一个联系。大多数用户并不容易建立联系。也许最初的社交功能是无法使用的，这就加强了"鲸鱼"和局外人之间的鸿沟 评估产品中初始行为是如何为以后的行为创造条件的

3.5.3　行为改变工作表

在本节中，我们提供了一个工作表，旨在帮助读者用明确的理论（即上传个人头像可能导致行为的改变）来运行 A/B 测试。在本例中，我们感兴趣的行为改变是更长的留存时间。下面以粗体显示的问题是测试任何因果变量时都要问的基本问题，后面以普通文字显示的便是我对假设的产品的答案。

对于每个潜在的原因，本工作表将解释该改变是如何发生的。它可以帮助我们选出那些可能比其他因素更有潜力的因素。

上传个人头像的 A/B 测试的工作表示例

该功能是什么？ 强制要求用户在第一次访问时上传个人照片（操作性行为改变）

结果是什么？ 用户留存——使用户在产品中停留更长时间

这是一个有可能引发积极行为改变的功能吗？ 是的

如何触发（奖励／惩罚框架）？

沉没成本的谬论：用户在产品上投入越多，他们决定停留的时间越长（主要原因）——积极的

社交互动可能会增加，其他用户更有可能与有图片的用户互动（边际／次要原因）——积极的

它可能会迫使用户因为没有完成初始设置而提前离开产品——消极的

用户在做出这种行为后会有什么体验？

没有什么特别的，也许其他用户与之的互动更积极（可能是有了个人照片会更加分，也能解锁一些有门槛的功能）

这是路径上的行为还是路径外的行为？ 从路径外行为到路径上行为的改变

针对哪些用户？ 必须完成初始设置的新用户。大部分用户都没有个人照片

什么时候？ 在他们与产品交互的早期。他们还不能与任何其他功能交互

处理方法

在以下方面，该行为对使用者来说有多困难：

能力

时间？ 完成该任务需要拍摄照片，上传照片，并将其粘贴到提示栏中。这对年长的用户和没有准备好图片的用户来说是困难的

钱？ 不需要

费力吗？ 有些，取决于他们是否准备好了照片

精神疲惫？ 有可能，如果他们在意自己的照片或自己看起来好不好

身体疲惫？ 不会

其他？ 需要有一定的技术知识

动机

如果人类本质上是懒惰的，那么什么会促使他们做出这种行为？ 喜欢这种行为；回避该行为

惩罚／奖励？ 取消对产品的访问权限

触发快乐或痛苦的感觉？ 没有

触发希望或恐惧的感觉？ 兴奋于认识新朋友或害怕消极的互动

社会接受度？这在产品中是常态吗？ 不是，因为历史上用户没有这样做过

诱因

这种处理是诱因或行为改变的原因吗？ 不是

最终决定： 总的来说，考虑到这是路径上的行为，它可能会导致更高的个人照片上传

率，但可能不会对留存率产生很大的积极影响，甚至可能有潜在的负面影响

沉没成本：一个负面的激励因素，可能会使一些用户望而却步，这对产品来说并不是一个好的开头。为什么不是其他的沉没成本特性——为什么是这个

唯一的收获是更大的社会参与度。由于拥有个人照片的用户很少，因此这些照片很可能不是留住用户的有力动机。

3.6　可实践的洞见

本章的可实践洞见如下：

❑ 改变人类行为是非常困难的。即使有干预，真正的行为改变率也可能很低。

❑ 行为改变是一个涉及社会环境、内部认知和个人行为的互动过程。动机、能力和诱因都在行为改变中起作用。

❑ 许多因素都能引起行为改变。我们的目标是找到具有巨大影响的指导性因素。

❑ 建立要求用户选择退出的结构性因素将导致边际行为的改变，也被称为"助推"行为。

❑ 使用行为改变框架可以帮助我们构建和选择哪些功能变化可能会导致行为变化。

行为改变是产品分析的核心。了解人们何时以及为何做他们所做的事，对于构建成功的产品至关重要。我们可以使用统计学知识来改变用户行为（当 A/B 测试不可用时），并在需要时预测用户行为。

第 4～6 章将阐述一些可以更好地协助我们实现用户行为改变的基本统计学工具。

第二部分 *Part 2*

基本统计学方法

本书第二部分包含第 4～6 章，我们将从定性的理论和方法转向用户分析中的统计方法。本部分将重点讨论基本的统计方法。第 4 章将讨论指标创建和统计分布的基础知识。第 5 章将探讨更复杂的指标创建技术和用户分析中的常见指标。最后，第 6 章将深入探讨 A/B 测试。第三部分和第四部分将围绕预测方法和因果推断方法逐章展开。

第 4 章 *Chapter 4*

用户分析中的用户分布

本章首先讨论指标和指标的重要性，然后回顾一些关键的统计学思想（比如分布思想），这些思想是指标创建的基础。

4.1 为什么指标很重要

单凭直觉，很少能稳定地预测 Web 产品中的大多数用户行为。指标可以为这些预测提供信息并使其更有价值。指标是一个被我们跟踪的数字或量。如果运用得当，指标可以让我们跟踪和测试 Web 产品的变化如何影响用户行为。

我们从相反的角度来探讨一下。假设很多企业高管都是根据直觉而不是根据数据或指标来做决定的。一些公司只通过焦点小组和用户调查的有限反馈，就开发了超级成功的产品和用户活动。例如，索尼的第一代 PlayStation 和苹果的 iPod 就是这种情况。当然，有些是运气，但许多产品之所以如此成功可能与对市场的直观理解有关。

我们并不是在抨击直觉。如果你有直觉并能持续地依赖它，那么直觉就特别好。然而，现实情况是我们中的许多人并不具备预见未来趋势的先天能力，也不具备对客户的直观理解。即使你有，数据也可以帮助你完善这种直觉，为你提供有关活动或新产品功能的反馈。

直觉始终发挥作用，直到它不发挥作用为止。这意味着什么？作为人类，我们喜欢把胜利或任何积极的结果与自己联系起来。反过来说，我们把所有的损失和负面结果都归咎于他人。诚然，拥有直觉可能会导致一些胜利，也可能会导致一些失败，但我们更有可能专注于胜利，这将导致对个人能力的错误评估。人们都很容易被成功蒙蔽，导致做出错误的长期选择。例如，当股市上涨时，一些人辞去工作，成为日间交易员。凭着他们对市场的巴菲特式理解，他们认为自己不可能会输。然后，大崩盘出现了，每个人都失去了全部身家。

这种趋势在任何地方都适用，尤其在工业领域。正如 Galeazzo Ciano 伯爵所说，"成功有一百个父亲，失败是一个孤儿"。当一家公司有一个真正的摇钱树般的伟大产品，人们往往会把它的成功归功于虚假的神灵——伟大的营销活动、品牌忠诚度和正确的代言人。通常情况下，所有这些因素随着时间的推移保持不变，但产品还是退出市场了。最终销售量急剧下降，而我们并不完全知道原因。我们从来没有把重心放在那些真正推动产品销售的因素后面。提出 X 导致 Y 的论点非常容易，但要证明它却非常困难。

指标可以帮助量化各种现象。然而，并不是每一种现象都能被量化。最大、最抽象的想法是出了名得难以准确量化。即便如此，我们也不应该放弃使用指标。尽管有这些困难，指标依旧是我们进入球赛的门票。如果没有指标，我们只能站在球场外想象里面发生的事情。从观众微弱的欢呼声和鼓掌声中，我们中最优秀的人也许可以很好地猜测出谁获胜了，发生了什么。但即使是他们，在如此有限的信息下，有些时候也会出错。

有了指标，就好像我们已经进入了体育场。当然，我们仍然在看台上，不能完全看清球员，也不能清楚地看到替补席上的情况，但我们可以看到记分牌、比分以及一些动作，这本身就是一个巨大的进步。对于产品，指标也提供了相应的内容：关于产品的汇总数据，以及对用户行为模式的反馈。

4.1.1　指标开发的统计工具

在建立指标之前，我们需要从一些和 Web 产品息息相关的核心基础统计概念开始。

下一节，我们将介绍 Web 产品中常见的统计分布。我们将探讨为什么我们选择某些类型的指标来汇总数据以及如何计算这些指标。在第 5 章，我们将探讨年龄、时期和队列等人口学概念。这些概念将帮助我们创建在不同时间和人群中保持一致的指标。我们还将讨论一些更复杂的技术，如（人口学中）标准化或加权样本，方便创建在不同人群或时期一致的指标。

如果你很了解基本统计分布，那么可以跳过本章，直接学习更高层次的统计概念，如标准化或常见的用户分析指标。

4.1.2　分布

我们将从分布（真正的统计分布）开始介绍。尽管人们可能没有意识到，但其实许多人以前都遇到过它们。你可能见过或听说过钟形曲线，它是一种正态分布（见图 4.1）。这是很直观的。它的意思是，大多数人都位于曲线的中间位置（即平均水平）。就身高或其他特征而言，钟形曲线的两端都有异常值。钟形曲线的尾部很小，这意味着非常矮和非常高的人所占比例很小。钟形曲线非常好，因为它是对称的，这意味着高个子和矮个子的数量大致相同。我们会在代码清单 14.1 中探讨正态分布。

接下来，我们将讨论错综复杂的分布问题。首先，我们将探讨如何定义和绘制分布。其次，我们将讨论统计矩或如何将分布汇总成几个关键数值，如均值、众数和方差。最后，我们将探讨指数分布和双变量分布。

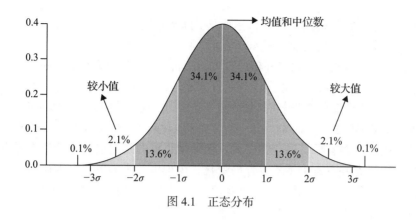

图 4.1 正态分布

4.1.3 探索分布

你可能已经见过钟形曲线，因为这些分布非常普遍，即使你没有用"钟形曲线"这个名字称呼它们，也可能曾经与它们打过交道。**分布**曲线只是列出了所有可能的值以及它们出现的频率。**指标**是代表一个数据点或数值的综合指标，而分布则代表所有潜在的数据点及其频率。例如，也许你过去曾看过自己的每月支出预算。每个月的支出金额可以按频率排序，并显示在直方图（见图 4.2）中（我们在代码清单 14.6 中用 ggplot 绘制直方图）。

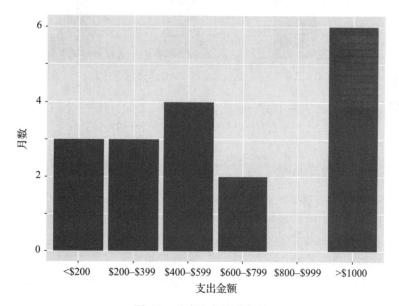

图 4.2 月支出金额直方图

假设在过去的两年中，你的花费有 3 个月低于 200 美元，有 3 个月在 200 ～ 400 美元之间；有 4 个月在 400 ～ 600 美元之间，有 2 个月在 600 ～ 800 美元之间，有 0 个月在 800 ～ 1000 美元之间，有 6 个月超过 1000 美元。这些数据形成了一个分布。我们可以将这些信息可视化来了解你的行为。例如，你月花费经常超过 1000 美元。分布中出现最频繁的数字是**众数**。然而，中位数在 400 ~ 600 美元之间。

月度支出模式可以被绘制成有序值的直方图。我们也可以将篮球运动员的身高从低到高排序，还可以将用户的购买频率排序。查看直方图的频率分布的困难在于，我们需要对数据进行分档。对数据进行分档意味着将其划分成不同区间，这样我们就可以像绘制直方图一样绘制它。这些区间应该有多大？例如，第一区间应该包含前 3 次购买数据还是前 5 次购买数据。

许多计算机程序都有默认的分档公式，但通常重要的是通过改变分档方式看看直方图会如何变化。如果直方图发生了根本性的变化，出现了更多的峰值，则说明最初的分档区间可能太宽了。如果直方图中出现了巨大的空隙，则说明之前的分档区间可能太窄了（见图 4.3）。我们在代码清单 14.7 中用 R 语言介绍了不同的分档方式。

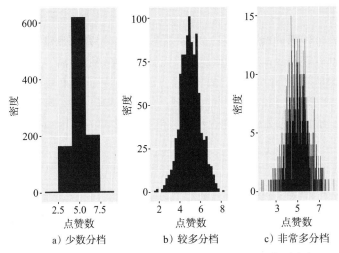

a）少数分档　　　b）较多分档　　　c）非常多分档

图 4.3　三个直方图，分更多档可以使分布的图像更清晰

4.1.4　均值、中位数和众数

为什么分布的指标很重要？人类无法跟踪数百个数据点，所以我们需要专注于几个重要的数据点。例如，我们可以看一下 NBA 球员的身高分布。分布中可能有数百个值，换句话说，每个球员的身高都对应一个值。数以百计的数据点往往是没有用的，我们需要将这些数据汇总成我们可以跟踪的几个点。汇总这种数据最常见的方式被称为统计矩。矩是可以计算出的数字，它可以帮助我们对分布的形状或重要数值进行分类。

第一个重要的汇总指标是**均值**，即一阶矩，它等于所有数据值（这里是指身高）的总和除以样本数（这里是指篮球运动员的数量）。表 4.1 展示了 5 名著名的金州勇士队球员的身高。

表 4.1　NBA 金州勇士队球员身高

姓名	身高
Andre Igoudala	6'8"（80 in）
Steph Curry	6'3"（75 in）
Kevin Durant	6'9"（81 in）
Draymond Green	6'7"（79 in）
Klay Thompson	6'7"（79 in）

为了计算均值，我们可以把身高值加起来：80 + 75 + 81 + 79 + 79 = 394。因为有 5 名球员，所以我们用 394 除以 5，即 6 ft 6.8 in，或大约 6 ft 7 in[⊖]。

均值很有用，因为它可以让我们对球员的平均身高有一个了解。然而，均值只是描述分布的一个数值，就像其他单一指标一样它也隐藏了一些信息。在某些情况下，当数据向一个方向倾斜或者是多个分布的总和时，均值就会误导人。我们将在接下来的几段中举一些这种例子。

另一个汇总指标是**中位数**。中位数是一组有序数值中的中间点。因此，如果我们把篮球运动员的身高从低到高列出来，那么中间的身高或者中间两个身高的平均值（有偶数个球员时）就是中位数。在 NBA 球员的例子中，中位数是 6 ft 7 in。

在正态分布中，均值等于中位数，均值也等于众数。众数是最常出现的数字。换句话说，位于所有球员身高列表中间的 NBA 球员的身高将等于所有球员的平均身高。在正态分布中，中位数、众数和四舍五入的均值都是一样的，但中位数和众数不一定彼此相等，也不一定等于其他分布中的均值。

中位数通常是比均值更好的衡量标准，因为它不太容易受到异常值的影响。当数据是偏斜的、截断的或删减的时，就会出现许多问题。倾斜分布不是对称的，而是偏向一边。截断分布的上方或下方是有限的，这通常是因为它包含非常高或非常低的值。截断类似于统计删减，因为高于或低于阈值的数值经常被省略，但它与统计删减的不同之处在于，我们不对省略的数值进行统计。

通过图 4.4 中的左偏分布，我们可以看到中位数、众数和均值都是不同的。在正态分布中，这 3 个值都在 0.5 左右。在左偏分布（更接近你在产品分析中看到的情况中），均值约为 0.17，中位数约为 0.13，众数约为 0.01。正如我们所看到的，在这种类型的分布中，这 3 个值有很大的不同，中位数和众数比统计均值更清楚地反映了普通用户的情况。众数也非常有用，因为众数是偏斜分布的峰值（最高点），在多分布的情况下，众数是核心的焦点。我们在代码清单 14.3 和代码清单 14.5 中涵盖了均值、中位数、偏度和峰度。

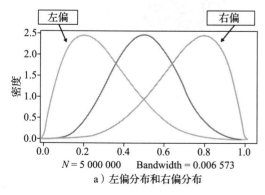
a）左偏分布和右偏分布

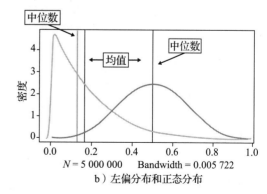
b）左偏分布和正态分布

图 4.4 偏斜分布和正态分布以及均值和中位数，在左偏分布中，中位数低于均值，众数低于中位数

⊖ 1 in=2.54 cm，1 ft=30.48 cm。——编辑注

分布可以变得更加复杂，因为有时它们反映了多组或多类行为的集合。这发生在一些常见的情况下，例如当分布实际上是两个或多个正态分布的组合时。假设我们把两个群体——女性体操运动员和男性篮球运动员——的身高放在一起看。它们是正态分布的，我们发现均值和中位数约为 5 ft 8 in 或 5 ft 9 in。

在这种情况下，均值和中位数实际上是没有用的，因为我们正在汇总两个在这一特征上完全不同的群体。相反，我们想要的是女性体操运动员的身高均值——大约是 5 ft 1 in，以及男性篮球运动员的身高均值——大约是 6 ft 7 in。重要的是绘制数据曲线，看它是否看起来像两个或更多群体的聚合数据（见图 4.5）。如果数据曲线有多个峰值（双峰或三峰）或看起来像两个或更多独立的钟形曲线的聚合曲线，我们就可以发现这一点。单一分布的众数会提供同样的信息，它基本上有两个峰值，分别在 5 ft 1 in 和 6 ft 7 in 处。

在处理比例问题时，我们也会经常看到多峰数据。这种分布被称为贝塔分布，对于理解比例问题非常有用。

有时，我们会看到这种分布，如在产品中花费的时间比例。许多用户在 0% ～ 20% 和 80% ～ 100% 的范围内，但少数用户在中间 20% ～ 80%。

对于大多数分布，我们都想把它们绘制出来，然后试着弄清楚发生了什么事：它是多峰的，正态的，还是指数的？最后，计算均值、中位数和众数来度量分布。

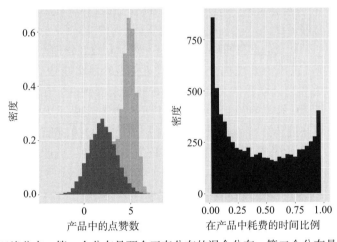

图 4.5　两个双峰分布。第一个分布是两个正态分布的混合分布；第二个分布是贝塔分布，双
　　　　峰分别位于两端，这样的分布在处理比例数据时经常遇到

4.1.5　方差

分布的下一个聚合指标是方差。方差是对数据分散程度的一种度量。因为不同的数据集有不同的分散程度，所以方差变得尤为重要。

例如，如果我们从世界人口中随机抽取身高，则从 1 ft 到 8 ft，身高数据将非常分散。相比之下，顶级篮球运动员往往都很高（最矮的球员也有 5 ft 6 in），所以这个群体的身高分布的分散程度（spread）要小得多。

　　方差很重要的另一个原因是，像均值这样的指标周围的数据越紧密，我们的估计就越有可能接近事实。反之，数据越分散，我们的估计就越有可能出现偏差。

　　方差可以来自两个方面：（1）分布的真实分散程度；（2）作为我们估计基础的小样本量。一般来说，样本量越小，方差越大。

　　方差计算公式如下：

$$\text{样本方式} = \frac{\sum_{i=1}^{n}(x_i - \mu(x))^2}{n-1}$$

其中 n 是样本 x 中的元素数，μ 是样本均值。

　　换句话说，我们用样本中的每个元素减去均值，计算其平方，将所有它们相加，然后除以元素的数量。

　　正态分布的分散程度是众所周知的，也是理解方差的一个良好起点。对于正态分布，我们知道在尾部找到数据点的可能性很低。例如，作为成年人，我们不太可能高过 7 ft 或矮于 4 ft。大多数数值会落在距均值三个标准差的范围内。标准差是方差的平方根，是分散程度的另一种衡量标准。在正态分布中，我们可以看一下数据离均值有多远。正态分布曲线下面积达 68% 时，大约距离均值一个标准差；面积达 95% 时，距离均值 2 个标准差；面积达 99.7% 时，距离均值 3 个标准差。如果你的智商比均值多三个标准差，那么你真的非常聪明。如果我们随机选择 1000 人，那么这 1000 人中只有 3 个人可能比你聪明。

　　有些指标具有巨大的离差（dispersion），这使得它们具有误导性。例如，产品分析师可能会看到通常为 5 天左右的用户留存时长，在最新的队列中增加到了 7 天。他很兴奋地向这家小型 Web 公司的产品主管报告了这个数据，认为这意味着最新的功能很成功。然而，这是一个很小的样本量，标准差（或方差的平方根）通常是 3 天。基于这些信息，我们无法有把握地说留存时长确实有了提高。因为留存时长正常就有 3 天的变化，这可能只是留存时长的随机差异，不能归因于功能的改变。

　　在 Web 产品中，我们通常不会有所有的数据，所以我们必须用自举法（bootstrap）来估计指标。接下来，我们将探讨什么是自举样本，并解释如何获得自举样本的方差。我们会在代码清单 14.5 中用 R 语言计算方差。

4.1.6　抽样调查

　　我们来计算样本方差。样本是用来估计总体的某些特征的随机的子集。在这里，我们将使用一个样本来计算 NBA 球员身高的总体方差。我们可以进行有放回抽样，也可以进行无放回抽样。"有放回"意味着我们可以选取之前已经选过的数值。例如，假设我们有一顶装满了彩色球（包含绿球、黄球和粉球）的帽子。我们从帽子里挑出一个粉球。"有放回"的意思是我们把它放回去，然后再挑选，所以每次挑选的时候，挑到绿球、黄球或粉球的概率不会改变。

　　我们可以通过有放回抽样来建立样本。我们从 NBA 球员的身高分布中有放回地随机抽取 5 次，得到 5 名球员身高：6 ft 7 in、5 ft 11 in、7 ft、6 ft 11 in 及 6 ft 3 in。这个样本的均值是 6 ft 6 in：

$$均值 = \frac{79+71+84+83+75}{5} = 78.4\text{in} \approx 6'6''$$

为了计算样本方差，我们将样本的每个点与均值的差平方，然后除以样本数。这样，我们就可以估计出方差：

$$样本方差 = \frac{(79-78.4)^2 + (71-78.4)^2 + (84-78.4)^2 + (83-78.4)^2 + (75-78.4)^2}{4}$$

这个小样本的方差是 29.8，标准差是 5.46 in。可以看到，这个样本的方差是相当大的。

什么是**自举样本**？这其实是一个非常简单的概念。我们从总体中进行有放回抽样。除了抽取一个小样本，我们可以选择创建 100 个小样本，然后计算每个样本的方差。

然后，我们可以算出当前样本的方差或其他总体特征。我们可以用各个样本的估计值来计算这些估计值在样本之间的变化，这也称为总体统计量的标准误差。

标准误差是大量样本的标准差。这可能看起来令人困惑。我们计算了每个样本的方差，然后对所有样本的方差取平方根，但这就是自举抽样在方差度量中的使用方法。

使用自举样本来估计指标值是非常有用的。通常情况下，我们没有时间或计算能力去找到总体的指标。如果能对总体进行抽样并得到相当接近的估计值，便已经相当不错了。随机森林（见第 13 章）也依赖于自举抽样。

我们对方差的自举估计可能与真实方差不一样，因为它是基于大量小样本而非总体的，所以每个样本方差中都有固有的随机性元素。误差的大小与样本规模有多小以及样本的数量有关。样本规模越小，样本数量越少，我们的估计值就越有可能在某个方向出现偏差，反之亦然。为了得到方差更准确的估计值，我们需要有足够大的样本或大量的样本。

4.1.7　其他度量方式

均值、中位数、众数和方差是我们要探讨的第一梯度的指标，同时分布还存在很多其他指标。在这里，我们将简要讨论其中的三种：偏度、峰度和斜率。偏度量化了分布被拉向一边的程度。峰度衡量分布的尾部有多宽，或者分布的两端有多少点（见图 4.6）。峰度越大，尾部越细，极端值越稀少。这些指标的计算比较复杂，我们将在第 14 章重新讨论偏度和峰度，届时我们将用 R 语言计算它们。

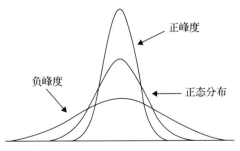

图 4.6　峰度指分布的尾部宽度

另一个有时会很有用的指标是密度图或平滑直方图中某些点的斜率（一阶导数）或曲率（二阶导数）。我们可能想了解密度图在整个区间内是如何错综复杂变化的。我们可以通过计算两个点的变化来计算斜率：

$$m = \frac{y_2 - y_1}{x_2 - x_1}$$

关于这些统计概念的更多信息，请参见参考文献。

4.1.8　指数分布

我们来谈谈另一个非常重要且在用户数据中很常见的分布，即指数分布。例如，内容列表中的浏览量便服从指数分布。位于页面顶部的早期帖子比后来的帖子获得更多的浏览量。用户通常只查看前几个帖子而忽略其他的帖子。例如，我们可以在苹果 iTunes 商店看到这种类型的用户行为。同类别应用程序中前面的比后面的获得更多的下载量，即使它们并不完全服从指数分布！购买次数、初始会话时间、用户活跃天数，以及许多其他类型的数据都遵循这一模式。图 4.7 展示了指数分布的形态。

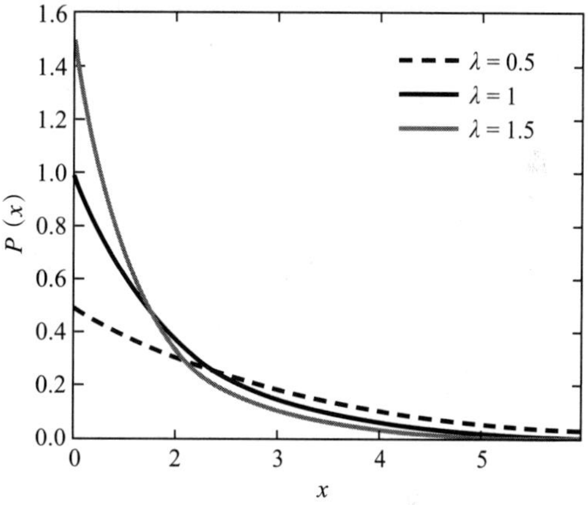

确定数据是否呈指数分布是很重要的。例如，对于购买行为，指数分布表明大多数用户很少购买，少数人购买很多。这样的分布也可能表明，少数帖子获得的浏览量非常多，而大多数帖子的浏览量很少。

在数学上，指数分布的定义如下：

$$y = e^{-x}$$

这里，e 是自然常数，由于指数是负数，

图 4.7　指数分布，随着 λ 的增加，分布曲线变得更加陡峭

因此数值从一个大的数字开始迅速下降（见图 4.7）。λ 表示指数值下降的速度。λ 的值越小，下降速度就越快。

需要注意的是，对于指数分布，均值和中位数是不一样的。均值会偏向极端值，而中位数是一个更可靠的指标。

我们回到关于收入方面的讨论，这将呈指数分布，大多数人的收入在 25 000 美元到 125 000 美元之间，少数人收入非常高。我们要看分布的中位数，因为包括了比尔·盖茨、马克·扎克伯格或沃伦·巴菲特的收入的均值将远高于不包括这三位收入数据的均值。假设有 3 个人，其中一个人赚 5 万美元，另一个人赚 7.5 万美元，而比尔·盖茨赚 120 亿美元，那么中位数将是 7.5 万美元，而均值约 40 亿美元。

对于指数分布，计算中位数和众数都很重要。均值等于 $1/\lambda$，所以即使 λ 值轻微增加也可能代表业务巨大损失或繁荣。例如，假设它代表两次登录间隔的时间（以天为单位）。某公司最初的 λ 为 2，随后 λ 降为 1。这意味着用户最初平均每天登录两次，但后来他们的访问频率下降到每天一次。代码清单 14.2 展示了如何用 R 语言从指数分布中取样。

4.1.9 双变量分布

双变量分布显示了两个随机抽样的变量之间的关系。随机变量是一个花哨的术语，指的是作为随机抽样结果的变量。14.8 节将介绍如何用 R 语言绘制双变量分布。

我们在 X 轴上绘制一个因子，在 Y 轴上绘制另一个因子。例如，假设我们想绘制 NBA 球员的身高和收入曲线。身高与高收入有关吗？通过观察双变量分布，我们可以知道这些变量是如何关联的。在本例中，这两个变量可能是正相关的，即 NBA 球员的身高越高，赚的钱就越多。请注意，这并不一定意味着身高和收入之间有因果关系。

两个变量也可能是负相关的，比如教学质量和班级规模之间，这里的"负相关"意味着班级规模越小，教学质量就越好。换句话说，当一个指标上升时，另一个就会下降。

两个变量也可能是完全不相关的，例如莫桑比克温度和股票价格。在这种情况下，分布中的数值是没有任何规律的。

图 4.8 总结了双变量分布的几种模式。在代码清单 14.9 中，我们用 R 语言计算了相关系数并绘制了双变量关系图。

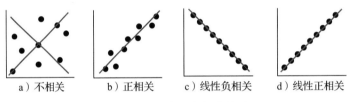

图 4.8 两个变量之间的关系

有时，两个变量可能有某种类型的非线性关系，例如收入和抵押贷款金额之间的关系。一般而言，非常贫穷的人没有抵押贷款或有少量抵押贷款，同样，富人也没有抵押贷款或只有少量抵押贷款。相比之下，中产阶级有很多抵押贷款。因此，抵押贷款的规模和收入之间存在 U 形曲线关系，如图 4.9 所示。

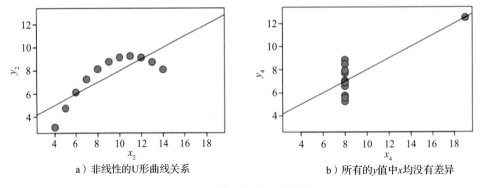

图 4.9 另外两种类型的关系

4.2 可实践的洞见

现在我们已经介绍了分布的基本知识，并探讨了两个无处不在的分布（正态分布和指数分布）和双变量分布，现在是时候停下来回顾一下了。本章中让你在处理用户数据时更加容易的几个关键要点如下：

- ❑ 分布是一种表示数据集中每个值出现的频率的函数。分布可以用直方图或密度图来绘制。
- ❑ 已定义的分布虽然很好，但在实际的用户数据中并不总能找到。有时候，数据并不能很好地遵守预定义的分布。
- ❑ 如果数据服从指数分布或偏斜分布，那么中位数和众数将是比均值更可靠的指标。
- ❑ 方差解释了分布的分散程度，方差越大，均值或中位数就越不可靠。
- ❑ 自举抽样是一种非常有用的技术，可以在大数据集中找到关键指标或数据不一致的地方。
- ❑ 有些分布可能是双峰的，聚集了多个分布。在这种情况下，完整分布的中位数或均值并不是可靠或有用的可参考指标。相反，寻找众数或每个正态分布的均值与方差可能是更好的探索方向。
- ❑ 双变量分布显示两个变量的关联关系。

这些知识是本书的基础。第 6 章将探讨一些其他的分布，如卡方分布。我们将使用分布来建立指标（见第 5 章），并根据 A/B 测试进行推断（见第 6 章）。

Chapter 5　第 5 章

指标的创建和解释

在第 4 章中，我们讨论了统计分布的一些基础知识。本章将在这些概念的基础上，介绍更多的工具以更好地优化和理解指标。

对每个产品分析师、数据科学家或有兴趣从事分析工作的业务主管来说，有效地使用指标和关键绩效指标（Key Performance Indicator，KPI）（即对收入等核心业务量的衡量指标）是至关重要的。没有指标，我们就无法衡量产品怎么样。这就像在烤蛋糕时，除了平底锅外，没有使用任何厨房用具。虽然没有厨房用具也可以烘烤，但结果往往不如人意，因为我们无法衡量任何配料，也无法在锅外混合它们。如果你厨艺很好，那么可能可以做出一个还不错的蛋糕，但大多数人只会得到一个普通或者差劲的蛋糕，最差的甚至差到难以下咽。

本章涵盖创建指标的基础知识，让你直观理解如何处理行为数据。首先，我们将讨论"时间"或时间元素。其次，我们将探讨常见的指标以及如何计算用户生命周期的四个核心要素：获客、参与度、收入和留存。读完本章内容后，你应该能够针对用户在产品中的天数和用户购买行为的进度等可观察的数据创建指标。

5.1　时期、年龄和队列

本节考虑了时间元素。每一个指标都有一个时间元素，因此我们需要了解如何在现有上下文中定义我们的人口情况。

人口学为我们提供了一个工具来解释这个问题。它是对人口的统计研究，对于处理 Web 产品的用户群体非常有用。人口学的核心是时期、年龄和队列之间的相互关系。

随着人口的变化，指标也会随着时间的推移而发生根本性的变化，所以想建立有用的指标，模糊或不清楚的时间元素是最大的问题。产品分析师经常将不同人群在很长时间跨度上的指标结合在一起，这可能导致不正确的推论。

如果我们了解时间和人类事件之间的关系，那么就可以建立更好的指标。时期、年龄和队列的基本概念恰恰涉及这些关系的细节。

5.1.1　时期

什么是时期？它只是一个特定的时间区间。例如，20 世纪 90 年代是一个时期，Web 产品的第一个月也是一个时期。为什么时期很重要？因为某些元素存在于某个时期。例如，20 世纪 90 年代是美国历史上一个繁荣的十年，有第一次科技泡沫、千年虫、互联网普及、快速市郊化、比尔·克林顿总统就任以及北美自由贸易协定等事件。这些事件从文化习俗到社区布局，以无数的方式影响着生活在那个时期的人们。时期可以帮助我们定义一个具有某些特征的时间区间，而且允许我们将该时间区间与其他时间区间进行比较。

Web 产品在不同时期也会有所不同。想想 Facebook 是如何随着时间的推移而改变的，是如何从简单的地址簿式的格式到现在包括新闻提要、信息传递、图片和视频的。Web 产品功能的增加往往会大大改变人们使用产品的方式，以及他们互动的类型和质量。社区也会随着时间的推移在 Web 产品中成长和发展，所以新的用户体验会随着时间的推移而发生根本性的变化。

5.1.2　年龄

什么是年龄？顾名思义，它是我们生存的时间长度。从 Web 产品的角度来看，"年龄"是指用户在产品中生存的时间。不同年龄的用户对 Web 产品可能有完全不同的理解、用法和感受。年龄为 1 天的用户可能会对产品界面的新颖性感到兴奋，而年龄为 3 岁的用户可能会对产品的实用性感兴趣。

5.1.3　队列

什么是队列？队列的人口学定义是一群在同一时期出生的用户。例如，假设你出生于 1959 年，那么你与生于 1950 年至 1960 年的人将属于同一队列。你们都会面临同样的事件，比如民权运动、女权运动，以及第二次世界大战结束和欧洲重建后快速的社会变化和财富增长。队列没有固定的时期，它可以被定义为任何你认为重要的时期。

与队列的人口学定义类似，我们可以根据用户加入 Web 产品的时间对 Web 产品的队列成员进行模拟。如果你和另一个用户同时加入该产品，那么你们都会以类似的方式体验功能的变化。例如，某个队列的用户可能在 2016 年 6 月开始使用该产品。

回到雪地摩托网站的例子。该网站已经存在了 10 年。最初的几个队列与后来的队列完全不同。21 世纪初的小型用户群由年轻的、精通技术的 Web 版早期使用者组成。10 年后的队列已经增长了 10 倍，包括美国人口中更大的群体，成员年龄更大，更规避风险，一半的用户使用移动应用程序而不是 Web 版。

假设我们现在想为雪地摩托网站计算一些通用的留存指标。我们将不得不对 10 年内许多不同的队列和产品生命周期的不同时期的数据进行平均，从而得出一个本质上毫无意义的指标。正如这个例子所表明的，明确的时间变量可以区分好的指标和坏的指标。

5.1.4 列克西斯图

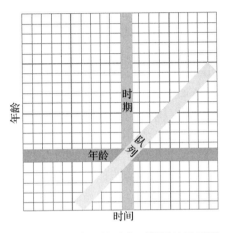

时期、年龄和队列这三个概念是相互关联的。它们的关系可以用图 5.1 中的列克西斯图来说明。年龄是 Y 轴，日期是 X 轴。

列克西斯图上的每条线都是一个从初次使用到彻底离开产品的用户。横线代表不同时期的产品使用时长。每个队列，当它越过那条水平线时，就变成了对应产品使用时长的用户。垂直线指时期，代表 Web 产品的单一时间点。因此，列克西斯图可以让我们在同一张图上将年龄、时期和队列可视化。如果你想使用列克西斯图来可视化产品人群数据，那么可以使用 'Epi' 和函数 Lexis.Diagram() 用 R 语言绘制列克西斯图。

图 5.1 Web 产品的列克西斯图显示了用户何时开始使用产品以及何时离开产品

年龄、时期和队列的关系非常密切，我们只需要其中两个就可以知道第三个的数值。例如，如果知道用户的年龄和所在时期，我们就可以确定起始队列。如果知道所在队列和所在时期，我们就可以确定用户的留存时长。最后，如果知道所在队列和留存时长，我们就可以确定产品所处的当前时期。然而，所有这些概念都描述了用户群随时间的变化。

5.1.5 时期与队列

大多数指标都是队列或时期任选其一。队列测量使用给定的队列作为基础人群。例如，我们可以计算从 2013 年 5 月开始的队列的生命周期值。

时期测量是在选定的时期内对所有活跃队列的数据进行汇总。大多数时期指标看的是产品的整个生命周期。例如，如果产品从 2013 年 3 月到 2017 年 7 月可用，那么大多数时期指标将使用该完整数据集。我们也可以在较短的时期内计算时期指标。例如，我们可以计算 2014 年 3 月至 2015 年 3 月用户使用产品的平均天数这一时期指标。

这两类指标可以让我们从不同角度了解产品。但是，时期测量和队列测量也有可能是"错误"的，因为两者单独都不能让我们全面了解产品的情况。表 5.1 根据用户是在产品推出的第一天、第二天还是第三天开始使用产品列出了虚构的用户天数。在这个例子中，最大天数是 13 天。每个用户使用产品至少 1 天。

表 5.1　所有用户和他们使用 Web 产品的天数

用户编号	产品推出后第几天开始使用	用户使用产品的天数
1	1	2
2	1	5
3	1	1
4	2	1
5	2	8
6	2	依旧在使用
7	2	3
8	2	5
9	3	1
10	3	依旧在使用

5.1.6　队列留存时长

现在，我们来计算一下留存时长或者说所有用户自首次使用产品后的平均使用天数。它是队列 Y 中所有用户使用产品的天数之和除以 Y 中用户的总数：

$$第0天队列留存时长期望值 = \frac{队列Y中所有用户使用产品的总天数}{队列Y中用户的总数}$$

从表 5.2 中我们可以看出，用户使用产品的天数因用户开始使用产品时间的不同而不同。队列 Ⅰ 平均在产品中停留 2.6 天，队列 Ⅱ 平均在产品中停留 5.6 天，队列 Ⅲ 平均在产品中停留 5.5 天。队列的大小也有所不同。部分时长的变化可能归因于样本量。

表 5.2　计算每批用户的队列留存时长

队列	留存时长计算	队列留存时长
队列 Ⅰ（在产品推出第 1 天开始使用产品）	$= \dfrac{2+5+1}{3}$	2.6 天
队列 Ⅱ（在产品推出第 2 天开始使用产品）	$= \dfrac{1+8+11+3+5}{5}$	5.6 天
队列 Ⅲ（在产品推出第 3 天开始使用产品）	$= \dfrac{1+10}{2}$	5.5 天

注：假设用户使用产品的最大天数依旧为 12 天，即使该用户始终在使用产品。

然而，对于许多 Web 产品来说，这种变化也可能归因于产品本身功能也在随着时间发生变化。样本量如此之小，我们无法真正对 Web 产品做出任何推断。我们将在后面的章节中讨论推断留存时长变化所需的样本量。

假设样本量较大，大到足以让我们可以相信这些数字而且样本的方差很低。这告诉我们，各队列的留存时长有很大的不同。也许在第 1 天和第 3 天之间发生了一些事情，导致了留存时长急剧上升。我们想看看用户在产品中停留时间较长的趋势是否会持续到第 4 天和第 5 天，等等。

5.1.7 时期留存时长

现在，我们来计算一下简单的时期留存时长。时期留存时长是用户使用产品的天数之和除以用户总数。

$$第0天的时期留存时长期望值 = \frac{时期Y中用户使用产品的总天数}{时期Y的用户总数}$$

$$时期留存时长 = \frac{2+5+1+1+8+11+3+5+1+10}{10}$$

$$= 4.7天$$

时期留存时长告诉我们，第 0 天的平均产品使用天数是 4.7 天。这个数值与队列留存时长所得数值不同。我们可以看出，这个数介于较小和较大的队列之间。由于样本时期测量没有考虑到每个队列中有多少用户，因此时期留存时长会不成比例地偏向较大的队列。在这个例子中，队列 II 比其他两个队列要大。这种差异可能是不好的，例如，如果第 2 天有一个错误导致用户无法使用产品，那么这将使结果出现偏差。

我们可以对这个指标重新加权，使每个队列的贡献相等，这将在下一节进行讨论。现在，我们要指出的是，时期测量法根据包含在其中的队列的大小对数据进行加权。通常，Web 产品的用户队列是完全不同的。在盲目接受时期测量之前，我们应该了解在队列层面发生了什么。

代码清单 14.10 提供了一个用 R 语言计算时期留存时长和队列留存时长的例子。表 5.3 指出了使用时期测量和队列测量的优点和缺点。每个指标都是一个时期指标或队列指标。可以看到，时期测量可能会有分母问题。通常情况下，队列测量更值得采用，但也并不总是能适合所有场景。

表 5.3 使用队列测量与使用时期测量的优缺点对比

测量方法	优点和缺点
队列测量	优点： • 在一段时间内观察同一人群（不需要考虑加权） • 考虑整个指标随时间的变化——随着产品的成熟，留存时长如何变化 • 易于理解 缺点： • 数据是被截断的，特别是产品刚上市时（意味着指标不准确） • 队列不仅可能因时间而不同，还可能因其他类型的用户细分（例如，自然浏览用户与通过付费广告导流的用户，男性用户与女性用户）而不同
时期测量	优点： • 最常用的方法 • 当队列大小均匀（或权重大致相同）时很有用 • 当数据稀少时有用 缺点： • 混乱的队列集合有时使指标毫无意义 • 往往偏向于早期使用产品的队列（如果产品的用户留存时长随着时间的推移而增加，那么简单的时期测量结果就会偏低）

需要注意的是，由于产品中仍有用户，因此留存时长的时期测量结果和队列测量结果都是截断的。最好从早期的队列中获取留存时长测量值，因为仍使用产品的该类型用户很少。这种方法唯一需要注意的是，早期的队列至少能在一定程度上反映后来的队列。否则，需要找到办法调整这些测量方式以包括对仍在使用产品的用户的生命长度预测。感兴趣的读者可以在进阶读物中找到更多关于这个主题的信息。

在下一节中，我们将对指标进行简单的标准化。这是一个很重要的步骤，因为它可以让我们在一段时间内比较同样标准化的人群，去除不良数据，并探索基础人群发生变化时指标的变化情况。

5.1.8 标准化

人口学家把基于用户特征（比如年龄）的重新加权称为标准化（这个术语在不同学科中有不同的含义，但在这里它只是指重新加权以确保指标具有可比性）。理论上，如果你是Web产品的经理，那么你可能想看一下一段时间内指标的细节情况，例如购买量是否随着时间的推移而上升，用户在产品中停留的时间是否更长。要做到这一点，你需要有一个一致的衡量标准来判断用户是否购买更多或停留更长时间。

然而，正如我们在上一节中看到的，时期测量指标会偏向于某个特定队列的规模大小。我们可能想对这些指标重新进行加权，以确保我们比较的是两个正确的量。另外，如果你想得到一个可以理解的、不偏向于特定队列规模的留存时长衡量标准，则可以使用标准化来创建。

在上一节中，我们看到不同的队列中有不同数量的用户。在这种情况下，我们计算出来的时期测量值就偏向于最大的队列，即队列Ⅱ。现在，我们想要一个对每个队列进行平等加权的测量方法。我们将使用权重来使人群标准化，保证各队列的权重是相等的。

标准化是一个比较简单的过程。在这个例子中，因为有 3 个队列，为了使数据标准化，我们把留存指标乘以 1/3，然后把它们加起来。通过这样的标准化过程，我们如预期那样得到一个较小的天数。因为我们降低了队列Ⅱ的权重并提高了其他两个留存水平较低的队列的权重，所以得到的非加权指标与加权指标相比要小一些。简单时期测量的时期留存时长是 4.7 天，而通过标准化得到的时期留存时长是 4.58 天（见表 5.4）。

表 5.4　所有队列平等加权后的标准化留存时长

队列	权重	留存时长	总和
队列 Ⅰ	$\frac{1}{3}$	2.6 天	$\frac{8}{9}$
队列 Ⅱ	$\frac{1}{3}$	5.6 天	$\frac{28}{15}$
队列 Ⅲ	$\frac{1}{3}$	5.5 天	$\frac{11}{6}$
			$= \frac{8}{9} + \frac{28}{15} + \frac{11}{6}$ $= 4.58 天$

我们可以使用各种权重来使人群标准化，但权重之和必须是 1。假设我们想通过某种人群质量衡量指标来重新加权，且三个队列的质量分别是 0.6、0.2 和 0.2。在这种情况下，如果第 2 天有一个错误，那么我们可以按 1/2、0 和 1/2 重新加权以消除该错误对留存时长的影响。同样，我们只需将权重和我们计算的队列指标相乘后再相加就可以得到重新加权的指标。

我们可以计算年龄和性别等各种各样的比率并沿着这些思路对人群重新进行加权。假设我们有一个非常奇怪的队列，其中 80% 是男性，20% 是女性，而我们通常的人口比例是 50∶50。我们可以通过重新加权留存指标来看看人口比例的差异是否导致了留存时长的差异。要实现这一点，我们只需按该特征来计算比率。在前面的例子中，我们可以用性别组代替队列，计算每个性别的指标，并乘以正确的权重。

标准化是相当有用的，而且实施起来也不难。如果研究 Web 产品时想移除那些没有达到产品预期的大小不一的队列指标值时，标准化就能助你一臂之力。

5.2　指标的制定

现在我们已经探讨了一些重要的统计理论和统计工具，我们接着回到 Web 产品分析。正如我们在第 2 章所讨论的，假设有一个雪地摩托网站，该网站销售市场上的一些最新车型。而你在 Web 产品分析方面是新手，这是你接触的第一个网站，所以你不确定自己应该捕捉什么类型的行为，甚至不确定其他 Web 产品关心的指标类型都有哪些。本章的这一部分将帮助你为网站建立一些入门指标。

即使是最简单的购物网站，用户也可能会有许多潜在的行为，比如点击电子邮件链接或不同的页面、产品和图片，注册和分享购买信息，完成购买，或联系客服。网站可以有常客，这些用户还可以将产品链接分享到他们的社交媒体账户。所有这些行为可能发生在某一天，也可能发生在几个月内，这意味着每个用户行为都有一个时间元素。每个客户都是用户群的一部分，可以被归类在一个特定指标的人群中。因此，除了时间元素外，每个指标都有一个特定的人群，这个人群可能很小（如单个用户），也可能很大（如整个用户群）。

5.2.1　概念化

在众多有趣的行为和复杂的行为模式中，我们如何才能过滤出重要的行为或模式？这就是概念化的用武之地。概念化意味着提取概念并将其转化为可以测量的东西。这里已经提前为你完成了那些繁重的工作，以下四个关键的概念对每个 Web 产品都是必不可少的：

- ❑ **获客**：用户进入或加入 Web 产品的过程。
- ❑ **留存**：用户在 Web 产品中停留或活跃多长时间。
- ❑ **参与度**：用户在产品中的互动程度。
- ❑ **收入**：交换的金钱或总收入。

这些核心概念可以帮助我们了解我们应该密切关注哪些行为。虽然我们可能会错过一些重要的行为，但它们确实能够让我们过滤掉很多不太有趣的行为。把探索这些概念看成理解用户行为的第一道关卡，同时回想一下我们想要研究行为改变的初衷：我们可以针对用户行为的这四个方面制定行为改变指标。

首先，我们想一想产品中常见的用户时期。乔是一名雪地摩托爱好者，他想买一辆雪地摩托。他在谷歌上搜索"雪地摩托 2017 款"来到了产品的主页。这是第一步，即获客，这意味着新用户使用产品的方式。由于乔不是从付费广告（如 Facebook 广告）来的，因此他可以归类为自然浏览用户。乔看到网站很好，所以决定成为会员，订阅每周电子邮件广告。

乔注册并创建了一个账户，网站每周向他发送一些提供信息和促销优惠的电子邮件。乔偶尔会通过点击这些电子邮件链接回到网站。他与网站、信息和内容交互的所有行为都被视为对产品的参与。

乔最终跃跃欲试，购买了一辆雪地摩托。他点击了一些雪地摩托的缩略图，以了解更多关于每辆雪地摩托的规格。最终，他选择了一个目前正在销售的型号，并通过 PayPal 购买了它。他围绕这次购买的相关行为与收入的概念有关。

购买后，乔收到了雪地摩托，之后再也没有点击过任何其他促销邮件。一年过去了，最终他又通过点击"雪地摩托涡轮增压 2000"的链接回到网站中，但这次他并没有任何购买行为。又过了一年，他基本上可以被认为是一个僵尸用户了。在雪地摩托 Web 中活跃的时间段被认为是乔在产品中的留存时间。

但是，用户的生命周期何时真正结束？这实际上是现代 Web 产品中最难回答的问题之一，因为重新激活账户或重新加入网站可以像点击电子邮件链接一样容易。我们会就这个话题进行更详细的讨论。我们认为什么时候用户已经"死亡"或不活跃，以及可以用什么代价来重新激活用户？他在产品中停留了多长时间？他还会不会回来？这些都是与用户的留存有关的问题。

这四个指标将帮助我们了解大多数用户的生命周期和一些重要的用户行为。接下来，我们将研究作为这家网站的用户分析员在第一天看到的大部分核心指标。每一节都包括一个表格，该表格阐述每个概念的用指标，描述每个指标的计算方式，并给出简单的例子。

本章的目标是探讨如何创建指标来回答关于 Web 产品的基本问题或描述性问题：用户是如何来到产品的？他们停留了多长时间？他们的参与度如何？他们在这里创造了多少收入？

为了创建可在整个 Web 产品中推广的指标，我们需要保持在一个可识别全貌的层次。请注意，本章所涉及的大多数指标都是数据分析或描述性推理的第一阶段的一部分。为了检验我们的假设，我们可能需要为特定问题创建更多专门的指标，无论是比较性推断还是因果性推断。当我们创建这些专门的指标时，通常必须考虑到本章中概述的人口统计方法和人类行为改变的测量工具（见第 3 章）。

5.2.2　获客

正如上一节所讨论的，获客指标与用户找到并进入产品的方式有关。它们也可以与产品引导活动（onboarding）的完成情况有关。

引导活动是指用户在第一次登录或加入 Web 产品时经历的过程。雪地摩托爱好者乔可能被几辆想购买的雪地摩托吸引到产品主页。弹出窗口可能会问他是否愿意注册或登录。乔决定加入网站，并被引导到注册页面。最初几个注册和将新用户吸引到 Web 产品的步骤的强度和重要性会因产品的不同而不同。有些网站的引导活动很密集，包括调查和填写信用卡信息；对其他网站来说，引导活动就像点击链接那么简单。这些活动通常在获客过程中完成。

获客通常是一个更复杂的过程，而不仅仅是弄清楚用户来自哪里的过程。获客还包括了解用户加入产品的内在动机。用户为什么使用产品，是什么驱使他们去使用？当然，这是一个非常难回答的问题，可能更好的方式是通过 A/B 测试和调查研究来探索。然而，用户来源以及人口和社会经济信息可能有助于我们找到用户行为的模式或用户之间的共性。

接下来，我们将探讨一些最常见的获客指标类型：基于比率的指标和基于用户漏斗的指标。在本节的最后，我们会对一些常用的获客指标进行总结并用表格呈现给大家。

基于比率的指标

最常见的用户分析指标类型通常是基于比率的。这些都是比较简单而且大家以前很可能都遇到过的一些指标，例如用户中有多少比例在第 1 天后返回网站等。基于比率的指标不仅出现在获客阶段，同时也出现在其他三种类型的用户行为方面。我们将在后面的章节中详细讨论基于比率的指标。

比率揭示了关于产品中正在发生的事情的观察性信息，但它们并不能确定行为之间的因果关系。

例如，假设有一个与慢跑社区有关的健康网站，你发现网站的大多数用户是 50 岁以上的女性。你开始分析，问自己问题：为什么网站在这个社区中不普遍地受欢迎？答案可能很简单，因为第一批用户是 50 岁以上的女性，而且产品在这个圈子里比较出名，或者产品有什么内在的东西吸引了这个特定的群体。基于比率的指标可以帮助我们找到这些有趣的事实，尽管我们不能说 50 岁和女性会导致有人加入这个社区。

大多数与用户来源有关的获客指标都采用比率的形式。比率指占整体的份额。例如，我们可能有兴趣了解有多少新用户来自传统渠道，如谷歌或 Facebook。

看待这个问题的另一种方式是根据某些关键词（如"购买雪地摩托"与"雪地摩托速度"）确定 Web 搜索的比例。基于比率的获客指标的计算方法是用特定渠道的用户数除以获得的用户总数。

$$时期Y内通过渠道X的获客指标 = \frac{时期Y内来自特定渠道X的用户数}{时期Y内的用户总数}$$

像每一个指标一样，基于比率的指标需要在一段时期内针对特定的人群进行定义。从几秒钟到几年，我们可以定义任何时间长度的时期。在这个例子中，我们将把时期定义为 6 月份。然后，我们可以为这个指标定义一个群体，比如在 6 月份获得的用户。用户总数被放在分母中，分子则是 6 月份获得的用户数量。

此外，我们还没有真正定义"获客"。"获客"中的用户是否包括在登录页面上停留至少一秒钟的用户，停留一分钟的用户，或者只是包括进入产品的用户？我们可以改变"获客"的定义，这取决于我们认为什么最能抓住我们想要的概念。对于一些网站来说，获得的用户可能是加入后在产品中停留了 30 min 的人，而对于另一些网站来说，可能只是指来到登录页面的人。想一想你自己的定义，如果关键定义改变了，人群会有多大变化。

我们获得的用户的人口和社会经济信息是可操作的。所获用户的人口信息包括年龄、性别和地点。社会经济信息包括社会阶层、兴趣和收入。例如，我们可以看一下谷歌获得的用户中年龄小于 20 岁的比例，即那些谷歌获得的 20 岁以下的用户数量除以所有从谷歌获得的新用户数。如果网站不成比例地迎合某个年龄组，这种指标就很有用。

接下来，我们来看获得用户的成本。Web 营销是获得新用户的重要工具。为了确定获客成本，我们只需将特定时期内获得新用户的所有成本加起来，然后，将其除以在某一时期获得的新用户总数。如果你是在经营自己的个人网站，那么可能需要用获得用户的时间除以获得的新用户总数：

$$获客成本 = \frac{时期 Y 内获客的总成本}{时期 Y 内新用户总数}$$

用户漏斗

用户在平台上的初始行为对用户的质量有很大的预测作用。然而，相比跟踪一种行为，我们更需要捕捉一系列的行为。在之前描述的指标中，我们只关注了一个行动。现在，我们需要一种方法来跟踪用户的一系列行动或用户旅程。用户旅程是用户与公司交互时的全部经历的总和。我们需要一种更复杂的方式来跟踪用户与产品的交互。

例如，从电子邮件中点击，登录产品，查看产品主页，这可能就是用户在产品上的完整用户体验流程。如何将这些行为可视化并一起追踪，而不是作为单一的交互行为进行记录？

用户漏斗图

了解用户旅程的最佳工具之一是用户漏斗，特别是在分析很短的用户旅程的时候。用户漏斗是一个显示一系列用户步骤和用户在这些步骤中的比例的图。它能让我们看到用户任务进度如何，用户在哪里放弃了，以及进度比率如何。用户漏斗可以用来理解路径依赖关系，也可以用来理解导致产品后续行为的行为。正如第 3 章所讨论的那样，利用路径依赖是在 Web 产品中"助推"用户行为的最佳方式。

用户漏斗的关键指标是用户完成率，即完成特定动作的用户比例。图 5.2 是一个简单的 Web 产品用户漏斗图。它显示了用户从加载登录页面到引导活动完成的过程。我们可以看到，用户漏斗的每一步都有与前一步相同或更少的用户数量。

如果我们看到某一步用户数量大幅下降，那么我们就要调查为什么会在这一步下降。漏斗的斜率也告诉我们用户流失的速度有多快。漏斗越陡峭，用户离开漏斗的速度就越快。重要的是要找到漏斗中最早出现用户数量急剧下降的那一步，并首先瞄准那一步进行分析。

图 5.2 展示了一个从打开电子邮件到在网站上购买雪地摩托的用户漏斗。我们可以看到

用户在每一步的进度比率。我们注意到在第四步（即把商品放入购物车时）用户数量大幅下降。针对这一步只有 50% 的进度比率的情况，我们需要找一下原因。如果不把这个情况暴露出来，我们很可能会认为用户数量大幅下降实际上发生在第五步（付款阶段），但是根据我们的分析，这个假设是站不住脚的。

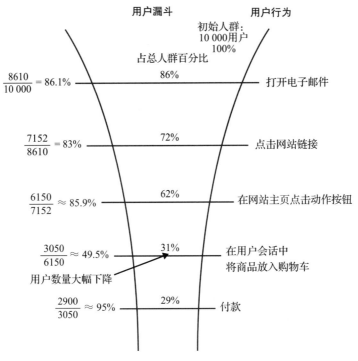

图 5.2　简单的用户漏斗图

一旦人们将商品放入购物车，95% 的人都会进入付款环节，所以将商品放入购物车才是真正的障碍，而实际付款不是。如果能增加完成这一步骤的人的比例，我们就有可能增加之后漏斗中的用户数。请注意，这只是一种描述性推断，不是因果推断，所以这很可能不会改变客户的购买行为。然而，它是一个考虑因果效应的好的方向。例如，即使第 5 步的进度比率是 100%，我们也知道最终用户数永远不可能超过用户群的 31%，所以改善早期步骤的进度比率比调整后期步骤的进度比率更重要。

用户漏斗对其他事件流也很有用。当用户登录到产品并在该产品中停留一段时间时，这个活动的跨度被称为**会话**。在会话中，用户可以做很多事情，而这些事情往往遵循一定的路径。例如，为了使用网站，用户必须首先登录；登录后，他们被带到一个资讯展示模块；在资讯展示模块中，他们点击某个资讯信息元素；然后，他们被带到有特定资讯信息元素的页面，在那里他们可以点击购买。这是一个用户事件流。在这个序列中，存在一个路径依赖的元素，即为了购买，用户必须完成之前的步骤。然而，如果 50% 的用户没有完成登录步骤，他们就永远无法到达购买阶段，所以会有严重的用户流失问题。当然，也可以包括更多的用户漏斗图，只在关键步骤（用户数量大幅下降的步骤）之后覆盖用户路径，以显示用户在追求非路径行为时的情况。

当有太多的路径时，从用户漏斗中获取有价值的信息就会比较困难。例如，用户可能会登录网站，然后进入个人页面更新个人资料，也可能会登录并进入主页，点击广告并购买一辆雪地摩托。如果有太多路径，漏斗图就会变得不太有用。对于好的用户漏斗，一定程度的路径依赖是必不可少的。大多数网站和应用程序都有非常清晰的路径，尤其是在如今强调移动应用程序优先的情况下，这使得如今的 Web 漏斗比过去更加重要。

最后一个重要的获客指标是新用户在第一次会话中花费的时间。时间是一个实值变量，可以用来了解用户对某个网站的兴趣。用户在第一次会话中花费的时间将形成一个分布。表 5.5 对获客指标进行了总结。

表 5.5　一些非常有用的获客指标

指标	类型	举例
获客途径	比例	从 *X* 处获得的用户数 / 获得的用户总数 总用户数：40 来自谷歌的用户数：25 =25/40 =5/8
获客成本	均值或中位数	获客成本 / 获得的用户总数 =$100/40 =$2.5
用户完成率（用户入驻漏斗）	比率	完成引导活动的用户数量：访问登录页面的用户数量
首次会话的时间	分布	在登录页面上花费的时间

获客指标对于了解人们访问网站的方式、在网站停留的时间，以及最初与内容交互的方式等非常重要。它们还能帮助我们跟踪用户群是怎样随着产品增长而发生变化的。最初的用户群可能很小但质量很高，因为他们听说过产品，很早就使用产品了，并且最终成了产品的铁杆粉丝。随着产品的推广，用户群可能会被不太感兴趣的用户稀释。通过营销渠道购买商品的用户也常常不同于自然用户。追踪购买人群的变化是很重要的，有了这些数据，我们就可以理解并应对人群需求的变化。

类似于人口学家对人口的预测，我们也可能需要根据人口的基本变化来预见产品必要的变化。获客指标对预测方法很有用，相关信息将在第 9 章中描述。

5.2.3　留存

虽然获客指标可以帮助我们了解如何将新用户带入产品，但我们也需要了解会员在产品中停留多久的指标。留存时长便是衡量用户在产品中停留时间的指标。留存时长使我们能够思考产品的"黏性"问题。一般来说，你在留住客户方面做得越好，与客户面对面的时间就越多。我们虚构的雪地摩托爱好者乔在购买雪地摩托之前是活跃的，购买之后便不活跃了。然而，一年后，他再次登录了网站。他是只留存了几个月还是留存了一年零几个月？虽然这似乎是一个很容易定义的概念，但留存实际上是一个多维的过程。通常，我们很难确定"不活跃"的用户是否真的离开了 Web 产品。

此外，在非常高的用户留存时长和新用户获客率之间往往需要进行权衡。紧密的社交 Web 通常会有很长的留存时长，但很难有新用户，因此获客率会很低。相反，对于有大量新用户涌入的产品，用户的留存时长较短，因为产品中总是有源源不断的新用户，而现有的用户并没有连续使用产品。

为了更好地了解社区和不同用户群体的留存率，掌握一些产品留存指标是非常有用的。最容易定义且最常用的留存指标是用户使用产品的平均天数。它可能是行业中使用最广泛的指标。

$$第0天时期留存时长期望值 = \frac{时期Y中用户使用产品的总天数}{时期Y的用户总数}$$

$$第0天队列留存时长期望值 = \frac{时期Y中队列用户使用产品的总天数}{时期Y中使用产品的队列用户的总数}$$

这个指标等于用户使用产品的总天数除以我们感兴趣的用户总数；它通常被称为第 0 天的用户留存时长期望值。我们也可以从第 3 天开始计算预期留存时长，在计算平均值时，不考虑那些没有在产品中留存到第 3 天的人群。

假设在第 0 天有 6 个用户，他们使用产品的天数如下：1, 5, 0, 7, 3, 20。因为没有队列信息，所以为了简单起见，我们将计算时期指标（计算队列指标的例子见 5.1.6 节）。第 0 天的指标期望值是用户天数的总和（1+5+0+7+3+20=36）除以用户数（为 6），结果为 6 天。这个计算方式是很直接的。

同样，我们可以计算后来几天的期望值，例如第 2 天或第 3 天的期望值。这可以让我们了解到前三天的用户流失情况。通常，Web 产品前三天的用户流失率最高。

例如，第 3 天的期望值被定义为能够坚持到第 3 天的用户使用产品的平均天数。我们把坚持到第 3 天的用户使用产品天数加起来，然后除以这些用户的数量，即（5+7+3+20）/4= 8.5 天。正如我们所看到的，当去掉那些提前退出的用户时，根据定义，我们的指标必须保持不变或增加。它增加的程度是非常重要的。如果它急剧上升，我们就可以知道产品有很多早期流失的用户（用户加入 Web 产品后又离开了），但就留下的用户而言，产品有良好的"黏性"。但是，如果它只上升了一点，那么初始用户流失率很低，第 0 天的留存时长与产品总体用户留存时长一致。

另一种常用的留存指标是布尔值（TRUE 或 FALSE 变量），例如用户是否坚持使用产品到第 3 天。汇总的布尔值可用于计算比例。根据我们过去的用户集，即能坚持到第 3 天的用户的集合，定义一个变量 {F, T, F, T, T}，那么能坚持到第 3 天的用户的比例是 4/6 或 66%。

另一个常见的留存指标是客户流失率。客户流失率是指从第 x 天开始使用产品，之后不再使用产品的客户总数除以第 x 天开始的客户总数。这是一个基于比率的指标。假设我们对在第 10 天之前流失的客户总数感兴趣。在这种情况下，有 5/6 的客户在第 10 天之前流失，所以我们的流失率约为 83%。

$$队列 X 的客户流失率 = \frac{在时期 Y 内开始使用而在时期 X 不再使用的用户的总数}{在时期 Y 开始使用的独立用户总数}$$

未定义的分母

计算时期指标的一个常见问题是需要在分子和分母中包括相同的人群。了解人群对建立良好的指标至关重要。每个指标都应对应一个我们所关注的人群；因此，确定想关注的"人群"对于建立指标至关重要。

对于队列指标来说，定义人群是很简单的：分子和分母的人群是相同的。例如，队列指标的人群是在所选时间区间内开始使用该产品的人群。然而，对于时期指标来说，定义人群没有那么简单。

我们来考虑时期内的客户流失率，刚才已经给出了它的计算方程式。要计算流失率，我们需要弄清楚有多少用户在某一时期不再使用产品。显然，方程式右侧的分子应该是在时期 Y 不再使用产品的用户总数。

但是，分母应该是什么就不太清楚了。它应该是对总人群的某种度量，但从哪个时间点开始度量呢？是指时期的开始时间、结束时间或中间某时间点测量的总人群吗？对于不同的选择，可能得到完全不同的总人群估计结果。

如果我们选择从时期初或时期末开始测量，则可能会错过一些在这段时间内加入和离开的用户。在极端情况下，所有的用户都可能在时期末前离开。有许多不同的流失情况会导致我们选择某个时间点而不是其他时间点，但到最后，我们必须选择一个时间点，或者找到其他方法来准确衡量人群大小。这就是时期指标分母问题的核心所在。

活跃的客户可能比不太活跃的客户更不易流失。我们可以在流失率指标中加入预测性或概率成分。

$$时期内客户流失率 = \frac{时期 Y 内离开产品的用户总数}{?}$$

这里没有正确的答案，不同的公司会以不同的方式计算流失率指标。但重要的是要考虑目标人群是谁，你想用这个指标做什么。很多时期指标都存在这个问题。如果人群相对稳定，那么时期的开始时间或中间时间点通常是可参考的。但是，如果有大量的新用户和老用户流失问题，那么可能需要开发一个预测性指标，或者将观察窗口缩短到一天或一个小时。

分子和分母问题的另一个例子出现在资讯信息浏览量中。要弄清楚一个用户可能被动地浏览了多少条资讯推荐信息是很困难的。假设我们想捕捉资讯信息的点击率。要做到这一点，我们需要一些曝光的措施。例如，捕捉用户在浏览 20 条资讯之后是否点击了一个按钮。基本上，我们没有一个准确的指标来衡量信息浏览量，也就是分母，这将使指标更加不准确。

表 5.6 给出了本节讨论的留存指标以及它们的计算例子。总的来说，留存指标在大多数

Web 分析框架中都是有用且常见的。大多数都很容易计算，但也有其不足之处。正如我们前面所讨论的，留存是一个过程，而不是一个简单的动作，我们将在第 9 章探讨它的复杂性问题。

表 5.6 留存指标

指标	类型	举例
从第 X 天起，用户平均使用产品的时间	均值或中位数	从第 X 天开始用户使用产品的总天数 / 产品总用户数 = (6 + 10 + 15 + 4 + 0 + 2) /6 =37/6
坚持到第 X 天的用户的比例	比例	坚持到第 X 天的总用户数 / 总用户数 对于 (T, F, F, T) =2/4 =50%
客户流失率	比例或比率	第 Y 天离开的用户数 / 总用户数 =3/12 =1/4
第 X 天的预测留存率	概率	示例见本书后面

5.2.4 参与度

虽然留存指标告诉我们用户使用产品的时间长度，但我们也需要指标来帮助我们了解用户是如何使用产品的。参与度是衡量用户在网站上的活跃程度的指标。雪地摩托爱好者乔在网站上做了很多事情。例如，他登录了网站并订阅了每周的电子邮件推送。他从电子邮件中点击链接并查看了网站上的雪地摩托列表。他甚至可能阅读网站提供的一些关于雪地摩托的信息。

网站有不同程度的自然参与行为。对于 Facebook 来说，非常活跃的用户可能每天多次访问网站，而不太活跃的用户可能每周才访问一次网站。相比之下，在雪地摩托销售网站上，活跃的用户可能每月才访问一次，而不那么活跃的用户可能每年才会访问一次。了解参与度基线是很好的，因为这意味着在网站上有怎样的用户行为用户才应该被归类为活跃用户。

最常见的行业参与度指标是月活跃用户（Monthly Active Users，MAU）和日活跃用户（Daily Active Users，DAU）。MAU 通常被定义为在上个月接触过产品的所有用户除以产品的所有用户（有时除以产品的所有活跃用户）：

$$月活跃用户 = \frac{在月份 Y 使用产品的用户总数}{产品总用户数}$$

DAU 也有类似的定义，即某天内接触过产品的用户数除以产品的活跃用户：

$$日活跃用户 = \frac{Y 日使用产品的用户总数}{产品总用户数}$$

请注意，像一些月度指标一样，DAU 和 MAU 可以是滚动的指标。**滚动指标**是指在移动的时间窗口上定义的指标。例如，MAU 可以从 9 月 3 日定义到 11 月 3 日，然后在 9 月 4

日到 11 月 4 日期间重新计算，以此类推。即使有 12 个月，MAU 也可以被重新计算 365 次。有了这个指标，在过去和未来的 29 天里，基础人群是重叠的。

Web 分析中另一个非常常见的指标是净促销得分（Net Promoter Score，NPS）。NPS 是调查问题："你有多大可能向其他用户推荐这个产品？"的结果。它给提供了一个数字范围，如 1 ~ 10 供用户选择。高 NPS 表明用户对产品很满意，用户表现出很高的品牌忠诚度，而低 NPS 则恰恰相反，表明用户对产品不满意，用户几乎没有表现出品牌忠诚度。事实上，个人和用户群体在分配 NPS 为 7 或 3 的时候，所采用的推理可能是相当复杂的，包括考虑产品的功能、社区、价格和无数的其他特征。

其他常见的指标类型包括访客频率、访客频度、对产品功能的参与度和会话长度中位数。访客频率可以很简单，如用户在过去三个月内接触了多少次产品。访客频度是指他们最后一次接触产品的时间。

一些衡量参与度的指标是由产品的功能决定的。例如，产品可能有一些具有门槛的功能。"有门槛"意味着它们需要在用户达到某些里程碑或为某些东西付费时才能解锁。有多大比例的用户在使用这些有门槛的功能？这是另一个衡量参与度的标准。

用户会话的平均长度是另一种指标。这通常是一个一级指标，因为它混淆了两种类型的用户：经常接触产品但会话时间短的用户；很少接触产品但会话时间长的用户。第一种类型的用户可能是一个好的用户。通常情况下，将这个变量与访客频率等其他变量相结合，可以更好地突出用户参与度的类型。

一个对参与度特别有用的指标是首页或资讯信息页面的滚动深度。滚动深度是指用户在 Web 页面上探索了多远。有些页面还有按钮，点击按钮可以检索更多信息、评论或内容。这是一个衡量被动参与度的指标。

Web 产品一般有两种类型的参与：主动参与和被动参与。被动参与指观看内容而不与之交互。例如，如果用户查看朋友的照片或阅读产品评论，这就是被动参与。相比之下，如果用户给朋友发信息或写产品评论，这就是主动参与。

主动参与比被动参与更难实现。主动参与有助于创造内容和改善产品，而被动参与对社区和内容的影响很小。

寻找被动参与的指标往往更具挑战性，因为我们不一定能看出用户是不是被动参与。这让我们想到了一个有争议的问题：用户是在查阅内容还是只是打开浏览器向下滚动？他们对内容的参与程度如何——是热切地阅读还是只是浏览一下？

总的来说，参与度指标对于全面了解用户实际行为很重要：访问频率有多高，滚动深度有多深，以及使用产品的程度有多大。表 5.7 给出了本节讨论的参与度指标，以及这些指标的计算例子。

表 5.7　参与度指标

指标	类型	举例
MAU/DAU	比例	$=\dfrac{\text{上个月接触产品的用户数}}{\text{总活跃用户数}}$

（续）

指标	类型	举例
NPS	平均值	你会向朋友或家人推荐这个产品吗？ 推荐指数区间 [1, 10]
访客频率 / 访问频度	分布	最后一次接触产品的日期
功能的使用门槛 / 滚动深度	分布	为了查看其他内容而产生的点击量或向下滚动次数
会话时间	分布	会话的时间长度

5.2.5 收入

收入指标对于了解客户群的购买行为很有用。利润衡量减去成本后赚了多少钱，它等于收入减去成本。

在 Web 分析中，经常使用一些收入指标。第一个是每用户平均收入（Average Revenue Per User，ARPU），计算方法是总收入除以全部用户：

$$每用户平均收入 = \frac{总收入}{产品的总用户数}$$

请注意，ARPU 传统上来说是平均值，尽管在这里中位数可能更有用。它可能服从指数分布或倾斜的正态分布，所以实际上中位数和众数才是更好的指标。

下一组指标涉及购买行为。购买转化率是人群中购买商品的比例，等于购买产品的用户数除以总用户数。如果有 12 个用户，其中 6 个购买了商品，那么购买转化率是 50%。首次购买时间$^{\ominus}$也是一个有用的指标。一般来说，首次购买时间越短越好。注意：当考虑这个指标时，重要的是要考虑用户群中有多少用户真正做到了首次购买。有些 Web 产品的首次购买时间会很短，因为真正进行购买的用户数量很少。

最后一个有用的基本收入指标是客户终身价值，这是客户在访问产品的整个生命周期中贡献的总利润：

$$队列客户终身价值 = \frac{队列 X 的总利润}{队列 X 的用户总数}$$

客户终身价值可以针对已经离开产品的用户进行计算，也可以对仍在产品中的用户进行预测。

衡量客户终身价值指标对于已经存在了一段时间的产品比较有意义。在这种情况下，最好针对一些较早的队列来计算队列终身价值。

5.2.6 进度比率

进度比率（progression ratio）的有用之处在于它们告诉我们一种行为有多大的成瘾性，它们对于掌握人群中的某些持续行为（例如购买行为）特别有用。购买进度比率考虑了从第

⊖ 即注册后到首次购买行为之间的时间间隔。——译者注

二次购买到第三次购买，从第三次购买到第四次购买的比率，以此类推。如果购买行为具有"黏性"，这些比率对于多数购买行为而言应该接近 1。

例如，在研究购买行为时，人们经常看第一或第二次购买时的指标，而不考虑第三次以后的购买行为。第 3、4 或 5 次购买是否重要？购买进度比率会告诉我们。

进度比率的定义如下：

$$\text{进度比率} = \frac{\text{至少购买} n+1 \text{次的用户总数}}{\text{至少购买} n \text{次的用户总数}}$$

我们按照至少购买 x 次的人数来排列数据。例如，首先我们考虑至少购买 0 次的用户，即所有的用户，在这个例子中，有 10 000 个用户。然后，我们看一下至少购买过一次的用户，共有 7800 个。创建表格，列出所有至少购买了 n 次的用户的数量。据此，我们可以计算那些购买了 n 次的用户和购买了 $n+1$ 次的用户之间的比例（见表 5.8），这样就完成了进度比率的计算。

表 5.8 进阶到购买 $n+1$ 次的进度比率

购买次数（至少）	用户总数	进度比率	购买次数（至少）	用户总数	进度比率
0	10 000		7	1000	$=\dfrac{1000}{1450}=0.69$
1	7800	$=\dfrac{7800}{10\,0000}=0.78$	8	543	$=\dfrac{543}{1000}=0.54$
2	3560	$=\dfrac{3560}{7800}=0.46$	9	500	$=\dfrac{500}{543}=0.92$
3	2875	$=\dfrac{2875}{3560}=0.81$	10	450	$=\dfrac{450}{500}=0.90$
4	2000	$=\dfrac{2000}{2875}=0.70$	11	425	$=\dfrac{425}{450}=0.94$
5	1876	$=\dfrac{1876}{2000}=0.94$	11+	410	$=\dfrac{410}{425}=0.96$
6	1450	$=\dfrac{1450}{1876}=0.77$			

我们可以将进度比率绘制出来，看看它是如何变化的。图 5.3 展示了本例中进度比率随购买次数变化的图。可以看到，随着购买次数的增加，比率也在增加。这是很正常的行为。一般来讲，随着购买次数的增加，购买行为会变得更加有客户黏性。我们还可以看到"阻塞"现象。似乎从第 1 次购买到第 2 次购买，以及从第 7 次购买到第 8 次购买都相对难发生。在代码清单 14.11 中，我们计算了这个例子的进度比率，并用 R 语言绘制了它。

当希望用户购买行为进展到越来越高时，进度比率就能派上用场。我们想知道在哪个级别行为是非常有黏性的（超过 0.95 的进度比率）。我们还想知道是否存在用户无法继续购买的"阻塞"现象，例如本例中从第 1 次购买到第 2 次购买，从第 7 次购买到第 8 次购买。

总的来说，收入指标是一个比较标准的指标，对于了解购买行为和发现产品的利润有多高是很有帮助的。虽然还有许多潜在的收入指标，但表 5.9 中总结的指标是基础的第一手指标。第 9 章将更深入地研究好指标的时间元素和人口元素，从而建立更好的指标。

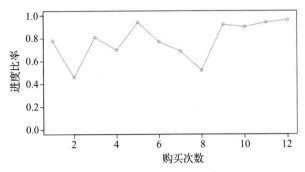

图 5.3 每次购买的进度比率图

表 5.9 收入指标

指标	类型	举例
每用户平均收入	平均值 但可以考虑使用中位数或者众数	$\dfrac{总收入}{总用户数量}$ $=\dfrac{3亿美元}{1亿用户}$ $=3美元/用户$
购买转化率	比率	$\dfrac{至少购买过1次的用户量}{总用户量}$ $=\dfrac{1000}{10\,000}$ $=10\%$
首次购买时间	分布	服从某个分布，所以我们可以取中位数、均值或众数。通过绘制图形来确定
购买进度比率	比率	$\dfrac{至少购买\,n+1\,次的用户总数}{至少购买\,n\,次的用户总数}$ $=\dfrac{500}{1000}$ $=50\%$
客户终身价值	比率	$\dfrac{从队列X得到的总利润}{队列X中的用户总数}$ $=\dfrac{1000\,万美元}{100\,万用户}$ $=10\,美元/用户$

5.3　可实践的洞见

本章的可实践洞见如下：

❑ 指标可以帮助我们准确地量化可观察的现象。

❑ 时期指标和队列指标之间是有区别的。队列指标是对不同时期数据的汇总，而时期
　指标是对不同队列数据的汇总。

❑ 分析获客、留存、参与度和收入最有用的指标是平均值、中位数、比率和比例。

指标对于测量 Web 产品中用户行为至关重要。我们可以将本章中的工具可以和第 4 章
中的测量技术结合起来，以处理和量化围绕用户行为的抽象概念。这些简单的技术是处理
用户行为的核心构件。

第 6 章将深入探讨 A/B 测试。指标是 A/B 测试结果的关键变量，本书后面的每一章中
都涉及指标。在本章介绍的统计工具的基础上，我们将在后续章节中进行更复杂的统计分
析和测试。

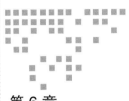

为什么用户会流失？ A/B 测试的来龙去脉

在前面的章节中，我们讨论了理论开发和指标的创建过程。我们在前面几章中学到的所有工具将被结合起来，让我们进一步了解用户的行为。为了检验开发的理论，我们需要提出假设并对其进行测试。我们使用概念化方法来创建定量的指标，以测量定性的概念并测试假设。然后，通过测试结果来证伪或证实理论。

本章将重点讨论测试假设的过程。我们假设你已经建立了一个着眼于行为改变的理论，使用指标创建技术开发了合理或有趣的指标，并挑选了有趣的测试对象。

本章为从事产品分析的人提供了 A/B 测试的方法指南。指标通常是 A/B 测试的结果变量。本章涵盖以下主题：

❑ 因果推断和相关性的区别。

❑ A/B 测试的核心和关键。

❑ 建立统计测试来测试假设。

本章首先探讨了从日常数据中推断出事情起因的难度，解释了 A/B 测试的必要性。其次，本章提供了 A/B 测试的操作指南，包括通过统计测试确定干预或处理方式的效果的方法。最后，本章讨论了用户数据的常见错误以及如何在实践中避免这些错误。

6.1 A/B 测试

我们首先来定义 A/B 测试。A/B 测试，也被称为分割测试，需要随机挑选一些用户使用第一个变量（通常是对照组），再选择一些用户使用第二个变量（实验组）。

例如，在医疗环境中，我们将一组受试者随机分为两个子组：一组使用新药（实验组），另一组使用安慰剂或糖丸（对照组）。在这种情况下，A/B 试验通常被称为随机对照试验

（Randomized Controlled Trial，RCT），但它所依据的统计设计与非医疗环境中的类似。接下来，我们为实验组和对照组提供一些有用的定义，这些定义将贯穿本章。我们将在重点介绍高级因果推断技术的章节中探讨这些想法。

在医疗环境中，由于是在与人类受试者打交道，因此通常对测试有严格的规定。相比之下，在用户分析领域，规定相对不那么严格。相反，用户分析的核心问题是选择。选择意味着来到网站的用户不是随机的。医学试验通常是随机的，而且许多医学研究都积极尝试增加样本的代表性。在 A/B 测试中，我们往往会从一个明确的备选群体开始测试。在这种情况下，很难获得具有代表性的普通人群的样本。

当 A/B 测试在 Web 环境中进行时，这种环境允许有更多的灵活性，可以重复测试，也可以有更多变化。然而，与医疗试验相比，后续行动往往有限。

- ❑ 干预：一些可能对其他事物有因果影响的元素、行动或功能。它可能是对网站的一种改变，也可能是一个行为动作、一种药物等。
- ❑ 实验组：一组接受干预的随机参与者。
- ❑ 对照组：一组不接受干预的随机参与者。他们并不知道自己没有接受干预，往往被给予安慰剂以防止他们推断出自己没有接受干预。在用户分析领域，不用安慰剂也可以，因为我们不需要告知用户他们正在接受测试。

除干预变量以外，我们希望实验组和对照组的所有条件都是一样的。在本例中，我们将改变给研究参与者的抗癌药物。

我们还需要一个可以用来确定干预效果的结果或指标。在医学试验中，结果是预期寿命，而干预效果是指癌症患者在接受新药的基础上能多活多久。

在 Web 环境下，假设我们想测试一个新算法的效果。我们可以在雪地摩托网站中添加一种算法来向用户推荐朋友。被随机分配到实验组的用户将看到新算法的结果。被分配到对照组的用户不会看到新算法的结果。

接下来，我们查看算法的结果对客户留存的影响情况。在这个例子中，我们可以参考的一个结果是实验组和对照组用户在平均留存时长上的差异。

为了确保我们的理论确实是正确的，它们往往需要被验证。这并不总是显而易见的，所以接下来我们将花一些时间来探讨为什么以及何时需要进行 A/B 测试。下面两个介绍性章节还将帮助你识别来自非实验性数据的不正确推论。

6.2　有趣的免费周活动案例

在讨论 A/B 测试之前，我们先探讨一下为什么从常规的"观察"数据中很难理解事情发生的原因。**观察数据**只是我们收集的关于客户行为的数据。收集这些数据不需要任何特殊的设置。那么，观察数据是如何将我们引入歧途的呢？咱们先来探讨一个常见的例子。

Angry Dodo Birds：The Sand Saga 是一家手机游戏公司，它聘请你担任数据顾问。这家公司每月都会举办特别活动以提高其产品的用户参与度。这些活动允许用户免费使用有门槛的功能，比如更高、更复杂的关卡。

产品经理认为每周举办活动会增加购买量，因为他们发现参加这些周末活动的用户会在网站上购买更多的东西——免费的渡鸦点心和闪亮的武器。由于领导团队认为这些活动可以增加购买量，他们想举办更多这种免费活动，让更多用户有机会参加活动，从而推动用户购买更多。当然，这是有成本的，所以他们问你：这能行吗？

另一个知名的移动产品 SpellBook 也需要向你咨询。SpellBook 是一个社交网站，每周都会举办拼写比赛。用户可以与其他用户竞争以获得福利。参加这些比赛的用户在网站中购买了更多的商品，如比赛视频和拼字游戏。同样，高管们认为让用户多参与这种比赛会增加购买量。由于感知到的这种因果关系，他们想增加比赛的数量，并让新用户随机参与这些比赛。他们也会问你：这能行吗？

你认为这些策略是成功的吗？基本上来说，如果高管们是对的，即特别活动或比赛确实增加了购买量，那么这些策略将大大增加他们的收入。

然而，两家公司都无法从数据中看出这些活动确实导致产品中商品购买量增加。仅仅因为两个变量是高度相关的，这并不意味着一个度量的变化导致了另一个的变化。

这里描述的例子是真实的（尽管使用了公司名称和产品的化名），这种情况在行业很常见。两家公司都进行了 A/B 测试，手机游戏公司的高管们是对的：每月举办特别活动对购买量产生了巨大的因果效应。相比之下，SpellBook 的高管们做的假设是错误的：事实上，让用户多参与这种比赛并没有增加购买量。这些比赛与购买量几乎没有因果关系，只有很强的相关性。

以目前手机游戏公司和 SpellBook 的数据来看，作为数据顾问，你没有办法知道周末增加访问量或举办更多拼写比赛对购买行为是否有因果效应。我们需要做实验（A/B 测试等），或者尝试使用统计技术从观察性（非随机）数据中正确评估因果关系。

这个例子告诉我们，两个变量之间的"关系"不一定是因果关系。事实上，两个变量可能只是相关。

为了更好地理解非因果关系，我们需要理解相关性的概念。相关性是指两个事物之间的无方向关系，例如国内生产总值（Gross Domestic Product，GDP）和就业率之间的关系。随着 GDP 的增加，人口就业率会上升；反之，随着人口就业率的上升，GDP 也会增加。这两个经济概念的衡量指标是相关的。我们不知道它们是否有因果关系，但我们知道它们的变化趋势通常是一致的。

下一节将讨论为什么从观察性数据中得出的结论往往不是具有因果关系，而是具有相关性的推论。在后面的章节中，我们将探讨需要什么数据来进行因果推断。

为了理解相关关系，我们将讨论假性相关（由外部变量驱动的相关关系）、选择偏差（使推断变困难的非随机数据模式）和随机性（没有内在模式的数据）概念。这些概念将帮助我们理解 A/B 测试的必要性。

6.2.1 假性相关

我们从假性相关的概念开始。假性相关是指两个变量之间的关系由第三个外部变量驱动的情况。

大多数人在第一次看到假性相关的概念时都很难理解它。这绝对不是直观的。考虑一下下面这个构想实验。图 6.1 展示了一部流行电影的"点赞"量和该电影在公司网站上的下载量。根据对图 6.1 的观察，我们可以认为电影的"点赞"量增加会导致下载量增加吗？

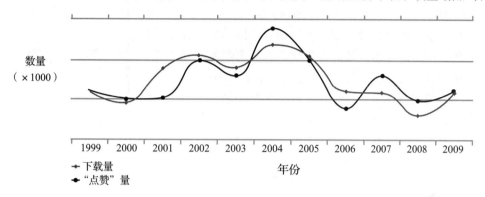

图6.1　电影"点赞"量和下载量的关系

当在研讨会上被问到这个问题时，参与者往往会说："是的，当然。你没看到这种关系吗？"随后便会被问到，它的机制是什么？机制是指因素通过减缓措施或中间变量导致结果的方式。为什么有人认为点赞量增加会导致电影下载量增加？思考一下答案。有很多可能的解释。以下是一些常见的解释：点赞量大会使其他人认为这部电影很好，所以导致更多的人下载它；点赞量大会导致更多的人浏览电影页面，由于浏览量大的项目会出现在更多的资讯推荐中，因此导致更多的人观看和下载电影。这样的推理不绝于耳。

图 6.2 展示了两个变量的真实名称：被毒蜘蛛毒死的人数和斯克里普斯全美拼写大赛中获胜单词的字母数。有多少人会认为获胜单词的字母数会引起毒蜘蛛的攻击？当然，没有人这样认为。

很多变量可以是相关的（在本例中，字母数和蜘蛛毒死的人数是高度相关的），即使它们没有因果关系。相关关系是两个变量之间的一种线性关系。它并不意味着变量之间存在因果关系。

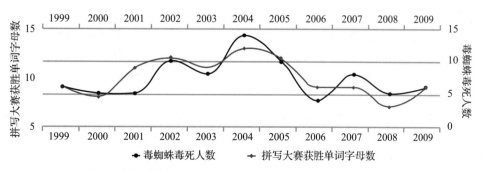

图 6.2　拼写大赛获胜单词字母数和毒蜘蛛毒死人数之间的关系

在 Web 产品中，我们所关心的变量比字母数和毒蜘蛛毒死人数之间，以及撒哈拉风暴和股市之间更有可能存在因果关系。即便如此，也并不意味着没有实证支持的因果关系是正确的。

在电影例子中，点赞量增加是否会导致下载量增加与页面浏览量存在虚假的关系。页面浏览量增加可以导致电影点赞量增加，因为人们需要看到电影页面才能为它"点赞"。页面浏览量增加也可以导致电影下载量增加，因为人们需要看到电影才能下载它。只有让更多的人观看了这部电影，才能有更多的人对它产生兴趣并下载这部电影。点赞量对下载量没有影响。有可能用户甚至从未注意到"点赞"的图标。

产品中的许多相关关系都是由**虚假关系**驱动的。当某个变量 A 导致变量 B 和 C 上升时，B 和 C 之间就会出现虚假关系。当看到 B 和 C 都上升时，我们可能会认为它们有因果关系。然而，B 和 C 只是通过 A 而有所联系，所以我们对 B 和 C 之间关系的推断是不正确的。图 6.3 给出了这个想法的直观表现。如果只看 B 和 C，我们就会错误地认为它们之间存在因果关系。然而，如果我们扩大视野，就会注意到是 A 同时导致了 B 和 C 的变化。

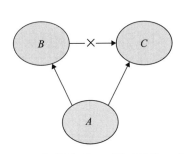

图 6.3 虚假关系。A 同时导致 B 和 C 发生变化，然而，人们可能误认为是 B 导致了 C

为了充实假性相关的概念，我们需要了解另一个概念，即选择偏差。当一组数据具有预设的选择模式使我们无法做出有效的因果推断时，就出现选择偏差。它与假性相关有关，因为它使我们无法区分真实数据中的虚假关系和因果关系。

6.2.2 选择偏差

难以识别虚假关系的原因是因为有选择偏差的存在。当人们自我选择（或被非随机选择）进入某些行为模式时，就会出现选择偏差。一个例子可以帮助我们理解这个定义。假设你的公司让你负责分析健康宣传日的历史数据。经理们问到一个问题，公司设置健康宣传日是否能提高公司员工的留存时长？在每年的健康宣传日，公司为员工和员工家属举办了 5 公里长跑运动。少数员工报名并参加了 5 公里长跑运动。那些报名参加的人比没有报名的人平均在公司多待两年。

当公司经理看到这个数据时，他们认为应该强迫每个人参加下一个健康宣传日的 5 公里长跑运动。首席执行官同意了，然后你再次分析数据，发现留存时长并没有增加，事实上反而减少了。为什么呢？因为你看到的对留存时长的影响可能是有选择偏差的，也就是说，跑步和留存之间没有因果关系。

当用户不是从人群中随机挑选出来的而是由其他力量选择的时候，就会产生选择偏差。在这个例子中，那些对公司投资较多的人更有可能在公司组织 5 公里长跑运动时参加。参加 5 公里长跑运动的员工比普通员工对公司投入更多，正是这一事实导致这些员工的流失率更低。公司利益是隐藏的 A 变量，它驱动着员工参与 5 公里长跑和更高的留存时长之间的相关性。我们可以看到，选择偏差是员工选择参加 5 公里长跑的非随机方式，它导致了留存时长的差异。参加 5 公里长跑的干预变量并没有导致留存时长的增加。

要理解不能从这些数据中得出正确推论的原因，关键是要理解观察数据与随机数据的不同之处在哪里。随机性就像彩虹，这个比喻可能看起来很夸张，但其实不然。随机性之于统计学家，就像彩虹之于小孩子：它将照亮你的一天。

当然，你不一定相信，那让我们重构一下前面的例子。假设我们没有让所有人报名参加公司的 5 公里长跑，而是随机分配参与者。会计部的朱迪被列入其中，而账单部的史蒂夫则不得不在一旁为朱迪加油。然后，我们发现了同样的结果：参加 5 公里长跑的确增加了公司员工的留存时长。

就是这么简单！当我们感兴趣的 B 变量随机时，我们就可以假设结果是因果的。为什么呢？因为随机性消除了虚假关系。因此，你可以告诉首席执行官吉姆设置更多的健康宣传日并鼓励大家参加 5 公里长跑，将产生积极的因果效应。

由于确定相关关系比确定因果关系容易得多，下一节将探讨相关关系的技术定义。重要的是不仅要理解这个概念，而且要理解它是如何测量的。

6.3　变量之间的相关性

我们需要讨论如何量化变量之间的"关系"。以下是人们谈论变量之间关系的两种非常常见的方式。第一种是简单的比例法，即比较两组的结果如何不同。另一种是线性相关系数，即两个变量如何线性地走到一起或分开。这两个概念都有局限性并且经常会导致不正确的推论。下面的每个小节都会讨论到推论中的常见错误。

我们首先来看比例比较。从初级雇员到高管，从比例比较中得出不正确的结论是极为常见的。

6.3.1　比例比较

在比例比较中，我们会将两个量进行比较，其中一个量通常是类别型的。假设我们有两个变量：参加 5 公里长跑（类别变量，取值为"参加"或"不参加"）和留存时长。我们可以将参加与不参加 5 公里长跑的情况对应的留存时长进行比较。我们也可以将参加与不参加 5 公里长跑的情况对应的工资进行比较。这些都是比例关系。很明显，两组员工的留存时长和工资的中位数有很大差别，如表 6.1 所示。参加 5 公里长跑的员工，留存时长的中位数要长 1.79 年，工资中位数要高 19 580 美元。

表 6.1　比例比较

	留存时长（中位数）	工资（中位数）
参加 5 公里长跑的员工	5.35 年	85 560 美元
不参加 5 公里长跑的员工	3.56 年	65 980 美元

这两个群体之间的结果差异经常被用来证明"因果关系"。我已经听过数百次错误地

将因果关系归结为比例差异。换句话说，由于 5 公里长跑参与者有更高的工资，因此我们可能推断参与长跑导致工资的提高。实际上，我们只能说我们不知道它们是否有因果关系。可能存在一种选择效应，即那些工资较高的员工更有可能参加 5 公里长跑，而他们的自我选择使这个工资数字更大。

这种关系也可能涉及**反向因果关系**，即具有更高工资的员工留存时长更长。请注意，相关关系是无向的，但是，因果关系有隐含的方向，例如 X 导致 Y，但 Y 并不导致 X。对于相关关系，则可表述为 X 与 Y 相关，也可表述为 Y 与 X 相关。同样，我们绝对不知道基于比例比较的关系是虚假关系还是单向的因果关系。在现实中，较大的比例差异可能意味着一些有趣的事情正在发生，这种影响可能是适用于 A/B 测试输入的好变量。除此以外，比例比较对于得出洞见并不是特别有用。Web 产品中的许多功能或行为都有比例关系。

可以这么说，我们可能会发现每棵苹果树下都有一个苹果。如果次级变量有非常大的变化或者相应的线性或指数单位变化（称为剂量效应），那么这种关系可能是有趣的。我们将在第 12 章中探讨这些类型的特殊情况，其中比例差异可能表示存在因果关系。

6.3.2 线性相关

正如上一节所讨论的，我所看到的最常见的变量比较方式是比例比较。另一种显示两个变量之间关系的方式是**线性相关系数**。线性相关系数衡量的是两个变量之间的线性关系的强度。它意味着**没有因果关系**。

我们寻找了变量之间的正负相关关系。正相关变量间的关系基本上等同于 x=y 线。负相关的数值与 x 轴和 y 轴形成一个三角形。图 6.4 说明了不同类型的相关关系和它们相应的相关系数值。相关系数为 −1 表示完美的负相关，为 +1 表示完美的正相关，为 0 则表示没有线性相关关系。在实际应用中，高度线性相关的相关系数大于 0.7，中等相关的系数在 0.3 ～ 0.7 之间，而弱相关的系数则小于 0.3。

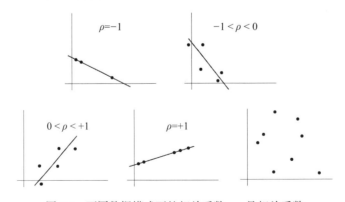

图 6.4 不同数据模式下的相关系数，ρ 是相关系数

我们如何计算线性相关系数？在第 4 章中，我们讨论了方差，也就是一组变量的分布情况。线性相关系数与协方差或者说两个分布的分散程相互关联的方式有关。然后，用协

方差除以标准差来调整相关系数，使其介于 −1 到 +1 之间。

在表 6.2 中，我们举例计算了 10 个用户的支出数据和留存数据的相关系数。从这个例子中，我们可以看到这个指标是如何计算的。相关系数是 0.76，这意味着留存时长和支出是高度正相关的。这意味着在产品中的留存时间与支出是线性关系。然而，我们无法做出它们具有因果关系的推断。

表 6.2　计算留存时长和支出之间的相关关系

观察编号	留存时长	支出	X Y	X²	Y²	观察编号	留存时长	支出	X Y	X²	Y²
1	3	0	0	9	0	7	34	52	1768	1156	2704
2	5	10	50	25	100	8	18	1	18	324	1
3	7	15	105	49	225	9	1	0	0	1	0
4	1	2	2	1	4	10	24	16	384	576	256
5	12	17	204	144	289	总和	121	116	2579	2541	3588
6	16	3	48	256	9						

计算相关系数

从表 6.2 中，我们可以得到以下汇总量：

$$N = 10$$
$$\sum XY = 2579$$
$$\sum X = 121$$
$$\sum Y = 116$$
$$\sum X^2 = 2541$$
$$\sum Y^2 = 3588$$

为了得到相关系数的分子，我们需要计算以下公式：

$$分子 = N\sum(XY) - \sum X \sum Y$$

这相当于计算 X 和 Y 的协方差。

使用表 6.2 中的数值，这个计算结果是：

$$10 \times 2579 - 121 \times 116$$
$$= 11\ 754$$

然后，我们可以利用以下公式计算出分母：

$$分母 = \sqrt{(N\sum X^2 - (\sum X)^2)(N\sum Y^2 - (\sum Y)^2)}$$
$$= \sqrt{(10 \times 2541 - 121^2)(10 \times 3588 - 166^2)}$$
$$= \sqrt{10\ 769 \times 22\ 424}$$
$$= 15\ 540$$

接下来，我们用分子除以分母，得到相关系数：

$$相关系数 = \frac{11\ 754}{15\ 540}$$
$$\approx 0.76$$

这表明 X 和 Y 高度相关。

6.3.3 非线性关系

当存在非线性关系，如 $y = x^2$ 时，会发生什么？在这种情况下，相关系数为 0。但是，这并不意味着 x 和 y 是相互独立的，因为它们显然不是。相关系数对于表示非线性函数中的相关关系并没有什么作用。

我们考虑另一种非线性关系，如 $\sin x$ 和 $\cos x$ 函数之间的关系。当然，它们是非常相似的函数：$\sin x$ 是移位的 $\cos x$ 函数，如图 6.6 所示。同样，它们的相关系数也是 0。我们可能会认为这是两个随时间变化的变量，其中一个相对另一个移位了。然而，相关系数告诉我们它们其实根本没有关系。

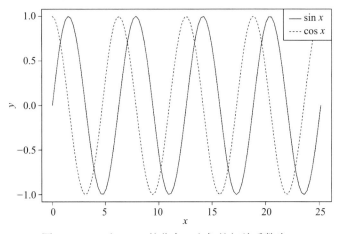

图 6.5 $\sin x$ 和 $\cos x$ 的分布，它们的相关系数为 0

还有其他方法可以计算变量之间的非线性关系。事实上，有一整个统计学领域专注于随时间变化的变量，我们将在第 11 章介绍时间序列建模技术。我们可以使用滞后期和其他方法来探索随时间变化的变量之间的关系。

相关性是一个有用的工具，它可以帮助我们建立线性关系的度量。相关性向我们展示了变量间的线性正相关或负相关。然而，它不适用于非线性关系，所以使用时要非常小心。相关性也不意味着因果关系。

现在我们已经发现相关关系的推断比较困难，那么我们如何去推断因果关系呢？为此，我们一般需要考虑随机性。接下来，我们将深入研究随机性的概念。

6.4 为什么要研究随机性

随机性绝对是最难解释的一个概念。这就是许多人发现统计学非常困难的原因。大多数人喜欢用**决定论**来思考。想想命运的概念，命运就像生命里一条拉长的道路。命运是确定的或预先确定的，这意味着随机的扰动不可能将你拉出这条路。这就像打开一盏灯的过程。从表面上看，当你转动开关时，电流通过电线，灯泡亮起。我们很容易想象、理解和预测这个确定性过程。与此相反，想象随机性是非常困难的。

例如，如果帽子里有一个蓝色、红色或黄色的球，我将挑出哪个？一系列事件中的哪一个事件会发生，该事件又是如何影响接下来的事件的？最难认识到的是，随机性是有模式的。换句话说，如果从帽子里（有放回地）挑出蓝球 1000 次、100 万次或 10 亿次，那么挑出的蓝球数将趋向于挑出蓝球的真实概率。

理解或想象随机性最好的方法之一是以模拟的形式来看待它。假设我们从某个分布中抽出足够的数字，这样我们就可以看到分布的形状。这能够让我们确定随机性是否存在一种秩序或模式——每个数字的选择可能是随机的，但随着时间的推移，它们往往遵循某种模式或分布。随机性是 A/B 测试过程的组成部分。

图 6.6 描述了一个模拟的四分之一圆。这里，我们从圆内随机抽取点。随着我们抽样的样本越来越多，圆被填满。可以看到，我们正在画一个四分之一圆。如果只看几个点，我们无法辨别这个信息，但有足够大的样本后，尽管是随机抽样，模式也变得很清晰。

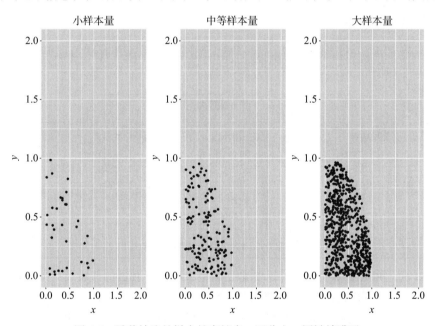

图 6.6 随着抽取的样本越来越多，四分之一圆被填满了

随机性是 A/B 测试的关键。根据现代统计学之父罗纳德·费希尔的说法，随机性是所有推断的基础。如果我们想要实验可信，就需要将随机性可操作化。我们可以操作事件发生的概率。如果它不太可能随机发生，但还是发生了，那么一般可以假设它的发生是由我们正在测试的机制导致的。为了正确设计 A/B 测试，我们需要考虑如何将随机性操作化。

现在我们对随机性以及随机性的必要性有了更好的理解，接下来我们来探讨进行 A/B 测试的过程。

6.5 A/B 测试的核心和关键

本节通过 Web 产品的例子来介绍 A/B 测试的基础知识。正如 6.1 节中所讨论的，简单的 A/B 测试是对两组随机用户进行的实验，一组接受干预，一组不接受干预。我们使用 A/B 测试来了解功能、行为和其他潜在的干预将如何影响用户的结果。这对于理解因果关系和获得关于什么有效、什么无效的明确反馈非常有用。A/B 测试得名于它的功能。有两个变量，A 组一个，B 组一个。

为什么 A/B 测试很重要：

❏ 它可以帮助我们解决前面提到的问题——假性关系和选择偏差。

❏ 它能够让我们评估变量之间的因果关系。

❏ 它在 Web 应用中相对容易实现。

接下来的几个小节将介绍如何设置 A/B 测试，如何解释其原理，如何理解随机化过程，以及如何实现基本的假设测试和功效分析。

6.5.1 A/B 测试过程

在深入研究 A/B 测试细节之前，我们先大致探讨一下 A/B 测试的过程。图 6.7 展示了 A/B 测试的三个阶段。

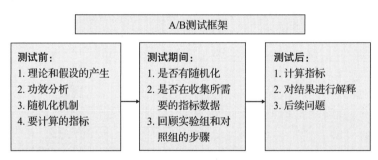

图 6.7 A/B 测试过程示意图

第一阶段是测试前设置。我们需要建立理论，确定要测试的假设（见第 2 章），确定测试的样本量，建立随机化机制，并确定我们要捕捉的表征干预效果的指标。

第二阶段是测试运行。我们需要跟踪几件事情。首先，我们需要知道实验组用户和对照组用户是否能真正看到干预或对照元素。其次，我们需要确保随机化机制如预期般运作。最后，我们需要检查我们是否在准确地收集用户数据。在实践中，设置过程和数据收集过程往往至少有一个错误。

第三阶段发生在测试完成且收集了所有的数据之后。收集完数据后，我们需要分析和解释 A/B 测试的结果。对于所有的指标，效果是否足够大，并且朝着我们假设的方向发展？我们是接受假设还是拒绝假设？所有的指标之间是否存在一致性？

下面，我们将详细地探讨测试前设置阶段。

6.5.2　测试前设置

在这里，我们将讨论一个精心设计的 A/B 测试的测试前设置过程中的每个部分。A/B 测试是基于一个简单的想法而来的：我们把用户分成多个子组，各组要么提供干预措施（实验组），要么不提供干预措施（对照组）。除了干预变量外，实验组和对照组的所有条件都应相同。换句话说，接受和不接受干预的人应该接受类似的医疗护理，有类似的病史，等等。我们需要通过随机性来确保各组之间的这种一致性。

我们还需要一个结果或一些指标，以确定干预效果。在医学试验中，结果通常是预期寿命。在我们的案例中，我们将比较服用新药的癌症患者的平均寿命和服用安慰剂的患者的寿命。

我们要确保效果足够大。换句话说，干预效果的大小是多少？对于普通参与者来说，该药物会增加 2 天或 10 年的预期寿命吗？如果效果足够大，我们就可以使用显著性检验了解效果是否具有统计显著性（这意味着它很可能不是随机效应，而是干预的效果）。

以下是进行 A/B 测试所需的步骤：

1. 通过**功效分析**，确定实验组和对照组的样本量。通常在大型 Web 产品中，因为进行 A/B 测试所需的用户数量相对较少，所以一般不需要进行功效分析。在我们的医疗案例中，这就是一个问题，我们将在本节的最后讨论一个简单的例子。

2. 建立**随机化机制**并设计实验。考虑以下问题：
   - ❑ 我们的样本是什么，哪些用户被纳入选择范围？如果我们想在用户漏斗的后期测试一些东西，这很快就会变得复杂。在本章将介绍的网页颜色的例子中，如果用户在到达紫色背景的页面之前必须完成几个步骤，我们必须问自己：在随机化之前，有哪些类型的用户被选择？基本上，在用户漏斗或用户会话历史中，用户选择得越早，结果就越好，越有普遍性。
   - ❑ 何时以及如何将用户随机分组？理想的情况是，这种分组应该在他们接受干预的时候进行。否则，其他因素可能会使结果产生偏差。
   - ❑ 什么是干预？我们正在寻找一个"恰到好处"的黄金分割点。干预方法不应过于复杂，否则我们将无法理解因果关系的逻辑。它也不能太简单，例如简单到对 Web 页面标题做字体改变，否则很可能会产生微不足道的效果，甚至没有效果。公司所处的阶段和资源也可能决定了干预方法的复杂性。如果你在一家大型科技公司工作，那么你有足够的资源来进行广泛的测试。如果你在一家小公司工作，那么你将不得不在某种程度上节约地使用 A/B 测试。

3. 确定结果指标，以确定效果。我们在第 5 章讨论了指标的创建和操作化。根据给定的指标，我们可以确定分布和统计检验。我们将在本节后面给出这方面的例子。

对于 Web 产品的例子，假设我们想测试将网站的背景颜色从蓝色改为紫色，如何建立 A/B 测试来测试这一变化的效果？一种方法是让实验组使用紫色背景，让对照组使用原来的蓝色背景。假设结果是网站的点击率（CTR）。我们想确定改变背景颜色对购买页面的点击率的影响。我们进行简单的功效分析或确定样本量的分析后，发现 1000 个用户足以确定是否有 5% 的影响。我们将在本节的最后讨论功效分析。

首先，我们要分析一下假设的结果。假设 1000 人被随机选择使用蓝色背景，1000 人被选择使用紫色背景。表 6.3 是该 A/B 测试的结果。

表 6.3　横幅 A/B 测试的点击率的结果

	点击人数	未点击人数	
蓝色背景（对照组）	175	825	
紫色背景（实验组）	225	775	5% 增益

可以看到，当页面的背景为紫色时有更多的人点击了页面。如表 6.3 所示，实验组的人与对照组的人相比，点击量有 5% 的增长。我们现在需要确定这个效果的大小是否巨大而显著。首先，我们来考虑一下大小。如果我们有 100 万用户，5% 可能很大——相当于 5 万个用户。但是，如果我们有 1000 个用户，5% 就是 50 个用户。只有 50 人，这没关系吗？重要的是，要根据 Web 产品的独特规模或特定结果变量来评估其大小。这种考虑被称为**实际意义**。

根据行为的不同，我们也可以评估干预措施的有效性。如果你还记得第 3 章的内容，那么可以知道对于大规模的行为改变，低于 10% 的反应仍然是一个好的结果。对于较小的改变，接近 30% 可能才是一个好结果。

下一步是确定这个差异是否只是一个随机扰动，还是真的有意义。这种考虑被称为**统计意义**。我们将在 6.5.4 节中解决这个问题。下一节将帮助我们理解为什么正确设置随机化机制对于测试的准确性是不可或缺的。

6.5.3　随机化

我们暂时跳过第一步，即功效分析，因为在 Web 环境中通常不需要它——通常我们的样本量已经足够大。我们将在 6.5.5 节中重新审视功效分析。本节我们将直接跳到第二步，即随机化。如前所述，随机化是一个很难理解的概念。我们需要利用随机化来适当地定义实验组和对照组。没有随机化，就没有 A/B 测试。

我们改变干预方法或结果后仍然可以进行 A/B 测试，但当我们取消随机化时，A/B 测试就无法为我们提供结果。随机化机制通过在所有特征上选择相似比例的用户来创建两个相似的组。通过随机选择组别，实验组和对照组条件下的平均用户比例在每个特征（即每个未干预的特征）上都大致相等。

我们再来解读一下关于"相似"组的想法。假设我们知道性别对我们想测试的某种行为很重要，但我们对性别的影响不感兴趣而是对其他因素感兴趣。假设我们正在经营一个约会网站，我们想用 A/B 测试来测试在个人资料页面添加一个"点赞"按钮是否会增加发送信息的概率。我们认为男性更有可能使用"点赞"按钮（点击它）并通过发送消息来回应他人对他的"点赞"。

如果我们进行 A/B 测试并对用户群进行随机抽样，平均来说，每组中男女比例应相差不大。假设我们的用户中有 40% 是女性，60% 是男性，那么 A/B 测试的实验组和对照组都应该有 40% 的女性和 60% 的男性。

另外，如果我们只是捕捉自然发生的行为，那么可能会看到选择偏差。也许男性更有可能积极使用"点赞"按钮并给另一个成员留言，也许样本组中 85% 是男性，15% 是女性。

随机性使我们能够进行推断，因为它消除了选择偏差。消除潜在测试中的选择偏差使我们可以假设没有混杂的 A 变量，因为实验组和对照组男女比例与具有 A 属性的用户的男女比例相等。在这种情况下，产品中没有选择活跃的男性用户（根据网站的人口统计，我们的样本大约有 40% 的女性和 60% 的男性）；实验组和对照组中男女比例与约会网站用户的男女比例相同。我们也可以只看实验组和对照组中的男性用户或女性用户，以估计每个子群体的干预效果。这使我们能够将结果的所有差异归因于干预变量。这听起来可能令人困惑，但其实很简单：随机性使我们能够创建类似的人群，而不需要了解这些人群成千上万的潜在混杂特征。

缺乏随机性是社会科学和医学研究难以进行的原因。例如，我们可以问这样一个问题：单亲家庭是否会导致你赚得更少？对于此问题，我们不能轻易地进行 A/B 测试，因为我们不能随机地让一些人属于单亲家庭，而另一些人不属于单亲家庭。所以，我们无法知道因果效应。我们可以使用其他方法来尝试和了解它，但它们永远不会像明确的 A/B 测试一样好。

无法随机化是一个巨大的问题，在很多复杂的路径依赖或背景设置中都会出现。我们将看到，当在 Web 产品中提出大的社会问题时，这也是一个问题，但现在让我们陶醉于 A/B 测试在回答 Web 产品中社交行为的简单问题时的美妙。

A/B 测试是一个非常强大的工具，它通过解决选择问题使因果推断成为可能。随机化可以针对实验组和对照组条件创造更简单的人群，所以我们可以隔离和测试单个特征的影响。

6.5.4　假设检验

现在我们已经讨论了 A/B 测试的初始设置和随机化，我们应该有条件运行 A/B 测试了。假设我们用前一节描述的设置运行 A/B 测试，并收集一些数据。那么，如何分析和解释这些结果？

首先来计算平均处理效应（Average Treatment Effect，ATE）。ATE 是我们选择的指标在实验组和对照组之间的差的平均值。我们回到紫色背景 A/B 测试的例子，我们看到实验组与对照组相比，CTR 增加了 5%。很好，但我们怎么知道这不是由随机成分引起的呢？假设我们随机抽取实验组和对照组的成员。即使从相同的分布中抽取也有很小的概率可能会产生非常不同的成员组成。需要计算一下得到这种结果的概率有多大。

这就把我们带到了统计显著性检验的话题。这种检验可以告诉我们因果效应是随机扰动还是真正的效应。我们希望能够将重要的结果与无意义的变化区分开来。

统计学家已经设计出一种方法来完成这一目标。他们利用随机性来确定某些结果是否可能是反常的。正如本章前面提到的，现代统计学之父罗纳德·费希尔说，"随机性是所有推断的基础"。我们已经在 A/B 测试的层面上看到了这一点，但我们将依靠同样的想法来确定结果是否真实。显著性检验将随机性操作化，以确定不太可能归因于偶然性的结果。为了进行这种检验，我们需要了解几个概念，其中第一个是检验统计量。

检验统计量是一个标准化的值，比如均值，我们可以用它来建立零假设。正如我们在第 3 章讨论的，零假设是指两个量之间没有关系的基线假设。例如，在 Web 分析中，我们想确定实验组和对照组之间的均值是否有变化。这里，检验统计量是均值，零假设是实验组和对照组的平均点击率是一样的。

一旦有了检验统计量，我们就需要确定用于统计量的分布。如果不能确定正确的分布，则可以使用不需要定义分布的统计检验。点击率通常服从卡方分布。表 6.5 总结了常见 Web 分析的指标、检验统计量和分布假设。

最后，我们需要计算检验统计量，并将其与统计量分布进行比较，以确定结果偶然发生的概率。检验的目的是确定结果可能随机发生的概率是否低到足以说明结果是真实的。

我们将解读三个例子。如果要用 R 语言进行统计检验，请参考代码清单 15.3 ～代码清单 15.7。下面是我们要研究的三个例子：

❑ 使用卡方分布的点击率。
❑ 使用 *t* 检验的均值差。
❑ 使用对数秩检验的两条生存曲线。

当然，这三个例子无法覆盖我们可以做的所有统计检验的类型。在第 15 章中，我们将用 R 语言实现一些其他 A/B 测试例子，以更全面地涵盖这一主题。

6.5.4.1　CTR 与卡方检验

假设我们想对网站上的一个促销横幅进行修改（新横幅为"雪地摩托大促：50% 的折扣"，而旧的横幅为"雪地摩托优惠：优惠 5%"），并且想知道改后 CTR 是否增加。结果是点击新横幅和旧横幅的用户数量。假设所有这些用户都是新用户，并且是随机选择的。我们如何判断 CTR 是否因为横幅的改变而发生了变化？

我们的零假设（或者说基线假设）是横幅的改变没有改变点击率。零假设默认两个现象之间没有关系。我们有了假设，也有了指标 CTR，即点击横幅的用户比例。

现在我们可以开始检验了。假设 856 个用户中有 45 个点击了旧的横幅，1298 个用户中有 99 个点击了新的横幅。我们可以假设这两组人群是随机选择的。我们如何判断促销活动是否成功？我们可以使用皮尔逊卡方检验，因为我们的响应变量是类别型的：点击或没有点击。类别型变量是指具有非数值响应的变量，它通常有两个或更多的类别，例如"男性""女性"或"未知"的性别。

皮尔逊卡方检验是一种应用于分类数据的统计检验，可以确定所观察到的点击量分布是不是偶然产生的。在这个例子中，检验的零假设是点击率不取决于每个用户看到的促销横幅。换句话说，不管是哪种促销活动，都会有同样多的用户点击横幅。我们将计算的预期点击率与根据检验计算的实际点击率进行比较。我们从卡方分布表中获取该检验统计量的概率。

卡方计算

本节将通过一个例子来说明如何进行卡方检验。

为了对 CTR 进行卡方检验，我们将使用表 6.4 所示的 2×2 的列联表。虽然这个表已经给出了所有的计算值，但在本节中我们将展示这些数值是如何得出的。

最初的数字是观察到的数字，括号 [ ] 中的数字是预期的数字，括号（）中的数字是列联表中该数值的检验统计量值。我们需要为 2×2 的列联表的每个条目计算这个检验统计量值。

表 6.4　计算卡方检验统计量的 2×2 列联表[①]

	旧横幅	新横幅	行总和
点击	45 [57.23] (2.61)	99 [86.77] (1.72)	144
没有点击	811 [789.77] (0.19)	1199 [1211.23] (0.12)	2010
列总和	856	1298	2154

①自由度＝（2–1）×（2–1）=1。

首先，我们必须计算出列联表中每个条目的预期点击量。对于左上角的条目，我们计算平均 CTR（不考虑促销活动），并将其乘以对应的总用户数。平均点击率等于 45+99（即 144）除以所有用户的总和（即 2154）。然后，我们就可以得到：

$$\frac{144}{2154} \times 856$$
$$\approx 57.23$$

数字 57.23 就是在促销活动无关紧要的情况下的预期点击量。

接下来，我们用观察值减去预期值，然后求平方，再除以预期值，这样便可计算出检验统计量。左上角条目的检验统计量是

$$\frac{(45-57.23)^2}{57.23}$$
$$\approx 2.61$$

我们可以对列联表的每一个条目都进行这样的计算。

如果我们把列联表中的所有检验统计量加起来，就可以得到总的检验统计量，也就是 4.64。现在，我们可以用卡方分布来计算得到这个检验统计量的概率。

现在，我们已经计算出了列联表的检验统计量，我们需要确定自由度。自由度是指计算过程中允许变化的独立数值的数量。这个例子有 1 个自由度，其计算见表注。

卡方显著性检验

我们可以使用图 6.8 所示的卡方表根据第一行给出的 1 个自由度的概率来确定这个检验统计量出现的概率。我们想要的值在第一行的末尾，介于 3.84 和 6.63 之间。我们只有一个对照组。我们知道概率在 5% 和 1% 之间。鉴于该结果的确切 p 值（0.031 147）以及我们只有一个独立的检验，因此这足以拒绝零假设。也就是说，横幅很可能对点击率产生了影响。在 32 次检验中有 1 次是随机发生的，这个概率足以让我拒绝零假设。

正如我们在这个例子中所看到的，进行显著性检验需要两样东西：**检验统计量**和**概率**

分布（可能是一个假设的分布，如正态分布）。在这个例子中，检验统计量是 CTR，假设的分布是卡方分布。

卡方分布的显著性表

自由度	x^2 较大值的概率								
	0.99	0.95	0.90	0.75	0.50	0.25	0.10	0.05	0.01
1	0.000	0.004	0.016	0.102	0.455	1.32	2.71	3.84	6.63
2	0.020	0.103	0.211	0.575	1.386	2.77	4.61	5.99	9.21
3	0.115	0.352	0.584	1.212	2.366	4.11	6.25	7.81	11.34
4	0.297	0.711	1.064	1.923	3.357	5.39	7.78	9.49	13.28
5	0.554	1.145	1.610	2.675	4.351	6.63	9.24	11.07	15.09
6	0.872	1.635	2.204	3.455	5.348	7.84	10.64	12.59	16.81
7	1.239	2.167	2.833	4.255	6.346	9.04	12.02	14.07	18.48
8	1.647	2.733	3.490	5.071	7.344	10.22	13.36	15.51	20.09
9	2.088	3.325	4.168	5.899	8.343	11.39	14.68	16.92	21.67
10	2.558	3.940	4.865	6.737	9.342	12.55	15.99	18.31	23.21
11	3.053	4.575	5.578	7.584	10.341	13.70	17.28	19.68	24.72
12	3.571	5.226	6.304	8.438	11.340	14.85	18.55	21.03	6.22
13	4.107	5.892	7.042	9.299	12.340	15.98	19.81	22.36	27.69
14	4.660	6.571	7.790	10.165	13.339	17.12	21.06	23.68	29.14
15	5.229	7.261	8.547	11.037	14.339	18.25	22.31	25.00	30.58
16	5.812	7.962	9.312	11.912	15.338	19.37	23.54	26.30	32.00
17	6.408	8.672	10.085	12.792	16.338	20.49	24.77	27.59	33.41
18	7.015	9.390	10.865	13.675	17.338	21.60	25.99	28.87	34.80
19	7.633	10.117	11.651	14.562	18.338	22.72	27.20	30.14	36.19
20	8.260	10.851	12.443	15.452	19.337	23.83	28.41	31.41	37.57
22	9.542	12.338	14.041	17.240	21.337	26.04	30.81	33.92	40.29
24	10.856	13.848	15.659	19.037	23.337	28.24	33.20	36.42	42.98
26	12.198	15.379	17.292	20.843	25.336	30.43	35.56	38.89	45.64
28	13.565	16.928	18.939	22.657	27.336	32.62	37.92	41.34	48.28
30	14.953	18.493	20.599	24.478	29.336	34.80	40.26	43.77	50.89
40	22.164	26.509	29.051	33.660	39.335	45.62	51.80	55.76	63.69
50	27.707	34.764	37.689	42.942	49.335	56.33	63.17	67.50	76.15
60	37.485	43.188	46.459	52.294	59.335	66.98	74.40	79.08	88.38

本例的统计检验显著性介于这两个值之间

图 6.8　给出横幅例子显著性的卡方分布表，行表示自由度，列表示检验统计量的概率

现在，我们来概括一下整个过程。它一共有五个步骤：

1. 确定检验统计量。
2. 明确写出统计假设检验的零假设。
3. 确定要使用的统计检验。
4. 计算适用的检验统计量。
5. 确定是否可以拒绝零假设。

表 6.5 汇总了 Web 产品常见指标的统计检验。大家可以根据自己的产品选择可以进行的统计检验。在本节中，我们手动进行了统计检验，但正如我们即将在第 15 章中看到的，用 R 语言计算检验统计量要容易得多。

表 6.5 按指标选择统计检验

分析案例	检验统计量	分布	备注
点击率（参与度）的差	CTR	卡方分布；卡方检验	也可以使用费希尔精确检验或巴纳德（Barnard）检验来检验少量用户的情况（基于二项分布）
收入	（平均）收入	正态分布；t 检验	要注意：通常情况下，收入不服从正态分布
事件之间的时间差	会话中的（平均）购买次数	指数分布；F 检验；泊松分布；泊松检验	取决于基本假设
留存时长	生存曲线或卡普兰－梅尔曲线	"存活"率分布，对数秩检验	用户从一个事件到下一个事件用了多长时间
两个分布的差异（购买行为）	两个分布	无分布假设；曼－惠特尼（Mann-Whitney）U 检验	
两个分布之间的差异	两个分布	无分布假设；KS 检验	
计算结果	交易数量	E 检验	

最常用的 A/B 测试是假设正态分布的韦尔奇（Welch）t 检验（方差不相等的双样本检验）。它通常是分析人员的首选统计检验，但它不一定是适合你的数据的检验。我们将在下一小节中介绍学生 t 检验的例子，学生 t 检验是韦尔奇 t 检验的简化版本。

首先，我们先考虑一下可以运行的其他类型的统计检验的一些例子。另一个可能有用的检验是 F 检验。它可能被用于以下情况：我们决定改变在线网站上的购买过程，并对购买指标（比如在会话中的购买次数）感兴趣。一个会话中的购买次数通常服从指数分布。我们可以使用 F 检验（基础 F 分布）来检验两个分布的平均购买次数是否相同。

在统计学中，我们可以区分参数检验和非参数检验。对于参数检验，基础分布已知；对于非参数检验，基础分布未知。在分布未知的情况下，我们可以使用曼－惠特尼 U 检验或 KS 检验来检验分布是否相似。

6.5.4.2 平均收入的 t 检验示例

我们已经举例介绍了皮尔逊卡方检验，并给出了指标对应的检验和分布表，接下来我们将通过另一个简单的统计检验例子来看看我们是否能应用我们所学到的知识。我们从第一步开始，也就是确定指标。我们将分析用户在产品中支出的平均金额。根据表 6.5，能否确定需要进行哪种统计检验？

如果你猜测使用 t 检验，那么恭喜你猜对了。要使用 t 检验，我们必须假设我们感兴趣的变量服从正态分布。在本章中，我们将使用简单的学生 t 检验，因为韦尔奇 t 检验更复杂。实践中，一般要使用韦尔奇 t 检验。t 检验的检验统计量的公式如下：

$$t = \frac{\mu_1 - \mu_2}{\sqrt{\frac{\sigma_1^2}{N_1} - \frac{\sigma_2^2}{N_2}}}$$

其中，μ 是均值，σ 是标准差，N 是样本量。我们需要三个量来计算 t 检验的检验统计量，分别为均值、标准差和样本量。

假设我们样本的支出金额的均值分别为 5.25 和 7.89，标准差分别为 2.3 和 2.5。每个样本中有 1000 个观察值。现在，我们来计算一下检验统计量。

t 检验的计算

首先，我们从分子开始。分子应为 $7.89 - 5.25 = 2.64$。

分母是

$$\sqrt{\frac{2.5^2}{1000} - \frac{2.3^2}{1000}}$$

$$\approx 0.031$$

因此，检验统计量为

$$\frac{2.64}{0.031}$$

$$\approx 85$$

现在，我们要查一下这个统计量的 p 值。在本例中，p 值小于 0.01%。我们可以拒绝两个样本具有相同均值的零假设。

6.5.4.3　生存曲线

我们已经看到了用皮尔逊卡方检验来检验点击率和用学生 t 检验来检验收入的例子，接下来我们要检验的指标是留存时长。留存时长通常是一个较难考察的指标，因为我们喜欢看完整的分布。我们一般对用户在产品中留存的平均时间不感兴趣，而是对每个时间点用户的"存活"比例感兴趣。

考虑用户在产品中的存活情况时，我们要用生存曲线来进行计算，如图 6.9 所示。生存曲线表示随着时间的推移，用户"存活"的概率。它是通过观察每个时间间隔内"存活"的用户比例来计算的。离散时间间隔对应的生存曲线被称为卡普兰 – 梅尔（Kaplan-Meier，KM）曲线。例如，如果 1 月 1 日起加入的用户中只有 90%"存活"到第 10 天，那么这就是该队列第 10 天的 KM 曲线值。如果 20% 的用户"存活"到第 400 天，那么这就是第 400 天的曲线值。

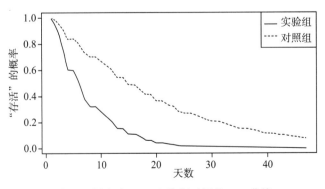

图 6.9　用户在 Web 上停留时间的 KM 曲线

KM 曲线对于研究干预（在本例子中对应实验组）对产品的用户留存时长的影响是很有用的。正如我们对其他检验统计量所做的那样，我们可以比较实验组和对照组的两条 KM 曲线，以判断实验组用户是否有不同的"存活"概率。

在本节和 R 语言代码清单 15.5 中，我们将重点讨论更一般的版本，即生存曲线。X 轴是以某种单位衡量的时间，Y 轴是用户的百分比。在 A/B 测试例子中，我们有两个具有不同生存曲线的组，曲线从 100% 开始，即所有 1000 个用户在 A/B 测试开始时都存在。我们将探讨这两组用户是如何随着时间的推移而减少的。

生存曲线是生存分析的基础，这是一套主要用于人口学和公共卫生领域的工具。它们的应用范围比本章提供的例子所显示的要广泛得多。David Hosmer 和 Stanley Lemeshow 的 *Applied Survival Analysis* 是进一步研究生存分析的一个很好的资源。

下面介绍了对数秩检验——用于确定两条生存曲线是否相同的假设检验。代码清单 15.6 将给出使用 R 语言计算对数秩检验，并确定两条 KM 曲线是否相同的方法。

生存曲线：对数秩检验实例

在这里，我们感兴趣的是如何确定干预（即看到促销横幅）是否影响了用户留存时长。我们将用户留存情况定义为图 6.9 所示的生存曲线。

更确切地说：

❏ 结果变量：在带有"点击购买"按钮的横幅或安慰剂 Web 页面上停留的时间。

❏ 干预：看到促销横幅。

这里的检验统计量是生存曲线本身。

本例中的零假设是，两条生存曲线是一样的。换句话说，对于用户来说，看不看横幅并不影响留存时长。

对数秩检验的计算很复杂，所以这里不谈具体细节，只解释大体想法。我们来看在一组离散的时间间隔内有多少用户到达终点（即离开页面）。我们做一些类似于卡方检验的计算。我们计算到达某些离散时间点的实验组和对照组成员的平均比率。我们将实验组的实际离开页面的比率与在实验组和对照组之间取平均值的预期离开页面的比率进行比较。如果预期比率与观察到的实际比率有极大的不同，一旦除以标准差，那么我们可以说这两条生存曲线很可能是不同的。

在本例中，我们可以看到两条生存曲线有很大的不同。实验组用户在页面上停留的时长中位数为 0.47 秒，对照组为 1.35 秒。如果我们用前面例子的数据计算对数秩检验，p 值基本为零。关于用 R 语言进行对数秩检验的讨论详见代码清单 15.6。

6.5.5 功效分析

这里介绍 A/B 测试前设置的最后一个主题——功效分析。**统计功效**是指如果存在某种效果，测试能够检测到一定规模的效果的能力。如果统计功效很高，那么我们就有一个好的测试。如果不高，那么我们就需要增加样本量来确定效果。

在受限的环境中，功效分析是一个很有用的工具，因为它可以帮助我们精确地确定我们进行假设检验所需的最小样本量。功效分析可以确定特定统计检验的样本量。

本章前面讨论了统计显著性和效果的大小。本节将从好的结果（即我们可以证明测试有效）倒推获得该结果所需的样本量。理想情况下，我们应该在进行 A/B 测试之前进行这一分析。

从本质上讲，统计功效是测试检测某种效果的能力。正如第 2 章所讨论的，它与 II 类错误或拒绝不真实的零假设成反比。

我们需要具有高统计功效的测试，但样本量有限。如何确定进行检验所需的最小样本量？

首先，我们要确定我们需要多大的统计功效。统计功效为 0.99 意味着在 100 个存在效果的案例中，有 1 个案例我们发现不了。标准的功效是 90%。现在我们来确定需要的样本量。检测小效果（如 1%）的统计功效将不同于检测大效果（超过 10%）所需的统计功效。作为计算样本量不可或缺的一部分，我们必须确定我们需要看到多大的效果才能认为干预是有效的。

在这里，我们假设数据服从正态分布，采用的假设检验是韦尔奇 t 检验，进行韦尔奇 t 检验的指标是分布的均值。我们需要计算 t 统计量和 p 值，以找到这个检验的显著性水平。

为了确定统计功效，我们需要使用以下公式：

$$样本量 = \frac{\sigma^2 (Z_1 + Z_2)^2}{\mu_{\text{diff}}^2}$$

其中，σ^2 是方差，μ_{diff} 是效果的大小，Z_1 是检验的统计显著性水平的 Z 得分，Z_2 是假设检验的功效的 Z 得分。

计算统计功效

我们将通过一个例子来展示如何根据结果的假设检验来计算样本量。假设你被安排负责开展一个促销活动，你需要确定提供 5 美元的信用额度是否会增加收入。考虑到促销活动的成本，硬性限制是只能在 1000 个用户中测试活动效果。你是否有足够的样本量来进行测试？

1. 目前用户的平均消费是 5.25 美元。经理希望看到至少有 0.5 美元的消费差异（最好是增加！），这样的活动才算有意义。
2. 当前分布的标准差等于 1 美元。
3. 我们希望结果有很高的统计显著性，例如 p 值小于 0.01%。
4. 我们希望看到测试有很高的统计功效，如 90%。

为了计算所需的观察样本，我们将分子（即方差）乘以统计显著性和测试功效的 Z 得分的和的平方。Z 得分是 t 检验的检验统计量的值。这里的标准差是 1，1 的平方是 1，我们用 1 乘以两种功效的衡量标准。我们想要的是 p 值为 0.01 的 Z 得分。0.01% 的 p 值对应的 Z 值是 2.33。接下来，我们想要功效为 0.90 时的 Z 值，即 1.28。我们需要对将两个数的和进行平方。因此，分子约等于 13.02。

分母是我们正在寻找的差异。5.75 美元 −5.25 美元 =0.50 美元，因此分母是 0.5^2 或 0.25。因此，测试需要的总样本量超过了 53（对照组和实验组共 106 个）。我们可以运行这个测试，且发现促销横幅的效果比我们想象的要小！代码清单 15.8 用 R 语言实现了这一过程。

6.6　A/B 测试中的陷阱

到目前为止，我们已经介绍了以下主题：A/B 测试的设置、随机化、假设检验和功效分析。本节将讨论运行 A/B 测试时的常见错误。这些错误包括：一般的陷阱，缺乏随机性，各部分的模式不同，以及短期效果和长期效果的模式不同。

6.6.1　一般陷阱

找到一个好的干预方法来测试往往是困难的。在 A/B 测试中，我们必须在不使用太复杂的干预方法但仍有可能产生大效果之间保持微妙的平衡。微小的干预方法可能不会产生足够大的效果，因此不值得进行测试。例如，测试主页按钮的背景颜色可能是不值得的。这种微小干预的另一个问题是，有太多需要测试。这就像大海捞针一样。测试 Web 页面从颜色到格式的每一个小改变，成本太高，除非你有 A/B 测试平台和数十亿的用户。

同时，复杂的干预方法使我们很难辨别是什么原因造成的变化。复杂的干预方法可能无法解释，因为它们有太多未测试的部分或太多的变量。例如，假设我们想探索一个七天锻炼方案对健康的影响。这个方案有很多部分：健康饮食、每天跑步、健康教练的电话等。我们发现这个方案有巨大的效果。例如，采用此方案的人平均寿命延长了两年。每个人都应该做采用此方案！

事实上，我们无法判断锻炼方案中的哪一块或哪几块一起导致了对健康的巨大影响。如果干预方法过于复杂，那就真的否定了测试的有用性和可复现性。理想情况下，对于任何 A/B 测试，我们都希望有足够大的改变，从而有可能产生很大的影响，但又不能太复杂，这样就不会有很多要素要考虑。

一般来说，太多无用的东西会使 A/B 测试无用，有太多复杂的 A/B 测试也是无用的。对于某些类型的问题，A/B 测试是一个很好的工具，但 A/B 测试不一定适用于所有场景。这些问题包括但不限于：

❏ 简单的功能变化，如改变按钮或内容的位置。

❏ 一些有明显影响的较大的功能变化，如删除用户简历页。

❏ 明确的算法变化，如建立推荐算法。

❏ 用户漏斗或引导过程的变化。

❏ 电子邮件、短信或其他类型的用户信息传递。

❏ 一组密切相关的行为干预措施，如在产品中增加聊天功能。

A/B 测试不能解答所有类型的问题。A/B 测试不会在产品空间中搜索最佳的潜在功能变化。它只能测试预定义的功能变化。当我们不知道要测试什么的时候，A/B 测试也帮不了我们。

假设我们正在测试那些对产品无关紧要的功能。例如，假设我们在一个老年人社交网络中建立一个上传图片的功能，或者将很少使用的购买功能游戏化。A/B 测试永远不会突出这种差异或告知我们为什么这是一个错误的变化方向。我们需要建立一个深思熟虑的凝聚力模型来帮助我们组织并按优先级排列对 Web 产品最有影响的变化，正如第 2 章所讨论的那样。

更复杂的干预方法

假设我们的实验目标确实有几种变量存在。我们如何处理这个问题呢？如果我们想做很多改变，A/B 测试设置的复杂性就会迅速增长。有许多方法可以使测试变得更加复杂。第一种是在原始测试中增加更多的变量。例如，我们想改变网站的背景颜色，可能改成红色、绿色、蓝色和紫色。现在有四组，对照组是蓝色背景。

此外，我们可以改变相互依赖的不同元素。例如，假设我们想做三个改变：改变颜色，改变按钮的位置，以及改变宣传横幅的内容。对此，我们需要运行 8 个不同的测试。我们必须测试每种改变组合，才能确定元素的最佳组合。

在下面的例子中，A 代表颜色，在 1 和 2 之间变化，B 代表位置，在 1 和 2 之间变化，C 代表内容的变化，在 1 和 2 之间变化。以下是我们需要测试的 8 个组合：

$A1, B1, C1$

$A2, B1, C1$

$A1, B2, C1$

$A2, B2, C1$

$A1, B1, C2$

$A2, B1, C2$

$A1, B2, C2$

$A2, B2, C2$

很明显，对一个实验的多个部分进行测试，其复杂性会迅速增加。用户漏斗里有两个 A/B 测试，会导致解释起来很困难。这是什么意思呢？每个 A/B 测试必须独立于其他测试，这意味着测试的结果不能影响对进入下一个测试的用户的选择。我们可以进行一个 A/B 测试来测试导致另一个 A/B 测试的非随机性。

即使只有几个变量，A/B 测试也将变得非常复杂。这就是为什么在开始这个过程之前，必须要有一个一般的理论。一般的理论可以帮助我们建立要测试的正确假设。我们需要理论来组织我们的思想和背景洞见。如果我们根据随机的事实做出决定，我们可能最终运行的是无用的 A/B 测试。这就好比在没有地图或任何主要地标的城市里闲逛，我们只能偶尔看到一些街道名称。为了避免这个问题，用户分析的第一个步骤是建立理论。我们需要地图或主要的地标来辅助我们决定去哪里或要测试什么。

当我们有多个假设要同时测试时，这种情况会改变结果的显著性水平。因为我们可能无法假设每个测试都是显著的，所以显著结果的标准就会提高。我们在此不讨论这种方法，但我们可以使用邦费罗尼（Bonferroni）校正来确定应该用来确定显著性结果的 P 值。

6.6.2 非随机性

有时用户不是随机选择的，但我们可能认为他们是随机选择的。你是否怀疑过自己的抽样结果可能不正确？

在随机性条件下，实验组和对照组在各种特征（不包括结果变量）上的均值、中位数和分布应该是相等的。如果均值显著不同，这就有可能是非随机性的证据。我们应该回过头来确定是否有证据表明在多个特征上存在选择偏差（第 12 章有详细解释）。随机性可以确保每个元素被选择的概率相同，而且可以保证实验组和对照组在每个特征（结果除外）上的分布都很相似。这是快速识别 A/B 测试方法中的错误的好方法。

一旦随机性得到保证，我们就可以使用 A/A 测试或安慰剂测试，即让两组——实验组和对照组——采用同一个横幅，或让所有用户使用安慰剂，看看是否有效果。如果确实有效果，那么就可以知道我们的设置没有正常工作。

6.6.3 组间的不同模式

A/B 测试的另一个常见陷阱是子组（如按性别或年龄分类的组）内存在不同的模式。A/B 测试的指标可以评估平均处理效应。这意味着个人或子组的干预效果可能与平均效果有很大的不同。

为了了解这一点，我们回到 SpellBook 的例子。女性对拼写比赛的反应可能不同于男性。我们假设女性用户比男性用户更喜欢竞赛。因此，男性用户和女性用户可能对干预有不同的反应，但我们可能无法在 A/B 测试的结果中看到这种差异。

当我们观察两组的平均处理效应数据时，干预的效果可能无法通过该数据辨别：

☐ 假性无效果。我们看到没有效果或效果很小，因为一个子组的效果抵消了另一个子组的效果。

☐ 小效果，隐藏了效果的大小。我们只看到较小的效果，因为它对各子组的影响不成比例，造成了偏斜的效果大小。

☐ 真正的无效果。两组中都没有效果。

☐ 真正的小、中、大效果，它们对两组都有类似的影响。

正如我们所看到的，在有些情况下，根据主要指标得到的一般效果可能具有欺骗性。我们可以采取两个步骤来避免这些问题：

☐ 有一个以上的指标很重要。如果这些指标朝着不同的方向发展，或者如果它们对一般"理论"而言没有意义，那就可能是不同的子群体行为。

☐ 重要的是要做一个干预后分析，把干预效果按子群体分开。如果样本量足够大，那么可以根据重要的行为和人口特征（如购买次数、性别或年龄）来划分人群，并检查结果指标，看看效果大小是否不同。

如果在进行 A/B 测试之前就知道各组会有不同的效果，那么可以使用阻断法。通过**阻断法**，我们可以对实验组和对照组人群创建随机的子组。例如，假设我们知道女性对某一特定的干预有不同的反应，但我们对性别的影响不感兴趣。那么，我们可以针对男性用户和女性用户分别建立单独的小组，然后在每个小组中随机地将用户划分为实验组和对照组，从而对性别进行阻断。在这个设置中，分别有一个女性实验组和对照组以及一个男性实验组和对照组。阻断法可以减少干预效果的变化，使估计更加精确。我们在此不做详细介绍，但要知道，在你预计组间会有很多差异，但你对阻断变量不太感兴趣的情况下，这是一种很好的技术。

6.6.4 长期效果和短期效果的不同模式

由于 A/B 测试一般不会澄清事情发生的机制，这使得理解实际发生的事情变得困难。有时候，我们会看到相互矛盾的结果。

例如，假设一个短期指标向一个方向移动，而长期指标向另一个方向移动。如果我们改变背景颜色，我们可以看到人们的点击率更高，但在下一页停留的时间更短。我们并不知道为什么看到不同颜色的横幅会对点击率产生影响。

假设紫色是一种令人放松的颜色，它使用户想要点击横幅；或者假设用户认为紫色很难看，并且知道主页更漂亮，所以他们点击回到主页。我们实际上不知道产生这种效果的根本机制，所以需要做一些事后分析，看看是什么在驱动它。

也许短期指标，如下一会话的平均时间，在实验组中会上升但产品中用户留存时长会下降。这些发现是否意味着改变是成功的？这个问题没有明确的答案。必须针对案例进行具体分析。我们必须针对发生这种情况的原因提出假设，并对其进行测试。我们还可以使用用户研究，根据突出机制的问题分别对实验组和对照组进行跟踪。

回到网站背景的案例，我们的后续分析可能是确定用户点击的原因是不是页面的颜色令人放松或页面颜色丑陋。我们可能要检查他们在点击之前在紫色与蓝色背景页面上停留了多长时间，以及他们在随后的页面上停留了多长时间。

正如第 2 章所述，A/B 测试或任何其他统计方法都不会产生理论或假设。在我们进行 A/B 测试之前，我们需要让理论或假设已经就绪。如果我们发现我们不理解结果，那么就需要回到理论，并创建进一步的假设来测试其他维度。

6.7 可实践的洞见

本章的可实践洞见如下：

☐ 选择偏差是困扰非随机、观察数据的一个巨大问题。

☐ 相关性并不表示非线性关系或因果关系。

☐ A/B 测试是寻找清晰、明确的特征的因果关系的最好方法。

❑ 为了完成 A/B 测试，我们需要使用功效分析确定样本量，指定指标并进行统计检验以确定是否有效果。

❑ 效果有两个组成部分：效果的大小以及效果的统计显著性。

A/B 测试对改善 Web 产品至关重要。它是消除选择偏差和得出明确因果推断的唯一明确方式。但是，A/B 测试也有局限性，我们需要对产品进行小的改动，否则测试会很快变得非常复杂。我们还需要对产品的测试内容有明确的想法，否则将在 A/B 测试上花费大量时间。

总而言之，如果使用得当，A/B 测试是一个强大的工具。在第 13 章中，我们将使用预测模型，从 A/B 测试结果中提取更多信息。当预测模型与 A/B 测试相结合时，可用于确定子组的群体效果，而不是像 A/B 测试那样的平均效果。

第三部分 *Part 3*

预测方法

上一部分介绍了分布、指标和 A/B 测试。这些技术对于将概念付诸实践很重要。第 7 章将介绍将相似变量进行分组的工具，在想要创建指标来表达广泛的概念时，这些工具会非常有用。聚类可用于缩小变量范围或将相似的观察结果分在同一组。

　　在这一部分中，我们的工具包括聚类和预测算法。前两章将重点介绍机器学习工具，最后一章将讨论人口预测技术。第 7 章面向不熟悉聚类方法的从业者。第 8 章将帮助从业者了解预测方法。如果你在预测建模方面有很强的知识储备，则可以跳到重点介绍人口统计预测方法的第 9 章。

第 7 章 *Chapter 7*

用户空间建模：*k* 均值和 PCA

在探索聚类方法之前，我们先介绍一些机器学习基础概念和定义。本章将重点介绍两种聚类算法：*k* 均值（*k*-Means）算法和主成分分析算法。虽然这些方法不会帮助我们改变人类行为，但可以帮助我们选择重要变量、落实概念并创建用于分析的类别。第 8 章是对第 7 章的扩展，涵盖了预测算法，如线性回归和逻辑回归（logistic regression）、决策树和支持向量机。

7.1　什么是模型

我们将定义介绍性概念，这些概念对理解、学习算法非常重要。首先，我们从算法的定义开始。**算法**是给予计算机以解决问题的规则或指令。

机器学习算法一般分为两类：无监督学习算法和监督学习算法。**无监督学习算法**可以搜索变量之间的关系。这些算法没有结果变量（在机器学习术语中被称为标签）。本章将介绍两种无监督学习算法——*k* 均值算法和主成分分析算法。

监督学习算法用于预测未来的结果或对结果进行分类。这些算法通过一组指令来预测未来的结果或新情况。在机器学习术语中，监督学习模型具有标签，这意味着可以使用过去的数据和标签构建模型来预测未来的标签。第 8 章将介绍几种不同的监督学习算法——线性回归、逻辑回归、决策树和支持向量机。

监督学习有两种基本的模型类型：分类模型和回归模型。分类模型的结果是二元的，或有多个离散组。回归模型具有数值结果。例如，当我们尝试预测用户可能会购买哪种类型的雪地摩托时，便要使用分类模型。通过回归模型，我们可以预测下一个季度的收入或用户下个月的平均支出。

为了组织、分类或更好地理解数据，无监督学习算法的模型通常建立在完整的数据集上。无监督学习或监督学习的模型具有**特征**（也称为**变量**），我们可以发现这些变量之间的关系。"特征"这个术语在机器学习社区中比较常用，而"变量"在其他学科（例如统计学和社会科学）中更常用。本书使用"变量"一词。

在社会科学中，人们通常对一个或几个关键变量感兴趣。在这种情况下，关键变量被称为**自变量**，而监督学习模型的标签被称为**因变量**。**混杂变量**是我们认为可能会导致自变量和结果之间存在虚假关系的一组变量。

在监督学习算法中，模型使用训练数据集构建，并使用测试数据集进行验证。**训练数据**是我们用来构建模型的数据。"构建模型"是指在给定算法结构的情况下，根据数据确定正确的参数。一旦建立了模型，我们就可以在测试数据上运行这个模型，从而评估这个模型的质量。

现在我们已经解释了模型及其组成部分的基础知识，接下来将探索无监督学习技术——聚类。

7.2 聚类技术

聚类是无监督学习工具的一个重要部分。对于聚类，没有定义的标签，这意味着我们不是在对结果进行预测或分类。相反，我们正试图收集变量的关联信息并将用户分成有意义的组。

聚类算法的重点是对具有相似性的观察数据进行分组。聚类并不是一个具体的算法，而是一组解决已知问题的算法——寻找具有共同点的观察数据组的算法。

接下来，我们将研究两种对用户行为建模非常有用的聚类算法：

❏ k 均值（k-Means）算法；

❏ 主成分分析（Principal Components Analysis，PCA）算法。

7.2.1 细分用户、新手用户和无监督学习

我们可以通过几种不同的方式使用聚类技术以理解用户行为。首先，我们可以使用聚类技术来落实定性的概念。在第 2 章中，我们讨论了如何将定性的概念落实。正如在第 2 章指出的，我们经常需要找到不同的指标来衡量定性概念的各个组成部分。聚类算法，特别是 PCA 算法，是一个能够让我们了解在概括定性概念时哪些指标应该包括、哪些不应该包括的工具。许多指标都可以衡量同一件事。PCA 可以帮助我们确定哪些指标实际上在测量特定概念的不同维度。这能够帮助我们创建新的定性指标来追踪 Web 产品。聚类技术也可以用于变量选择（这不在本书的讨论范围）。变量选择将在以后的章节中略微提及，比如在第 8 章介绍套索回归时和第 13 章中。

其次，我们可以使用聚类技术创建用户类型，以用于目标营销和行为分析。用户分类实践起来很困难，因为有很多潜在的方式可能打乱用户群。通常，没有简单的方法来验证用户分类是否正确。在用户聚类中，我们将用户分成具有（有意义或无意义）相似点的群

组。有时，可能会产生难以理解的分析结果，尤其对于过于宽泛或过于狭窄的群体而言。如果我们使用聚类技术来分组，理解算法为什么那样分组也会很难。

在历史上，这个问题是以完全不同的方式解决的。在用户分析和市场营销中，分析人员根据人口因素细分用户。用户细分与聚类的不同之处在于，我们是根据相似性来创建用户群。数据科学已经颠覆了细分的过程。聚类不是从组开始，而是找到用户之间的相似性，再对他们进行分组。它还包括复杂的（有时是实时的）行为变量，因而扩大了分组因素。这代表我们对用户分组的思考方式发生了重大变化。

虽然聚类技术非常有趣，但如果没有理论和测试，它们的应用是有限的。我们需要理论来确定哪些分组是可行的。然后，可以检查数据中哪些部分是突出的。本节将探讨一个常见的聚类例子。然后，我们将在测试第2章中提到的"鲸鱼"和局外人理论时探讨k均值算法和PCA算法。

7.2.2 T恤衫尺寸：现实生活中的产品是否这么简单

聚类算法的一个真实例子是根据用户的身高、体重和身体质量指数（Body Mass Index，BMI）来分辨其所穿T恤衫的尺寸。这显然是一个聚类问题，因为我们知道T恤衫有多少种尺寸，以及这些T恤衫是否适合某个人。

假设T恤衫公司生产三种尺寸的T恤衫，三种尺寸分别为小号、中号和大号。这很有帮助，因为我们可以知道应该有多少个组。然后，我们可以采用一些算法根据身高、体重和BMI将用户分成三类。稍后将讨论其中的一些算法。最后，我们可以检查T恤衫是否合身，并评估模型的质量。这个例子很适合使用聚类算法。

不幸的是，用户分析中的大多数问题都缺乏外部标准，比如组数或关于聚类选择的准确性的反馈。这使得聚类技术的帮助不大，也很难得出可实践的洞见。例如，在雪地摩托产品中，有多少个用户群？如果没有理论，我们就不知道什么是有意义的。大多数算法都有统计方法，它们可以帮助使用者确定正确的组数，或者不需要使用者确定组数。虽然这可能很有帮助，但如果没有理论支持，我们还是很难理解这些结果。许多分析员试图在事后对分组结果进行解释，但这可能会使我们误入歧途。

如果我们通过用户调查确定有意义的组数，所产生的聚类结果将会更加有用。例如，我们可以调查用户的普遍性格，比如他们喜欢雪地摩托的原因，以及他们最喜欢的户外设备和运动，然后应用聚类算法确定爱好相同的用户。重要的是，通过用户调查我们可以得到有代表性的产品人群，方便得出正确推论。做到这一点的最好方法是随机调查用户。同样重要的是，要调查想落实的全部概念性想法（见第2章），最好是为每个组成部分准备足够数量的问题。由于其复杂性，我们没有在这个例子中实现这种做法，但是将完善的、方法上合理的调查与聚类算法结合起来对用户分类特别有用。我们还需要有理论说明这些答案与雪地摩托购买行为有什么关系。然后，我们可以测试这个假设。

在第2章中，我们谈到了"鲸鱼"和局外人理论，并确定了两个有意义的组。我们将用这个例子来探讨k均值算法和PCA算法。

7.2.3 k 均值算法

k 均值算法可以将观察数据划分为选定数量的簇，其中每个观察数据都属于均值最接近的簇。代码清单 15.9 中用 R 语言给出了 k 均值的应用。

继续以 T 恤衫为例，假设我们想根据身高、体重和 BMI 信息来确定用户的尺码。在这个例子中，我们无法见到参与者，只能依靠他们的数据。

我们需要为身高、体重和 BMI 这三个变量设置三个随机的均值（因为有 3 个 T 恤衫尺寸）。然后，我们计算每个点与所选均值的距离。接着，我们将每个点分配给与其最接近的均值组。最后，我们用所有被分配到该均值组的观察数据来重新计算均值。反复重复这个过程，直到得到稳定的均值和组。

寻找各组（小码、中码、大码）身高、体重和 BMI 的均值的过程展示了 k 均值算法的工作原理。以下是 k 均值算法：

k 均值算法

假设有 m 个组和 n 个点。创建 m 个桶 $(B_0, \cdots, B_m)$ 用于保存分配给各组的点。开始时，桶中没有任何点。

1. 为 $(G_0, \cdots, G_{m-1})$ 中的每个组随机选择一个均值。
2. 对于集合 $(X_0, \cdots, X_{n-1})$ 中的每个点 X_i：
　　a. 对于 $(M_0, \cdots, M_m)$ 中的每个均值 M_j，计算从点 X_i 到均值 M_j 的距离（例如欧氏距离）。
　　b. 将 X_i 分配给距离最近的均值组，并将其保存在 B_j 桶中。
3. 用桶中新分配的点计算每个桶对应的新均值。
4. 重复步骤 1 到 3，直到形成稳定的组。

现在，我们回过头来看看 k 均值算法是如何工作的。首先，针对 3 个变量随机地分配一个均值。然后，该算法确定每个点到均值的距离，并将每个点分配给距离最近的均值组。接着，它重新计算这些分配给某一均值的点簇的新均值，然后为点重新分配该均值。重复这些步骤，直到各组的均值达到稳定。

你可能会推测，最初的随机均值决定了簇中心最终的位置。在某些情况下，初始均值确实会影响最终结果，但比你想象的要罕见。关键是要多次运行 k 均值算法，看看发现相同结果的频率。

我们来探讨一个数值例子。我们将使用第 2 章中的"鲸鱼"和局外人例子。回顾一下，"鲸鱼"是那些生产内容并积极参与产品的用户。局外人代表了大多数用户，是被动消费内容的用户。表 7.1 给出了"鲸鱼"和局外人的前 5 个观察数据。实际的数据集包括 20 个用户或观察数据，有 4 个变量：

❑ 社交行为　表示该用户是否参与更高级别的社交活动的布尔值；

❑ 个人资料长度　表示用户的个人资料描述字符长度的数值变量；

❑ 是否在第一天达到第二级　表示用户是否在加入的那一天达到第二级的布尔值；

❑ 用户好友数　表示好友数量的计数变量。

在我们的理论中，有些是"鲸鱼"，有些是局外人。你会把哪些人归为"鲸鱼"，哪些人归为局外人？

表7.1　"鲸鱼"和局外人：前5个用户

用户	社交行为	个人资料长度	是否在第一天达到第二级	用户好友数	"鲸鱼"或局外人？
1	1	121	1	2	
2	1	54	0	17	
3	1	16	1	3	
4	1	87	1	43	
5	1	291	1	5	

为了有效起见，我们假设这些是划分"鲸鱼"和局外人最重要的特征。我们使用k均值算法创建两个组，前5个用户的结果见表7.2。k均值算法创建了哪些组？k均值算法结果列用1和2表示这两个组。

表7.2　k均值算法对"鲸鱼"和局外人的分类

用户	社交行为	个人资料长度	是否在第一天达到第二级	用户好友数	k均值算法结果
1	1	121	1	2	1
2	1	54	0	17	2
3	1	16	1	3	2
4	1	87	1	43	2
5	1	291	1	5	1

现在，我们计算这些组的均值。表7.3给出了基于k均值算法定义的两个组的均值中心。请注意，组1的结果明显好于组2。

表7.3　k均值中心

组	社交行为	个人资料长度	是否在第一天达到第二级	用户好友数
1	0.50	163.25	0.62	6.62
2	0.25	21.33	0.42	2.67

组1是"鲸鱼"组。从表7.3中可以看出，他们的好友数大约是组2的3倍，个人资料长度是组2的8倍，更有可能在第一天达到第二级，而且更可能有复杂的社交行为。这使得组2成为局外人组。你认同这样分组吗？你觉得用户4的分类正确吗？

k均值算法并不总是完美的。根据我们对均值的初始设置，最终会得到不同的结果。然而，k均值算法通常是定义组数固定的用户簇的良好开始。虽然存在确定初始均值数量的方法，但我们在此不做探讨。

如果我们对用户群体没有明确的理论，k均值算法往往会失败。在这种情况下，我们不确定数据可以分为多少组，以及k均值算法在找什么样的组。这样就很难使k均值算法的结果具有可行性。

在实践中使用 k 均值算法的关键是要有明确的理论，对组的数量和用户属性有一定的了解，然后用 k 均值算法来确定实际的数据中是否会出现这种情况。是否存在用户数据实际上可分为四个组，但理论中只有三种用户类型的情况？是否存在一组属性上均值相差甚远，而另一组属性上均值更接近的情况？

7.2.4 主成分分析算法

PCA 常用于各种领域，有许多不同的名称，在线性代数中叫奇异值分解（Singular Value Decomposition，SVD），在图像处理中叫霍特林变换，在机械工程中叫本征正交分解（Proper Orthogonal Decomposition，POD），等等。PCA 是一种非常通用的技术。这里我们将只讨论用户分析领域的 PCA，它可能与你在其他领域看到的应用不同。

我们回到 T 恤衫的例子。每个因素——身高、体重和 BMI——都可能解释一些相同的变化。这里的变化是指每个 T 恤衫尺寸对应的各种身材和体型的变化。然而，这三个因素也可能有一些重叠。例如，高个子的人可能也很重，并且有很高的 BMI。所有这些变量都是相互关联的，所以用三个指标来定义 T 恤衫尺寸可能会显得很笨拙。相反，我们可能只想用一个变量来确定每个人的尺码——小号、中号或大号。PCA 便可实现这一点。它还能帮助我们理解 BMI 和身高是高度相关的，但体重与两者都不相关。它可以帮助我们了解变量是如何相互关联的。第一个成分将描述最多的变化，通常是变量（身高、体重和 BMI）的不平衡组合。

PCA 是一种将相关变量转换为线性不相关向量（名为**主成分**）的转换。这些向量是各变量的加权组合。在 PCA 中，主成分是正交向量，这意味着每个向量都面向不同的方向，且没有重叠。我们可以认为 PCA 是将 x、y 和 z 轴旋转到数据集变化最大的方向。第一个成分解释了最多的变化。第二个成分，即下一个向量，解释了第二多的变化，以此类推。每个向量都是不相关的，并且与其他向量正交。PCA 的计算很复杂。

PCA 背后的线性代数和数学思想

线性代数是一个使用矩阵来表示线性方程的框架。它很有用，因为我们可以用简单的方程定义高维空间。线性代数还允许我们对这些方程进行反转，并根据一组方程（而不仅仅是一两个方程）计算重要的数值。这里涉及的数学知识较多，只适合那些喜欢探索 PCA 计算的人阅读。

主成分分析以特征向量为基础，特征向量是线性代数的一个核心概念。这里，我们将通过一个简单的例子来演示特征向量的计算。我们将在第 9 章的例子中再次看到特征向量和特征值。

下面是一个计算特征向量和特征值的二维例子。根据特征向量，我们可以计算出主成分的大小和旋转量。

这里从简单的例子开始。假设我们正在测量后院中各种花的高度和宽度。我们能够测量 6 朵花的高度和宽度，这些测量结果用下面的矩阵表示：

$$x = \begin{pmatrix} 3 & 8 \\ 6 & 1 \\ 2 & 5 \\ 7 & 6 \\ 2 & 1 \\ 8 & 2 \end{pmatrix}$$

首先，计算协方差矩阵。协方差是对两个变量之间相关性的测量。当有多个变量时，变量之间的依赖关系由协方差矩阵来表示。对于大小为 n 的向量，协方差矩阵的大小为 $n \times n$，协方差矩阵的元素 $[i, j]$ 代表向量的第 i 和第 j 个元素之间的协方差。

我们在第 6 章中介绍过一个计算协方差系数的例子。在这里，我们不重复这个计算，而是用 R 语言来计算这个二维例子的协方差矩阵。协方差矩阵的大小是 2×2，如下所示：

$$A = \begin{pmatrix} 6.967 & -0.067 \\ -0.067 & 9.067 \end{pmatrix}$$

然后，计算特征向量和特征值。对于每个特征向量，都可以找到一个与矩阵相对应的标量，即特征值，这有点复杂。它是基于下面的方程的：

$$Av = \lambda v$$

其中，A 是一个具有某些属性的矩阵，v 是特征向量，λ 是特征值。

特征多项式如下：

$$|A - \lambda I| = 0,$$

其中，I 是单位矩阵。我们可以基于这个二维协方差矩阵的特征多项式计算特征向量：

$$|A - \lambda I| = \begin{pmatrix} 6.967 - \lambda & -0.067 \\ -0.067 & 9.067 - \lambda \end{pmatrix}$$

$$= (6.967 - \lambda)(9.067 - \lambda) - 0.067^2$$

$$= 63.1653 - 16.034\lambda + \lambda^2$$

然后，我们可以求出这个二次方程的根，得到的特征值是 9.07 和 6.96。我们可以取其平方根，并将其相加，得到 5.65。将其除以每个平方根，分别得到 53% 和 47%。这就是第一个成分的大小（53%）和第二个成分的大小（47%）。现在有了成分的大小，我们可以计算出旋转量。为此，我们需要求出特征向量：

$$A - 6.96\lambda = \begin{bmatrix} 0.002 & -0.067 \\ -0.067 & 2.102 \end{bmatrix} \begin{pmatrix} x_1 \\ x_2 \end{pmatrix} = 0 \qquad (1)$$

$$= \begin{bmatrix} -0.999 \\ -0.032 \end{bmatrix} \qquad (2)$$

$$A - 9.07\lambda = \begin{bmatrix} -2.102 & -0.067 \\ -0.067 & -0.002 \end{bmatrix} \begin{pmatrix} x_1 \\ x_2 \end{pmatrix} = 0 \qquad (3)$$

$$= \begin{bmatrix} -0.032 \\ -0.999 \end{bmatrix} \tag{4}$$

简单说明一下，特征向量的大小是 31.531 和 1，但为了得到 PCA 旋转单位长度的特征向量，我们必须除以欧氏长度。

两个特征向量给出了主成分的组成。第一个特征向量是第一成分，第二个特征向量是第二成分，它们是各个特征的主要方向。这是因为这些成分是非常不相关的（可以从相关矩阵中看到这一点）。希望这能让大家对 PCA 有一点了解。

在用户分析中，PCA 通常有两种使用方式：降维和聚类。降维是指限制我们拥有的特征的数量。有些问题有大量的变量，但显然不是每个变量都对预测结果有用——如何去除一些冗余的度量呢？ PCA 可以帮助我们实现这一目标，它可以创建加权组合变量，这个组合变量解释的变化比原始变量单独解释的要多。聚类有助于我们理解观察数据之间的关系。我们将用"鲸鱼"和局外人例子来进一步探索这个用法。

PCA 也可以用图形来解释（见图 7.1）。PCA 创建了主成分，即由各种特征组合而成的向量。向量有大小和方向，通常表示为有方向的线段。正交的向量永不相交，彼此之间成 90°。我们可以把 PCA 看作把正交图形轴或向量（x、y 和 z）旋转到能够解释大多数变化的方向。向量的大小便是成分的大小，所以与普通坐标轴中不同，每个定向线段的大小可能会有所不同。

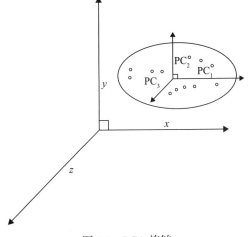

图 7.1　PCA 旋转

PCA 只对数值变量有良好的效果。我们将再增加一个数值变量，这样我们在 Web 产品的例子中就有 3 个变量：留存时长、个人资料长度和好友数。留存时长是一个表示在产品中停留的天数的计数变量。

PCA 将帮助我们以各种方式更好地理解数据。以下是我们应该用 PCA 寻找的东西：

❑ 成分的大小　成分越大，它们解释的变化越多。

❑ 向量的旋转量　每个向量系数的大小和方向告诉我们该成分的组成。一般来说，系数越大，变量越重要。

❑ 数据的聚类　我们可以知道观察数据是如何相互关联的。

首先，我们可以评估每个成分的大小，它类似于被解释的变化量。图 7.2 展示了成分数量与解释的比例。我们可以看到，第一个成分解释了约 60% 的变化。第二个成分解释了约 30%，而最后一个成分解释了 10% 左右。代码清单 15.10 使用 R 语言对这个例子进行了 PCA 分析。

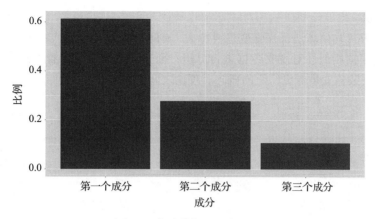

图 7.2　各成分解释的变化量

现在，我们考虑一下每个成分的旋转量。记住，我们考虑的是三个变量：留存时长、个人资料长度和好友数。在进行 PCA 之后，我们得到成分的构成。表 7.4 是"鲸鱼"和局外人例子的主成分。从表 7.4 可以看出，第一个成分是三个变量的组合，个人资料长度的权重最大，留存时长的权重最小。第二个成分主要是留存时长和好友数。

表 7.4　"鲸鱼"和局外人例子的主成分

	PC$_1$	PC$_2$	PC$_3$
个人资料长度	−0.665 901 5	0.077 325 64	0.742 021 5
好友数	−0.578 027 3	0.575 332 4	−0.057 868 56
留存时长	−0.471 656 3	−0.814 246 3	−0.338 418 4

我们已经探索了变化并解释了成分的构成，现在需要探索 PCA 如何对用户进行聚类。将 PCA 结果可视化的一种方法是创建双标图。双标图使用点和向量来表示数据。在我们的例子中，向量代表特征，点代表单个用户，而 *x* 轴和 *y* 轴是前两个成分。双标图可以帮助我们在两个维度上更好地可视化这三个成分。回顾一下，这个例子中的两个维度几乎可以解释 90% 的变化。

图 7.3 给出了"鲸鱼"和局外人例子的前两个成分的双标图。"鲸鱼"主要位于图的右侧——观察数据 6、7、11、13、15、16 和 20。"鲸鱼"被我们挑选的特征很好地分离了。左边剩余的是局外人，没有被我们挑选的特征很好地分离。

使用 PCA 时，我们依赖于一些假设，包括数据服从正态分布且为实值。在假设不成立的情况下，我们可以使用其他分析方法，如独立成分分析（Independent Component Analysis，ICA）和多重对应分析（Multiple Correspondence Analysis，MCA）。这些方法超出了本书的范围，在这里不做过多讲解。

PCA 对于了解自变量之间的关系非常有用。我们可以用它来创建一套衡量定性概念的指标：事实上，这是 PCA 在产品分析中最实用的用法之一。PCA 的结果还可以帮助我们更好地理解主要混杂变量和结果之间的关系。混杂变量是可能主导我们所关注的变量与结果之间关系的变量。

　　PCA 算法和 k 均值算法都探索变量或特征（有时被称为 X 空间或特征空间）。聚类算法可以帮助我们根据相似性对观察数据进行分组，而只观察数据可能看不出这些相似性。聚类算法对于查看数值变量与更广泛的概念、理论之间的关系非常有用。

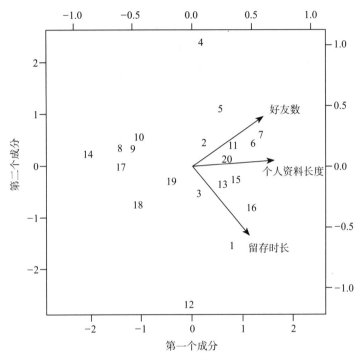

图 7.3　"鲸鱼"和局外人例子 PCA 结果的双标图

7.3　可实践的洞见

　　本章的可实践洞见如下：

❑ 聚类方法，如 k 均值和 PCA，可以帮助我们探索变量并检验理论。

❑ 监督学习是用来预测和分类数据的。无监督学习是探索性的，用于理解变量之间的关系，并将用户类型等定性概念落实。

　　本章介绍了聚类算法，它是无监督学习工具的一部分。第 8 章将介绍一些监督学习算法，包括最小二乘法、逻辑回归、决策树和支持向量机。

预测用户行为：回归、决策树和支持向量机

第 7 章讨论了聚类算法的基础知识，这些算法是没有确定结果或标签的探索性算法。本章将探讨预测算法，即用历史数据预测新结果的算法。预测算法有确定的结果或标签，它们也被称为监督学习算法。在预测用户行为或需求分布时，这些算法特别有用。

本章研究了一些预测模型，这些模型应该包含在每个分析师的工具中：

❑ K 最近邻（K-Nearest Neighbor，KNN）。

❑ 普通最小二乘法（Ordinary Least Squares，OLS）。

❑ 逻辑回归。

❑ 决策树。

❑ 支持向量机（Support Vector Machine，SVM）。

本章介绍基础性内容，所解释的技术将在后面的章节中得到扩展。如果你对预测推断、OLS、逻辑回归和决策树有很好的理解，则可以跳过这一章，直接进入第 9 章。

8.1 预测推断

很多公司喜欢炫耀其新颖的预测应用程序，如电影选择或服装选择的推荐系统。其中一些模型可以预测从购买到用户流失的用户行为。其他模型可以识别用户报告中的欺诈行为，并删除破坏性信息或非法视频内容。

最初，你可能认为任何事情都可以预测。然而，在研究用户行为时，当预测结果是期望的结果时，它是最可实践的。许多可实践洞见要么是观察性的，要么是因果性的，完全是预测性的要少得多。

这并不意味着特殊情况下不能进行预测或不能通过预测更好地理解变量之间的关系。

预测结果可以被验证，这在处理观察数据时很有用。正如我们在第6章中看到的那样，因果关系的洞见只有通过在实验设计中增加随机化机制才能得到验证。这使得任何后续事件的非随机分析都非常困难，甚至从因果的角度来看是不可能验证的。我们稍后将探讨一些在观察数据中寻找因果关系的工具，届时你会看到它有多么困难。观察性的洞见虽然有时很有用，但却存在选择问题，这会使大多数推断无效。

预测建模有一些很好的特性。通过预测推断，我们可以轻松地评估我们推断效果相比过去有何进步。一个简单的方法是将数据分为训练集和测试集，然后，评估模型对测试集的预测效果有多好。我们可以尝试不同的模型，比较每一个模型的有多好。

请注意，我们并不总能得到"真实"或可接受的错误率。与用户可能认为的"太高"的错误率相比，我们很难知道错误率是否太高。例如，假设我们强迫用户每次进入网站时都看到"推荐的雪地摩托"。这些推荐大多对用户没有帮助；然而，某个给定的模型在可比模型中最具预测性，所以它被添加到网站上。

预测结果提供了简单的验证方法，但我们往往必须用重要的基线来验证它。例如，文献（Fearon，2003）在社会科学领域应用回归模型来预测美国内战，然而，相较仅仅猜测没有内战的简单零假设，该模型的错误率要高得多。要进行预测，我们需要真正的、有意义的概念基线（最好是基于人类专家的输入）。如果没有这些人类基线，你可能会发现自己在比较差劲的模型，最好的模型的拟合度也只比其他模型好一点。

在定义明确的系统（例如，用电灯开关打开一盏灯）中，预测性洞见等同于因果性洞见。然而，在具有随机性的系统（例如，人类行为）中，这并不正确。这就是我们不只需要通过预测来理解某些事发生的原因。

8.2　关于预测的许多问题

本节将讨论预测的独特之处，它的一些问题，以及它的最佳应用场合。

通过预测来理解或改变人类行为的问题在于，它是扑朔迷离的。这就导致了"黑盒"问题。人类需要了解某些事情发生的原因。如果不了解因果关系，就很容易对正在发生的事情感到困惑。

例如，你无法向用户证明你没有歧视他的。你永远无法确定模型没有依赖用户的人口统计学特征（如性别或种族）来给出预测性的洞见（例如，如果剔除了性别特征，而其他变量可以作为性别的替代特征，可能仍然会有问题）。你也无法向用户解释为什么会发生某些事情。例如，假设有一个预测人的信用质量的模型。它预测某人信用质量较低，但当用户询问原因时，我们给不出答案。

预测模型错误地将用户"分类"，或者复杂学习算法的不一致甚至随意的行为，可能会激怒用户。获得不正确的推荐会让用户感到沮丧。例如，如果用户看了一部恐怖电影，那么推荐给该用户的每一部电影都是恐怖电影。然后，用户又看了一部恐怖电影，这虽然验证了模型，但他厌倦了看同样的东西，离开了你的产品。

要了解用户对预测算法的实际反应，以及算法在短期、长期内对用户行为的积极、消极影响，是很难的。在用户分析领域，真正"可实践"的预测结果是罕见的。大多数"可实践"的洞见依赖于因果推断。

在一家《财富》500强公司，一位分析师做了一个关于预测个人用户留存的演讲。该演讲展示了哪些特征对预测留存情况以及模型的错误率至关重要。演讲指出，个人照片对留存时长有很高的预测性。演讲结束时分析师被问道的第一个问题是："为什么添加个人照片会增益用户留存时长？"

这是一个很好的问题，但并不好回答。添加个人照片并没有增加留存时长，但它与留存有关联。然后，演讲者继续解释伪相关关系。提出先前问题的那个人现在问道："那么这个模型有什么用呢？"在这种情况下，并没有一个很好的动机来预测留存时长，因为此时公司感兴趣的是如何增加用户留存时长。当我们深入研究预测某件事情的原因时，除了这是一个相对直观的应用外，并不总是有好的理由。

我们肯定想了解为什么用户会留在产品中（因果推断）。我们还想观察他们被留住时的情况（观察性洞见）。此外，我们想在用户离开之前有针对性地定位那些最有可能（通过挽回计划）被挽留的用户。这些与预测谁会离开不完全是一回事。在用户行为的情境中，它并没有那么容易操作，尽管它经常被应用在这个场景中。

8.2.1　预测算法的应用

预测算法有很多应用。但在我们不加区分地应用这些算法之前，我们应该始终思考我们试图建模的东西是否符合预测框架。

预测建模的用途如下：

❑ 预测收入或库存以帮助做出更好的决策。
❑ 预测用户行为以制定长期投资计划。
❑ 推荐算法或网站附加功能（这些也应该用短期、长期指标进行 A/B 测试）。
❑ 帮助用户做决定的智能系统。
❑ 预防欺诈。
❑ 针对某些群体开展促销活动，不过我们也可以通过增益模型来改善这些模型。
❑ 了解变量之间的相关关系。

预测方法之所以风靡全球，是因为其易于应用和验证。预测工具对于明确的分类任务或预测任务是很有用的。预测算法也是其他因果推断方法的构建模块。

然而，通过预测来回答因果问题会使我们误入歧途。有时，特别是在用户行为背景下，对于明显的预测性问题，行为成分往往需要因果推断。

8.2.2　行为预测不仅仅是单纯的预测

数据科学家可能面临的最困难的问题是建立与判断用户目标有关的算法。正如我们在第 3 章所讨论的，目标设定是重大行为改变机制的核心。

假设我们建立了计步器，想判断用户明天会走多少步，这样我们就可以为用户设定可实现的目标。这是一个真正的预测问题，因为我们想预测用户第二天的步数。由于数据的局限性和复杂性，这是一个很棘手的预测问题。我们有关于步数、天气、地理位置和步行能力的数据，但没有关于用户的真实社会数据。用户的步行模式有很大的差异。一些用户是马拉松式步行者，而另一些用户可能刚刚做过腿部手术。我们对他们的个人情况不甚了解。

除此之外，在确定好的目标时，还要考虑到人的因素。这个问题不仅仅涉及预测用户明天会走多少步，还涉及为用户设定"好的"个性化目标。好的目标能推动用户走更多步数，但要可以实现，即要让用户认为不太难。目标设定是一种技能，而且是一种很难的技能。那么，算法如何知道这些呢？用户之间可能存在着巨大的差异。

很多预测问题就像目标预测的例子，都有用户行为元素。由于涉及人类性和模糊性，因此问题变得更加困难，于是我们渴望使用一些因果推断。怎样的步数目标可以导致人们走更多步？根据经验性研究，我们知道设定步数目标会使人们走更多步。但是不同的目标类型和用户类型还没有（通过实验）得到彻底的测试。

这个问题表明，当预测人类行为时，往往需要与因果推断相结合。这就是在没有 A/B 测试的情况下很难个性化地建立正确模型的原因。即使有 A/B 测试，也很难获得个体效果（我们将在第 13 章中详细讨论这个话题）。例如，在计步器例子中，我们可以设定一个每个人都能达到的目标，使普通人走更多步。但是这个目标对于马拉松运动员来说并不具有挑战性，他们会慢慢退出我们的产品。

一般来说，最好的做法是同时使用 A/B 测试、预测建模和个性化，以更好地调整算法，满足用户的需求。既然已经探讨了需要预测建模的原因，现在我们来介绍一些流行的建模技术。

8.3　预测建模

预测建模是数据科学工具的核心。许多算法，如 OLS 和 SVM，是半个多世纪前开发的。数据和数据处理需求的巨大增长导致了预测方法或监督学习方法的复兴，因为这些算法现在正被应用于用户分析领域的一系列新问题。

我们将看到，预测方法是后面几章讨论的许多因果推断方法的基础。许多方法是设计驱动的，允许在适当的情况下从预测方法中进行因果推断。

本节将研究 5 种不同的预测建模技术。第一种是 K 最近邻，这是一种基于距离度量的简单分类技术。第二种是线性回归，这是最重要的预测算法之一。第三种是逻辑回归，这种技术预测类别型结果，如结果可以为"是"或"不是"，也可以为"鲸鱼"或"局外人"。第四种和第五种分别是决策树和支持向量机，这两种非线性方法都是非常有用的技术，在实践中一般都能取得良好的效果。

本节的目标不是提供这些方法的严格数学公式，而是提供一个简单、清晰的从业者指南，方便分析师应用各种技术。

8.3.1 K最近邻

回顾一下第 7 章的 T 恤衫例子，以此解释 K 最近邻方法。假设我们想快速为 500 名志愿者找到正确的尺寸（小号、中号、大号）。这将被视为分类问题。志愿者协调人告诉我们必须在 10 min 内完成。假设我们有一个优势，即有一群已经穿着各尺寸 T 恤衫的志愿者（例如 20 名左右）。那么，我们应如何解决这个问题？

一种方法是要求穿各种尺寸 T 恤衫的志愿者站在体育馆的不同区域。穿大号的人站在看台边，穿中号的人站在储物柜边，穿小号的人站在篮球架旁。然后，我们要求志愿者在进入体育馆时找到与他们身材最接近的那组人。这有点像 K 最近邻方法的工作方式。我们认为"物以类聚"，也就是说，相似的人将聚集在一起。之后，我们根据他们周围的大多数人评估他们的"类别"。如果有人选择了大多数穿小号 T 恤衫的群体，那么就假设他也穿小号，以此类推。

K 最近邻方法依赖于假设：看起来相似的样本会被分到一组，这样多数类便成为某样本的预测结果。下面是 K 最近邻方法的步骤：

1. 收集已经分类的训练数据集。

2. 判断训练样本周围的群体。

3. 找到该群体中的多数类，这就是我们对训练样本的预测结果。

K 最近邻方法的难点在于对最近邻居的定义。我们应该如何定义群体的相似度或接近程度？在前面的例子中，群体成员的身材相似，所以我们可以使用身高、体重和 BMI。我们可以衡量群体成员在这三个维度上的接近程度以判断他们是否应该被分到某个组。可能会有一些灰色区域，因为有些人既可以在中号组也可以在大号组，还有些人既可以在中号组也可以在小号组。

如果我们对"接近程度"的定义过于自由，那么这也许不是一个好的群体，例如，也许它有太多穿中号的志愿者被归类为穿小号的。如果我们对"接近程度"的定义过于狭窄，可能就不会产生有代表性的群体。例如，也许小号组未能捕捉到所有穿小号 T 恤衫的志愿者，有些被错误地归类为穿大号和中号的。我们可以使用测试数据集来优化描述群体的参数——相似度。

聚类技术中使用的一个重要的相似度度量是"距离"，它定义了两个数据点之间的"接近程度"。有许多距离指标可用于创建簇。最简单且最容易计算的是欧氏距离，它是两点之间直线的长度。在 T 恤衫例子中，我们可以用欧氏距离来衡量大号组中每个成员在身高和体重方面与大号组中的志愿者有多远。为了计算一个人与大号组志愿者的距离，我们用志愿者的身高减去其身高，然后求平方。接着，我们用志愿者的体重减去其体重，然后求平方。最后，我们把两个平方量加在一起，然后求平方根，这个结果就是我们对这两点距离的测量。一旦有了这些信息，我们就可以确定该组是不是与他最接近的群体。关于距离指标的详细讨论，请参考文献（Hastie et al., 2009）。

既然已经讲过了 K 最近邻方法，接下来我们将讨论最流行的回归模型之一，即线性回归。在分类任务中，我们预测的是类别或标签（例如，T恤衫尺寸的"小号""中号"和"大号"）。在回归任务中，我们将预测一个实值结果，如收入。

8.3.2 线性回归

预测工具中的一个重要工具是线性回归。线性回归有很多方面，在这里，我们只介绍最简单的内容。大多数统计学入门课程都通过数学证明来讲解回归。然而，本书将着重探讨对回归的直观理解。

许多统计学著作在讨论回归问题时，都会先介绍得出 OLS 所需的假设。一旦理解了这个方法，探索这些假设是很有用的，这些 OLS 假设在本章附录中有介绍。OLS 假设在实践中可能不成立。OLS 仍然可以通过预测结果来验证，而非在内部通过证明假设的正确性来验证。如果模型的预测结果是准确的，并且可以推广到测试数据集，那么我们仍然可以使用该模型。8.4 节将讨论如何验证模型。

线性回归有时被称为普通最小二乘法（OLS），因为 OLS 是用于估计线性回归的最常用方法。这些术语在本书中是可以通用的。首先，我们先从二维角度来理解一下线性回归概念。假设我们有一些数据，我们想以一种有意义的方式进行概括。

对于回归，我们明确地假设要使用直线（也可以通过变换 x 变量，例如进行平方或立方变换，来建立更复杂的曲线回归模型）。使用直线在这里是一个重要假设，因为这不是建立数据模型的唯一方法。在线性回归中，我们希望有一条最适合数据的直线。如何确保这一点呢？我们假设需要找到误差最小的直线。

如何定义误差？误差是直线和实际数据点之间的欧氏距离或平方距离。请注意，这也不是误差的唯一定义，其他回归方法（如套索算法）使用不同的方法测量误差。

图 8.1 是一个线性模型的好例子。数据看起来是线性的，而且用这种方法可以被很好地解释。为了使误差最小化，需要使直线与实际数据点之间的距离（见图 8.2）最小化。也就是说，均方误差最小的直线即最佳拟合线。

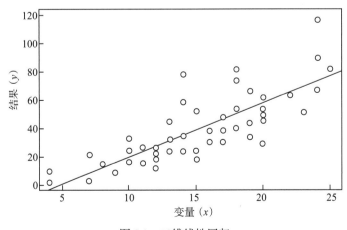

图 8.1 二维线性回归

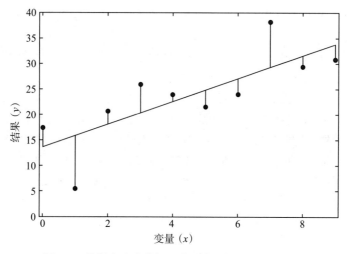

图 8.2　数据点和直线间距离（残差）的可视化效果

我们已经看到了这个二维数据集的样子，现在我们针对这个例子使用 OLS 方法。直线的方程如下：

$$y = Ax + B$$

假设我们有 5 个点：(3, 4), (5, 8), (2, 3), (7, 13), (6, 10)。在二维情况下，如何计算最优直线？首先，我们需要计算 x 和 y 的均值：x 的均值是（3+5+2+7+6）/5=23/5=4.6，y 的均值为（4+8+3+13+10）/5=38/5=7.6。

我们需要计算表 8.1 中的几个量，以确定上述方程中的斜率 A 和截距 B。

表 8.1　计算示例回归线的斜率

	x	$x - x_{mean}$	y	$y - y_{mean}$	$x_{mean}y_{mean}$	x^2_{mean}
1	3	3 − 4.6 = −1.6	4	4 − 7.6 = −3.6	5.76	2.56
2	5	5 − 4.6 = 0.4	8	8 − 7.6 = 0.4	0.16	0.16
3	2	2 − 4.6 = −2.6	3	3 − 7.6 = −4.6	11.96	6.76
4	7	7 − 4.6 = 2.4	13	13 − 7.6 = 5.4	12.96	5.76
5	6	6 − 4.6 = 1.4	10	10 − 7.6 = 2.4	3.36	1.96
总计					34.2	17.2

接下来，我们需要计算直线的斜率，斜率 A=34.2/17.2 ≈ 1.9884。

然后，我们可以把均值代入方程中，用 y 减去 x 的均值乘斜率求出截距：

$$B = 7.6 - (1.9884) \times 4.6$$

$$= -1.5465$$

因此，这个简单例子的回归线如下：

$$y = 1.9884x - 1.5465$$

现在，我们来看它如何预测未来的点。假设我们有一个新的 x 值，等于 9。预测的 y 值是多少？是 16.35，也就是 $1.9884 \times 9 - 1.5465$。注意，这不一定是真正的 y 值，而是基于这个模型的预测值。

在本例中，我们试图用一个直线公式来总结数据集的复杂性。在线性回归中，有几件事我们必须加以解释。首先，我们需要系数，本例中只需要一个。由于只有一个变量，因此我们可以很容易地将系数看成直线的斜率。例如，对于公式 $y=3x+5$，3 是回归线的斜率，它表明 x 每增加 1 个单位，y 增加 3 个单位。常数 5 表示当 x 为零时，y 为 5。假设这个方程总结了我们人口按年龄划分的收入（以千计）。18 岁的人的收入将被计算为（$18 \times 3+5$）× 1000= 59 000 美元。对于 32 岁的人，计算结果为（$32 \times 3+5$）× 1000=101 000 美元。线性系数的解释并不复杂，只是可能有很多 x，所以也可能有很多系数。多维方程更难可视化。

此外，还可以查看系数是否为零，系数为零意味着该变量与结果变量没有关系。这是统计检验的零假设——默认 x 和 y 之间没有关系。我们的模型可以包含更复杂的变量，但最简单的版本是假设斜率为零。

就像我们在第 6 章中检验 A/B 测试结果是否显著一样，我们可以用回归系数来检验显著性。这里的统计显著性是指，如果 x 变量的系数与 y 变量或结果相关，就不太可能是由随机性造成的。

我们可以从回归中得到一些其他重要信息：

- **系数**：在其他自变量保持不变的情况下，为自变量或关注变量变化的结果的变化率。正如本章开头所讨论的，自变量是回归的一个特征。
- **统计显著性**：这些系数是否与零有显著差异。
- **标准误差**：对系数的标准差的估计，即对该系数在许多不同情况下的变化程度的估计。
- **t 统计量**：系数值除以其标准误差；将 t 统计量的值与**学生 t 分布**比较可以确定 p 值。
- **p 值**：p 值大意味着预测因子的变化与结果的变化无关。p 值反映了在零假设为真时发生相同或更极端结果的概率。通俗地说，如果 p 值很大，则很可能意味着该结果只是一个巧合。如果它很小（<0.05），则结果很可能是真实的，不太可能随机发生。
- **常数**：当自变量等于零时，结果的数值。
- **预测结果**：根据自变量的观测值预测的结果值。
- **拟合度**：这些指标表示模型与数据的拟合程度，可以在不使用预测性验证时验证模型。在线性回归中，常用的拟合度指标是 R^2，它表示模型系数的预期值与数据中发现的值之间的差异大小。一般来说，R^2 越大，模型的拟合程度就越高，不过只要增加一个变量，即使这个变量对模型没有意义，这个值也会增加。为了解决这种可能，我们经常使用调整后的 R^2，它将一些变量考虑在内。然而，这个指标仍然可能有问题，因为只要变量高度相关，即使在无意义的模型中，它也会很高。

现在我们可以解释线性回归的结果了，我们用一个例子来探索一下这些想法。回到"鲸鱼"和局外人例子，假设我们试图用自变量（社交行为、个人资料长度、在第一天达到 2 级、以及好友数）来预测用户的留存时长（天数）。

我们将用 R 语言运行这个回归，并在表 8.2 中显示输出。在代码清单 15.12 中，该回归是拟合的。表 8.2 中的第一个元素是残差的分布概况。正如我们前面指出的，残差是样本结果和预测结果之间的差。这个概况或多或少向我们展示了模型误差的变化程度。

表 8.2　回归输出

变量	估计值	标准误差	t 值	Pr(>|t|)
截距	0.801 94	0.391 57	2.048	0.0585
社交行为	−0.226 54	0.470 11	−0.482	0.6368
log（个人资料长度 +1）	0.231 26	0.117 89	1.962	0.0686
在第一天达到 2 级	−0.112 18	0.412 12	−0.272	0.7892
log（好友数 +1）	−0.075 31	0.316 32	−0.238	0.815
残差标准误差：0.8202，自由度为 15				
R^2：0.2292				
调整的 R^2：0.023 61				
F 统计量：1.115，自由度为 4 和 15 p 值：0.386				

表 8.2 显示了估计值、标准误差、t 值和 p 值，我们已在本节前面解释了这些值。我们将在后面通过这个特定的模型解释它们。表 8.2 还给出了回归的 R^2 和调整后的 R^2。同样，我们将在后面解释这个结果。

现在，我们来解释这个模型的系数和 p 值。虽然解释非对数变量比较容易，但如果取对数可以产生类似于正态分布的分布，那么最好的做法是对变量取对数。由于我们已经在前面的简单模型中解释了收入的系数，接下来，我们带你掌握解释对数系数的最佳方法，这在用户分析中非常常见。

如果变量服从正态分布，那么模型拟好效果更好。如果结果和因变量都没有取对数，就解释为 x 增加 1 个单位会导致 y 增加系数值大小，就像前面的简单收入例子一样。在这个例子中，我们的结果是留存时长（天数）的对数，这意味着 x 增加 1 个单位会导致 y 出现系数大小的百分比变动。

我们解释一下系数。我们的虚拟变量或布尔变量是"社交行为"和"在第一天达到 2 级"。首先，我们必须对系数值求指数，即 exp(−0.226 54)。然后，计算 1−exp(−0.226 54)=−0.21。因此，"社交行为"增加 1 个单位会导致用户留存时长天数下降 21%。同样，"在第一天达到第 2 级"增加 1 个单位可以导致或用户留存时长下降 11%，即 1−exp(−0.112 18)。

当 x 变量也是对数时，那么它就被解释为 x 的百分之一变化会导致 y 的百分比变化。例如，我们看一下个人资料长度，这是唯一一个正的、可能有意义的变量。它的系数是 0.23，因此，个人资料长度 10% 的变化会导致用户留存时长大约增加 2.3%，1% 的变化会导致用户留存时长增加 0.23%。我们可以用类似的方法来解释"好友数"变量。

接下来，我们考虑一下回归系数的统计显著性。我们知道个人资料长度的对数与用户留存时长在 10% 以下的水平下显著相关。"10% 以下的水平"指的是 p 值，在这个例子中是 0.07。正如我们在第 6 章中所讨论的，统计显著性是指这种结果不可能随机发生，并且在 10 次中只发生一次。p 值越小，相关性就越可能不是随机的。其余的变量都不显著。

调整后的 R^2 非常小，只有 2%，这意味着这个回归并不能解释大量的变化。这个模型可能不适合我们的数据。

了解模型在做什么的一个好方法是检查它的预测结果。代码清单 15.13 中，我们计算了模型对每个用户的预测结果。还有一些更正式、更严格的检查模型质量的方法。然而，作为第一道关卡，查看模型预测得好或不好往往是很有用的。这个模型预测用户 4 将在产品中停留 10 天，而用户实际停留了 0 天。模型预测用户 7 在产品中停留 11 天，但用户实际在产品中停留了 5 天。

在这个例子中，模型的预测结果不够准确。也许这些变量不能很好地解释结果，也许模型无法拟合数据，也可能两种原因兼有。在这个例子中，模型的表现不佳是由于这两方面的原因。

套索回归

套索回归是线性回归的一个变种，在实践中非常有用。套索回归需要进行特征选择——在不牺牲预测能力的情况下去除冗余或不必要的变量。线性回归的一个大问题是多重共线性或高相关性，即一个以上的变量都可以解释相同的变化。完美或接近完美的相关性会导致 OLS 失效，估计值会出错。套索回归允许我们找到并删除多余的特征。对于用户分析，多变量会导致多重共线性问题。因此，介绍这种技术是很重要的。

通过套索回归，我们使用正则化和 L1 范数来提高 OLS 的准确性和解释性。在正则化中，我们对模型的复杂性增加了一个成本。正则化有助于限制过拟合。过拟合发生在所建立的模型不具有普适性的情况下，这意味着该模型对训练数据集拟合良好，但在它从未"见过"的数据上却并不准确。

除了正则化之外，我们还使用 L1 范数距离指标。什么是距离指标？它是我们衡量两点之间有多远的指标。有许多方法可以定义两点之间的距离。最常见的距离指标是欧氏距离，它等于 $sqrt(x^2 + y^2)$。我们在 OLS 中使用欧氏距离指标。在 OLS 中，我们通过平方误差之和来最小化误差。欧氏距离指标是基于 L2 范数的。然而，如果使用不同的距离指标——这里是 L1 范数——我们会得到不同的结果。使用 L1 范数，回归模型迫使高度相关的变量的回归系数的绝对值小于一个固定值，这迫使它们被设置为零，使变量从模型中被剔除。这个过程可以帮助我们选择变化性最大的变量。

套索回归经常与岭回归和弹性网络（ElasticNet）一起讨论，但这里不对这些模型做更多技术讨论。请参阅 Hastie 等人的 *The Elements of Statistical Learning* 了解这些方法的概况。

什么是归一化

在归一化中，我们将在不同尺度上测量的变量调整为同一尺度。例如，如果我们包括很多在 [1, 5] 区间变化的变量和一些在 [1 000 000, 5 000 000] 区间变化的变量，许多模型会错误地认为值较大的变量更重要。因此，如果将它们归一化，则会得到更好的结果。

我们可以使用这个简单的方程式进行归一化：

$$[x\text{-}min(x)]/[max(x)\text{-}min(x)]$$

另外，当我们有不止一个层次的数据时，就像动机变量（低、中、高）一样，通常最好把这个变量变成一个二进制变量。例如，我们可以把动机变量变成两个虚拟变量："高"或"不高"，以及"中"或"非中"。这种方法将产生更好的拟合模型。

8.3.3 逻辑回归

逻辑回归（logistic regression）的形式与线性回归相似，主要用于预测二元结果变量。逻辑回归是通过最大似然估计（我们在此不做讨论）来估计的。最大似然估计是统计模式识别中的一个基本概念，如果你对数学感兴趣，则可以对其进行更详细的探索，请参考文献（Hastie et al.，2009）。

为了充分解释逻辑回归，我们必须理解比值比（odds ratio，又称优势比）概念。本节将首先介绍比值比，然后探讨如何在逻辑回归的场景下解释比值比。事件发生的比值（odds）指事件发生的概率。**概率**（probability）表示事件发生的可能性有多大。**比值**（odds）等于事件的概率除以非事件的概率。

比值比是指事件在条件 A 下发生的概率除以在条件 A 不成立时发生的概率。我举例解释比值比，假设有"点赞"某名人帖子的男性用户的数量和女性用户的数量，例如，100 个男性用户中有 60 个"点赞"某名人帖子，而 100 个女性用户中只有 30 个"点赞"该名人帖子。男性用户"点赞"该帖子的比值是 60∶40 或 3∶2。女性用户"点赞"该帖子的比值是 3∶7。那么，比值比就是男性用户和女性用户的比值之比，即（3∶2）/（3∶7）= 3.5。男性用户"点赞"一个帖子的可能性是女性用户的 3.5 倍。

对数比值指比值的对数。在处理逻辑回归时，这是一个非常重要的概念，因为系数是对数比值而非概率。我们需要把它们转换为概率才能解释它们。

现在我们已经讨论了比值比，接着我们再来讨论一下逻辑回归。逻辑回归的结果变量是二进制变量。产生的输出（一旦转换）可以被解释为实现结果的概率。

我们可以使用逻辑回归来评估特定事件发生的比值。例如，假设我们试图根据用户在第一天是否达到 2 级（第一天未达到 2 级是基线模型）来预测用户是否在我们的平台上发送消息。逻辑回归系数将是在用户达到 2 级与用户未达到 2 级的情况下发送信息的对数比值。回归系数本身可以理解为当我们取 $e^{系数}$ 时的比值比。

假设我们感兴趣的是概率，而非对数比值，则可以用方程（8.1）来计算基线模型的概率，其中系数是截距的系数。我们可以用同样的方法得到其他系数的概率。

$$概率 = \frac{e^{系数}}{1 + e^{系数}} \tag{8.1}$$

代码清单 15.14 在 R 中实现了这个概率函数。我们用"鲸鱼"和局外人的例子来探讨一下。首先，模型中的结果变量必须是二进制的。在这个例子中，它是"是否发送信息"。变量包括在第一天达到 2 级、留存时长、个人资料长度，以及好友数。

表 8.3 显示了逻辑回归的输出。估计值是系数，也就是对数比值。在这个例子中，当用户达到 2 级时，发送信息的对数比值是 1.98。我们通过系数的指数，即 $e^{0.6835}$，找到这个

1.98 的数值。这意味着在第一天达到 2 级的用户发送消息的比值相比没有达到 2 级的用户发送消息的比值高 98%。差异很大！

表 8.3 逻辑回归输出

系数	估计值	标准误差	Z 值	Pr(>|z|)
截距	−4.3374	2.507	−1.73	0.0836
在第一天达到 2 级	0.6835	1.2259	0.558	0.5771
log（留存时长）	−0.2366	0.9624	−0.246	0.8058
log（个人资料长度）	0.3386	0.484	0.7	0.4842
log（好友数）	1.5497	1.2408	1.249	0.2117
零偏差：25.898，自由度为 19				
残差偏差：17.674，自由度为 15				
AIC：27.674				
Fisher 评分迭代次数：5				

现在，我们来计算概率。根据截距或基线模型，发送信息的概率（不要与同为概率的 p 值混淆）是 0.0129。我们用截距的系数（−4.34）和方程（8.1）计算这个估计值。这实际上是一个重要的数值，因为它代表了基线模型。在基线模型中，我们假设在第一天没有达到 2 级的用户在产品中停留的时间为 0 天，没有写个人资料描述，并且有 0 个好友。在基线模型中，发送信息的概率略高于 1%。

我们试着改变一些混杂变量以了解造成的影响。如果我们假设在第一天达到 2 级的用户发送信息的概率会增加到 2.5%。我们计算（0.68−4.34），然后解方程（8.1）来得到概率。

我们假设用户有 15 个好友。这对发送信息的概率有什么影响？如果我们用一个符合基线标准但有 15 个好友的用户来重新评估这个模型，发送信息的概率会增加到 66%。为了得到这个值，我们用好友数系数乘以 15，然后加上截距，最后用方程（8.1）求出概率。

从这个例子我们可以看出，这个模型的解释比线性回归模型要复杂一些，我们必须处理好比值比和概率。不同于线性回归，逻辑回归的基线模型非常重要，因为总是要针对基线模型进行比较。我们更改特征，然后使用基线模型来比较这些特征如何影响比值或改变概率。

以下是我们从逻辑回归中得到的主要结果：

❏ **系数**：它们可以通过 $e^{系数}$ 转换为对数比值，也可以通过方程（8.1）转换为概率。

❏ **零假设**：自变量和结果之间没有关系。系数也是零，因为 log(1)=0。log1 意味着变量和结果之间没有关系。

❏ **Z 统计量**：系数除以标准误差，通俗地说，就是系数除以它的变化程度。我们将这个统计量与卡方分布相比较，得到 p 值，这与第 6 章中的点击率例子类似。

❏ **p 值**：这与线性回归的 p 值类似。p 值反映了在零假设为真时发生相同或更极端结果的概率。一方面，如果 p 值很大，则很可能意味着该结果只是一个巧合。另一方面，如果它很小（<0.05），则结果很可能是真实的，不太可能随机发生。

❏ **常数**：反映基线模型，假设基线模型所有其他系数为零。

❑ **预测结果**：基于 X 的值对每个样本或未来样本的预测值。

❑ **拟合度**：与 OLS 中类似，这些指标表示了模型对数据的拟合程度。本书不会详细介绍这些指标，但你可以通过拓展阅读了解更多信息，如阅读文献（Daniel Powers & Yu Xie，2000）。

就像 OLS 一样，我们用逻辑回归的这些指标来解释混杂变量对结果的影响，预测未来案例的结果，并评估模型的拟合度。逻辑回归经常被用作许多因果推断方法的第一道关卡。我们将在后面的章节中看到更多的逻辑回归例子。关于逻辑回归应用的一般说明是：如果你正在处理小的样本量和罕见的事件，那么逻辑回归通常不是最佳选择。这在我们对逻辑回归的因果推断应用中会变得很重要，因为那些数据集一般都比较小，而且往往不成正比。此外，使用逻辑回归和其他有罕见事件结果的分类器时，获得更好拟合效果的小窍门是通过复制这些罕见样本并稍加修改（如随机放弃一个变量的值后将其添加到数据集中）来增加罕见事件的比例。

另一种流行的技术是决策树，我们将在下一节介绍。

8.3.4 决策树

本节将简单介绍决策树模型。13.5 节将更深入地探讨决策树模型。

决策树是一种简单明了，但功能强大的算法。从本质上讲，这种算法使用一组规则对数据进行划分和分类。决策树可以被看作类似于"二十问"的游戏，该算法根据对问题的回答对数据进行分类。

我们来探讨一下"二十问"游戏是如何运作的，并考虑这与决策树的选择规则有什么关系。假设我们在"二十问"游戏中试图猜测某个朋友最喜欢的国家。一个可能的问题是"人均 GDP 是否高于 30 000 美元？"。这是一个好问题，因为它将排除相当一部分潜在的国家。最好的策略是问一些尽可能地将数据分成两半的问题，然后重复这个过程，直到只剩下一个国家可以猜测。特别糟糕的一个问题是"这个国家是不是美国？"，因为它没有排除足够多的国家。如果答案是"否"，那么仍然要对除美国之外的所有国家进行猜测。

这种原理同样适用于决策树。它们想找到"最好的"问题来对数据进行分类，而最好的问题将数据尽可能地分成两半。这就最大限度地增加了信息量。如何评估数据划分的质量是形成决策树的核心，这可以大大改变我们的结果。决策树寻找最佳问题或进行数据拆分的方法有多种。信息增益的概念和其他评估数据划分的方法见 13.5.5 节。

本节只介绍决策树的基本概念和结构，然后用例子加以说明。每棵决策树一开始都有节点和分支。在每个节点上，都对样本使用一个决策规则，使其沿着该路径前行。符合规则的用户会移动到右边分支，而不符合规则的用户则会移动到左边分支。最后的输出是根据用户对决策规则的反应，将其在终端或最终节点进行分组。

举例说明这个过程往往有助于阐明这个树的结构，所以我们以"鲸鱼"和局外人为例研究一下决策树。我们将使用决策树来预测用户是"鲸鱼"还是局外人，这是一个二元结果。这里使用和第 7 章相同的"鲸鱼"和局外人数据集。我们使用除社交行为之外的所有变量，包括留存时长、个人资料长度、好友数和在第一天达到 2 级。

图 8.3 给出了代码清单 15.15 的结果，该代码清单用 R 语言实现了决策树。这是一个简单的单节点决策树，决策规则用于将人群分为两组："鲸鱼"和局外人。这里对社交行为进行分类的唯一规则是字符长度是否大于 43（即 $e^{3.781}$ 或 48）。如果大于，就把用户归为"鲸鱼"而非局外人。我们必须对图 8.3 中的结果进行指数化处理，因为我们在将该变量纳入模型之前对个人资料长度取了对数。换句话说，如果用户的个人资料长度超过 43 个字符，就是"鲸鱼"，否则，就是局外人。我们可以使用 8.4 节介绍的精度和召回率指标来评估预测质量，代码清单 15.16 中给出了 R 实现。

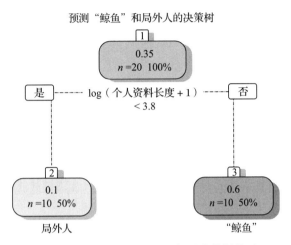

图 8.3　"鲸鱼"和局外人示例的决策树模型

我们可以计算决策树中每个节点的成功率。这可以帮助我们判断每个问题对样本进行分类的能力以及每个自变量的有用性。决策树可以纳入许多不同类型的数据——如二进制数据和非二进制数据——以及同一树中的不同数据源，或者重要变量观察值缺失的数据。

最后，决策树简化了分类策略的测试和模型中的参数。我们可以通过交叉验证选择不同的学习参数来测试分类或预测错误率，并改善预测结果。

决策树为我们提供了一个过拟合的好例子。如果决策树底部的每个"桶"中都只有一个样本，那么这就是一个典型的过拟合例子。过拟合会导致模型测试集上的分类误差很高，甚至可能无法对未来的许多样本进行正确分类。如果只有几次数据划分，那么这可能会导致"欠拟合"，通过增加额外的数据划分，可以降低分类误差。

我们可以使用交叉验证法来修剪树形——这意味着寻找不会让模型过拟合或欠拟合的节点数（树的深度）。过拟合会导致糟糕的样本外预测，而欠拟合则表明可能有更准确的预测结果。修剪决策树对于改善模型拟合度非常重要。

与线性回归和逻辑回归类似，决策树只在有限的情况下产生因果关系。如果研究者能够验证树的结构具有某些属性，那么图形化的树模型就可以进行因果推断。图形化的因果模型和因果推断树表明，有一些可以使用基于树来确定原因的方法。但是，本书中不会深入研究这些方法。

本节只对决策树做简单的介绍。由许多决策树模型组成的单一模型被称为随机森林。有一类增益模型便是基于随机森林和因果条件推断森林的。第 13 章将更详细地探讨决策树、随机森林和因果条件推断森林。

下一节将探讨最后一种预测技术，即支持向量机。与决策树类似，支持向量机是一种创新的非线性技术，它将数据分为不同的类别。值得一提的是，这些方法最初是作为分类技术创建的，但现在有了类似回归的支持向量机[一]。回顾一下，分类的结果是二元结果或多类结果，而回归的结果是实数或数值结果。

过拟合和欠拟合

数据科学中的两个核心概念是过拟合和欠拟合。当模型过于贴近地拟合训练数据集时，就会出现过拟合问题，它会对噪声而非真实信号进行建模。这样的模型在测试数据集上表现很差。它不能在训练数据集上泛化。过拟合的最极端例子是对每个数据点都严格拟合。虽然训练集 100% 正确，但测试集却没有得到很好的预测。

欠拟合则相反，欠拟合模型仍有改进空间，以提高预测率。如果模型欠拟合，我们就不能对完整的信号进行建模。在要改进的欠拟合模型中，更好的模型在训练集和测试集上的错误率都会下降。一个欠拟合的例子是对训练数据和测试数据的预测效果都很差的基本模型（如用于多项式数据集的线性模型）。

从这些例子中可以看出，比较模型对训练集和测试集的预测效果对于诊断过拟合和欠拟合非常重要。我们的训练集和测试集可以用来设置模型参数，并确定特定模型的正确参数数量。

8.3.5　支持向量机

我们要讨论的最后一种预测建模方法是支持向量机（SVM）。SVM 是一种非常流行的，但也相对复杂的技术，所以这里只讨论 SVM 的动机、总体思路和参数调优。我们不会对 SVM 进行全面的数学推导。感兴趣的读者请查阅文献（Hastie et al., 2009）。这一节将更深入地探讨如何将 SVM 应用于实际情况，因为在本书后面的章节中，我们不再探讨这种技术。代码清单 15.17 拟合了一个 SVM。

SVM 的核心和要件

与逻辑回归类似，SVM 是作为一种分类器开发的（尽管确实存在 SVM 回归算法）。例如，SVM 可以用来预测用户是"鲸鱼"还是局外人，或者图像显示的是 8 还是 6。

为了理解 SVM 的基本概念，最好从数据有 x 值和 y 值的二维例子开始。这个二维例子被称为"感知器"。数据是有标签的，这意味着它有一个指定的类别，如图 8.4 中黑色类别和白色类别。感知器的目标是找到两个类的最佳分界线，或使两类中间的边距（margin）最大化。可以定义许多条线来划分这两个类，如中心线。感知器算法的目标是使该边距最大

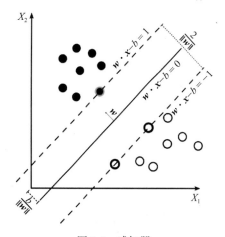

图 8.4　感知器

化，所以分界线是使两类之间有最大边距的那一条。

类似于二维例子，在高维空间，我们可以建立更高维的超平面（等同于二维例子中的直线）来分离各类并最大化边距（有时称为功能边距）。我们可以通过将其中一个类别和其他剩余类别分别当作两个大类来依次建立多个 SVM，这样就可以分离两个以上的类了。例如，假设我们有蓝色、红色和紫色三个类别，我们可以在蓝色类别和其他两个类别之间建立超平面，然后在红色类别和其他两个类别之间建立超平面，最后在紫色类别和其他两个类别之间建立超平面。

调整 SVM 的参数

SVM 的参数是可以调整的，以便使这种通用算法更好地适用于具体问题。有几个参数可以进行调整。调整模型类似于调谐乐器。我们稍微调整一下模型以获得更好的性能。调参可以通过交叉验证来完成，即在训练数据上建立模型，并应用这些模型来估计测试数据集的错误率。然后，我们选择错误率最低的参数。

SVM 的主要调整参数如下：

❑ 核函数或用于指定如何构建超平面的函数。

❑ 成本参数或软边距。

线性超平面可能不足以划分类别，所以 SVM 需要一个核函数。我们可以定义一个特殊的核函数来更好地划分数据。有一些流行的核：径向基核（RBF）、高斯核、多项式核、线性核和拉普拉斯核。

其中最受欢迎的是 RBF，它依赖于两个向量之间的余弦相似度或三角余弦角。我们不会深入研究核的用法，因为找到正确的核取决于具体问题，且劳动量也很大——通常我们用不同的核建立模型，然后在测试集上测试这些模型。核也可以有自己的参数。在这种情况下，RBF 核有一个叫作 gamma 的调优参数。我们不会在这里深入讨论它，但是你最好知道核也可以被调整。

我们可以选择的下一个参数是成本参数。成本参数给错误分类的样本施加一个权重。这样做，它就创建了一个软边距。有时，SVM 对点的分类效果和边距的厚度之间存在着权衡。C 值越大，如果在分类效果和边距的厚度之间存在权衡，就会得到一个边距较小的超平面。相反，C 值越小，会得到一个边距更大的超平面，即使它对更多的点进行了错误分类。

第 15 章将把 SVM 应用于一个小型的用户分析数据集，对用户的社交行为进行分类。我们还将在代码清单 15.17 中探讨 SVM，包括如何在较大的模拟数据集上调整参数。

下一节将讨论 OLS、逻辑回归、决策树和 SVM 模型的验证。

8.4 监督学习模型的验证

我们已经探索了一些监督建模技术，现在我们来讨论这些模型的验证过程。本节将通过一些方法来挑选最佳模型。

最简单的方法是将数据集分成两部分：测试集和训练集，然后在训练数据上拟合一个模型，最后根据测试数据检查模型的预测结果。

验证预测算法最简单的方法是观察测试数据的错误率。我们可以用不同的预测模型拟合训练数据，看看哪种算法能最好地预测结果。继续这个过程，直到我们找到一个"足够好"的模型。下一节将讨论另一种验证模型的常用方式，即 k 折交叉验证。

8.4.1 k 折交叉验证

k 折交叉验证是另一种验证技术，它将数据随机分为 k 个相等的集合。留出一个集合用于测试，其余的被用作训练集。这允许有 k 个不同的测试例子。

例如，我们可以把数据分成 3 组，对应的 k 折交叉验证称为 3 折交叉验证。首先，我们留出第一组数据用于测试，用第二组和第三组进行训练。然后，留出第二组用于测试，用第一组和第三组进行训练。最后，留出第三组用于测试，用第一组和第二组进行训练。我们可以对这三次试验的错误率进行平均，计算出模型错误率。我们将在代码清单 15.18 中给出这个方法的 R 实现。

8.4.2 留一交叉验证

留一交叉验证是另一种验证技术。通过这种方法，我们将 k 折交叉验证发挥到极限，除了将数据集中的一个样本用于测试，其余所有数据均用于训练。以下是留一交叉验证的步骤：

第 1 步：随机选择（无放回）一个测试样本，将其留出用于测试。正如第 4 章中所讨论的，"无放回"意味着在选择了样本之后，我们不会再将其放回池中；因此，它在未来不能被再次选中。这意味着我们将选择数据集中的每一个样本分别用于测试。

第 2 步：用除所选样本以外的整个数据集训练模型。

第 3 步：用留出的样本测试模型。

第 4 步：对数据集中的每一个样本重复前三个步骤。

第 5 步：取平均错误率作为模型的错误率。

我们将留一交叉验证法推广为留 N 交叉验证法，但我们在此不做详细探讨。代码清单 15.18 给出了在 R 中实现留一交叉验证的一个例子。

现在我们已经探讨了一些验证技术，接下来我们来看如何确定模型很好地预测了结果。最简单的结果是预测有明确的结果：我们能预测未来的结果吗？有许多指标可以用来评估预测质量，即预测某些样本的有用性或困难程度，但本质上是要正确预测未来的样本。

最简单的验证模型的指标是有多少样本结果预测错误（分类）或真实结果与预测结果的距离（回归）。当然，也有更复杂的验证指标（如精度、召回率和 $F1$ 分数）。请参考文献（William Green，2003；Seymour Geisser，1993），以了解更多关于模型验证的信息。

8.4.3 精度、召回率和 $F1$ 分数

前面，我们讨论了构建训练数据集和测试数据集的技术。但是，我们应该用什么指标

来比较模型呢？

首先，我们可以直接确定模型有多大的错误率。为此，我们可以用预测正确的样本数量除以样本总数。在回归问题中，我们可以计算预测结果与正确数值结果的接近程度。这两个指标是非常直接的。然而，对于分类任务，还有一些更好的指标。基于预测是否正确的错误率会掩盖一些重要信息。现在，我们来考虑一下模型的质量。

表 8.4 展示了如何计算两个重要的分类指标：精度和召回率。列代表真实结果——例如，用户是否购买雪地摩托。行代表模型的预测结果——模型是否预测到用户会购买雪地摩托。这两个指标都与 I 类错误和 II 类错误密切相关，详见第 2 章。

表 8.4 精度和召回率计算

		正实结果		
		1	0	
预测结果	1	真阳性	假阳性（I 错误）	精度 = 真阳性数 / 预测阳性数
	0	假阴性（II 类错误）	真阴性	
		召回率 = 真阳性数 / 真正的阳性数		

精度指标衡量了分类选择的相关性度量。计算这个指标的方法是看有多少样本被模型预测为阳性，以及在预测为阳性的人群中最终确为阳性的有多少，例如，有多少用户被预测为购买雪地摩托且的确购买了，这就是算式的分子。算式的分母是我们预测的会购买雪地摩托的用户数。如果这个指标的值很低，我们就没有正确地识别那些会购买的用户（有很多假阳性，I 类错误很多；我们把很多用户错误地分类为购买者）。下面的公式定义了精度：

$$精度 = \frac{真阳性数}{预测阳性数}$$

召回率指标衡量真实选择的人群中有多少相关的被选中。召回率等于预测会购买的用户数除以购买产品的用户总数。我们可以看到，如果召回率很低，那么模型从全部购买者中寻找购买者的工作就做得不好（有大量的假阴性，II 类错误很多；我们错过了很多潜在的购买者）。以下是计算召回率的方法：

$$召回率 = \frac{真阳性数}{真正的阳性数}$$

$F1$ 分数是精度和召回率的加权计量，可用于比较不同的分类算法。以下是 $F1$ 分数的方程式：

$$F1 = \frac{2}{\dfrac{1}{精度} + \dfrac{1}{召回率}}$$

另一种思考和可视化分类错误率的方法是接受者操作特征（Receiver Operating Characteristic，ROC）曲线，本书不做详细讨论。如果你有兴趣了解更多，ROC 曲线是一个很好的起点。代码清单 15.16 给出了一个在 R 中计算精度、召回率和 $F1$ 分数的例子。

我们已经介绍完了验证这些模型的方法，是时候开始应用这些技术在自己选择的一些数据集上预测和验证模型了。

8.5 可实践的洞见

本章的可实践洞见如下：

❑ OLS 是一种有用的算法，通常是人们的首选。

❑ 决策树和 SVM 对分类问题或回归问题很有用。

❑ 调参有助于改善大多数算法的模型拟合效果，高质量的调参可以大大改善模型。缩放数据或将多类别变量改为布尔变量也可以改善模型拟合效果。

本章简单介绍了几个最有用的预测算法。这些算法贯穿全书。但是在介绍因果推断方法之前，第 9 章先介绍人口学中的人口预测技术，我们可以用它来预测 Web 产品或移动产品的人口变化。这是一种完全不同的预测方法。

附录

使用 OLS 时应满足以下核心假设，否则估计的准确性将受到负面影响：

❑ 线性原则成立。自变量和结果变量之间必须存在线性关系。OLS 不能很好地模拟非线性关系。

❑ 变量并非完全相关（不存在多重共线性）。彼此高度相关的变量会给模型带来问题。

❑ 不存在异方差或自相关。异方差的定义是不同地方的误差大小不同。例如，假设我们有一组篮球运动员的身高数据和体重数据。我们可以在较高的高度有较大的方差，但在较低的高度有较小的方差。身高较高的球员可能像沙奎尔·奥尼尔那样壮，也可能像迈克尔·乔丹那样瘦，而身高不那么高的球员都很瘦。这将打破"不存在异方差"的假设。这其实是比较容易纠正的。请参考文献（Jeffrey Wooldridge，2013），回顾稳健标准误差和两阶段最小二乘法。自相关是指变量与自身的延迟副本的相关性。这是指变量与自身时间滞后的版本有相关关系。我们将在第 11 章更深入地讨论自相关。

❑ 对样本进行随机抽样。在实践中，这往往是一个容易被打破的假设。如果我们有随机的实验数据，那很好，但这是很罕见的。

❑ 误差项与自变量正交，并且条件均值为零。这是一个与 OLS 的推导有关的核心假设。在 OLS 的推导中，我们假设自变量和误差项是不相关的。从图形上讲，这意味着误差项与自变量正交或成直角。无论自变量选择什么样的值，我们都假设误差项分布的均值为零。

❑ 误差服从正态分布。如果你有兴趣对假设进行更深入的研究，则可以参考两本值得一读的书，对应文献（Orley Ashenfelter，Phillip Levine，David Zimmerman，2006；Michael Oakes，1986）。第二本书采用了一种基于证明的方法。

Chapter 9 | 第 9 章

预测产品人口变化：人口预测

本章主要研究了 Web 产品从发布到消亡的全过程。在研究 Web 产品时，重要的是要了解产品处在生命周期的哪个位置以及产品先前阶段的情况。正如第 13 章介绍的增益模型所示，这种理解可能是成功营销活动与失败营销活动之间的关键因素。同时，了解生命周期也有助于预测未来的人口需求。本章还将探讨如何将产品留存视为多维的过程，并以更复杂的方式思考模型子群的变化。

第 1 章讨论了有多少从业者在构建关键指标时没有认识到行为是一个社会过程。第 8 章讨论了用于预测用户行为的常见机器学习模型。本章将提供一组人口统计学预测工具，使用它们可以建模社会过程、预测人口增长并获取未来的商业成本。

本章涵盖以下主题：

❑ Web 产品的生命周期。

❑ 多维留存建模过程。

❑ 回顾多状态模型和转移概率。

❑ 应用于 Web 应用程序的人口预测方法。

本章比之前的章节内容更多，因为我们会快速地介绍很多知识，我们可以应用这些工具来解决现实世界的问题。9.3 节更为严谨，如果你对用户行为建模过程不感兴趣，可以跳过这一节。9.4 节也很严谨，但可以让你了解人口预测的具体细节。

阅读这些章节的最好方法是试着理解假设，然后自己推导例子。人口统计学本身就是一门实践性很强的艺术。我们首先提出一组假设，然后基于这些假设得出预测结果。要应用这些方法，必须彻底了解所提出的假设以及人口预测过程。

人口基线、惯性和振荡是本章将简要介绍的高级主题。这些主题暗示了人口预测模型的影响力和威力，可以帮助我们更好地将这些方法应用于当代 Web 产品。如果你对人口预测方法不感兴趣，那么可以跳过这一章，因为本书的其他章节都不依赖于本章内容。

9.1 为什么我们要花时间在产品生命周期上

社会群体会随着时间的推移而变化，会有新成员加入，也会有成员离开，社会环境可能繁荣，也可能衰落，成员的目标可能巩固，也可能改变。Web 社区也不例外。用户的数量和类型会改变社区的活力和互动。尽管每个社区都有其特点，但在发展方面也有一些共性。我们将定性和定量地从各方面探讨社区增长。

许多公司感兴趣的是用户群体的变化方式和增长方式。例如，它们会考虑发布新功能或产品的适当时机，如是否会等到产品生命周期的后期（比如电子游戏），因为新产品会吸引旧产品的用户？是否会提前发布新产品来吸引人们，以增加收入和市场份额？

它们还要考虑未来的库存需求。明年的存货应该有多少？答案取决于用户群以及我们在用户生命周期中的位置。用户空间是否已饱和？我们是否处于游戏后期，抑或者我们将看到用户数量呈指数级增长并耗尽库存？

此外，也要考虑社交网络和信息通过口口相传或社交媒体传播的方式。我们产品的信息是如何在人群中传播的？我们如何开发新产品？

这些都是很有趣的问题，特别是最后一个关于信息传播的问题，但是它们很难回答。本章提供的工具对于理解用户群体的总体趋势非常有用。因此，这本书用了整整一章的篇幅来讨论人口预测模型。

与机器学习模型不同，人口统计学家不愿声称他们的模型真正具有预测性。他们将这些模型称为"预测"（projection），因为它们经常被证明是错误的（例如，人口统计学家没有预测到 20 世纪 60 年代的婴儿潮）。然而，人口统计学家在预测任何学科的人类行为方面有着最好的记录。本章不讨论人口增长战略，而是基于当前的发展轨迹对未来的增长进行量化和预测。

9.2 出生、死亡和整个生命周期

在开始人口建模前，我们先讨论一下产品的生命周期。当我们使用 Web 产品时，产品可以被视为"生活社区"。反过来，我们可以看到许多与自然生物发展的相同类型的元素，包括群落的诞生、生长、活力和死亡。本节将创新地采用生命周期开发简单的产品生命周期模型。

虽然这些 Web 社区并非实体存在，但它们对用户产生的深刻影响是不可忽视的。在线社区可以像实体社区一样强大，有时甚至比真实的社区更大。人们加入 Web 社区的原因各不相同，有些是为了得到认可，有些是为了交朋友，还有些是为了窥探。许多独特的驱动因素推动人们加入 Web 社区，当他们聚集在一起时，可以创造更伟大的东西。这些用户的目标和愿望可能会因他们使用的产品和背景而有所不同。

本节将探讨不同队列的用户如何变化。我们在第 5 章讨论了队列。回想一下，队列是指在同一时期内开始使用该产品的一组用户。我们将使用 Everett Rogers 的用户类型钟形曲线（见图 9.1）中的基本类型来展开讨论。关于该钟形曲线和扩散理论，请参阅 *Diffusions of Innovations*。用户类型如下：

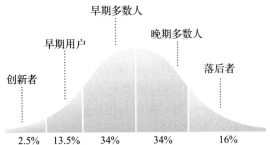

图 9.1 创新采用生命周期的用户类型钟形曲线

- □ 创新者：这些人首先提出创意。创意的传播不仅依赖创新本身、时间和沟通渠道，还与创新者间是否联系以及是否处于核心地位有关，因为这会影响创意、创新或产品的传播速度。
- □ 早期用户：这些人喜欢创新，并愿意尝试它们。他们经常为高质量的产品买单。
- □ 早期多数人：这些人是在创意刚起步，或者产品使用量呈指数级增长时加入的。
- □ 晚期多数人：这些人是在产品达到顶峰之后加入的。
- □ 落后者：这些落后者会让产品一直存活到消亡。

该钟形曲线假设创新成果最终会流行起来。对于在诞生后不久就夭折的创新来说，情况会非常不同。我们假设 Web 产品也是如此——它会呈指数级增长。

然而，与钟形曲线相比，Web 产品的生命周期有一些关键的区别。对于 Web 产品来说，用户消亡的情况比较罕见，所以其分布往往不是钟形曲线。不同的 Web 产品也可能有不同的分布。我们将考虑许多 Web 产品中常见的一个分布例子。图 9.2 展示了基于钟形曲线的 Web 产品生命周期。对于 Web 产品来说，不活跃的用户很常见，所以添加一个活跃状态的维度是必要的（我们可以在图 9.2 中看到这个增项）。

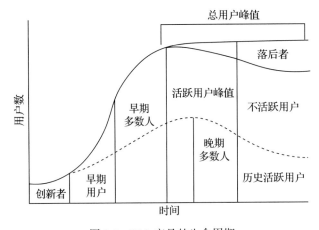

图 9.2 Web 产品的生命周期

在图 9.2 中，因为用户的"消亡"率非常低，而且用户还可以回来，所以没有明显的钟形曲线呈现。大量增长的 Web 产品也以类似的方式开始，有创新者、早期用户和早期多数人。然后，产品会建立一个庞大的影子用户群，用户在不再活跃到产品消亡期间的任何时间都可以返回产品。在用户群达到顶峰后，它们会继续吸收晚期多数人和落后者（最终总规模会缓慢增长）。尽管总用户数量可能很高，但活跃用户可能非常少（特别是在生命周期的后期阶段）。

以雪地摩托网站为例，早期用户是雪地摩托爱好者，他们听说了这个网站。他们的行为通常与后来的用户不同。他们是早期用户、技术发烧友或产品发烧友。通常，我们不想只针对这些用户构建产品，但他们是我们早期能够观察到的唯一用户。而且他们将是忠实的用户，所以当添加其他缺乏留在产品中的意愿的用户类型时，留存率和其他指标可能会下降。

早期多数人通过口头或早期用户写的杂志文章了解了这个网站，然后，网站获得好评和晚期多数人的追随。总用户数量在晚期多数人加入时达到顶峰，他们的参与标志着社区最活跃。后来，由于用户变得不活跃，社区开始没落。落后者是较晚的用户，不了解新趋势，在产品消亡或被遗忘之前才加入雪地摩托网站。在不同的时期，即使产品功能没有改变，社区也会有很大的不同。

社区的快速变化可能是 Web 产品难以扩展的原因之一。社区的快速变化导致 Web 产品很难跟上。在某种程度上，如果 Web 产品流行起来，那么我们可能会看到用户呈指数级增长，而社区被稀释。随着产品的快速增长，涌入了大量的短期活跃用户。他们不像产品在高速增长之前的早期用户那样忠诚。伴随着新用户快速使用产品，短期活跃用户的峰值可以持续很长一段时间。

对于雪地摩托网站，当该网站被户外杂志和户外网站评价为雪地摩托的顶级网站时，口碑传播开始起作用，吸引更多用户。然而，随着时间的推移，这些用户可能会失去对产品的兴趣，进而离开社区或转向其他更吸引人的网站。这些不活跃的用户会稀释用户池，使得社区只剩下少数不愿离开的铁杆用户和大量不活跃或偶尔活跃的用户。在这个阶段，雪地摩托网站上虽然有很多人，但很少有用户点击，许多人已经屏蔽了你的邮件或将它们放入了垃圾邮件文件夹。

了解在产品生命周期中所处的位置是很重要的，这样才能更好地理解和分析产品。我们把这个讨论变得更技术性一些。假设我们将创建一个简单的具有一定用户群的 Web 产品，并可以查看到用户群随时间的变化。我们将在下一节讨论一些重要的人口概念，例如指数增长，稳定人口和稳态人口。

请注意，我们将研究一下成功 Web 产品的这一过程。许多 Web 产品的用户群从未出现过指数级增长（或者指数级增长很短暂）。在本章中，我们将使用人口统计模型来研究我们希望在产品中看到什么样的增长率，以及应如何理解和模拟指数增长。

9.3　不同的留存模式

每个公司都有自己独特的用户留存指标。大多数留存指标都可以改进。本章将重点探讨用户留存指标，但这里的经验教训也适用于用户参与度、收入和获客指标。那么，如何改进留存指标呢？对于留存指标，有两种类型的推断错误非常常见。首先，用户留存指标往往不能捕获用户留存过程。其次，如第 5 章所述，留存指标通常将不同产品时期的用户群聚集在一个指标中。这种累加性指标掩盖了重要信息。

留存时长是一个典型的复杂概念，它通常被归结为一个简单的、有时毫无意义的参数。第 5 章讨论了衡量留存时长的传统方法。一种流行的方法就是简单地计算产品的平均用户留存时长（从第 0 天开始的预期天数）。其他常被引用的留存指标包括用户从第一次打开产品到最后一次打开产品的时长或第 3 天仍使用产品的用户数。由于对历史路径的依赖，许多公司严重依赖这些早期指标，通常不考虑它们的质量。深入地回顾和修改它们需要付出努力和时间。为什么这些指标无法捕捉到用户留存的细微差别？

❑ 多维过程（因为留存是一种社会过程，如第 1 章所述）分为两种状态：活跃状态和死亡状态。实际上，在活跃状态和死亡状态之间可能存在许多状态。

❑ 在用户轨迹中通常有两种以上的状态。这些早期状态之间的移动会影响到结束状态的时间。例如，新用户变成付费用户或日活跃用户需要多长时间？这会影响用户在产品中停留的时间。

❑ 我们假设结束状态是稳定的。在本例中，我们假设一旦用户删除了账户，他们将永远不会创建新的账户。我们还假设他们没有多个账户，已删除的账户是他们在网站上的唯一账户。

❑ 我们假设不同群体的用户留存情况是相似的，这意味着将他们聚集是一种可接受的方法。

简单地说，我们把一个复杂的社会过程归结为简单的双状态问题。我们还假设可以将不同的用户群聚集到一个指标中。正如你所看到的，许多假设（可能是不正确的）都是针对常见的留存指标的。

例如，自然用户和付费用户的留存模式可能非常不同。付费用户可能只是为了查看产品而进入产品，在这种动机消失后便会离开。相比之下，自然用户可能是因为喜欢产品而进入，能够正常地经历各状态。将用户划分为核心子用户组非常重要。

我们还需要考虑为什么我们关心留存指标。我们是否使用留存指标来预测哪些用户可能会离开产品？我们是否使用它来预测人口将随时间如何变化？我们的目标应该推动我们对指标的确定。

例如，假设我们想寻找即将变得不活跃的用户。什么原因会使活跃用户变得不活跃？如果用户以前是活跃用户，那么变得不活跃属于重大行为变化。人们通常不会主动改变正常工作的东西。一定有什么东西（即原因，无论是产品内部的还是用户生活外部的）导致了这个人改变自己的行为。

通常，用户在完全脱离产品之前会表现出注销的迹象。大多数活跃用户不会像幽灵一样突然离开，而是会留下线索供分析师研究。甚至可能有明确的触发事件——众所周知的压死骆驼的稻草，它可能是一封过多内容的电子邮件或一个烦人的引导步骤。我们需要找出这些瓶颈发生在哪里。我们需要一个比平均用户留存时长（平均天数）更流畅、更丰富的指标来衡量用户的流失情况。

9.3.1 转移矩阵

既然我们已经介绍了一种不同的方式来考虑留存过程，接下来我们使用多状态模型来模拟留存过程。要创建多状态模型，我们需要一些元素：

1. 用户可以经历的状态的模型。我们将计算状态之间的转移概率或用户从第 1 个时期的状态进展到第 2 个时期的状态（可以包括相同的状态）的可能性。用户无法进入的任何状态的转移概率为 0。

2. 第 1 时期每个状态的用户数量的矩阵。我们可以称之为人口矩阵。我们将使用这些初始用户数作为分母来计算转移概率。

3. 转移概率的转移矩阵。

人口预测——或者更广泛地说，对各状态的人口进行建模——的基石是转移矩阵。转移矩阵是定义从初始时期的任何状态移动到下一时期的另一个状态的概率的矩阵。转移矩阵是一个方阵，列和行包含模型的所有状态。当通过转移矩阵进行人口建模时，用户从列状态开始并进入行状态。这意味着我们通过转移矩阵读取用户从列状态移动到行状态的概率。这可能有点令人困惑，因为它可能与多状态建模的其他应用程序不同。

9.3.2 雪地摩托车转移示例

考虑一下雪地摩托网站，用户可以从不同状态进入或退出网站。在这个简单的模型中，我们有 5 个状态的用户：新用户、活跃用户、付费用户、不活跃用户和消亡用户。

图 9.3 是雪地摩托网站用户留存过程的多状态模型，它能让我们看到用户如何在状态之间移动。新用户可以成为活跃用户或不活跃用户，但不能成为付费用户或消亡用户。活跃用户可以移动到除新用户之外的所有状态。同样，活跃用户、付费用户或不活跃用户也可以移动到除新用户外的其他任何状态。在除新用户外的所有状态下，用户可以从时期 1 到时期 2 保持相同的状态。从这里，我们可以计算状态之间的转移概率，即从一个状态移动到下一个状态的概率。

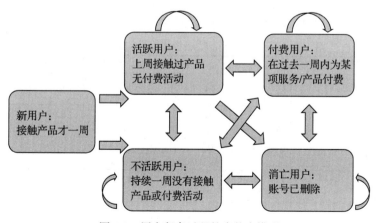

图 9.3 用户留存过程的多状态模型

表 9.1 显示了第 1 个时期人口矩阵或初始用户数量的人为示例。这些值将成为我们计算转移概率时的分母。我们假设在雪地摩托示例中，每个状态最初都有 1000 个用户，对应人口矩阵在第 1 个时期的初始用户数量，但该矩阵会在每个时期用各状态下新的用户数进行更新。

既然我们已经设置了初始用户数量，那么了解用户如何在各状态之间流转和移动是很有用的。在真正的 Web 产品中，只需查看上一时期的用户数量。

请注意，"时期"的概念很灵活。在人口预测中，一个时期的长度通常被定义为 5 年，但这对许多 Web 产品来说没有意义。正如第 5 章所讨论的，一个时期是一段固定的时间。我们可以将时期定义为某天、某月或某年。理想情况下，一个时期应该代表一段足以判断转移状态的时间段。

现在，我们将创建一个转移矩阵。没有转移概率的可视化转移矩阵如图 9.3 所示。表 9.2 是这个例子潜在的转移矩阵。

表 9.1　Web 产品的初始用户数量示例

状态	初始用户数量
新用户	1000
活跃用户	1000
付费用户	1000
不活跃用户	1000
消亡用户	1000

表 9.2　表 9.1 中示例的简单转移矩阵

	新用户	活跃用户	付费用户	不活跃用户	消亡用户
新用户	X	0	0	0	0
活跃用户	X	X	X	X	0
付费用户	0	X	X	X	0
不活跃用户	X	X	X	X	0
消亡用户	0	X	X	X	X

我们来解释表 9.2 中的这个转移矩阵。回想一下，我们将转移矩阵理解为从开始状态（列）移动到结束状态（行）的概率。0 表示用户无法从列状态移动到该行状态。例如，新用户不能成为付费用户或消亡用户，因此转移概率为 0。请注意，这些 0 反映了我们的假设。例如，如果我们假设用户可以在任何状态之间移动，那么转移矩阵中就不会有 0。

X 表示我们需要计算的数字，0 表示用户不能从列状态移动到该行状态。我们可以找到用户在时期 2 的状态，然后计算转移概率，如表 9.3 所示。

表 9.3　基于时期 1 各状态转移情况的潜在转移矩阵

	新用户	活跃用户	付费用户	不活跃用户	消亡用户
新用户	1.25（1250/1000）	0	0	0	0
活跃用户	0.5（500/1000）	0.5（500/1000）	0.4（400/1000）	0.05（50/1000）	0
付费用户	0	0.2（200/1000）	0.1（100/1000）	0.05（50/1000）	0
不活跃用户	0.5（500/1000）	0.25（250/1000）	0.5（500/1000）	0.8（800/1000）	0
消亡用户	0	0.05（50/1000）	0（0/1000）	0.1（100/1000）	1

我们知道时期 1 每个状态有 1000 个用户。这些用户是如何在各个状态之间转换的？我们可以按照表 9.3 这样进行估计。在时期 2，有 1250 个新用户进入。将此值除以时期 1 新用户的数量 1000，得到 1.25，这便是表 9.3 中矩阵的第一行第一列元素。我们可以用同样的方式对真实的 Web 产品估算这个数字。

我们通过查看用户从时期 1 到时期 2 的移动情况来计算转移概率。例如，对于时期 1 的 1000 名新用户，所有这些用户都转换到另一个状态：500 个转换为活跃用户，500 个转换为不活跃用户。因此，第一列的转移概率为 [1.25, 0.5, 0, 0.5, 0]。

对于活跃用户，有 0 个变回新用户，500 个仍为活跃用户，200 个转为付费用户，250 个转为不活跃用户，50 个转为消亡用户，因此第二列的转移概率是 [0, 0.5, 0.2, 0.25 , 0.05]。对于付费用户，同样只有 0 个可以变回新用户，400 个转为活跃用户，100 个转为付费用户，500 个转为不活跃用户，0 个转为消亡用户，因此第三列是 [0, 0.4, 0.1, 0.5, 0]。对于不活跃用户，同样只有 0 个可以变回新用户，50 个转为活跃用户，50 个转为付费用户，800 个仍为不活跃用户，100 个转为消亡用户，因此第四列是 [0, 0.05, 0.05, 0.8, 0.1]。最后，消亡用户不能移动到任何其他状态，所以所有用户都保持消亡状态，第五列是 [0, 0, 0, 0, 1]。

我们可以对各行求和以找到时期 2 中最大的组：Web 产品中有 2050 个不活跃用户和 1450 个活跃用户。

图 9.4 给出的多状态图包括了我们根据时期 1 和时期 2 之间的用户转移情况计算的转移概率。我们可以根据用户在产品中的状态转变方式来可视化这些概率。

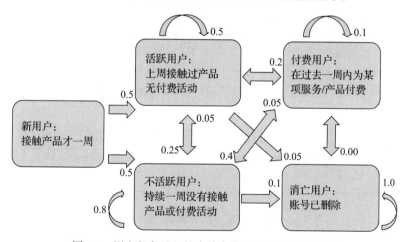

图 9.4 用户留存过程的多状态模型（带有转移概率）

为什么对转移概率建模很有用？转移概率是很强大的指标，可帮助我们执行以下操作：

❑ 解决传统留存指标的一些问题。我们可以通过多个状态追踪用户，我们可以跟踪状态之间的间隔时间，我们可以找到潜在的瓶颈。请注意，最后一项任务要困难得多，可能需要做更多的工作，收集更多的数据，而不仅仅是转移概率。

❑ 跟踪许多不同的状态（或子群）并确定概率随时间变化最大的地方。

❑ 根据当前的概率预测用户群，看看这些预测的用户群有多接近真实用户群（见图 9.5）。

❑ 估计维持用户群所需的增长率（稍后将探讨如何做）。留存指标现在直接映射到我们现在和将来的用户群。

有了关键状态（这正是我们想要在产品中跟踪的）模型，我们可以计算人们在这些关键状态之间移动方式。多状态模型非常灵活，可以根据产品需求进行调整。

总而言之，针对简单雪地摩托网站的模型，我们可以得出以下洞见：

❑ 用户群预测。通过将转移矩阵和人口矩阵相乘来计算（你不需要理解这个例子的机制，因为我们将在下面的章节中更深入地讨论这种预测）。在这个例子中，时期 1 的总用户量是 5000。时期 2 的总用户量为 5250。时期 3 的总用户量是 6662，以此类推。我们可以看出，这个产品的用户量将呈指数级增长，因为唯一的再生"细胞"（新用户）的速率大于 1——确切地说是 1.25。在后面的章节中，我们将更多地讨论如何用更复杂的模型确定用户群是增长、下降还是保持稳定。

❑ 比较用户群比例的大小。我们还可以看出，尽管付费用户的数量正在快速增长，但这类用户永远不会成为主要组成用户，因为大部分用户都转移到其他状态并留在那种状态。尽管一开始各类用户的比例是相等的，但从长远来看，用户数量的分布正在迅速地变得非常不平等，这可能会使 Web 产品变得不稳定。

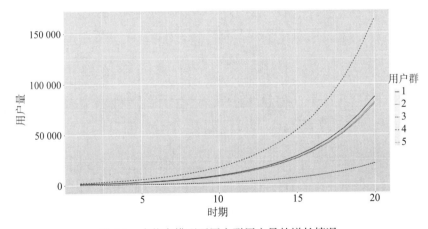

图 9.5　多状态模型下用户群用户量的增长情况

❑ 瓶颈。用户在向哪里移动，为什么他们向某些状态移动？用户是否被困在某个特定的状态中？很多时候，你可能会发现用户会一直陷入活跃状态，没有向付费用户发展。通过这种方式查看数据能够帮助你找到发展停滞的点。转移矩阵就像多维版本的用户漏斗。

这些计算的 R 语言实现见代码清单 15.19。

在用户群预测中，具有一些辅助假设（将在后面的章节中讨论）的转移矩阵称为**莱斯利矩阵**（Leslie matrix）。通常在转移矩阵中，所有的值必须在 0 和 1 之间。传统的多状态转移矩阵和莱斯利矩阵的关键区别是，莱斯利矩阵的第一行不是概率，可以大于1，因为我们预测用户量随着时间推移的增长情况。

在雪地摩托的例子中，我们将使用一般人口预测矩阵。下一节将构造莱斯利矩阵，并展示一个传统人口预测的示例。本节中的雪地摩托示例经过扩展可以展示如何将这些概念应用于更一般的场景，而不仅仅是单纯的人口预测场景。

9.4 人口预测的艺术

人口统计学已经开发了一些有用的工具，用于实现 Web 分析的人口预测。人口统计学家会进行人口预测。虽然这些是关于人口的"预测"，但它们也是基于人口增长的一般假设的数学模型。验证是基于设计和模型的，而不是基于预测的。请注意，我们可以添加交叉验证等预测性验证技术来改进预测模型，如我们在第 8 章中讨论的那样。

人口预测或资源预测很重要，因为政府或企业需要进行投资，以满足不同人口的需求。预测人口的增长情况和变化情况有助于在未来进行投资。例如，为了确定一个城市需要新建多少所小学学校，必须要预测五年后学校建成后将有多少小学生入学。

下一节我们将探讨一些人口预测示例。和前面一样，我们需要确定哪些状态对我们的用户来说是重要的。在传统的人口统计学中，这些子群体是基于年龄的。本节包含一个基于年龄的子群体的传统人口统计模型的预测示例。我们也可以基于年龄、性别、用户类型等建立更复杂的模型。

9.4.1 人口预测例子

本节我们将对 Web 产品中的人口变化进行建模。我们之前的模型非常简单，因为我们假设新用户增长不依赖于其他状态下的用户群（这个假设由转移矩阵第一行的零表示）。现在，我们将在本节中放宽这个假设。

正如在上一节中讨论的，包括一些辅助假设的人口预测转移矩阵被称为莱斯利矩阵。莱斯利矩阵的第一行用于预测未来的人口，其值可以大于1。我们将在本节中看到相关的例子。

人口统计学家使用莱斯利矩阵来预测各地区的人口。莱斯利矩阵有一个非常特殊的结构，在这个结构中，所有用户都从一种状态移动到前一种状态或结束状态，但不能移动到其他状态。9.3 节中所举的例子并不适合这种模型，因为用户可以从一种状态转变为多种状态，例如从活跃用户转变为付费用户、不活跃用户或消亡用户。虽然这里不会讨论这个主题，但是我们的确可以通过修改这些人口统计方法使早期的模型更适合当下场景。

（顺便提一下，对于那些熟悉马尔可夫链模型的读者，人口预测不同于传统的马尔可夫链多态模型，因为我们预测的是人口，而不是概率。）

我们还需要判定每个状态的持续时间。在本例中，时期的长度设定为一个月。假设我们刚刚发布了一个新的雪地摩托社交网络，我们的目标是预测在 5 个月内该产品的用户数量。

表 9.4 给出了该模型的莱斯利矩阵。这里有两个核心假设：（1）所有用户的存活时间不超过 3 个月；（2）新用户都是通过产品口碑了解到产品才进入产品的（即每个时间点的活跃用户群体规模会影响未来的用户规模）。我们还将假设口碑是根据用户使用产品的时间长短而变化的。与前一个模型不同的是，由于新模型是基于用户存活时间的，所以用户必须转移到下一个状态。

表 9.4 口碑模型的莱斯利矩阵

	用户（第 1 个月）	用户（第 2 个月）	用户（第 3 个月）
用户（第 1 个月）	通过口碑传播加入的新用户量	通过口碑传播加入的新用户量	通过口碑传播加入的新用户量
用户（第 2 个月）	从第 1 个月到第 2 个月的消亡用户量	0	0
用户（第 3 个月）	0	从第 2 个月到第 3 个月的消亡用户量	0

与上一节的示例类似，对于表 9.4，我们将列状态读取为用户的开始状态，将行状态读取为用户的结束状态。第一行包括通过口碑传播进入产品的新用户量。由于用户必须进入下一个状态，因此停留在当前状态的用户为 0。例如，第 2 个月的用户不能只停留到在第 2 个月，他必须持续到第 3 个月或不再使用该产品。与上一个例子类似，这些 0 指不存在的状态移动。这里它们不存在的原因是用户状态是基于时间的，用户在时间上不能前进或后退。

9.4.2 "千刀万剐"式的用户消亡

本节我们将介绍一个人口预测的例子，并计算一些与人口变化有关的辅助指标。我们将讨论基于年龄维度的增长率、存活率和莱斯利矩阵元素的计算以及人口预测、莱斯利矩阵特征向量、增长率以及净替代率。

9.4.2.1 留存用户和特定年龄组增长率

首先，我们需要从 Web 产品中直接估算一些量。特别是，我们需要估计每个时期结束时留存到最后的用户比例（这与第 6 章介绍的生存曲线类似）。在这个例子中，我们的 Web 产品的时期是按月定义的。

我们需要找到每个状态结束时留在产品中的用户的比例。我们假设在第 0 个月，所有用户都存在，所以在第 0 个月留存用户的比例是 1.0。在第 1 个月，只有 70% 的用户留存，所以留存用户的比例是 0.7；在第 2 个月，只有 40% 的原始用户存在，所以留存用户的比例是 0.4。这便是表 9.5 中的第一列数据。

我们需要找出的另一个量是每个用户给产品带来了多少新用户（我们也可以通过其他渠道增加新用户，但为了简单起见，我们假设用户主要增长是通过口碑宣传）。口碑率是指平均有多少人听说了产品并开始使用产品。

表 9.5 口碑模型的假设：示例 1

	留存比例	口碑率
用户（第 0 个月）	1.0	NA
用户（第 1 个月）	0.7	0.08
用户（第 2 个月）	0.4	0.20
用户（第 3 个月）	0.0	0.40

例如，在第 0 个月到第 1 个月，每 100 人中有 8 人会推荐亲朋好友加入产品。在第 1 个月到第 2 个月，每 100 人中有 20 人推荐亲朋好友加入产品。在第 2 个月到第 3 个月，每 100 人中有 40 人推荐亲朋好友加入产品。口碑率请参考表 9.5 中的第二列。我们将在后面的小节中详细解释这些概念。

我们来考虑一下口碑率并定义一些概念。口碑率可以被认为是一个特定于年龄的指标，因为它取决于用户的年龄。年龄越大的用户越有可能邀请真正加入该应用程序的用户。

特定年龄用户的口碑率（基于特定年龄的生育率进行人口预测）很重要，因为它可以告诉我们很多关于用户增长的信息。1 月龄用户的口碑率为 0.08，2 月龄用户的口碑率为 0.2，3 月龄用户的口碑率为 0.4，见表 9.5。

总口碑率是所有年龄段的口碑率总和，即 0.68。这与人口统计学中总生育率的概念类似，总生育率是不同年龄段的生育率的总和。这可以理解为，在产品的生命周期（3 个月）中，以目前用户的增长速度每个用户有望邀请 0.68 个新用户。

9.4.2.2 构建莱斯利矩阵

我们已经计算了总口碑率和特定年龄用户的口碑率，现在我们可以在构建莱斯利矩阵时使用这些比率。莱斯利矩阵与转移矩阵相似，不同的是它有一个特殊的结构，可以让我们更容易地预测未来人口。

由于莱斯利矩阵具有基于时间的状态，用户只能移动到下一个基于时间的状态（他们不能返回或跳过状态）。因此，用户不能向以下方向移动：

❑ 从时期 1 到时期 3。
❑ 从时期 2 回到时期 1。
❑ 从时期 3 回到时期 1。
❑ 从时期 3 回到时期 2。

这意味着莱斯利矩阵的所有行（不包括第一行）的所有值都为 0（对角线元素，即 [2,1] 和 [3,2] 除外），如表 9.4 所示。我们稍后再讨论第一行，因为这一行是用来估算增长率的。我们将基于上一节中估计的特定年龄用户的口碑率来计算增长率。

我们先计算 [2,1] 和 [3,2] 的非对角线值。表 9.4 中的非对角线值是留存率。留存率是指从第 1 时期留存到第 2 时期的用户的比例的估计。在多状态模型中，我们故意含糊时期（如一个时期的开始时刻和结束时刻）的含义，而在这里，我们使用一个特定的公式来计算从前一个时期中间时刻到下一个时期中间时刻的留存用户。

我们通过取留存到时期 2 中间时刻的用户比例与留存到时期 1 中间时刻的用户比例的比值来计算留存率。在本例中，我们需要计算从第 1 个月中旬到第 2 个月中旬的用户的留存率 [2,1]，以及从第 2 个月中旬到第 3 个月中旬的用户的留存率 [3,2]。我们将两个时期的用户留存比例平均，计算留存到中期的比例。

第 4 个月的留存率为零，这意味着所有用户在第 3 个月后都离开了产品。为了简单起见，我们假设这样做。

注意

如何计算用户留存率一直是个难题。有些用户可能在某时期开始时加入，有些则在时期结束时加入。我们将把均值作为该时期的留存率。

我们来计算第 1 个月到第 2 个月的留存率。我们用 2 月中旬的留存比例除以 1 月中旬的留存比例来计算。

$$留存率_1 = \frac{留存比例_1 + 留存比例_2}{留存比例_0 + 留存比例_1}$$

第 0 个月的留存比例是 1，第 1 个月是 0.7，第 2 个月是 0.4。于是，我们可以估计出第 0.5 个月的留存比例，即 0.85；第 1.5 个月的留存比例是 0.55。那么，0.55/0.85（大约等于 0.65）便是 [2,1] 处的值。

$$莱斯利矩阵[2,1]元素 = \frac{\frac{0.7 + 0.4}{2}}{\frac{1 + 0.7}{2}} = \frac{0.7 + 0.4}{1 + 0.7} \approx 0.65$$

我们按照上面的方法计算第 2 个月到第 3 个月的留存率，结果是 0.36。

$$莱斯利矩阵[3,2]元素 = \frac{0.4 + 0}{0.7 + 0.4} \approx 0.36$$

这些留存率数值位于莱斯利矩阵的非对角线处，见表 9.6。

表 9.6　口碑模型的莱斯利矩阵：示例 1

	用户（第 1 个月）	用户（第 2 个月）	用户（第 3 个月）
用户（第 1 个月）	0.85/2 × [0.08+0.2 × (0.65)]=0.09	0.85/2 × [0.2+0.3 × (0.36)]=0.13	0.85/2 × (0.3+0)=0.13
用户（第 2 个月）	(0.7+0.4)/(1+0.7)=0.65	0	0
用户（第 3 个月）	0	(0.4+0)/(0.7+0.4)=0.36	0

我们已经计算了从第 2 行到最后一行的非对角线值。下一节我们将计算莱斯利矩阵的第一行。

9.4.2.3　计算产品增长率：莱斯利矩阵的第一行

计算产品增长率——莱斯利矩阵的第一行数据——比计算留存率要复杂一些，因为我们在估算后期产品增长率时必须将留存率考虑在内。为什么？因为离开产品的用户可能不会再邀请新用户来使用该产品了。这可能与实际情况不完全相符，但这只是一个假设，以简化计算。

要计算第一行的增长率，我们需要用两个时期的增长率和留存率乘以 2 个时期留存比例之和的均值。我们将分成几部分计算。首先，我们需要计算处于某时期中间时刻或每月中旬的留存比例。第 0.5 个月的留存比例为 0.85。

$$Pop_1 = \frac{时期长度}{2} \times (第0个月留存比例 + 第1个月留存比例) = \frac{1}{2} \times (1 + 0.7) = 0.85$$

现在，我们需要回到不同年龄段的口碑率的计算上，因为这是我们的产品增长率。你可能还记得，按年龄划分的增长率在第 1 个月是 0.08，第 2 个月是 0.2，第 3 个月是 0.4。

为了计算产品用户的增长率，我们需要将增长率乘以留存率。例如，我们不能将时期 1 的增长率（0.08）和时期 2 的增长率（0.20）平均，因为有些用户离开了，也就是说，第 0 个月的留存率为 1，第 1 个月的留存率为 0.65。然后，我们用留存率乘以特定年龄用户的增长率。例如，在第 0 个月，我们将特定年龄用户增长率 0.08 乘以留存率 1，因为在这个时期刚开始时没有人离开产品。

在第 1 个月，我们必须将第 2 个月的用户增长率（0.2）乘以存活到第 2 个月的用户留存率（0.65），得到 0.13。然后，我们将这两个值相加：0.08 + 0.13 = 0.21，除以 2 求均值，得到 0.105。最后，我们将增长率乘以留存比例（即 0.85），得到 0.09（莱斯利矩阵 [1,1] 处的值）。

下面的方程将帮助我们计算莱斯利矩阵第一行第一列的增长率，即从第 0 个月到第 1 个月的用户增长率。

$$莱斯利矩阵[1,1]元素 = \frac{Pop_1}{2} \times (第1个月增长率 + 第2个月增长率 \times 第2个月用户留存率)$$

$$= \frac{0.85}{2} \times (0.08 \times 1 + 0.2 \times 0.65) = 0.09$$

该用户增长是由于用户从第 1 个月持续到了第 2 个月。这是莱斯利矩阵第一行第二列的值。计算元素 [1,2] 和 [1,3] 的方法与计算 [1,1] 的方法相同。

$$莱斯利矩阵[1,2]元素 = \frac{Pop_1}{2} \times (第2个月增长率 + 第3个月增长率 \times 第3个月用户留存率)$$

$$= \frac{0.85}{2} \times (0.2 \times 1 + 0.3 \times 0.36) = 0.13$$

该用户增长是由于用户从第 2 个月持续到了第 3 个月。注意，本例中第 4 个时期的留存率和增长率为零。

$$莱斯利矩阵[1,3]元素 = \frac{Pop_1}{2} \times (第3个月增长率 + 第4个月增长率 \times 第4个月用户留存率)$$

$$= \frac{0.85}{2} \times (0.3 \times 1 + 0) = 0.13$$

现在，我们可以将所有这些值放入莱斯利矩阵，如表 9.6 所示。莱斯利矩阵是预测产品用户和了解产品随时间变化的关键。接下来的几节将预测 5 个时期内的人口，并计算与莱斯利矩阵直接或间接相关的一系列指标。

9.4.2.4 用户预测

上一节计算了人口预测的基石——莱斯利矩阵的值。在做了所有这些工作之后，我们希望看到一些红利。本节将使用莱斯利矩阵（见表 9.6）来预测 5 个时期内产品的用户。首先，就像多状态模型的例子一样，我们需要一个人口矩阵。我们的初始人口矩阵如表 9.7 所示，它是基于用户在产品中留存时长的。它包含时期 1 中每个用户类别的用户数量。

在本例中，第 1 个月有 10 万个用户，第 2 个月有 5 万个用户，第 3 个月有 2.5 个用户。我们想要确定下一时期每个状态下的用户数量。要得到这个结果，我们必须用莱斯利矩阵乘以初始人口矩阵。我们已经对莱斯利矩阵的所有值进行了舍入处理，以使计算更容易。

表 9.7　口碑模型的初始人口矩阵：示例 1

	用户量
用户（第 1 个月）	100 000
用户（第 2 个月）	50 000
用户（第 3 个月）	25 000

我们可以在图 9.6 中看到这个过程。注意，这个过程涉及矩阵乘法。我们来详细地研究一下它是如何工作的。

如图 9.6 所示，我们将用户量乘以转移概率便可得到下一时期的用户量。转移矩阵的第一行是用户增长率。为了得到产品的用户增长率，我们

$$\begin{bmatrix} 0.09 & 0.13 & 0.13 \\ 0.65 & 0 & 0 \\ 0 & 0.36 & 0 \end{bmatrix} \times \begin{bmatrix} 100\,000 \\ 50\,000 \\ 25\,000 \end{bmatrix} = \begin{bmatrix} 18\,750 \\ 65\,000 \\ 18\,000 \end{bmatrix}$$

图 9.6　基于矩阵乘法计算用户数量

用转移矩阵的第一行乘以初始用户量。例如，对于第 1 个时期，新用户增长量等于 $100\,000 \times 0.09 + 50\,000 \times 0.13 + 25\,000 \times 0.13 = 18\,750$。

现在，我们需要计算从第 1 个月到第 2 个月以及从第 2 个月到第 3 个月队列中留存的用户。我们计算 $100\,000 \times 0.65 + 50\,000 \times 0 + 25\,000 \times 0$，得到队列 1 剩余 65 000 名用户。在第 1 个月到第 2 个月间，我们失去了 35 000 个用户。接下来，我们计算从第 2 个月到第 3 个月留存的用户。我们计算 $100\,000 \times 0 + 50\,000 \times 0.36 + 25\,000 \times 0$，得到 18 000 个用户从第 2 个月留存到第 3 个月。计算 $18\,750 + 65\,000 + 18\,000$，得到下一时期的用户总数。下一时期的用户总数从最初的 17.5 万下降到了 101 750 人。

新的人口矩阵显示，第 1 个月有 18 750 名用户，第 2 个月有 65 000 名用户，第 3 个月有 18 000 名用户。我们可以继续用莱斯利矩阵乘以新的人口矩阵来预测用户随着时间的推移用户数量的变化。

到时期 5 时，结果如图 9.7 所示。我们可以看到，用户数迅速下降。这意味着用户增长率不足以维持我们现有的用户量。我们将代码清单 15.20 中给出这个计算的 R 语言实现。

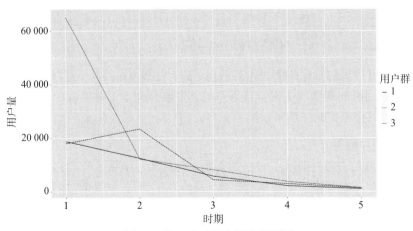

图 9.7　前 5 个时期内用户群预测

9.4.2.5 指数增长

接下来，我们将计算一些重要的量。第一个指标表明人口是增长、保持不变还是下降。我们可以通过计算第一个特征值直接从莱斯利矩阵中找到这个信息。

你不需要知道计算特征向量的过程，只需要知道它们的意思即可。我们可以使用 R 语言中的 eigen() 函数从莱斯利矩阵计算这些特征值和特征向量。第 7 章给出了计算特征向量和特征值的方法。这里只讨论如何基于莱斯利矩阵解释特征值。代码清单 15.21 和 15.24 给出了计算这些值的例子。

莱斯利矩阵的特征值向量如下：

$$\lambda = [0.44, -0.17 + 0.2i, -0.17 - 0.2i]$$

由于第一个特征值小于 1（0.44），因此将呈指数下降。如果特征值大于 1，人口将呈指数增长。

9.4.2.6 增长率

如果人口以指数形式增长或下降，这意味着它可以分别迅速增加一倍或减少。这种趋势对 Web 产品而言，可能是好的，也可能是坏的。本节将计算一个非常重要的指标，即人口增长率。我们不需要莱斯利矩阵就可以计算这些增长率。

我们来计算一下短期增长率。什么是增长率？

它是衡量人口总体增长速度的指标。增长率是基于指数分布计算的，具体见第 5 章。下面是单点指数分布的公式：$K(T\_1) = K(T\_0)e^{-rt}$。我们将公式的两侧除以 $K(T\_0)$，然后取自然对数，再除以 T，就得到了增长率公式。

以下方程便是典型的增长率公式：

$$r = \frac{1}{T} \ln \frac{K(t+1)}{K(t)}$$

下面是本例子中短期增长率的计算过程。记住，根据前面的人口预测，时期 2 有 101 750 个用户。最初的用户量是 175 000。时期长度是 1，所以 T 等于 1。用时期 2 的用户量除以时期 1 的用户量，然后取自然对数：

$$r_s = 1 \times \ln \frac{101\ 750}{175\ 000} = -0.54$$

你可能想做点什么来防止用户流失。我们可以计算出用户减少一半需要多长时间。我们用 2 的自然对数除以短期增长率来计算半衰期。有了这个方程，我们就可以用半衰期方程 ln2/r 来近似地将用户翻倍。它使我们能够计算出用户增长一倍或减少一半的速度。

$$半衰期 = \frac{\ln 2}{-0.54} = -1.28 个时期$$

经过大约一个月的时间，网站用户量已经减半。这是一个产品快速消亡的极端情况，大多数产品的用户量不会下降得这么快。

9.4.2.7 净置换率

我们还可以通过计算净置换率（Net Replacement Rate，NRR）来估算人口是否在自我补充。NRR 可以告诉我们人口更新速率，与时期没有关系。针对产品分析，我们将改变这个定义。

在人口统计学中，NRR 与每位潜在母亲的预期生育女婴的数量有关。在本书中，NRR 是指每位潜在用户引入的新用户数量。请注意，我们对 NRR 的定义与人口统计学的定义不同，因为在人口统计学中，我们必须将出生率乘以出生女婴的比例。显然，在产品分析中，性别并不重要。

如表 9.8 所示，我们假设三个队列在时期中间时刻都有 1000 人。计算 NRR 的方法是将每个队列邀请的新用户加起来（342），然后除以假设的队列规模（1000）。本例中的 NRR 为 342 /1000=0.34。置换率是人口自我更替的速度。人口 NRR 远低于人口置换率。

表 9.8 计算 NRR

	留存率（时期的中间时刻）	增长率	新用户数
第 1 个月	(1+0.7)/2=0.85，0.85×1000=850	0.08	68
第 2 个月	(0.7+0.4)/(1+0.7)=0.65，0.65×1000=650	0.20	130
第 3 个月	(0.4+0)/(0.7+0.4)=0.36，0.36×1000=360	0.40	144
		=0.08+0.20+0.40 =0.68	=68+130+144 =342

NRR 之所以重要，是因为它不是基于人口总数的，而是基于维持一代又一代人口所需的人口数量。我们可以很快地根据 NRR 推测出人口不会随着时间的推移保持一致。如果想保持人口不变，NRR 是一个很好的指标。

如果我们只计算了 NRR，那么也可以用它来近似增长率，例如：

$$r = \frac{\log \text{NRR}}{\text{平均口碑参考年龄}}$$

分子是净置换率的对数。分母的计算方法如下。我们通过将每个区间对应的年龄乘以相应新用户数，即 $68 \times 1 + 130 \times 2 + 144 \times 3 = 760$，然后除以总的新用户数即可得到新用户平均年龄。新用户的平均年龄便是分母，因此，

$$r = \frac{\ln 0.34}{\frac{760}{342}} = -0.48$$

近似的增长率接近真实的短期增长率（−0.54），但不完全相同（−0.48）。当我们想要快速计算增长率或者想要估算未来某个时期的增长率时，这便是一种不错的方法。

9.4.3 指数增长举例

现在我们已经看过了人口下降的例子，这一节我们将研究人口呈指数增长的例子。我

们将保持留存比例不变，改变口碑率。在这个例子中，产品更受欢迎，有关它的信息在普通大众中迅速传播。

通过这个例子，我们将看到每个产品都试图让用户邀请朋友或更新联系人列表的原因。代码清单 15.23 ～ 15.25 给出了这个例子的 R 语言实现。

我们不会详细描述计算这些值的过程，因为计算过程类似于上一个例子。请读者尝试自己计算该例子核心的值，验证自己是否理解了基本概念。

按用户留存时长（即 Web 用户的"年龄"）划分的口碑率见表 9.9。在本例中，总口碑率为 7，大大高于之前例子中的口碑率。基本上，一个用户在产品的整个生命周期中会邀请 8 个人。

表 9.9 指数增长例子的假设

	留存比例	口碑率
用户（第 0 个月）	1.0	1
用户（第 1 个月）	0.7	3
用户（第 2 个月）	0.4	4
用户（第 3 个月）	0.0	0

我们使用与前面示例相同的方法求解莱斯利矩阵（见表 9.10）。这里不会给出这个矩阵的计算过程，请读者自己尝试解出这个矩阵。

表 9.10 口碑模型的莱斯利矩阵：示例 2

	用户（第 1 个月）	用户（第 2 个月）	用户（第 3 个月）
用户（第 1 个月）	1.66	1.89	1.7
用户（第 2 个月）	(0.7+0.4)/(1+0.7)=0.65	0	0
用户（第 3 个月）	0	(0.4+0)/(0.7+0.4)=0.36	0

正如我们之前解释的，留存比例保持不变，但新用户的增长率发生了变化。我们假设本例中有完全不同的口碑率。每一个从第 1 个月开始体验产品的用户至少会带来一个新用户。在连续使用 3 个月的时候，一个用户平均会带来 8 个新用户。这些数字显然很大，但它们足以证明这个想法。

在计算莱斯利矩阵之后，便要求解特征值。该矩阵的特征值向量是 [2.3，−0.31+0.28i，−0.31 −28i]。

我们可以从第一个特征值看出新用户呈指数增长，因为第一个特征值是 2.3，大于 1。接下来，我们将计算短期增长率和长期增长率。

在前面的例子中，我们已计算过短期增长率。本例中计算出的短期增长率如下：

$$r_s = 1 \times \ln \frac{368\ 000}{175\ 000} = 0.74$$

我们可以计算在这个例子中用户翻倍需要多久：

$$Pop\_double = \frac{\ln 2}{-0.24} = 0.93 个时期$$

因此，经过大约一个月的时间，Web 产品用户翻了一番。这是一种产品快速增长的极端情况，用户数量每一时期翻一番。大多数产品的用户数量不会增长这么快。

接下来，我们来计算这个例子的 NRR。如表 9.11 所示，我们假设三个队列每个都有

1000人。本例中的 NRR 为 4240/1000 = 4.24。置换率为 NRR = 1。显然，用户数量增长速度远远快于置换率（即用户数量在一段时间内保持不变的速度）。

表 9.11　计算示例 2 的 NRR

	留存用户数	增长率	新用户数量
1	(1+0.7)/2 × 1000=0.85 × 1000=850	1	850
2	(0.7+0.4)/(1+0.7) × 1000=0.65 × 1000=650	3	1950
3	(0.4+0)/(0.7+0.4) × 1000=0.36 × 1000=360	4	1440
		=1+3+4=8	=850+1950+1440=4240

我们可以根据 NNR 计算增长率。同样，这也接近于前面的增长率（0.74），但并不完全相同（0.68）。

$$r = \frac{\ln 4.24}{\frac{9070}{4240}} = 0.68$$

参考图 9.8 中的曲线，我们可以看到用户数在快速增长，而不是像在用户消亡的例子中那样下降。

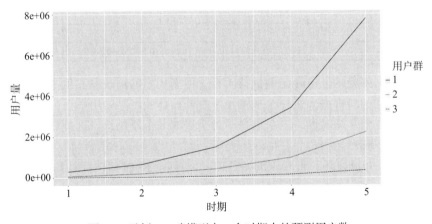

图 9.8　示例 2 口碑模型中 5 个时期内的预测用户数

你能正确地计算出这些值吗？如果不能，请花一点时间来理解计算过程，因为接下来的几节都以这些概念为基础。

下一节将讨论与人口增长方式有关的一些核心人口概念。我们将讨论稳态人口、稳定人口、人口惯性和振荡。

9.4.3.1　稳态人口

我们刚刚看了两个相对极端的例子。大多数产品都介于这两个极端之间。当人口增长率达到极限时，我们如何知道它是否可以被接受？我们需要一些人口基线作为指导。9.4.3.1 节和 9.4.3.2 节将为我们提供这些关键的人口基线，我们可以用它们来比较产品的增长率。

考虑增长率为 0 的情况，这意味着人口既不增长也不下降。这就是稳态人口。换句话说，不管新用户加入和老用户离开的速度如何，Web 产品的用户数量在一段时间内保持不变。

为了演示稳态人口的情况，假设我们有 1000 万用户，每年增加 200 万用户，每年流失 200 万用户。在这里，增长率和流失率相同。虽然表面上看起来很简单，但由于子群体的增长率和消亡率不同，因此计算稳态特性可能非常复杂。

稳态人口概念的一个特别有用的要素是稳态人口方程，即说明如何保持稳态人口的简单启发式方程：

$$1 = 增长率_{新用户} \times 留存时长_0$$

假设我们有一个平均新用户留存 45 天的 Web 产品。这意味着每天每 1000 个用户中需要有 22（$1/45 \times 1000 \approx 22$）个用户加入，才能抵消留存人数的下降量。这是一个非常有用的启发式方程，可以帮助我们快速了解产品的用户群。

9.4.3.2　稳定人口

稳态人口是一个有用的基线，另一个基线是稳定人口。稳定人口是指各群体的比例在一段时间内保持不变的人口，无论总人口是增长还是下降。请注意，稳定人口是基于各群体比例而不是群体规模定义的。例如，第 1 个月、第 2 个月和第 3 个月加入的用户比例将在 1 年内保持不变。

在计算稳定人口增长率时，我们假设人口在长期内保持稳定。在第一个例子中，稳定人口的增长率在 −0.57 到 −0.58 之间；在第二个例子中，它在 0.75 和 0.76 之间。我们将在下一节进行计算。

稳定人口可能会导致 Web 社区具有一致性，因为子群体会随着时间的推移保持规模不变。例如，如果你正在基于性别为约会应用程序进行用户建模，那么你可能希望看到这些比例随时间的变化。女性用户比例越来越小的产品与男性和女性用户比例相对稳定的产品可能会非常不同。

为什么我们关心稳定人口？因为它们有一些很好的性质。

❑ 增长率不随时间的推移而改变。

❑ 增长率与人口规模无关。

❑ 各群体的比例不随时间的推移而改变。

❑ 各群体的比例与初始人口规模无关。

❑ 稳定人口的增长率是一个长期的基线，你可以将之与实际增长率比较。

使用稳定人口理论作为衡量 Web 产品随着时间的推移所发生的事情的潜在标准是很好的。稳定人口增长率可能不是 Web 产品所拥有的，但它们可以让你确定哪些群体增长不那么快。

评估实际人口是否接近稳定人口非常简单。表 9.12 描述了三个不同的群体（分别在第 1 个月、第 2 个月和第 3 个月加入）。为了检验这是不是稳定人口，我们可以计算它们在下一个时期增加或减少的数量。如果增长系数是相同的，那么它就是一个稳定人口。从表 9.12 可以看出，这不是稳定人口。它们的增长系数因群体而异。在第 1 个月，人口迅速增长；在第2个月，人口下降。这不是稳定人口！产品用户会随着时间的推移而发生根本性的变化。

表9.12　子群体增长率不等的情况

	初始人口	下一时期	增长系数
第1个月	100 000	350 250	$\dfrac{350\,250}{100\,000}=3.5$
第2个月	75 000	65 000	$\dfrac{65\,000}{75\,000}=0.87$
第3个月	25 000	27 000	$\dfrac{27\,000}{25\,000}=1.08$

稳定人口的增长率

稳定人口是一个很好的基线，我们可以将增长率与稳定人口的增长率进行比较。在这里，我们将解释如何计算稳定人口的增长率——维持稳定的人口所需的增长率。（这部分有很多复杂的数学知识，如果你不感兴趣，可以跳过。）

对于不断增长的 Web 用户群体来说，稳定增长率是一个很好的长期指标，但随着时间的推移，群体比例基本保持不变。这被称为 Lokta R。R 指的是增长率。

表9.13 显示了如何计算 Lokta R 的组成部分。第一列是留存率，其计算过程见表9.5。第二列是我们假设的增长率。第三列是前两者的乘积，即留存率和增长率的乘积。这个乘积便是我们需要近似估算的长期增长率。请注意，在用户消亡的例子中，长期增长率（Lokta R）可能没有意义，因为人口下降得非常快。我们将通过它的计算过程来展示它是如何完成的。

表9.13　计算 Lokta R

	留存率	增长率	乘积
1	$\dfrac{1+0.7}{2}=0.85$	0.08	0.068
2	$\dfrac{0.7+0.4}{1+0.7}=0.65$	0.20	0.13
3	$\dfrac{0.4+0}{0.7+0.4}=0.36$	0.40	0.14

利用表9.13所示的例子，我们可以计算出近似长期增长率 r_{stable} 的系数。为此，我们需要计算表9.13 中的乘积和莱斯利矩阵（见表9.6）的第一列。

Lokta 方程的第一项为

$$\frac{0.0680+0.13}{2}\mathrm{e}^{-r}=0.099\,\mathrm{e}^{-r}$$

我们将时期 1 和时期 2 乘积值的均值乘以 e^{-Xr}，使其等于第一个转移概率乘以 e^{-Xr}，其中 X 是时间长度。

$$\frac{\text{Product\_1}+\text{Product\_2}}{2}\mathrm{e}^{(-r)}$$

$$= \frac{0.0680 + 0.13}{2} e^{-r} = 0.099\, e^{-r}$$

对时期 2 和时期 3 的乘积平均值进行相同的操作，得到：

$$= \frac{0.13 + 0.14}{2} e^{(-2r)} = 0.135\, e^{(-2r)}$$

最后一项是：

$$= \frac{0.14 + 0}{2} e^{(-3r)} = 0.07\, e^{(-3r)}$$

这些项加起来应该等于 1，这是稳态（不变化）人口所要求的。我们可以将所有这些项加起来（基于 Lokta R 方程）：

$$1 = 0.099\, e^{-r} + 0.135\, e^{-2} + 0.07\, e^{-3}$$

没有简单的方法可以分析解决这个问题：我们需要使用 R 语言，详见代码清单 15.22 和代码清单 15.25。解这个方程，Lokta 增长率在 −0.57 和 −0.58 之间。这意味着该产品的用户数量正在以 $1-r$（即每月每 1000 名用户中有 430 到 440 名用户流失）的速度迅速流失。这一流失率高于短期增长率，因此我们没有稳定的用户群。

现在，我们根据这些数据计算乘积和长期稳定的人口增长率（见表 9.14）。

与之前的过程相同，这是该示例的 Lokta 方程：

$$1 = 0.85\, e^{-r} + 1.95\, e^{-2r} + 1.44\, e^{-3r}$$

这里 r 大约等于 0.75，这意味着每 1000 个用户增加 750 个用户。稳定人口增长率高于我们的增长率 0.74，但在实

表 9.14　计算 Lokta R（稳态人口增长率）

	留存率	增长率	乘积
1	$\frac{1 + 0.7}{2} = 0.85$	1	0.85
2	$\frac{0.7 + 0.4}{1 + 0.7} = 0.65$	3	1.95
3	$\frac{0.4 + 0}{0.7 + 0.4} = 0.36$	4	1.44

践中这非常接近稳定人口。将这个例子与你自己的产品进行比较，因为它涉及一个具有显著增长率和子群体稳定性的产品（基本上是每个人都在期待的 Web 产品）。

就留存率而言，这个例子中的一切都和上一个例子中的一样。也就是说，用户在产品中停留的时间不会变长，但快速的口碑传播速度（或增长率）为产品的疯狂增长创造了条件。增长率通常比留存率更重要，所以你可能要强调增长率而不是留存率。如果用户不再增长，那么留存率就会成为一个重要的考虑因素。

9.4.3.3　人口惯性

人口惯性基于这样一种观点，即扭转不断增长的人口趋势需要时间。这就像泰坦尼克号：这艘船不会立即下沉，而是缓慢而稳定地下沉。因为存在人口惯性，Web 人口不会立即改变。我们如何确定累积的惯性有多大才可以使人口沿着目前的轨迹向前发展？

对于流行的 Web 产品来说，一个非常常见的情况是负面报道或不可预见事件的出现，

这会导致人口增长率下降到置换率（基于新用户的非增长人口）。在这种情况下，我们假设它从一个稳定的人口增长率变成另一种新的稳定的人口增长率。

基于 NRR = 1，人口应该是稳态的，但在之前的时期，人口的快速增长带来了人口压力。根据原来的增长率、NRR 和初始人口，新的稳态人口规模将是多少？虽然这是一个特殊的例子，但演示了潜在人口惯性的常见场景。

在这种情况下发生的事情很复杂。人口会不断振荡，直到最终达到稳定。过去的高增长率带来了大量用户。尽管目前的增长率有所下降，但当这些用户邀请新用户，然后受邀用户再邀请更多新用户时，我们仍将面临大量用户增长。我们会看到越来越小的波动，这反映了最初的高增长率，直到人口稳定下来为止。

这些计算的复杂性源于这样一个事实：存在潜在的人口惯性。这就像一个疾速前进的物体。一旦人口增长，就需要一段时间才能使其规模缩小。我们将通过一个例子来探讨这一现象。

Facebook 的剑桥分析丑闻就是一个事件影响人口惯性的例子。即使在剑桥分析（Cambridge Analytica）丑闻之后，Facebook 的用户数量仍在增长，尽管增速要低得多。从表面上看，这似乎有悖直觉。然而，你应该意识到 Facebook 拥有庞大的用户群，而且用户仍然在邀请朋友加入该网站。因此，你不太可能立即看到丑闻的全部影响，用户数量可能会波动，直到达到稳定的长期增长率。

这描述了 Keyfitz 情景，即长期稳定增长的人口最终会演变为稳定人口。某些外部冲击大大降低了口碑效应（这里指的是丑闻），从而扼杀了产品的增长机会。NRR 跌至接近 1。

我们可以用 Keyfitz 近似来估计新的稳定人口。Keyfitz 的近似方程如下：

$$K(新稳态) = K(旧稳态) \times \frac{增长率 \times e\_0}{\sqrt{NRR}}$$

现在，我们通过雪地摩托网站来探索一个例子。假设这个网站一直发展得很好，但它因为一款热门雪地摩托的负面新闻而导致用户增长暴跌。这个网站的用户数量现在已降到了人口置换率状态。

在负面新闻发生前的一段时间内，该网站的用户数在一个月内从 100 万增长到 105 万，增长率为 0.07。产品的用户留存时长平均约为 20 个月。

在负面新闻发生之前，我们估计 NRR 为 1.5，高于置换率。如果保持同样的增长率，那么 5 个时期后用户将在 150 万左右，高于 Keyfitz 长期稳态人口的 120 万。可以看到，在 Keyfitz 情景下，仅由于人口惯性，人口将增加 15 万。但是，这一增长量比高增长率再持续几个时期才会有的增长量要少。

最终，由于这一负面新闻，用户量将稳定在：

$$K(t) = 1\,050\,000 \frac{0.07 \times 20}{\sqrt{1.5}} = 120万 \qquad \text{Keyfitz情景}$$

$$K(t) = K(0)e^{-rt} = 1\,050\,000 e^{0.07 \times 5} = 149万 \qquad \text{正常增长，5个时期}$$

莱斯利矩阵的更多信息：人口振荡和特征值

我们可以准确地预测人口振荡，就像我们在 Keyfitz 情景中看到的那样。第二次世界大战后，当士兵返回家园时，出生的婴儿数量大幅增加。这一队列的人口如此庞大，以至于当他们在 20 世纪 80～90 年代达到生育年龄时，出现了"回声繁荣"。随着队列的变化，人口的涨落和流动造成人口的长期波动。

为了预测人口将如何振荡，我们可以使用莱斯利矩阵的特征值。正如我们在前面的例子中看到的，第二个和第三个特征值是复数，这意味着存在人口振荡。虽然我们不会在这里详细讨论，但第 15 章将展示如何将这些特征值转换为 x 和 y 坐标并绘制振荡曲线。

从这两个例子的第二个和第三个特征值可以看出，每次振荡都比前一次振荡小得多。我们可以从图 9.9 中看到，示例 2 的第一次振荡比示例 1 的第一次振荡大。图 9.10 和图 9.11 显示了后期较小的振荡，它们在图 9.8 中看不到，因为它们要小很多。

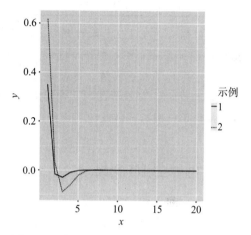

图 9.9　示例 1 和示例 2 在 20 个时期内的人口振荡曲线

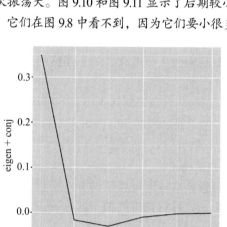

图 9.10　示例 1 前 4 个时期和接下来 2 个时期的小振荡

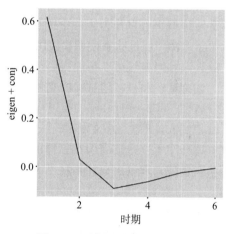

图 9.11　示例 2 前 4 个时期和接下来 2 个时期的小振荡

我们如何根据特征值得到振荡信息？表 9.15 显示了如何读取莱斯利矩阵的所有特征值。

表 9.15　不同特征值对应的人口模式含义

特征值	结果
> 0	• 特征值 >1，呈指数级增长 • 特征值 <1，呈指数级下降

（续）

特征值	结果
−1< 特征值 <0	• 人口数量呈现振荡周期为 2，最终趋向于稳态人口的阻尼振荡
<−1	• 人口数量呈现发散振荡，周期为 2，由稳态人口变为发散人口
复数特征值	• 请参见第 15 章将特征值转化为振荡投影的方法

如果你对更数学化的人口预测方法感兴趣，请参考文献（Nathan Keyfitz & Hal Caswell，2005）。

本章探讨了以下问题。是否存在定义 Web 产品生命周期的共同模式？Web 产品是如何成长或消亡的？Web 产品的生命周期对于我们构建理论、定义指标和探索行为等非常重要。本章提供了一些工具，我们可以利用它们在生命周期的不同阶段分析 Web 产品。

9.5　可实践的洞见

本章的可实践洞见如下：

❑ 了解产品生命周期是任何活动成功的必要条件；在用户生命周期的早期和后期应该使用不同的策略（因为用户类型不同）。

❑ 产品的生命周期有不同的用户类型：创新者、早期用户、早期多数人、晚期多数人和落后者。

❑ 转移概率可以作为某种指标，并用于预测产品中的人口变化。这个指标的质量取决于产品中底层状态模型代表用户行为的程度。

❑ 人口预测方法可以帮助我们预测未来的人口总数（以及子群体人口）。它可以帮助我们理解产品社区随时间的变化情况。此外，它还可以帮助我们预测未来的人口需求，以便让我们进行必要的投资。

❑ 稳定人口理论为我们提供了一个比较产品变化的基线。

本章介绍了一些建模留存指标的技术，以及探索人口随时间变化的方法。我们使用简化的状态模型来理解用户如何在不同状态之间转换，这可以用来模拟留存过程或其他社会过程。

下一部分将探索因果推断方法。我们在第 6 章讨论了 A/B 测试。当没有实验数据时，我们需要根据观察数据推断因果洞察——这通常是很困难的。第 10 ~ 12 章将介绍实现这一目标的方法。

第四部分 *Part 4*

因果推断方法

第三部分讨论了机器学习和人口预测模型。这些模型可以帮助我们预测用户行为，预测子群体的变化和业务需求。虽然预测性洞见很有用，但它们无法帮助我们改变用户行为。

这一部分将研究因果推断方法。因果推断是对决定结果的因素的探索。理解因果关系将使我们能够开展更好的活动，构建更好的产品，并改变用户行为。

正如第 6 章所讨论的那样，根据现代统计学之父罗纳德·费希尔的说法，随机性是推断的基础，而实验设计是因果推断的黄金标准。设计良好的实验允许我们通过随机化操作来估计因果效应或预期干预对结果的影响。然而，这个世界上几乎所有的数据都是观察性数据，这意味着它们不是来自定义明确的实验。

我们如何使用观察数据来进行因果分析？例如，使用产品数据，我们应如何确定是什么导致了用户购买行为、留存行为或其他用户行为的改变？第 10、11 和 12 章将探讨如何用真实的非实验数据进行因果推断。第 13 章讨论从实验数据中提取更多信息的技术。

有两种方法可以发现因果关系。第一种是进行**自然实验**，在自然实验中，通过随机过程将人群随机分配到实验组和对照组。第二种是进行**准实验**，在准实验中，不存在随机性。在大多数准实验设计中，研究者会控制用户分配到各组的过程。

第 10 章主要介绍分析自然实验的技术。第 11 章和第 12 章介绍两种准实验设计技术，即断点回归和统计匹配。这些方法都特别适用于小的、精心选择的数据集，这与预测方法的期望相反。

因果推断技术非常适合用来解决现实世界的问题，但由于缺乏关于方法、设计需求的知识（有时这些技术还缺乏严密性），因此没有得到广泛的应用。

请注意，这部分在技术上比本书之前的任何部分都严谨，特别是第 12、13 章。即使不理解数学工具，理解这些概念也是有用的。关于这些方法的 R 实现和解释，请参阅第 16 章。

追求实验：自然实验和双重差分模型

在深入研究自然实验之前，我们先深入地探讨一下根据观察数据进行因果推断的主题。我们已经介绍了预测推断及其用例。现在，我们将看一些根据观察数据进行因果推断的例子，并从鸟瞰的角度看一下因果推断和预测推断之间的区别。

10.1　为什么要进行因果推断

为什么要进行因果推断？这个问题看起来有点滑稽，因为我们在问为什么我们应该试图推断原因。我们来探索一下因果推断与预测有何不同。我们要考虑的例子是吸烟和癌症之间的关系。虽然这不是一个产品分析例子，但它有效地传达了根据观察数据推断因果关系的好处和困难。

近 20 年来，统计学家和生物统计学家一直未能找到吸烟致癌的证据。长期以来，人们一直怀疑这种联系，因为研究显示，吸烟者的肺癌患病率更高。患癌症的风险很大。然而，没有随机对照试验来证明吸烟导致癌症，因为考虑到吸烟可能有有害的副作用，研究人员不能指定一些人吸烟。研究人员也不能假设吸烟会导致癌症，因为其他一些变量也可能会导致这种影响。推断因果关系对于获得可实践的洞见和制定政策至关重要。如果不了解因果效应，我们就无法制定改变结果或行为的政策。

例如，如果美国疾病控制和预防中心（CDC）能够明确指出吸烟导致癌症，它就可以制定指导方针和健康运动，并告知医疗专业人员吸烟的风险。但是，在研究人员能够证明这种因果关系之前，吸烟只是与（或预测）肺癌相关，因此相关组织机构无法制定任何明确的政策。

同样，在用户分析中，因果分析是开发可实践处方的黄金标准。没有因果推断，很难改进产品或改变用户行为。许多重要的因果关系必须通过获取和分析观察数据来发现，因为不能随机分配个体到实验组。

10.2 因果推断与预测

在过去的几百年里，因果思维已经成为常态。我们喜欢问："为什么会发生这样的事情？"我们喜欢简单的因果链。"我活得更久了，因为我每周喝一次红酒。"

社会过程很少是简单的，存在着成千上万，甚至数百万的可能影响结果的因果因素。因果链可能很长，有许多干预变量。一个人能活多久取决于遗传因素、环境（从婴儿到老年）、人际关系、态度，以及所有这些复杂因素间相互作用的方式。

预测一个人能活多久虽然可能很有趣，而且在精算方面很有用，但并不能告诉他为了活得更久应改变什么。原因在于，虽然变量之间相互关联，是很好的预测因素，但它们可能并不存在因果关系。预测一个人能活多久比了解一个人能活 83.6 岁的原因要容易得多。这就是预测和因果推断的关键区别。因果关系，虽然很难确定，但却是可实践的，这意味着我们可以理解为什么会发生一些事情，并尝试改变它。预测就是基于当前世界预见未来。我们可以把所有的东西都放在模型里，然后预测一些惊人的事情，但我们永远不知道其中的原因。如果我们改变某些因素，模型可能就不相关了。

在某些情况下，预测是非常有用的，但在大多数情况下，预测成了因果关系的代理，这具有很强的误导性。在用户分析中，我们通常想要了解用户购买、参与、留存的原因或其他指标。我们希望通过改变行为来改变这些指标。要改变行为，我们通常需要了解原因。

目前，数据科学（人工智能/机器学习）主要关注预测，而社会科学方法论主要关注因果推断。虽然数据越多，预测结果就越准确，但因果推断一般不是这样的。这是历史上我们第一次能够收集到关于人类行为的大量精确测量数据。

毫无疑问，预测正在复兴，但因果推断却没有复兴，尽管它是获得洞见不可或缺的一部分。随着行为数据的快速增长以及大量数据变得可用，在理解人类行为方面，数据科学（通常是预测性的）和社会科学（因果和人种志）方法之间的差距正在扩大。在用户分析领域，这种分化很明显，因为过度依赖预测方法来产生洞见。

表 10.1 显示了预测和因果推断的核心区别。表格中的表述很宽泛，一些普遍正确的东西并不总是在任何情况下都正确。有六个比较维度：（1）内部效度和外部效度；（2）增加更多的数据；（3）可推广性；（4）核心应用；（5）歧视性；（6）什么时候失败？

表 10.1 因果推断与预测之间的核心区别

标准	预测	因果推断
内部效度和外部效度	通过使用测试集进行测试可以获得外部验证（更容易）内部验证并不是自然而然得到的，但在某些情况下可能成立	内部验证是通过设计得到的，实施或设计起来更难 外部验证可能需要进一步测试（更难）

(续)

标准	预测	因果推断
增加更多的数据	随着数据增加而改善	除非数据是设计所需的，并且有明确的反事实情形（或者可以生成推断的反事实情形），否则推断结果不会改善
可推广性	由于在模型创建时使用了更大的样本，因此更有可能推广到其他数据集、情境和群体。可推广程度与样本的代表性和大小有关	通常不容易推广到其他数据集、情境和群体。可推广程度取决于样本的代表性和大小
核心应用	在预测人类行为方面最有用。虽然可以尝试使用预测模型或相关性模型来寻找因果关系，但这并不能严格保证，相关性可能会导致错误的"因果联系"有关详细信息，请参见第6章	有助于理解和改变人类行为。改变人类行为的关键是了解是什么导致了人类行为的变化。第3章讨论了因果关系与人类行为变化的关系
歧视性	可能存在歧视性；黑匣子问题；对于非预测性结果的结果容易产生混淆	如果设计和实施正确（具有因果变量和结果之间的机制或连接），由于涉及的推理或机制，不容易产生歧视性；结果明确、可操作且可辩护因果效应可能因人口统计因素而异
何时会失败？	无法预测异常行为；在预测人类行为时可能存在限制预测是与时间有关的。事件发生得越久远，就越难预测。由于过程中的随机性或我们拥有的数据，有些结果可能是不可预测的最近的研究表明，无法根据儿童时期的因素预测儿童的长期轨迹	无法量化离群值的处理效果；无法全面理解结果的全部原因因果推断的统计方法通常集中于平均效应（难以或不可能确定个体处理效应）。请参阅第13章，了解个体处理效应

内部效度是指一个实验或模型设计能在多大程度上排除对其发现的其他解释。**外部效度**是指将某一研究或模型的发现应用于研究对象之外的环境的能力。

因果推断和预测对于不同类型的应用都是有用的。从表10.1中得出的核心结论是，因果推断依赖于设计的有效性（或内部效度）。没有上下文的更多数据通常对改善因果推断没有用。

因果推断的可推广性取决于样本的大小和代表性。因果推断的主要用例是确定某事"为什么"发生以及如何改变行为。因果推断在反对歧视索赔时更站得住脚，因为它使用了相关机制，并理解了结果发生的"原因"。

因果推断方法通常不能检测到个体干预效果。然而，人们正在努力纠正这一盲点。增益模型是一种估计子组处理效应的方法，即个体干预效果的替代物，这个主题将在第13章中讨论。

既然我们已经理解了因果推断与预测的区别，以及因果推断为何有用，现在我们来探索A/B测试不起作用的情况。

10.3 当A/B测试不起作用时

在深入研究基于观察数据的因果推断工具之前，我们先来探究一下为什么A/B测试并不总是有效。这种理解可以让我们认识到需要依赖其他工具（即自然实验和准实验方法）的情况。

当处理范围更广、更复杂、历史更悠久，或者组织缺乏支持 A/B 测试的基础设施时，A/B 测试就不起作用。这经常发生。

通常情况下，数据科学家或分析师需要对高管、产品所有者或用户专家已经做出的决定做出回应。高管和其他决策者经常依靠直觉或以往使用类似产品的经验来做决策。他们可能会联系数据科学家来就他们的决策是否正确提供一些证据。因为已经做出了决策，所以无法对历史数据进行 A/B 测试，除非在执行过程中使用了设计。

要证明他们的观察结果是正确的，我们需要做什么？我们所拥有的只是观察数据，而这些数据往往会受选择偏差和假性相关的影响。提醒一下，当实验组和假设的对照组之间存在非随机差异时，就会出现选择偏差。

我们回顾一下第 6 章中的例子。假设你经营着一个约会网站，你想弄清楚为什么有些用户会"点赞"另一些人的资料，而有些人则不会。假设你想测试创建的新功能是否会增加点赞量。该功能可以是一种模式，如果用户在某个人资料上停留超过 10 秒，该模式会提示用户点赞该个人资料。然而，男性用户的点赞频率过高，所以实验组有 90% 的男性，而对照组只有 60% 的男性。在这种情况下，你很难测试这个功能，因为性别可能也是一种影响因素。我们不知道如何在对照组中找到在各种因素上与实验组相似的成员。在这种情况下，性别是一个明显的因素，但也可能存在其他我们没有想到的因素。

你不能对这一功能变更进行 A/B 测试，因为它已经推出，所有用户都已经看到了。相反，你需要使用一些其他的技术来判断它的功效。

10.3.1 更广泛的社会现象

A/B 测试并不适用于所有社会现象，因为有些类型的现象很难测试。第一种处理方法过于复杂。对于某些复杂的处理方法，如请健身教练或使用 Facebook，很难进行实验。

假设有一个健康教练帮助他人戒烟的案例。如果健康教练经常以不同的方式与一个人互动，就很难确定是哪种干预导致了这种效果。我们可能需要进行成百上千的 A/B 测试，才能真正确定健康教练的哪些行为导致用户成功戒烟。对于许多组织来说，运行数千个 A/B 测试是不切实际的。观察数据可以帮助我们了解健康教练的哪些行为最有可能导致用户改变他们的行为。在这种情况下，可以使用统计匹配（将在第 12 章讨论）技术来限制要测试的潜在机制的数量。

另一种无法轻易测试的现象是那些"受限制"的干预，因为它们的发生方式或时间难以随机选择，抑或者因为它们对使用者有有害影响。例如，我们不能要求一半的参与者吸烟。因此，我们不可能使用传统的分裂测试来估计吸烟对人们患肺癌的影响。

更复杂的社会现象是难以测试的，因为没有可比的反事实存在，而且我们也不能建立一个新的反事实。例如，我们不能把吸烟者和不吸烟者置于同一家庭中进行比较，所以不存在完美的反事实。

另一个例子是用户动机，我们不可能给用户随机分配动机。人口因素也属于这一类。假设我们想要考虑婚姻对用户购买相册的影响。我们认为已婚夫妇购买更多这类产品，但我们不能给一些夫妇随机分配婚姻状况。从样本因素来看，最好的方法是观察子组因素的影响——一种干预措施对已婚用户的影响以及对未婚用户的影响。

我们无法轻易进行 A/B 测试的另一个现象是样本容量非常小的现象。一个政治例子非常清楚地说明了这一点。假设我们感兴趣的是，如果美国总统是希拉里·克林顿（Hillary Clinton），而不是唐纳德·特朗普（Donald Trump），会对国防政策产生什么影响。我们没有办法测试或验证这样的理论，因为没有可比的反事实。我们能做的最好的事情就是将美国大选与另一个国家的大选进行比较，我们假设另一个国家也有像希拉里一样的候选人获胜，然后展示其对国防政策的影响。这个论点可能不成立，因为另一个国家可能在很多方面不同于美国，而这可能会影响国防政策。例如，它可能不是世界上的主要超级大国。

对于广泛的社会现象，我们不可能完全理解所有的原因，但是至少要了解主要因素。有些现象，比如美国的总统任期，几乎没有可比性，我们可能无法用传统的统计方法推断出很多东西。也许还有其他的定性工具可以用来猜测会发生什么。例如，我们可以确定该职业的结构限制。总统被允许做什么？当前总统在国防政策方面的规范是什么？我们也可以问问希拉里·克林顿（Hillary Clinton）的朋友她处于这种境地时会怎么做。他们或许可以对她当总统后所做事情做出有根据的猜测，但我们永远无法证实这些猜测。希拉里·克林顿本人可能无法想象或确切知道，在可能出现冲突的情况下，她会怎么做。

10.3.2 历史行动

通常，我们感兴趣的是使用历史数据来验证我们的推断。许多公司最近才建立了 A/B 测试框架。在这种情况下，只有观察数据可参考。

10.3.3 没有基础设施

构建 A/B 测试基础设施通常成本很高昂，所以许多组织没有能力测试大多数用户行为。这同样会带来前面提到的问题：无法试图从观察数据中推断。

我们已经回顾了一些 A/B 测试不起作用的情况，接下来我们可以讨论一些我们可以使用的潜在工具来推断这些情况下的因果关系。

当我们没有实际的实验时，我们通常可以找到类似于实验设置的自然情况或某种实验。这种类似实验的情况设计对于某些实验非常重要，因为它可以提高内部效度，从而推动结果的准确性。回想一下，内部效度是指实验或模型设计能够排除其他解释的程度。

下一节将讨论一些自然实验或某种实验设计可能很合适的情况。然后，我们将在 Web 产品的背景下讨论一些流行的设计。

10.4 从真实数据中进行因果推断的要点和关键

这一节包括实践中因果推断的具体细节。我们将在本章的其余部分以及本书接下来的三章中引用这里提到的术语。

10.4.1 因果推断术语

我们将在接下来的几章中讨论干预效果。干预效果类似于变量对结果的"因果效应"，这是在观察数据的背景下得出的。"干预效果"术语源自统计学传统方法。这些方法中的许多都是为了"看起来和感觉上"像实验结果而开发的，因为实验是因果推断的黄金标准。

观察性案例中的因果框架比仅仅对"干预"效果或"因果效应"的估计要复杂得多，因为我们经常不得不使用统计方法来重现反事实组或对照组。这个框架很笨重，但是我们保证，如果你投入精力来理解这些基础知识，它们将使本节的其余部分更容易理解。

以下是在我们探索这些技术之前需要定义的一些重要术语或概念：

❑ **实验组平均处理效应**（Average Treatment effect on the Treated，ATT）：这是实验组的预期处理效应。我们可以把这看作干预对类似于实验组的人群的影响。

❑ **对照组平均处理效应**（Average Treatment effect on the Control，ATC）：这是对照组的预期处理效应。我们可以把这看作干预对类似于对照组的人群的影响。

❑ **平均处理效应**（ATE）：这是对整个人群（包括实验组和对照组）的处理效应。它类似于实验或 A/B 测试的因果效应或干预效应。

在 A/B 测试或实验中，我们只有一个焦点，即 ATE。这是因为我们有有效的对照组，我们可以将之与实验组进行比较。然而，当试图从观察数据推断因果关系时，我们需要更多的概念，因为实验组和对照组可能属于完全不同的子组。

ATT 就是这样一个概念。对 ATT 的潜在需求基于这样一个事实，即观察数据中的实验组和对照组可能由于选择偏差而非常不同。我们可以在实验组中观察到有强烈动机的使用者而在对照组中通常使用者动机较低。这就像比较橙子和橘子一样。ATT 可以帮助我们了解对于那些看起来像实验组成员的人的干预效果。我们通过估计实验组用户和那些看起来像实验组用户的对照组成员之间的差异来计算这一点。在这个例子中，我们要找出对照组中有强烈动机的成员与实验组中有强烈动机的成员的相似比例。ATC 是对照组的干预效果。

ATT 和 ATC 的概念不太容易理解，所以我们通过另一个例子来解释一下。假设我们通常认为男性更有可能对女性而非男性的照片"点赞"。我们的目标就是让头像获得更多点赞量。对照组 50% 为女性，而实验组 20% 为女性。我们这样做会遇到什么问题？

如前所述，ATT 和 ATC 可能会有所不同。从群体的人口构成来看，ATC 可能比 ATT 要低。我们还需要确定我们是对 ATT、ATC 还是 ATE 感兴趣。如果我们只对看起来像实验组用户的用户感兴趣，那么我们就会对 ATT 感兴趣；如果我们对普通人群感兴趣，那么可能想要计算 ATE。在接下来的几节中，我们将使用这些概念。有关这些概念的更多信息，请参见文献（Donald Rubin，2006）。

下一节将讨论如何找到对 Web 产品中因果关系推断有帮助的自然实验。

10.4.2 自然实验

既然我们理解了从观察数据进行因果推断的核心概念，接下来就可以探索现实世界中的实验条件了。自然实验是我们尝试操作现实世界的随机性，以找到某个因素对结果的因果效应的过程。我们将探索分析自然实验的技术。

10.4.2.1 自然实验的假设

自然实验的核心假设是似随机假设（as-if random assumption）。在 Web 分析中，为了获得好的结果，还需要另一个假设，即早期行为假设：

- ❑ **似随机假设**：将用户随机放入实验组和对照组。这类似于 A/B 测试，即随机分配成员到各组中。这允许我们使用随机化机制来推断干预效果。
- ❑ **早期行为假设**：随机化必须在用户漏斗的早期发生。如第 5 章所述，用户漏斗是始于用户会话或用户登录的一系列事件。如果随机化在用户漏斗中发生得太晚，就会导致一小群人无法用于推断。虽然实验内部的有效性保持不变，但很难对一般产品做出推断。这个假设允许我们对最大的产品用户群体做出有效的因果推断。

正如前面提到的，因果推断依赖于有效的反事实。反事实是指处理条件没有发生，但其他一切都一样的情况。例如，在医学试验中，它会给参与者安慰剂而不是治疗药丸。当我们寻找自然实验时，我们本质上是在寻找一个有效的反事实或一组接受安慰剂的人。这意味着我们需要随机化机制。

正如在第 6 章中提到的，现代统计学之父罗纳德·费希尔将随机化描述为"推断的基础"。我们如何在现实生活中实现随机化？我们需要找到一些将用户随机划分为不同组的机制或现象。

这里的反事实源于现实世界中的随机排序处理，本质上模仿了实验组和对照组的创建。这种随机分配是进行自然实验的关键，也是第一个假设。你可能会认为随机性在现实世界中几乎不会发生。虽然这通常是正确的，但我们仍可以找到一些非常好的例子并加以利用。

第二个假设是，这个过程需要在用户漏斗的早期阶段出现。如果出现得太晚，外部效度就会大幅下降，结果的指令性也会随之下降。例如，如果我们有一小群预先选择的用户体验了干预措施，我们可能会估计结果对他们的因果效应。我们可能永远无法使其具有可操作性，因为我们无法根据结果为其他用户群体重新创建该群体或其信念。

接下来，我们来看一个涉及用似随机设计来评估其有效性的例子——这是一个著名的社会科学例子。研究人员想要了解增加一个孩子对女性收入的因果效应。问题在于，生孩子的决定并不是随机的，因此生孩子本身并不能作为推断生孩子对收入影响的自然实验因素。

然而，生第三胎可能在某种程度上是随机的。许多父母希望至少有一个男孩和一个女孩，所以有两个同性别孩子的家庭更有可能想要第三个孩子。他们认为第一个和第二个孩子的性别是随机的。示例中定义的实验组由生育了两个同性别孩子后又生育了第三个孩子的人组成，对照组由生育了两个不同性别的孩子后没有再生育第三个孩子的人组成。如果这真的是随机的，那么这将是一个很棒的随机设计。

首先，我们回顾一下目前为止我们所知道的：代表多生一个孩子的变量和结果变量（女性未来的收入）。我们正在寻找一种随机机制，我们假设第二个孩子的性别是随机的。

如何评估这是不是一个好的设计？我们需要将其与核心假设进行比较。这可能是一个糟糕的随机机制，原因如下：

❑ **打破了似随机的假设**：是否要生第三个孩子并不完全取决于第二个孩子的性别，还取决于其他非随机因素。例如，我们可以假设，无论孩子的性别如何，受教育程度越高的父母越不可能要第三个孩子。在这种情况下，父母的教育程度可能会对母亲的收入产生影响。这意味着这个实验可能无法产生有效的结果。有一些方法可以解决这个问题，如通过工具变量来解决。我们将在本章后面进一步讨论这个问题。

❑ **打破了早期行为假设**：假设第一个似随机假设成立。即使是这样，我们仍面临另一个问题，即有多少选项是在事件发生之前选择的。例如，假设我们对女性的普遍看法感兴趣。众所周知，只有 40% 的人口有两个或两个以上的孩子。由于我们关注的是第三个孩子对收入的影响，因此我们的分析只适用于那些有两个或两个以上孩子的女性，她们占育龄女性人口的 40% 左右。需要注意的是，这 40% 的人并不是随机产生的。相反，我们实际上进行了选择，这意味着那些对职业高度重视的女性更有可能不生孩子或只生一个孩子。更看重职业的女性也更有可能获得更高的收入。随着孩子数量的增加，我们分析涉及的女性将越来越少，我们可能在用户漏斗的早期遗漏了主要的因果因素。我们的分析没错，但它只适用于一小部分不能代表全体人口的女性。

10.4.2.2 自然实验举例

我们通过更多的例子来阐明这个想法。以下是一些学术论文中的有趣例子：

❑ **自然灾害对政治稳定的影响**：在这种情况下，设计应包括地震。似随机假设认为地震是随机的，所以如果我们比较相似的地区（一个有地震，一个没有地震），就会得出地震对政治稳定的影响，参见文献（Omelicheva，2011）。

❑ **流产和青少年怀孕**：这个伪实验的设计涉及流产。人们假设流产是一种生物学现象，在大多数情况下，年轻母亲的流产是随机的。实验组是有过孩子的青少年母亲，对照组是流产的母亲。然后我们可以看看青少年怀孕对一系列结果的影响，参见文献（Ashcraft et al.，2013）。

以下是一些产品分析的例子：

❑ **指定市场区域的营销活动**：在产品分析领域中，另一个很好的例子是重新划定边界。假设一个地区历史上发生了一场战役，但由于不相关的原因，该地区的边界被重新绘制，因此不再发生战役。重新绘制的边界可以看作随机的。对照组是那些在重绘边界边缘不再接受干预的用户。实验组将是在边界上继续接受同样的干预的用户。

❑ **分数和升级**：在这个例子中，我们设置了升级或门禁功能，即用户必须获得一定的分数才能通过游戏——例如，低于 50 分的玩家将继续前进，而超过 50 分的玩家将无法通过游戏。我们可以看看在产品留存方面分别获得 49 分和 51 分的用户情况。我们假设玩家的技能水平在 49 点和 51 点之间，但是随机机制能够让一组玩家通过而另一组玩家失败。其他属性是随机分布的。然而，我们应该警惕是否存在其他通过机制，如所有付费用户的进度与分数无关。我们将在第 11 章深入讨论这种准实验设计。

有时，更好的理解方式是探索反模式，或者探索自然实验框架失败的场景。以下是来自产品分析领域的一些糟糕的自然实验设计：

❑ **额外的消息是随机的**：额外的消息、评论或者"点赞"可以作为随机变量。例如，实验组可以被定义为发布三次照片的用户和发布两次照片的用户。发布的照片数量被认为是随机的。问题是，除了额外的消息，还有很多因素可以选择。发布额外消息的用户可能拥有更多好友，拥有更多"赞"，等等。因为存在明确的用户参与行为，所以很难证明这种行为确实是随机的。

❑ **队列分析**：很难证明不同的队列是随机的。不同的人经常在不同的日子和时间加入产品。例如，年轻的用户可能会在下午加入，而白天工作的用户可能不会。当我们发现在人口统计因素、行为和其他因素存在选择偏差时，它打破了似随机假设。

10.4.2.3　自然实验分析

与常规实验过程相似，在自然实验中，我们使用自然随机分配来计算效果。然后，我们会计算实验组和对照组结果的差异，就像我们在真实实验中做的那样。

因为我们在第 6 章中已经深入研究了 A/B 测试工具包，所以本章中将不再讨论这些基本方法，而是通过探索双重差分设计来进一步扩展它们。对于在实验中如何计算处理效果，如何进行统计检验，并评估效果大小，请参见第 6 章。

除了实验设计之外，我们还应该检查似随机假设是否正确。为了让自然实验起作用，我们需要让混杂变量保持平衡（即没有选择偏差），除非我们确定分组是随机的。关于如何计算平衡的信息，请参见第 12 章。

下一节将探索使用双重差分框架的自然实验。为什么我们不能在自然实验中使用 A/B 测试框架？原因在于，大多数自然实验都没有让个体随机化的随机机制。

如果随机化是发生在组水平，比如地震和边界的例子，最好使用双重差分设计来进行实验。问题是，随着时间的推移，干预后的趋势可能会影响我们的结果，最好使用双重差分设计来纠正这些问题。

工具变量

当没有明确的似随机变量时，可以使用工具变量来确定 ATE。如果次级变量与自变量有关，而与因变量无关，那么这种最小二乘回归（当回归模型在两个阶段完成时）是合适的。在关于妇女生育能力与收入的例子中，前两个孩子的性别对是否生育第三个孩子有影响，但不应该对收入有影响。

我们来详细地研究一下这个例子。在本例中，使用回归来寻找"因果效应"的问题是，对于收入是否会影响生育第三个孩子或孩子是否会影响收入，我们无法孤立后者来确定多生一个孩子是否会对收入产生影响。这个例子中的工具变量是前两个孩子的性别。思路是，女性生第三个孩子不是因为想要第三个孩子，而是因为前两个孩子的性别是随机的。前两个孩子的性别可以用作工具变量，以确定多生一个孩子对收入的影响。然后，我们可以使用"似"随机变量作为工具变量，包括一些其他的回归混杂变量以减轻干预变量的非随机成分。

两阶段最小二乘在实际中比较容易实现。在这里，我们将讨论在 R 中使用工具变量（当找到工具变量并尝试在感兴趣的方向捕捉一些随机性时）来估计干预的因果效应的过程。在本例中，我们解释的是多生孩子如何影响收入，而不是收入如何影响生孩子。注意，如果干预是完全随机的，就不需要工具变量。在这个例子中，如果生不生孩子是完全随机的，那么我们就不需要任何工具变量。

我们需要用 OLS 来估计工具变量的效果。我们对混杂变量和工具变量与收入进行回归。在本例中，混杂变量可能是女性的教育程度、之前的收入、婚姻状况、第一个和第二个孩子的性别等。工具变量是一个虚拟变量，可以表示前两个孩子的性别是否相同。该数据集将只包括有两个或三个孩子的妇女。

为了用 R 语言实现这一点，我们从简单回归模型中得到拟合值，方式类似于我们在第 8 章进行回归的方式。我们将运行第一个回归：regression_object = lm(confounders + instrument)。然后，从第一个回归模型中找到拟合值：fitted_values = fitted .values(regression_object)。

最后，我们对这些拟合值进行回归以得到输出：output = lm(confounders+fitted_values)。然后，我们可以查看最终输出的摘要，以确定 fitted_values 的系数。fitted_values 变量的系数便是对处理效果的估计。

关于该方法的深入探索，请参见文献（Jeffery Wooldridge，2013）。

10.4.3 地理空间运营：双重差分建模

正如我们在上一节学到的，要使用这些技术，我们通常需要模拟一个实验。现在，我们介绍一个很常见的自然实验。在工业中，我们经常会遇到这样的情况：一组随机接受干预，而另一组没有。在这种情况下，我们看不到个体的随机分配。我们想要一种能消除两组之间永久差异的方法。双重差分（Difference-In-Difference，DID）还可以消除数据中处理后的偏差，比如影响实验组和对照组的长期趋势。

在工业中，经常遇到的一个例子是在两个非常相似的地区发起营销活动，其中一个地区随机获得干预，通常是促销活动。例如，促销活动可以是电视广告。但是，一般很难进行随机的电视宣传。电视广告的目标受众通常是特定人群，我们通常很难说服组织随机投放广告，因为成本很高。然而，也有一些关于以区域为目标的方法，它们很容易操作。

我们想要探讨电视宣传活动对一个指定市场区域（DMA）的影响和对另一个指定市场区域的影响，但是我们不能随机化观众。DMA 是接收相同电视广告的市场区域或地理区域。在本例中，反事实是，观众出现在两个 DMA 的概率相等。

10.4.3.1 实验例子

个人用户基本上是随机选择出现在一个 DMA 中而非另一个 DMA 中。例如，由于房屋抽签，用户可能被随机分配到某 DMA。如果确实可以这样，那么我们就可以将其设计成实验（或似随机设计）。然后，评估活动的效果就很简单了。ATT 减去 ATC 等于 ATE，如表 10.2 所示。

假设评估活动效果没有那么简单。DMA 中更好的学校或就业机会可能是两个 DMA 不完全平等的原因。如果更好的学校将两个 DMA 区分开，那么表明实验组和对照组是不一样的，也就是说，存在选择偏差。如果两组在与结果相关的方面存在本质上的差异，那么这可能会使设计无效。

显然，DMA 不是随机选择的，这是有原因的。例如，

表 10.2　伪实验示例

处理方法	投放广告后	差（ATE）
DMA1（实验组）	4230 次下载	
DMA2（对照组）	3548 次下载	
	处理效应	682 次下载（ATE）

10.4.3.2　双重差分假设

要让 DID 评估有效，我们需要依赖以下假设：

❑ **平行趋势**：两组显示了相同的趋势。图形是显示两组处理前和处理后效果的最佳方法（示例见图 10.1）。

❑ **群体的组成随着时间的推移保持稳定**：两个组在实验期间不能改变群体的组成，也不受任何其他促销事件或事件的影响。

❑ **无溢出效应**：一个 DMA 中的因果效应不会以任何方式影响另一个 DMA。

❑ **没有其他主要的混杂因素**：各种各样的事情都会影响用户的行为——例如，持续的错误会阻止用户注册、其他促销活动等等。注意同一时期可能出现的其他潜在的因果变量。

❑ **回归假设**：我们必须假设回归假设成立。这些假设包括线性、随机抽样、无多重共线性等（详见第 6 章）。

现在，我们考虑一个 DID 设计例子（见图 10.1）。假设我们在北达科他州和南达科他州进行了促销活动，这些州的产品销售情况和我们特定的人口统计情况非常相似。

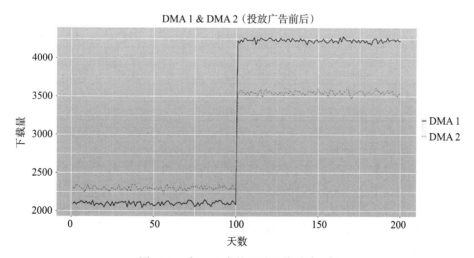

图 10.1　表 10.2 中的双重差分设计示例

10.4.3.3 双重差分建模

DID 依赖于线性回归和所有的线性回归假设，以及刚刚讨论过的平行趋势假设。但是，仅用实验组的平均效果减去对照组的平均效果就可以估计出 ATE。这与第 8 章讨论的普通最小二乘（OLS）估计结果类似。

表 10.3 提供了一个例子，该例子显示了 ATT 估计的双重差分结果。我们用这种方法无法找到 ATE。

表 10.3　ATT 计算的双重差分表

处理方法	投放广告前	投放广告后	差
DMA 1（实验组）	2100 次下载	4230 次下载	2130
DMA 2（对照组）	2300 次下载	3548 次下载	1248
	−200	682	882（ATT）

10.4.3.4　使用 OLS 估计得到标准误差

我们可以使用回归（OLS）来确定 DID 模型的 ATT 是否显著。如果它在统计上是显著的，那就意味着它远远大于由于随机概率而可能发生的效应。

我们在第 8 章复习了线性回归。y 变量是下载量，类似于上一节的示例。这是线性回归的基础，此外我们加入了时间变量干预变量，以及它们之间的相互作用的变量。干预变量和时间变量是虚拟变量，用于观察实验组和对照组在干预前或干预后的情况。注意，这些变量不依赖于时间单位。代码清单 16.1 用 R 语言实现了这个 DID 模型。

$$y = \text{inter} + b_1 \cdot \text{time} + b_2 \cdot \text{treatment} + b_3 \cdot (\text{time} \cdot \text{treatment}) + \varepsilon$$

这里，inter 是截距，b_1 和 b_2 分别为 time 和 treatment 的系数，b_3 是表 10.3 中的 ATT 估计值，time · treatment 是交互作用变量。我们可以用 t 统计量来判断是否显著。

表 10.4 显示了 R 的回归输出。代码清单 16.2 中讨论了这个问题。

表 10.4　双重差分回归结果

系数	估计值	标准误差	t 值	Pr(> |t|)
(Intercept)	2298.95	2.42	949.9	<2e-16 ***
treated	−199.88	3.423	−58.4	<2e-16 ***
time	1248.413	3.423	364.7	<2e-16 ***
treated:time	882.568	4.841	182.3	<2e-16 ***

10.4.3.5　回归结果解释

可以看到，在这个例子中，回归的系数反映了 DID 表中计算的值。我们之所以进行回归，是为了从回归结果中得到标准误差、t 统计量和 p 值。在本例中，模型中的每个系数都是显著的。我们最感兴趣的是 treated:time 变量，因为这是估计的 ATT，也就是商业广告对下载量的因果效应的估计。在本例中，treated:time 变量很大（882 次下载）且很显著，这表明商业广告有很大的因果效应。

假设我们看到处理效果在统计上显著。在实践中，这意味着我们从回归中估计的 ATT

的 p 值小于 1%。这并不表明我们的因果估计是正确的，但它为我们的论点增加了可信度，即这一特征可能导致了结果。

本例中的因果估计结果是 882 次下载。我们可以这样解释：我们的推广广告比没有推广广告时多带来了 882 次下载。这是一个非常强大的规范性分析结果，它告诉我们应该进行更多推广：推广活动非常有效地创造了更多下载量。

当然，因为这不是真正的实验，所以我们永远不能百分百肯定促销活动便是全部的影响因素。我们无法确定的原因是，反事实很接近，但并不完全相同（就像真正的随机化一样）。然而，在这个例子中，影响是非常大、非常清楚的，可能存在因果关系。

如果确实存在因果关系，那么这种关系通常会通过这种设计或关注关键子群体而变得非常清晰。关键是要找出受影响最大的人群，比如长时间看电视、家里有多台电视的用户等。如果这种效果在这些子群体中更加显著，那么就有了一个强有力的因果效应。我们将在下一章讨论断点回归，并讨论如何从时间序列数据中去除季节性因素，以使效果更加清晰、明显。

10.4.3.6 安慰剂测试

DID 设计的另一个优点是，我们可以通过安慰剂测试进一步验证结果。我们可能还需要继续测试其他假设。特别是，我们可能想要进行安慰剂测试。安慰剂测试是一种验证处理效果的方法，通过观察另一个组，发现不处理时没有效果。在这个例子中，我们可以找到没有投放广告的另一个时期的 DMA 或相同时期的相似 DMA，看看它们是否有类似的效果。

表 10.5 是安慰剂测试的一个例子，其中我们观察了两个不同的 DMA，它们没有投放广告，但与我们最初的 DMA 相似。可以看到，它们在 ATT 上没有预期的显著差异。结果证明这则广告产生了显著影响。

表 10.5　安慰剂测试示例

处理方法	投放广告前	投放广告后	差
DMA 1（对照组）	2250 次下载	3535 次下载	1285
DMA 2（对照组）	2300 次下载	3548 次下载	1248
	−50	−13	37(ATT−DID)

从表 10.5 中可以看出，这个安慰剂测试的 ATT 是 37 次下载。安慰剂测试表明，在两个没有投放广告的 DMA 中，差异很小，在处理期间没有显著的因果效应。

我们还可以在另一段非处理时间内观察实验 DMA 和对照 DMA。如果我们看到类似的结果，那么就可以假设广告确实导致下载量激增。

在工业界，经过深思熟虑的安慰剂测试对于干预的因果效应非常有说服力，可以为任何 DID 设计提供可信度。你几乎可以在任何 DID 设计中使用安慰剂测试。

10.5　可实践的洞见

本章的可实践洞见如下：

❑ 设计是因果推断的关键。验证来自设计，而不是结果。

❑ 寻找自然实验是一种操作观察数据的简单方法。

❑ 这些潜在的实验随处可见，有时它们并没有回答我们想要回答的问题，而是回答了改变方向或理解 Web 产品的切题问题。

❑ 双重差分是一个强大的工具，可用来消除自然实验或提供有说服力的反事实。

本章介绍了从观察数据进行因果推断的基础。第 11 章将介绍另一种强大的设计技术（即断点回归），以及断点回归的一个非常重要的用例（即中断时间序列）。

第 11 章还将介绍时间序列建模和季节性分解。虽然这些不是因果推断方法，但它们是因果推断设计中对数据建模的非常有用的工具。

找到自然实验或 DID 设计并不总是容易的。有些问题确实不适合用这一框架。在这种情况下，统计匹配非常有用，如第 12 章所述。

第 11 章 *Chapter 11*

持续追求实验

在第 10 章中，我们根据观察数据推断一些具体的细节，在进行自然实验的例子中根据某些自然过程对实验组和对照组进行了区分，同时也加入了双重差分设计。双重差分（DID）模型可用于模拟自然实验和准实验，使用了反事实思维，就像在 DMA 中那样。

回想一下，当分配过程不是随机的时使用准实验设计。现实情况是，绝大多数根据观察数据进行因果推断的案例都是准实验，而不是自然实验。为了使这些设计有效，研究人员必须控制实验组和对照组的分配。控制分配的想法现在可能看起来很抽象，但是在学完本章和第 12 章中的示例后，你就会明白这意味着什么。

本章将讨论一种非常流行的准实验设计技术，即断点回归（Regression Discontinuity，RD）。这种方法可以应用于多种情况，但必须进行充分的测试以证实其有效性。我们还将介绍时间序列模型和季节性方法，以改进对 RD 时间序列情况（称为中断时间序列）的估计。

正如第 10 章所讨论的那样，根据观察数据进行因果推断是很困难的。虽然因果推断通常需要付出更多的努力，但它会尽可能得出最规范和可操作的结果。除了更广泛的解释和预测方法，如果我们还可以利用因果推断方法，那么便可以更深入地了解 Web 产品。

通过预测，我们通常可以把关键因素以外的所有其他因素打包起来。相比之下，对于因果推断，我们的方法必须更加周全。如前几章所述，我们可以使用外部数据或测试数据在事后验证和改进预测结果；然而因果推断不能，因果推断依赖于内部效度或设计的潜在逻辑来驱动结果的可信度。

在因果推断中，因为我们一直在寻找使设计无效的方式，所以我们必须戴上侦探帽。如果设计无效，我们有时可以移动到较小的覆盖区域（或数据支持的较小人群，例如仅关注男性用户的约会网站"点赞"示例），但通常情况下我们必须重新考虑最初的设计。这不是一种一刀切的方法，这意味着作为一名数据科学家，我们必须拥有一个武器库或大型方法工具包，以便解决每个特定问题。此外，与预测方法相比，我们的应用程序或设计可能需要更具创造性。

本章将介绍 RD，它是一种准实验方法。实际上，RD 是最难正确实施的设计之一。许多情况最初似乎很适合 RD 设计，但经过进一步评估后，就会发现它们受选择偏差的困扰。这不是一种一刀切的方法，因为与自然实验和 DID 方法不同，我们依赖于反事实的统计估计。我们将在接下来的几节中讨论这些问题。

本章是技术上更严谨的章节之一，因为我们将使用高级方法来模拟反事实。如果你不了解建模方法，请不要让它吓到你。与许多其他方法不同，许多 RD 设计可以通过绘图来证实其无效与否。在最好的 RD 情况下，我们可以直观地找到因果关系。此外，在 R 语言中应用高级建模方法并不复杂，而且这些建模方法也可能看起来是无效的。下一节将介绍 RD 设计及其应用。

11.1　断点回归

第 10 章讨论了 DID 建模。当我们使用这种方法时，需要找到可比较的反事实组或对照组来与实验组进行比较。相比之下，断点回归依赖于处理变量或处理变量时间的中断，以将用户分配给实验组和对照组。

11.1.1　RD 的细节

假设游戏或网站功能中有任意的切割点或步骤变化。例如，在特定时间范围内达到 50 分的用户将获得发烧友徽章。这可能是 RD 设计的理想选择。

切割点的两侧都有用户——49 分的用户和 51 分的用户。理论上，切割点两侧的这些用户在技能水平、动机和使用产品的时间方面是相似的。RD 设计假设切割点两侧的用户彼此之间的相似度高于各自组中的其他用户。例如，获得 75 分的用户与获得 51 分的用户大不相同，即使两者都收到了徽章。同样，20 分的用户与 49 分的用户也有很大不同，即使两者都没有进入下一个级别。

RD 设计可以给出局部平均处理效应（Local Average Treatment Effect，LATE）。我们已经介绍了 ATE 和 ATT。LATE 是在局部变异区域中定义的平均处理效应。这里的局部区域是围绕切割点定义的。

11.1.2　潜在的 RD 设计

断点回归利用了变量的断点。我们探索一些潜在的例子，以更好地了解 RD 的最佳应用。以下是一些潜在 RD 设计的非 Web 分析示例：

❑ 奖学金计划对未来收入的影响。奖学金颁发给在国家标准化考试中获得 80 分或更高分数的参与者。我们假设获得 79 分还是获得 80 分基本上是随机的。这里的干预是指获得奖学金。对照组是指获得 79 分的学生组，实验组指获得 80 分的学生组。如果有导师的学生（在 79 分和 80 分二者之间）更有可能获得 80 分，则设计无效，表明存在切割点选择。

❑ 赢得美国众议院选举对个人财富的影响。这里的假设是势均力敌的选举者获胜与否是随机的。因此，我们可以通过比较势均力敌的赢家和输家的个人财富来了解赢得美国众议院席位的影响。如果根据个人财富等其他因素对获胜者进行了选择，则这种设计无效，这意味着较富有的候选人比普通的候选人更有可能在势均力敌的选举中获胜。

这些示例非常适合 RD，尽管不能保证它们有效。例如，选举的例子中 RD 设计最终可能会失败，因为更富有的候选人和现任者往往更容易获胜。对财富和在职与否的选择意味着在切割点（即谁赢得和失去选举）的随机性假设是错误的，因而使设计无效。文献（Caughey & Sekhon，2001）在实践中发现了这一点。

尽管如此，RD 也比许多其他建模方法更好，因为我们可以绘制和观察切割点处的聚类结果或密度。我们将在后面的几节中看一看这方面的例子。与纯建模方法不同，RD 也很容易失效。

11.1.3 最大的敌人：切割点的非随机选择

现在我们已经看到了一些成功的 RD 设计例子和一些不成功的 RD 设计例子，接下来我们考虑一下使 RD 有效的核心假设。主要的假设是对切割点随机选择。在游戏示例中，我们假设正好在切割点进步的用户（如由 50 分上升到 51 分）是随机的。那些进步的用户很可能没有进步，同样，那些没有进步的用户很容易进步。

在切割点处没有进步的用户成为进步用户的对照组。然后，我们可以比较两组，以找出进步对产品保留率的影响。定义的切割点、分数和处理使其成为精准断点回归设计。还有一个模糊的 RD 设计，它涉及渐变问题，本书没有讨论这个主题，但读者可以参阅本书的参考文献。

与其他准实验设计类似，选择偏差会使设计无效。例如，假设进步的用户更有可能在产品中停留几天，而不是只在第一天使用产品。与没有进步的用户相比，他们也更有可能在产品中拥有好友。如果是这种情况——也就是说在切割点存在非随机选择——那么我们估计的获得徽章的"因果"关系就是无效的。我们不能排除这种虚假的关系，例如，在这种关系中，有更多的好友更容易获得徽章，留存时长也更长。

我们的估计可能是衡量帮助某些用户升级到更高级别的微小优势，而不是我们想要的因果变量——"获得徽章"。切割点处的选择打破了随机性假设。这意味着进步的用户与没有进步的用户相似的假设不成立。我们或许可以通过将混杂因素添加到模型估计器中来对它们的影响进行建模，但通常如果有一个混杂因素，就可能会有更多混杂因素——而且我们可能无法控制这些混杂因素。

我们来更详细地探讨一下这个想法。为了消除混杂因素的影响，理论上我们需要在实验组中找到与对照组中用户相似的用户。但是，如果存在一个或多个混杂因素，则具有特定混杂因素的所有用户可能会在实验组中而非对照组中。例如，假设所有在产品中有好友的用户都获得 51 分，并且任何有好友的用户的分数都不可能在 45 ～ 49 分之间。这样，我们就无法估计对整个群体的"因果"影响，也就是说，我们可能只能估计对没有好友的用户的影响。

为了模拟混杂因素，我们需要了解选择偏差发生的位置，实验组和对照组是否都有选择偏差，并对选择偏差进行正确建模。我们可能只需要在缺乏实验组或对照组支持的情况下放弃观察。

选择偏差是所有准实验设计的一个问题，通常会产生"因果"效应，尤其是当它们特别大时。切割点处的选择偏差在实践中其实很常见。不幸的是，因果效应越重要（即越大），可能看到的选择偏差就越多。原因是这个因素对积极结果越重要，越多的用户会尝试"玩弄系统"，也就是说，让那些获得徽章的人越来越不随机。

例如，假设我们向每个进步的人提供 1000 美元的奖励，那么将会在切割点看到较大的选择偏差。人们会互相交谈以努力改善他们的游戏玩法，因而导致了选择偏差。通常，在断点回归最有用的地方，也是最有可能错误的地方。唯一的例外是时间作为不连续变量。当考虑中断时间序列时，我们将讨论这种特殊情况。虽然 RD 可能需要一些高级技术或一次性建模技术来估计 LATE，但与 DID 设计相比也具有一些优势。特别是，如果数据绘制正确，当 RD 的核心假设不成立时，很容易观察到。

11.1.4　RD 复杂性

RD 设计有三个复杂之处：

❏ 切割点处的选择偏差。
❏ RD 只在极限中定义。
❏ 切割点周围数据是"块状"的。

一般来说，如果能处理好这三个问题，那么 RD 设计就是有效的。

首先，使用任意人工切割点的困难在于在切割点通常有选择偏差。例如，在两个非常流行的 RD 设计示例中，研究人员发现在奖学金和选举的"随机"临界点上有很大的选择偏差。例如，收入较高的学生和竞选捐款较多的候选人分别更有可能获得奖学金和赢得选举。这是一个巨大的问题。这里的好处是可以通过绘制所有混杂变量切割点附近的图来观察它。

其次，RD 仅在极限中定义。如果你还记得高中微积分课，就肯定知道极限是函数随着它越来越接近某个点（这里是切割点）而接近的值。在我们的例子中，切割点是 50。它只是以非常接近的增量从 50 定义。但实际上，只有 51 和 49 被定义，而 49.999 999 999 是未定义的，没有用户可以取这个值。然后，我们将面临对照组（切割点左侧）和实验组（切割点右侧）应该有多大的问题。我们有多少数据接近切割点？得分 48 或 52 的玩家真的有可比性吗？ 45 分和 55 分呢？ 我们可以进行稳健性检查并改变样本量，以查看这些变化对估计结果的影响程度。但是，如果结果明显与理论上的不同，就需要问自己在切割点处是否有足够的覆盖范围。

最后，应如何对切割点附近的"块状"数据进行建模。如果不同类型的模型针对干预前和干预后的值得到不同的估计，我们应该使用什么模型？我们将在下一节中看到与此问题相关的示例，并提出估计效果的建议。是真有效果还是存在选择偏差？切割点处的"块状"也可能是选择偏差的标志。你可以测试由于选择偏差而导致的"块状"数据。虽然本书不对此进行介绍，但读者可以查看文献（McCrary，2008）来了解 McCrary 密度测试并用 R 包 rdd 进行实现。这里的想法是，如果没有选择偏差，切割点的两侧都不应该有不规则的"块状"结构，且切割点的两侧应该成比例相似。

11.1.5 绘制数据

对于 RD，有一个简单的规则：当有疑问时，请绘制图表。那么，我们如何绘制 RD 图呢？x 轴是干预变量，我们应该关注切割点周围的区域。y 轴表示干预前的结果变量或混杂变量。通常在 RD 设计中，数据的效果或选择偏差仅通过绘制数据图就变得可见。

绘制最接近切割点的数据，因为这是定义 RD 的地方。即使假设在远离切割点的地方才成立，这在 RD 设计中也基本上无关紧要。选择发生在接近切割点处，因此 RD 设计也可能无效。即使选择了几个连接良好的用户，也会使 RD 设计无效。

当我们在设计中充分考虑了这些问题时，RD 可以成为一个有用的工具。最好在玩家不知道任意切割点时应用，这样切割点处就不会出现策略或选择问题。现在，我们将讨论一个数值断点回归的例子。

11.2 估计获得徽章的因果效应

假设我们为第一天达到 50 分的雪地摩托爱好者创建了一个徽章。雪地摩托爱好者可以通过执行各种操作（例如查看雪地摩托产品、填写用户资料以及注册接收时事通讯）获得徽章。作为新用户，你没有明确的方法可以获到积分。如果用户在第一天达到 50 分，将获得徽章。否则，将不会收到徽章。

我们想找出获得徽章对用户留存的影响。徽章设计精美，可以在查看时添加到用户的个人资料页面。它会影响用户自己的感觉以及其他用户如何对他们的看法。我们假设，获得徽章会增加产品的用户留存时长。

我们决定用 RD 设计对此进行测试。为了保证设计的有效性，我们需要解决以下问题：

1. 该设计是否满足 RD 设计的要求（即干预变量的切割点、随机性假设）？需检查。
2. 弄清楚实验组和对照组有多大。
3. 创建模型来估计极限沿任一方向的 y 值。
4. 检查对其他变量的选择。

数据有 5 个变量：用户留存时长（天数）、第一天结束时获得的分数、个人资料长度（字符数）、好友数和浏览的页面数。请注意，除用户留存时长之外的所有变量都是在第一天结束时定义的。

在图 11.1 中，用户分数是根据产品的用户留存时长（天数）绘制的，用户留存时长是我们的核心留存指标。如前所述，切割点为 50。在本例中，切割点处的效果并不是特别明显。当接近切割点时，线性模型的估计值似乎确实存在差异。正如我们所讨论的，RD 仅在极限中定义，因此越接近切割点，设计就越好。该图已用代码清单 16.3 中的代码实现。

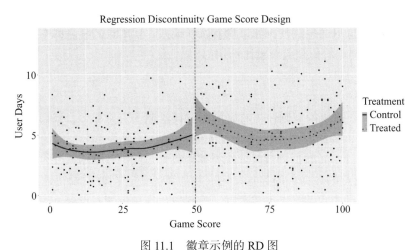

图 11.1 徽章示例的 RD 图

11.2.1 比较模型

本节将应用 3 个模型（实际上是 6 个模型，因为我们需要从切割点两侧应用模型）来尝试估计产品中用户获得徽章的"因果"效应。这 3 个模型的结果绘制在图 11.2 中。代码清单 16.3 用 R 语言实现了它。

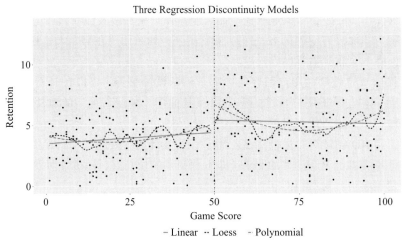

图 11.2 三个模型在切割点左右两侧的 RD 图

首先，我们在 x 轴绘制用户分数，在 y 轴绘制用户留存时长（天数）。结果变量就是用户留存时长，我们需要使用左右侧的数据来评估对应的用户留存时长（假设分数为 50）。

第一个模型是 OLS 模型。我们通过估计切割点处两侧的回归模型并用左侧模型减去右侧模型的差异来估计"因果效应"。右侧模型在 50 分处的估值减去左侧模型在 50 分处的估值就是 LATE。请注意，这些模型只有一个 x 变量，也就是说，不包括任何混杂因素。代码清单 16.2 和代码清单 16.3 介绍如何用 R 语言绘制图形和 RD 模型。

第二个模型是二次模型。我们将从右侧和左侧分别拟合到二次模型。作为参考，二次拟合方程为 $y = ax^2 + bx + c$。

第三个模型是局部回归模型或 LOESS 模型。LOESS 是一个局部估计器，这意味着我们使用小范围（即带宽）内的值进行估计，而不是像正态线性回归那样使用完整数据集。与距离较远的点相比，我们对靠近估计点的值进行了更高的加权。建模者必须设置带宽，即用于构建模型的数据的比例。然后，LOESS 局部拟合低次多项式，通常是线性关系式或二次多项式。如果你想详细了解这些方法，请查看文献（Hastie et al., 2009）。

通常，与整个范围内的 RD 模型相比，LOESS 或其他局部模型可以提供更好的估计值，因为它定义在接近切割点的位置。还要注意在切割点处对噪声进行建模。在观察值很少或异常观察值非常多的情况下，这可以从根本上提高或降低切割点处的估计值。

我们发现三个模型对 LATE 的估计不同。我们用右侧模型在 $x = 50$ 处的估计值减去左侧模型在 $x=50$ 处的估计值，得到 LATE（见表 11.1）。要了解在 R 中这是如何估计的，请参见代码清单 16.3。

表 11.1　基于 OLS 模型、二次模型和 LOESS 模型的 RD 估计 LATE

	以 50 为中心的左侧区域估计结果	以 50 为中心的右侧区域估计结果	LATE 估计结果
OLS 模型	4.46 天	5.44 天	0.98 天
二次模型	5.07 天	6.72 天	1.65 天
LOESS 模型	5.17 天	5.75 天	0.58 天

OLS 模型的 LATE 估计值为用户留存时长约增加了 1 天。二次模型的 LATE 估计显示用户留存时长增加了 1.65 天，而 LOESS 模型的 LATE 估计显示用户留存时长约增加了 0.6 天。由于 LOESS 模型估计的是接近切割点的效果，并且 LOESS 图看起来充分拟合了数据，因此我们倾向于使用 LOESS 模型。从这个例子中，我们看到不同模型的效果大小变化很大——相差 1 天，这可能比实际效果大。

如果样本量小且切割点附近"结块"，则用 RD 设计估计 LATE 可能很困难。最好使用尽可能靠近断点定义的方法。

11.2.2　检查混杂变量的选择

在我们检查到混杂变量中存在类似模式之前，我们不能假设这种"因果"效应是真实的。我们可以将混杂因素与进步者和未进步者叠加，并在切割点检查选择。代码清单 16.4

用 R 语言创建了图 11.3 中的图形。

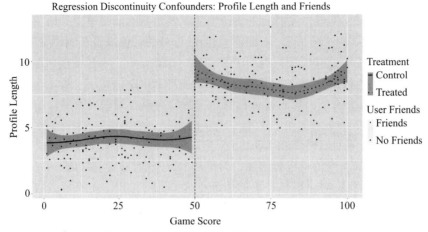

图 11.3　混杂变量（好友数和个人资料长度）

从图 11.3 可以看出，混杂因子（个人资料长度）的切割点处有选择偏差，因为切割点处的估计值有巨大的跳跃。假设我们在"获得"徽章之前已经填写完个人资料，这意味着我们正在有意选择具有更长个人资料的用户，并且"获得徽章"实际上在切割点并不是随机的。这将使设计无效。基本上，具有较长个人资料长度的用户似乎在分数方面存在不连续性。该图中的不连续性意味着根据其他变量选择用户取得徽章。

我们还可以叠加这个图，以查看用户好友数的选择偏差：与右侧相比，左侧的用户好友数较多，甚至"结块"。因此，拥有更多朋友的用户将获得徽章，切割点同样存在非随机选择问题。

处理效应的另一种假设可能是，有朋友的用户对产品的参与度更高，可能在产品中停留更长时间，因此与获得徽章与否没有因果关系。在这一点上，我们无法区分最初的假设和这个替代假设。

我们或许可以删除所有有朋友的用户，看看切割点的不连续性是否仍然存在。如果不存在，那么我们可以尝试估计对那个亚群的影响。在本例中，这种方法不太可能奏效，因为个人资料长度变量似乎也有跳跃。

以下是通过 RD 设计提高结果"可信度"的一些技巧：

❑ 比较各种模型与实验组和对照组的规模。合适的模型和合适的群体规模是什么？没有人知道，最好的选择取决于数据。我们可以比较不同类型的模型和群体规模，看看结果有多可靠。如果使用不同类型的模型以及不同实验组和对照组规模获得了相同的效果，那么该效果很可能是正确的。在这种情况下，我们需要检查它是不是由选择驱动的。

❑ 检查所有潜在的混杂变量。检查所有的混杂变量是很有必要的。如果至少有一个混杂变量，设计就会更难让人相信。我们或许可以创建一个包含混杂因素的模型（如果它相对不重要的话）。例如，在回归示例中，我们可以添加混杂因素作为协变量。但是，不要被虚假的安全感所迷惑。这可能预示着更大的问题：

- 随机假设的核心问题也许是切割点处的选择。因为随机性不存在，所以许多 RD 设计确实在许多变量的切割点处存在混淆。例如，流行的 RD 设计着眼于赢得选举对政策的影响。从理论上讲，势均力敌的选举才是随机的。然而，有一些关键变量（例如竞选捐款和在职与否）会引入选择偏差，这意味着拥有更多钱的候选人更有可能获得 50.0001% 的选票，而不是 49.9999% 的选票。竞选捐款和在职的优势是不可控的，这两个因素可能是将所有政策结果视为结果变量的驱动力。

- 零覆盖可能表明缺乏数据，这意味着我们必须寻找较小的亚群来考虑。缺乏数据意味着切割点存在选择偏差，对照组中没有特定类型的用户，实验组不具有代表性（不平衡）。例如，在之前的示例中，可能有朋友的用户都在进步。从业者甚至可能想尝试对 RD 进行统计匹配（见第 12 章）。RD 有时会掩盖选择偏差问题，因为许多从业者不会充分探索所有潜在的混杂因素，并且该步骤不是执行设计的强制性步骤。在许多 RD 设计中，有很多混杂变量。

11.3 中断时间序列

中断时间序列（Interrupted Time Series，ITS）是涉及时间变量中断的特殊情况的 RD 设计。我们可以使用时间序列建模技术对不连续处的数据进行建模。时间序列不连续性是实践中最可信的 RD 设计之一，因此本节将介绍这种特殊情况。ITS 依靠时间中断来操作处理前趋势线的统计估计。我们来更细致地拆解一下。

假设我们有随时间变化的某种干预或措施。我们可以估计处理后时期（对照组）的干预前趋势，并将其与实际处理后数据（实验组）进行比较。这就是 ITS 背后的核心理念。

就像 DID 估计一样，我们需要有明确的处理前、后时期。也就是说，我们需要知道什么时候实施干预。在图 11.4 所示的示例中，2019 年 6 月 1 日起，促销活动为下载流媒体游戏可享受八折优惠。处理前时期指 5 月 31 日之前的 50 天。我们可以使用这个处理前时期来估计 6 月 1 日之后的 50 天的处理后时期的趋势。由于这是一个时间序列示例，我们将使用以百万美元为单位的总利润。

由于我们是在估计趋势，而不是依赖实际趋势，因此我们需要确定如何对其建模。首先，我们需要考虑干预措施如何影响结果，或者促销活动如何影响利润。效果是渐进的还是即时的？在这个例子中，我们假设我们同时有即时阶跃变化（价格立即变化），也有渐进变化（促销信息在人群中扩散需要一定时间）。

本节将介绍对 ITS 设计建模的不同方法。首先，我们将应用一个简单的回归模型；然后，我们将应用时间序列建模方法来估计 LATE。在应用时间序列方法之前，我们将简要介绍时间序列的主要概念和建模技术。

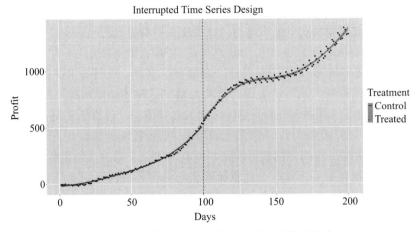

图 11.4 下载量随时间变化的中断时间序列设计

11.3.1 简单回归分析

对中断时间序列建模的最简单方法是使用虚拟变量进行回归。具体来说，我们可以采用与 DID 设计相同的方式对 ITS 进行建模。以下是我们将建模的回归方程：

$$y = \text{inter} + b_1*\text{time} + b_2*\text{treatment} + b_3*(\text{time since treatment}) + \varepsilon$$

结果变量是利润，因此我们将使用 OLS 回归。请注意，我们也可以使用其他模型。对计数结果，例如每天的下载次数，我们将使用泊松回归。对于二元结果，我们将使用逻辑回归。

在这种情况下，time 变量是以频率为单位的自研究开始以来经过的时间。treatment 是针对干预前或干预后的虚拟变量。time since treatment 是自处理以来经过的天数。有一个显著的变化（见表 11.2），即干预效应（ATT）估计为 269 次下载。我们在代码清单 16.5 中用 R 语言计算了相关结果。

表 11.2　ITS OLS 回归结果汇总

	Estimate	Std. error	z value	Pr(> |z|)
(Intercept)	−85.3292	10.4486	−8.167	3.82e-14 ***
treatment	270.1814	14.5952	18.512	< 2e-16 ***
time	4.7806	0.1814	26.35	< 2e-16 ***
timetx	1.2482	0.2528	4.937	1.69e-06 ***

注：显著性水平：0 '***' 0.001 '**' 0.01 '*' 0.05 '.' 0.1 ' ' 1；
残差标准误差：51.59，自由度为 196；
多重 R^2：0.9864，调查后 R^2：0.9862；
F 统计量：4737，自由度为（3，196），p 值：< 2.2e-16。

在图 11.4 中，我们可以看到非线性和季节性。因此，在本例中，回归模型不会产生最佳拟合曲线。当我们绘制覆盖数据的回归模型时，我们可以看到它对数据的拟合效果不佳。请参考代码清单 16.5 自己尝试。我们需要找到一个更好的考虑非线性和季节性的模型，以便让模型更好地拟合数据。

当出现以下情况时，回归模型不太适合用于 ITS：

❑ 季节性：以固定间隔发生的周期变化。

❑ 时变混杂因素：其他协变量的选择偏差。

❑ 过度分散：数据中的变异性大于模型能表示的变异性。

❑ 自相关：过程与前期本身之间的相关性。

下一节将探索对其中一些问题进行统计校正的时间序列建模技术。

失败的 ITS 设计：着眼于亚群

有时，我们很难模拟对整个群体的影响。从理论上讲，某些子群可能会受干预的影响更大。几乎所有的干预措施都是如此。想想政策变化。例如，最初提高最低工资对收入在最低工资附近的工人或最低工资工人较多的地区产生的影响最强烈。

通过 ITS 设计，我们可以查看可能具有更明确定义的效果的子组。如果我们发现它们确实具有更明确定义的效果，那么就会使原本薄弱的设计更加可信。但是，要警惕随机测试子组。当理论包含相关机制（即为什么一组会比另一组更影响大）时，这种方法是最可信的。在我们的示例中，我们可以关注打开促销电子邮件的子组。

11.3.2 时间序列建模

许多类型的用户行为（例如销售或下载）都是在一段时间内发生的。正如我们在 DID 设计中看到的那样，我们可以操作时间来了解因果关系。

本节将讨论 ITS 设计的时间序列建模方法。为此，我们将讨论有助于改进 ITS 模型的时间序列的一些基本原则。请注意，我们将只讨论与准实验设计技术相关的时间序列概念。如果你对时间序列建模感兴趣，建议查阅文献（Shumway & Stoffer，2006）。

下面，我们将讨论时间序列分析中的两个核心概念：自相关和平稳性。

11.3.2.1 自相关和平稳性

当结果变量是时间时，我们需要处理一些在其他类型的自变量中可能不存在的独特问题，其中之一是自相关。

自相关

自相关是不同时间过程值之间的序列相关性，是时间滞后的函数。正如第 6 章所讨论的，相关性是指两个变量相互线性变化。通俗地说，自相关是一组时间序列数据基于一个或多个周期的滞后在不同时间点与自身的线性变化。这基本上意味着前期的数据有助于解释当前数据——这是一个问题，因为它打破了常见的统计假设。统计学家喜欢假设数据是随机的、独立的和同分布的（iid 假设）。独立性是指选择一个观察结果并不意味着会获得另一个类似的观察结果。自相关是有害的，因为它打破了所有这些假设。

在 ITS 设计中有两种方法可以校正自相关：（1）使用 OLS 估计值的稳健标准误差；（2）使用时间序列模型。表 11.2 中的 OLS 结果与稳健标准误差大致相同。在这个例子中，除了自相关还有更多的问题，所以我们将使用时间序列模型来拟合数据。

平稳性

对时间序列数据建模时要理解的另一个核心概念是平稳性。**平稳性**意味着均值和方差不随时间改变。虽然非平稳过程在短期内变化很大，但长期来看，平稳过程会回归到其历史均值和方差。平稳性是在时间序列数据中的一个很好的属性，尽管它并不总是存在。

平稳性对于中断时间序列尤其重要。原因很明显：在平稳过程中识别数据的不连续性比在非平稳过程中容易得多。为了识别数据中的非平稳过程，通常需要比处理后时期长得多的处理前时期。这种方法也可能出现错误，因为理论上 RD 设计仍然只能定义在切割点附近。

考虑第 10 章中的 DID 建模示例。在那个例子中，过程是平稳的，效果很大，因此人眼能看清效果。相反，在具有非平稳过程的许多其他情况下，噪声和大于小效应的上升或下降趋势会更加抑制效果。非平稳序列需要更有经验的人来正确建模数据，即使如此，结果也可能不可信。

11.3.2.2 ARMA/ARIMA 模型

在 ITS 设计中处理自相关的常用方法是使用时间序列模型，如 ARMA/ARIMA 模型。ARMA/ARIMA 模型具有两个核心组件：自回归（AutoRegression，AR）模型和移动平均（Moving Average，MA）模型。

自回归模型是一种线性回归模型，它根据序列本身的滞后值预测序列值。在 AR(1) 模型中，我们对一个时期滞后进行建模。在 AR(2) 模型中，我们对两个时期滞后进行建模。在移动平均模型中，我们根据先验值的平均值对序列的未来值进行建模。因此，MA(1) 模型使用一个过去的观测值，而 MA(2) 模型使用两个过去观测值的平均值。ARMA 和 ARIMA 之间的差异是有没有 "I"——差分分量（I）表示数据被替换为自身与先前值之间的差异。

回到我们的促销活动，我们将 ARIMA 模型应用于 ITS 示例。现在，这可能无法解决数据资料的所有潜在问题，但它可以帮助我们更好地拟合数据并找到干预的效果。

表 11.3 显示了 ARIMA 拟合结果，干预变量建模为阶跃变量和渐变变量。代码清单 16.6 实现了这个 ARIMA 模型。

表 11.3 中断时间序列与 ARIMA 模型拟合情况

系数	估计值	标准误差	Pr(> |t|)
ar1	−0.1018	0.3265	0.755
ma1	0.2905	0.3112	0.351
sar1	0.4878	0.0907	0.000***
sma1	0.2804	0.0997	0.000***
Treatment	2.0008	1.3723	0.145
Gradual treatment	−0.267	1.3841	0.847

从这个模型中，我们可以看到干预没有效果；阶跃变量不显著，渐进变量在统计上也不显著。该模型具有移动平均（ma1）组件、自回归（ar1）组件和季节性分量（sar1、sma1）。当我们实际考虑自相关和季节性因素时，干预没有效果。

对任何反事实建模都非常困难。在接下来的章节中，我们将多次用到这个想法。小的建模决策可能会导致效应和其他元素的巨大变化。许多模型可能对微小变化极为敏感，因为实际数据非常复杂，具有年度、每日和每周的季节性、周期性（如商业周期）和非周期性趋势（产品增长／死亡）、异常值等。

与 RD 示例类似，作为数据分析师，我们应该尝试各种模型并检查所有潜在的混杂因素（稳健性检查）。上一节介绍了这项工作的示例，因此本节将跳过混杂因素验证方法。但是，在实践中这些步骤非常重要，请不要忽略。

下一节将介绍一个非常有用的业务工具——季节性分解。当我们想从时间序列数据中提取趋势线时，我们可以使用季节性分解来去除噪声和循环模式。

更广泛背景下的 RD

本章提到 RD 设计可以成为寻找局部因果效应的强大工具。RD 是一个有用的工具，原因有几个。首先，我们利用强制变量的随机性，这意味着我们不必自己实施实验。其次，RD 适合创造性应用，因为 RD 设计有多种类型，其基本假设是干预变量中断。与许多其他因果推断方法不同，RD 很容易因良好的绘图能力而失效。绘制 RD 可以向我们展示选择偏差发生在切割点。它甚至可以向我们展示阻止因果推断的混杂变量。

RD 最强大的用例之一是 ITS 设计。ITS 具有 RD 设计的优良特性以及使用时间作为干预变量的优良方面。通过更好地理解时间序列建模，我们可以改进 ITS、DID 和其他具有时间变量的设计。

本章提供了另一种从观察数据中得出因果洞见的方法。如第 3 章所述，因果洞见易于操作且具有规范性，这使得它们在改变用户行为方面比其他类型的洞见更有价值。

11.4　季节性分解

季节性涉及在固定时间间隔内重复的已知模式。循环模式可以发生在不同的时间尺度上，例如每天、每周、每月和每年。

季节性可以通过两种方式使 ITS 设计中的结果产生偏差。首先，处理期间的巨大变化或高峰时期（例如零售商的黑色星期五到圣诞节的处理期）可能会使结果产生偏差。其次，自相关效应可能会出现在季节性之上，均值或方差与前期相关。

在本节中，由于模型统计严谨性且适用范围很窄，因此我们将不会介绍如何消除季节性偏差。可以使用 ARIMA 模型或傅里叶项来构建消除季节性影响的模型。这两种方法都不在本书的讨论范围。有关如何获得季节性调整估计值的更多信息，请参考文献（Bhaskaran et al., 2013）。

现在，我们将介绍常规季节性分解，这在各种业务环境中都很有用。在大多数情况下，了解商业周期季节性的简单季节性分解足以充分评估这些设计的有效性。这里仅对季节性分解进行简单介绍,你可以参考相关文献来获得更严谨的技术要求。代码清单 16.7 给出了季节性分解的 R 语言实现。

季节性分解在实践中是一项极其重要的技术,因为几乎所有的购买数据(即行为数据)都随时、天、周、月或其他时间单位而变化。要检查一般时间趋势,应用季节性分解通常非常有用。例如,以雪地摩托网站为例,我们可能会发现在周末或圣诞节前夕或圣诞节期间有更多的流量和销量。我们想了解全年的销售额如何变化以及随着时间的推移总体趋势如何变化。

季节性不应与我们单独提取的一般"循环"模式混淆。季节性与循环模式的不同之处在于它是固定的并且在已知时期内发生。例如,商业周期可能会导致数据出现长期趋势。也可能存在非重复循环、不规则数据、错误和一般随机噪声。季节性分解是一种尝试对数据的各个组件进行建模和隔离的方法。与数据的真实复杂性相比,这些建模技术通常相对简单。它们提供了一种查看和思考数据的方式。

本节将讨论如何从时间序列数据中提取季节性因子。如果我们试图理解时间序列数据中的因果关系,季节性总是一个潜在的混杂因素。

季节性分解可产生四个分量:(1)季节性分量;(2)循环分量;(3)趋势分量;(4)误差分量。回想一下雪地摩托的销售情况。季节性分量导致圣诞节前购买高峰,从而导致月销售额差异。循环分量可能源于商业周期。趋势分量将体现销售额的实际变动。误差分量是指在特定日期进行不规则或异常购买行为。

季节性分解有两种主要类型,即加法模型和乘法模型。乘法模型假设波动的高度和宽度与序列的平均值成正比,而加法模型假设这些波动的宽度和高度不随着时间的推移改变。一般来说,乘法模型更适合用户数据。

加法模型:

Y = 季节性分量 + 循环分量 + 趋势分量 + 误差分量

乘法模型:

Y = 季节性分量 × 循环分量 × 趋势分量 × 误差分量

对于我们的数据,我们将使用乘法模型。

这里我们将解释如何近似计算乘法季节性分解:

1. 按均值归一化

我们将序列中的所有值除以序列均值。如果均值为零,那就不除。

2. 移动平均线

时间序列模型的一个核心元素是计算移动平均线。移动平均线是预测未来值的前期值的总和。假设我们有以下八个值:2, 6, 5, 7, 1, 0, 8, 2。三分量移动平均线将是:NA, NA, NA, 4.33, 6, 4.34, 2.67, 3, 3.33。在此示例中,我们将前三个值相加并除以 3,即可计算移动平均线的第 4 个分量。

3. 计算趋势分量

我们根据移动平均线计算趋势分量。我们使用 OLS 模型根据移动平均线预测结果（Y）。结果是移动平均线，预测部分是趋势线。

4. 计算循环分量

我们用移动平均线除以趋势分量来计算循环分量。

5. 计算季节性分量

季节性分量是真实结果（Y）除以移动平均线。这样做的结果是生成季节性分量加误差分量。为了提取季节性分量，我们平均所有相同的季节性时期。对于年度季节性趋势，我们可以将过去所有的 12 月的数据加起来，以找出 12 月的季节性影响。

6. 随机性或误差分量

误差是真实结果的残差除以移动平均线。然后，我们将季节性分量除以这个结果。余数就是误差。

季节性分解的现代算法比这更复杂，但这里的演示可以让大家大致了解如何计算季节性分解。

我们从销售示例中的 ITS 中获取销售数据，并将其按季度划分。图 11.5 显示了 ITS 示例中趋势的季节性分解。有许多基于此处描述的概念的季节性分解算法。R 函数使用 LOESS 方法进行这种季节性分解，我们将在 16.2.3 节中详细讨论。

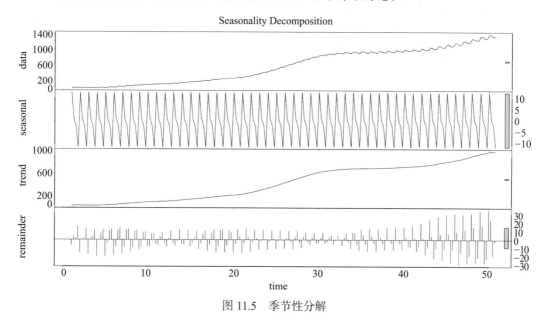

图 11.5　季节性分解

本章介绍了时间序列中的概念，例如平稳性、自相关和季节性分解。在商业环境中，季节性分解非常有用，因为通常存在使推断变得困难的强烈季节性趋势。

笔记

关于时间性和因果性的最后说明："因果性"的一个核心方面是时间性。对于具有因果关系的过程，通常 X 必须在 Y 之前发生。这意味着因果相关过程更可能与 Y 变量的滞后版本相关。请注意，这仍然可能是假性相关。

我们可以使用本章中的工具来检查 X 变量与滞后 Y 变量之间的相关性。如果滞后一个或两个时期的 Y 与 X 的相关性比 X 与 Y 的相关性和 X 与更滞后的 Y 的相关性高得多，那么它增加了因果关系论证的可信度。第 12 章描述了如何将这些结果和其他"因果"指标结合起来，为假设寻找支持。

11.5　可实践的洞见

本章的可实践洞见如下：

❏ 设计是因果推断的关键。验证来自设计，而不是结果。

❏ 断点回归是一种设计，可用于操作 Web 产品中自然发生的许多类型的随机性。这是一种创造性的设计技术，而不是仅仅依靠干预变量的中断。

❏ 理解时间序列数据是对最好的 RD/ 自然实验进行建模的关键，其中干预变量是时间的函数。

❏ 在处理时间序列数据时，季节性分解是一种非常有用的技术。

根据观察数据进行因果推断对于开发推进至关重要，因为许多困难的问题不容易进行 A/B 测试。稍加思考，便可知道实践中的许多设计都可以用来寻找因果关系。

第 10 章和第 11 章展示了一些有用的自然实验和准实验设计，用于根据观察数据进行因果推断。第 12 章将介绍统计匹配，即另一种更适用于所有情况以及希尔因果关系条件的准实验设计，我们可以在所有准实验设计失败时使用它。

第 12 章 *Chapter 12*

在实践中开发启发式方法

第 10 章和第 11 章介绍了自然实验和准实验设计。本章将介绍另一种准实验设计技术，即统计匹配。本章还将讨论可用于减少 A/B 测试因素的逻辑工具。最后，本章将讨论希尔因果关系条件，当所有其他方法都失败并且无法通过任何其他方式推断因果关系时，我们可以使用它。

本章将涵盖以下主题：

❏ 如何使用统计匹配进行因果推断。

❏ 使用匹配作为启发式方法。

❏ 将希尔因果关系条件作为在实践中确定因果关系的指南。

❏ 在 Web 产品或移动产品中推断因果关系的最佳实践。

当没有明确的实验设计时，我们将尝试根据观察数据确定因果关系。我们将使用两种技术：统计匹配和希尔因果关系条件。统计匹配是一种方法，我们在对照组中搜索看起来像实验组成员的成员，反之亦然。希尔因果关系条件是一组因素，当存在这些因素时，相关关系更有可能成为因果关系。

12.1 从真实数据中确定因果关系

假设你被一家健康公司聘为数据科学家，并试图确定个人健康教练在帮助人们戒烟的在线支持社区中的作用。该公司想看看它给用户的个性化信息是否能有效地防止人们吸烟。个性化消息不是随机发送的，也没有很好的个性化消息准实验设计。如果只是假设它们与戒烟有因果关系，我们可能会浪费大量资源来确定情况是否确实如此。我们可能会扩大计划并投入许多健康教练，但随后会看到戒烟人数很少增加，增长率或保留率没有变化。在进行重大投资之前，我们可能想尝试辨别发送信息的行为是否与帮助会员戒烟或其他一些有趣的变量有没有因果关系。

我们的统计库中有哪些工具？一种工具是统计匹配，有时被称为倾向得分匹配。在**统计匹配**中，我们在对照组中搜索看起来像我们实验组用户的用户。在前面的例子中，实验组收到了个性化的消息。当群体不是随机的——也就是说，当个人或环境迫使创建没有代表性的群体时，就会出现选择偏差。这些不具代表性的群体正在拉大实验组和对照组之间的差异。选择偏差是因果推断的大敌，因此要估计因果效应，我们必须尽最大努力消除数据中的这种偏差。

统计匹配允许我们纠正选择偏差（至少纠正我们收集的变量中的偏差）。如果能够纠正选择偏差，便可以使用匹配来进行因果评估，例如"变量 x 导致变量 y 增加 5%"。例如，假设我们发现健康教练发出的信息使戒烟率提高了 5%。这是一个巨大的增长，这可能会导致规范性结果：我们应该聘请更多的健康教练。（请注意，这与强相关性非常不同。相关性无法告诉我们一个因素是否在推动另一个因素以及在多大程度上驱动另一个因素。）因果推断非常强大，因为它可以给出清晰的可实践的洞见。

在许多无法纠正选择偏差的情况下，我们可以使用统计匹配作为一种启发式方法来寻找因果混杂因素，或一些可能与 A/B 测试"有因果关系"的变量。在大多数情况下，我们无法确定实际上是哪个变量或变量组合对结果产生影响。通常，我们只能对少数因素进行 A/B 测试，但统计匹配可以将变量缩减为我们最感兴趣的变量，然后再进行测试。

本章将介绍统计匹配和逻辑工具，以帮助我们访问观察数据或现实世界数据中的因果关系。本章首先将介绍统计匹配，然后将介绍希尔因果关系条件和其他启发式方法，以帮助我们进行因果推断。

12.2　统计匹配

统计匹配是我们尝试基于观察变量实现类似对照组和实验组的分布的过程。从本质上讲，统计匹配试图根据它们的属性（包括混杂变量）创建外观大致相似的群体以纠正选择偏差。混杂变量可以驱动目标变量和结果变量。

12.2.1　匹配基础

统计匹配是一种在人群中搜索与实验组用户相似的对照组用户的技术。我们所说的"相似"是什么意思？意思是我们无法在除干预变量之外的任何其他变量上对两组进行统计区分。

因为实验是统计推断的黄金标准，所以统计匹配试图模仿 A/B 测试，但与其他准实验设计技术不同。我们没有尝试在设计中寻找随机性（这是有限的），而是尝试通过在对照组中选择看起来最像实验组用户的用户来模拟真实实验中没有选择偏差的情况。

统计匹配中最重要的概念是平衡。

平衡

在这种情况下，平衡意味着根据给定的变量（非干预变量）实验组和对照组之间在统计上是不可区分的。例如，实验组和对照组中的男性和女性比例相等或相似。此时，我们可以说我们已经在这个变量上取得了平衡。

当实验组用户很少且潜在对照组用户很多时，统计匹配的效果最好。我们想在对照组中搜索那些看起来最像实验组用户的用户。从历史上看，这是使用逻辑回归确定倾向得分来完成的。我们将在接下来的几节中介绍这种方法以及更现代的方法。其他方法通常是计算密集型的，因此对于大型数据集，可以使用倾向得分匹配。

12.2.2 哪些功能"促使"用户购买

企业主可能想知道是什么导致用户的购买行为。购买行为可能涉及任何产品或服务，例如星巴克的一杯咖啡。可能存在大量因果因素，其中可能包括用户对产品的渴望、日常习惯或潜在的购物瘾。可能有许多主要和次要因素会导致用户在某天的特定时间购买某些东西（从雪地摩托到一杯咖啡不等）。

由于我们不知道究竟是什么导致了购买行为，我们需要探索可能是因果关系的一大堆变量。使用统计匹配最有力的原因之一是我们可以从大量变量中找到核心因果混杂因素。

12.2.3 匹配理论

本节将讨论倾向得分匹配，这会用到第 8 章的专业知识。倾向得分匹配依赖分类算法——在本例中是指逻辑回归——来分配干预分数或被干预的概率。你可能还记得，逻辑回归采用二元标签输出类或事件的概率（结果）。

在探讨倾向得分匹配之前，我们先澄清匹配中的一些重要概念。在匹配中，我们试图为实验组找到一个最佳的反事实组。基本上，我们正在查找对照样本，该样本通常在混杂因素方面类似于处理组样本。首先，我们必须确定我们感兴趣的干预变量和结果变量。假设我们以个人资料图片为例，我们想要找到上传个人资料图片（或让用户选择头像）对留存时长的因果影响。我们感兴趣的是拥有个人资料图片的因果效应，而不是那些碰巧上传或选择保留个人资料图片用户的选择效果。

从那里，我们知道干预变量是添加个人资料图片，结果变量是用户留存时长（天数）。接下来，我们需要考虑应该包含的混杂变量。以下是一些潜在的功能：

1. 其他系统引导行为（例如，通过用户漏斗的进度、用户第一天的完成情况等）。
2. 产品中的社会行为。
3. 人口统计。
4. 动机。

在我们的简单示例中，有三个变量：性别、系统引导完成情况和动机强度（已调查）。表 12.1 给出了完整的数据集。在我们的示例中，有 10 个用户有个人资料图片（实验组），有 20 个没有个人资料图片（对照组）。我们将在此示例中保持较小的样本量，以便演示匹配过程。

表 12.1 实验组

用户	组	性别	是否完成系统引导	动机强度	收入（以千为单位）	留存时长（天）
1	1	1	1	高	61	15
2	1	1	1	中	50	8
3	1	1	1	高	41	25
4	1	1	1	低	85	3
5	1	1	0	中	120	2
6	1	1	1	中	90	45
7	1	0	1	高	50	79
8	1	0	1	高	42	4
9	1	0	0	低	10	8
10	1	0	1	高	180	30

现在，让我们看一下可供选择的潜在对照用户的工作表（见表 12.2）。

表 12.2 对照组

用户	组	性别	是否完成系统引导	动机强度	收入（以千为单位）	留存时长（天）
11	0	1	0	低	10	1
12	0	1	0	中	15	6
13	0	1	1	低	35	18
14	0	1	1	高	46	45
15	0	1	0	中	98	6
16	0	1	1	中	60	20
17	0	1	0	高	65	15
18	0	1	1	低	30	2
19	0	1	0	中	92	61
20	0	1	0	低	40	10
21	0	1	0	中	52	3
22	0	1	1	高	63	17
23	0	0	0	低	15	0
24	0	0	0	低	19	1
25	0	0	1	低	81	14
26	0	0	1	中	76	57
27	0	0	0	低	47	12
28	0	0	0	高	255	1
29	0	0	0	低	12	0
30	0	0	1	中	48	10

你能找到看起来像表 12.3 中特定对照用户的特定实验组用户吗？它们在总体上如何比较？

表 12.3　实验组和对照组的对比

	性别（比例）	是否完成系统引导（人数占比）	动机强度（人数占比）	收入（平均值）	留存时长（平均值）
实验组	女性（60%）	完成（80%）	高：50% 中：30% 低：20%	\$72 900	20.4 天
对照组	女性（60%）	完成（45%）	高：20% 中：35% 低：45%	\$57 950	14.95 天

从表 12.3 中，我们看到实验组和对照组在性别方面平衡，这意味着实验组和对照组中男性和女性的比例相等。然而，对于其他变量（即系统引导完成度情况、动机强度和收入），两个组很明显不平衡。我们还可以从图 12.1 中看到，不仅收入的均值非常不平衡——完全分配是不平衡的。对照组的收入低于实验的用户。即使使用统计匹配，也没有可比的

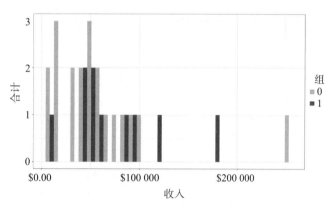

图 12.1　收入分布

对照组用户，因此我们可能永远无法理解高收入用户是如何受到影响的。

这是非常典型的。实验组看起来不像对照组。实验组通常在这些核心变量上看起来要好得多（当我们观察积极行为时）。实验组和对照组看起来不同，我们无法判断是个人资料图片还是其他变量之一导致了两组之间的留存时长差异。

现在，我们知道这些数据是观察性的且不平衡，因此我们可以使用匹配框架对其进行改进。我们能找到看起来像实验组的对照组吗？有许多可以找到最佳对照组的方法。我们将在这里研究其中两种方法：

❑ 倾向得分匹配（使用和不使用卡尺方法）。

❑ 基因匹配。

我们不会深入研究这些方法的数学问题。如果你有兴趣了解有关推导的更多信息，请参阅文献（Rubin，2006；Sekhon，2011）。

要使用倾向得分匹配，我们需要计算倾向得分。为此，我们需要使用干预变量作为结果变量来运行逻辑回归：

$$组 \sim 截距 + b_1 \times 性别 + b_2 \times 是否完成系统引导 + b_3 \times 动机强度_1 + b_4 \times 动机强度_2 + b_5 \times 归一化收入$$

我们使用此回归来计算个人用户的倾向得分。我们找到与实验组用户具有相似倾向得分的对照组用户。我们如何确定什么是相似的？我们使用**卡尺**，即实验组用户和匹配的对

照组用户之间的倾向得分允许差异。在这个例子中，我们将把卡尺定义为小于 0.25 的倾向得分差异。这意味着倾向得分为 0.70 的实验组用户可以与倾向得分在 0.95 和 0.45 之间的对照组用户匹配。假设我们最接近的对照组用户的倾向得分为 0.44（或 0.96），那么这个用户将没有可比的实验组用户并且会退出样本分析。

我们将在本节后面回顾卡尺。图 12.2 展示了完全重叠的实验组和对照组中的用户。这是一个极端的例子，但在现实世界中经常发生。筛掉大量用户是因为没有完全足够的对照组用户或实验组用户。在本例，有 17 个观察结果失效。他们基本上是实验组用户，他们看起来一点也不像对照组用户，所以我们找不到合适的匹配用户。如果已经降低了可能性，你能找到实验组和对照组潜在的匹配吗？

用户	组	性别	是否完成系统引导	动机强度	收入	留存时长	倾向得分
1	1	1	1	高	61	15	0.612
3	1	1	1	高	41	25	0.612
4	1	1	1	低	85	3	0.184
5	1	1	0	中	120	2	0.5
7	1	0	1	高	50	79	0.851
8	1	0	1	高	42	4	0.851
10	1	0	1	高	180	30	0.851
12	0	1	0	中	15	6	0.5
13	0	1	1	低	35	18	0.184
14	0	1	1	高	46	45	0.612
18	0	1	1	低	30	2	0.184
22	0	1	1	高	63	17	0.612
25	0	0	1	低	81	14	0.448

图 12.2 基于倾向得分选择对照组

因为它从根本上降低了我们寻找完美匹配的样本量，所以我们必须依靠卡尺。根据倾向得分模型，我们为每个实验组用户找到最接近的匹配用户（卡尺为 0.25）。你觉得他们匹配吗？图 12.3 展示了实验组用户的潜在匹配用户。

从图 12.3 我们可以看出，使用卡尺减少了选项，但有时仍然有不止一个"好的"匹配项，即两个或多个实验组观察值只与一个对照组观察值匹配。匹配远非完美，但通常都可以做到。但是，最好检查一下幕后发生的事情，因为在极端情况下，一半的实验组用户可能只能与一个对照组用户匹配。这很不好，因为我们无法继续对该子集进行统计匹配。

现在，我们检查实验组和对照组是否平衡。仔细一看，除了在收入方面不甚平衡之外，它们看起来基本是平衡的。我们可以看到实验组仍然有更高的收入。

因此，倾向方法肯定有助于更好地进行比较，但仍然存在覆盖范围不足（实验组和对照组看起来不够相似）和变量不平衡的问题。

我们放宽这些顾虑来解释一下如何计算平均处理效应（ATE）。ATE 是计划对留存的因果影响。我们甚至可以放宽卡尺假设，将用户与其最接近的匹配用户配对，即使差异超过0.25。许多被放弃的用户会匹配到一个用户，这通常是非卡尺匹配。

用户	组	性别	是否完成系统引导	动机强度	收入	留存时长	倾向得分
4	1	1	1	低	85	3	0.184
13	0	1	1	低	35	18	0.184
18	0	1	1	低	30	2	0.184
5	1	1	0	中	120	2	0.5
12	0	1	0	中	15	6	0.5
25	0	0	1	低	81	14	0.448
1	1	1	1	高	61	15	0.612
3	1	1	1	高	41	25	0.612
14	0	1	1	高	46	45	0.612
22	0	1	1	高	63	17	0.612
7	1	0	1	高	50	79	0.851
8	1	0	1	高	42	4	0.851
10	1	0	1	高	180	30	0.851
22	0	1	1	高	63	17	0.612
14	0	1	1	高	46	45	0.612

图 12.3 使用卡尺基于倾向得分模型匹配对照组

现在，我们计算实验组的平均处理效应（ATT）、对照组的平均处理效应（ATC）和ATE。我们将 ATT 计算为实验组用户的留存时长（天数）减去对照组匹配用户的留存时长。

计算 ATC，其中每个对照组用户都与最接近的实验组用户相匹配，我们减去留存差异。然后，我们用 ATC 减去 ATT，得到 ATE。请注意，我们必须使用规则来确定关系，以便每个用户只有一个匹配项，因为许多用户在实验组和对照组中可能有相同的倾向得分。你可以根据对你的设计最有意义的方式来确定这一点。

此示例的 ATE 为 −8.4 天，没有使用卡尺。该值是为样本添加头像的预测处理效应或添加头像的因果效应。ATE 在统计上不显著，这意味着我们不能确定这个结果是不是随机的。换句话说，在这个例子中，干预可能没有效果。

如果我们用卡尺计算 ATE 呢？我们知道样本量非常小，因此对这个估计持保留态度。我们使用卡尺进行匹配，不出所料，它丢弃了 20 个观察值，只剩下 10 个观察值需要匹配。最终的 ATE 为 −8.5 天。

当我们在这个假设的例子中匹配用户时，我们发现添加个人资料图片实际上会导致较低的留存时长。我们不会在观察数据中注意到这种影响，因为通常那些不匹配的拥有个人资料图片的用户具有更长的保留时长。正如第 6 章所讨论的，匹配（即使是不完美的）会大大降低比例差异。比例差异只是对两个或多个组的某些影响的比较。它们极具误导性，应谨慎使用并与其他工具一起使用。

以下是匹配过程的概述，以及该过程的各个步骤：

1. 选择干预变量和结果变量。
2. 选择可能"导致"结果的其他变量（始终考虑我们可能不清楚的变量）。
3. 使用匹配方法查找与实验组用户相似的对照组用户。
4. 测试实验组和对照组的均值或分布是否有显著差异。有关如何用 R 语言实现这一点，请参阅 16.3 节。以下是检查各组在除干预变量之外的所有其他变量上是否相似的步骤：
   i. 检查变量分布图。
   ii. 使用 t 检验、k 均值等统计检验来证明它们是相同的。Matching R 包中的函数 MatchBalance() 可以实现这一点。
5. 确定是否达到平衡。
   i. 如果达到平衡，继续计算 ATT、ATC 和 ATE。
   ii. 如果未达到平衡，则使用匹配作为启发式方法来找出不平衡的地方。

16.3 节将通过使用 Lalonde 数据集的统计匹配示例来确定就业计划对未来收入的影响。

12.3 倾向得分匹配的问题

本节将讨论倾向得分匹配方法可能存在的问题，即忽略变量偏差和零覆盖率。

12.3.1 忽略变量偏差和更好的匹配方法

世界上几乎所有的数据都是观察数据，实验数据明显例外。观察数据的难点在于存在选择偏差问题，正如我们在第 6 章中所讨论的。当用户不是随机划分为实验组和对照组，而是由于非随机条件而被选择时，就会发生选择偏差。这是一个有害的问题，它阻碍了从大多数用户数据获得因果洞见。

我们回到本章开始的场景，假设公司要求你确定来自健康教练的个人信息是否可以帮助用户戒烟。假设我们花了数周时间构建了一个足够的对照组数据集，数据最终能够在大约 50 个核心混杂变量上实现平衡。当一位同事向我们询问有关该主题的已发表论文中使用的一个新变量——动机时，我们将向公司的 CTO 展示结果。我们意识到我们忽略了这个重要的混杂变量。在这种情况下，结果是否仍然成立？

可能不会。即使缺少一个变量也会使结论受到质疑。这个问题通常称为**忽略变量偏差**。对于因果关系，忽略变量偏差是一个特别有害的问题，因为没有实验就没有简单的方法来验证因果关系。我们通过删除替代解释来显示匹配中涉及的因果关系——但如果我们不能排除所有其他解释，就无法证明因果关系。在实践中，出于这个原因，统计匹配要么用于特征选择，要么用作其他方法不起作用时的最后手段。当实验不可用时，因果关系很难验证。

在工业界，不正确的因果推断并不可怕。错误的结果可能并不会导致过早死亡，但仍然需要尽快获得结果。虽然不完全准确，但除了逻辑因果工具之外，还可以使用统计匹配来识别 A/B 测试或大致因果关系的可能因果关系。

现在回到我们的故事：面对需要重做分析的情况时，我们可能会恐慌一段时间，但随后便开始解决问题。假设我们收集了有关戒烟的用户动机数据。对我们来说可悲的是，增加动机使个人戒烟教练对戒烟的大部分因果效应无效。更有动力的用户更有可能在线，戒烟教练更有可能向他们发送信息。

这在因果推断中并不罕见：根据分析中包含的观察变量，效果可能会有很大差异。在分析中，我们也可能遗漏实际驱动效果的关键变量。在这种情况下，动机可能是驱动效果的因素，而个性化信息只与戒烟假性相关。

可以想象，有很多变量我们可能无法获得数据，而这些变量是解释动机等的核心。我们也可能会遗漏不可或缺的变量，但我们却没有意识到它们所扮演的核心角色。

这是一个很好的教训，说明了在没有 A/B 测试的情况下因果推断的困难。在没有 A/B 测试的情况下找到精确的无偏因果效应是很困难的。然而，本章中列出的统计方法（除逻辑方法之外），就像黑暗房间里的一盏夜灯。使用这些方法作为启发式方法可以指导我们理解用户，但要认识到，与 A/B 测试和预测模型不同，它们没有简单的验证方法，因此结果始终存在疑问。统计匹配的核心问题是遗漏变量偏差问题。如果我们遗漏了核心变量，那么估计结果就是错误的。统计匹配的困难在于模型不会告诉我们是否缺少核心因果变量。这让我们很难决定是否要相信我们的结果。

我们可以使用多种策略来找到看起来像对照组用户的实验组用户。历史上，实现两组平衡的一种流行方法是依靠倾向得分。12.2.3 节介绍了这种方法的一个例子。更好的方法是依靠基因匹配算法来迭代地构建聚合对照组。因为这是一种更复杂的方法，所以这里不会深入研究它。基因匹配算法通常会为我们找到一个更像实验组的对照组，而不是倾向得分匹配，这使我们能够避免不平衡的问题。

使用基因匹配算法 GenMatch 查找对照组

第 16 章使用 R 实现了一个 GenMatch 示例。基本上，倾向得分匹配已被更新的算法改进，这些新算法更能使实验组和对照组之间实现平衡。

GenMatch 使用进化搜索算法来确定每个观察用户的权重并平衡数据集。它实现了与其他匹配算法相同的过程，包括逻辑回归。它只是在每次迭代中改进这些用户权重。它没有匹配所有用户，而是对不同组合的用户进行加权以达到更好的平衡。

当前的实现速度非常慢，因为它会随着数据集规模的增大呈指数级增长，因此只能在小数据集上使用，这限制了其适用性。如果使用大型数据集来运行它，请小心，因为它可能会导致 R 程序崩溃。

12.3.2 零覆盖

另一个非常常见的问题是数据零覆盖；也就是说，实验组用户可能看起来不像对照组用户。有时可以通过限制研究范围或在结论中增加多种可能的混杂因素来解决零覆盖问题。

首先，可能没有看起来像实验组用户的对照组用户。例如，对照组中可能没有女性。在这种情况下，我们可以执行以下操作：

❑ 将零覆盖范围的用户排除在分析之外。我们无法检查女性用户，因此必须将她们从分析中剔除。但是，我们可以潜在地使用此信息来了解正在发生的选择效果。

❑ 分析其他子组。如果很全面地覆盖了男性用户，那么可以估计对男性的影响。

其次，所有选定的变量可能以相同的方式移动，这会阻止各组间实现平衡。例如，社会阶层、教育水平和收入可能都朝着同一个方向发展。在这种情况下，你已将预测变量范围缩小到一些无法取得平衡的预测变量。

12.4 启发式匹配

在继续使用其他因果推断方法之前，我们先探索一下如何使用匹配作为启发式方法。假设你无法在实验组和对照组之间找到平衡：匹配仍然有用吗？这实际上并不少见。它告诉你，基本上实验组用户看起来不像对照组用户。在这个社会过程中正在发生强烈的选择偏差。

匹配可以成为减少需要测试或检查的因果关系数量的有用工具。例如，假设我们努力在动机和社会经济变量之间取得平衡。由此，我们知道动机和社会经济地位与添加个人资料图片相关，并且这些变量之一（或它们的某种组合）导致留存时长增加。我们知道这种变化不是由其他变量（性别、系统引导完成情况或收入）引起的。

在这里，我们可以设置一个实验来分离这两个变量的影响。统计匹配可以告诉我们应该把精力集中在哪里。回忆一下第 6 章，A/B 测试不会搜索要测试的处理空间。然而，匹配可以做到这一点。当 A/B 测试资源短缺时，它可能是一种有用的启发式方法，可以节省时间或金钱。

请注意，实际变量本身很重要。正如第 3 章所述，有些行为比其他行为更容易改变。如果动机密切相关，则动机是人类行为的一个非常难以影响的方面。但是，如果系统引导完成导致了这种影响，那么我们可以更轻松地推动用户完成系统引导。

12.5 最佳猜测

当无法实现匹配平衡时，匹配通常会失败，因为没有与实验组用户看起来足够相似的对照组用户。当正确的情况没有发生时，其他准实验也会失败，例如干预变量的不连续性。双重差分（DID）模型和断点回归（RD）模型的结果无法在其他情况下轻松复制。

从本质上讲，当存在较差或没有反事实时，准实验方法可能会失败。在这些情况下，我们基本上没有太多的推断能力。事实上，吸烟示例的早期因果推断工作也面临着这个确切的问题。研究人员猜测吸烟"导致"了癌症，因为其他因素不太可能产生如此大的影响，但他们无法证明情况确实如此。

本节将介绍一些逻辑工具来帮助推断因果关系。假设我们已经尝试了自然实验和统计匹配以确定"交友"是否会带来更大的产品用户留存时长。我们可以用逻辑方法做出有根据的猜测来了解两者是否有因果关系吗？

首先，交友对留存时长的影响有多大，与其他外向社交行为相比如何？表12.4展示了为交友和其他社交行为计算的优势比示例（请参见8.3.3节）。

表12.4　优势比和行为

	交友	关注	点赞	评论	标记
优势比（留存到第3天）	用户留存的可能性提高50倍	用户留存的可能性提高5倍	用户留存的可能性提高8倍	用户留存的可能性提高6倍	用户留存的可能性提高4倍
	优势比明显比其他行为类型的更高				

当我们没有其他事情可做时，一些简单的指标可以帮助我们针对变量做出因果论证。但是，请注意，当效果不是很明显时，这些简单的启发式方法不起作用。

你可能有一个强有力的论点，认为留存时长与交友实际上可能存在因果关系，因为交友对用户留存时长的影响大得不成比例。其他混杂因素没有产生类似的效果。如果你对任何其他变量（例如以下变量）都感兴趣，那表明你没有强有力的论据证明这些变量与留存时长之间的关系是因果关系。

另一种方法是计算剂量效应。**剂量效应**指干预变量增长1后结果的单位变化。我们来计算交友变量的剂量效应（见表12.5）。

剂量效应为变量间存在因果关系的论点增加了一些合法性。如果某个变量与结果存在因果关系，我们预计更大的变量值会导致更高的效果，并且每个单位的增加都会导致积极的和可能类似规模的增加。如果我们在数据中看到这种关系对，则表

表12.5　交友变量对留存时长的剂量效应

干预变量（交友数）	留存时长（天）
1	20
2	26
3	32
4	45
5	56
6	64
⋮	⋮

明该因素可能与结果存在因果关系。但是，请记住，仅仅增加某变量大小是不够的（随着干预变量每增加一个单位，结果变量中必须有类似大小的效应）；这里最大的混杂因素是动机。好友的数量可以简单地作为动机的一个指标。然而，动机可能不服从线性分布，所以通过观察剂量效应，我们或许可以梳理出"好友数"的因果效应。

有更复杂的统计方法来检查和计算剂量效应。要进一步探索它们，请参阅文献（Douglas Bates & Donald Watts，1988）。

最后，我们可以使用安慰剂测试来猜测因果关系。你可能还记得，安慰剂测试是指我们在没有接受干预的情况下遇到类似的时间或事件，并且我们预计不会有任何影响。它使我们能够确定是不是其他原因导致了这种影响。为了进行这种测试，我们使用相同的实验设计，只改变与干预相关的元素——也就是说，我们指定了干预不发生的时间。我们要检查是否还有效果。如果有效果，那么很可能不是干预导致的这种影响。

表12.6中的示例是第10章中DID模型的安慰剂测试。假设我们使用前一年的时间作

为安慰剂测试。我们使用相同的两个指定市场区域（DMA），其中一个接受处理——2016 年 4 月 12 日投放商业广告。我们将基于两个 DMA 来查看上一年的同一时期。如果前一年使用相同的方法时没有发现干预效果对结果产生影响，那么这将使我们相信促销广告与结果确实具有因果关系。

表 12.6　促销广告的安慰剂测试

	购买情况（促销前）	购买情况（促销后）	差异
促销 DMA（2015 年 4 月 12 日）	576	725	149（根据购买量分布，这可能很显著）
非促销 DMA（2015 年 4 月 12 日）	587	601	14（可能只是随机噪声，在计算检验统计量前我们无法确定，检验统计量计算见第 6 章）

计算其中一些比较统计量并使用剂量测试和安慰剂测试，可以帮助我们猜测哪些因素可能与结果存在因果关系。但是当所有其他方法都不起作用时，我们还可以猜测。当我们需要猜测时，希尔（Hill）1965 年的因果关系指南是一个很好的参考。希尔定义了 9 个可能有助于建立因果关系的因素。正如我们在本章中所说的，没有简单的方法来验证一种关系确实是因果关系。然而，许多因果变量有一些我们可以寻找的相似之处。

产生洞见的核心是因果关系——因果推断。正如我们在前几章中讨论的那样，理解事情发生的原因是困难的。有时，这甚至是不可能的。在产品分析中，相关性通常用作因果关系的替代品。当这种情况发生时，负责人往往会感到懊恼，因为他们经常发现这种关系是错误的，用于支持这些目的的行动浪费了。

希尔因果关系条件如下：

1. 效应强度：非常大的比例效应通常是因果关系的标志。例如，如果吸烟者患肺癌的可能性高了 200 倍，那么吸烟很可能会致癌。如果人们不能轻易想到另一个可能造成如此大影响的主要候选因素，那很可能存在因果关系。

2. 一致性：这个因素在不同的地方、不同的群体、不同的产品和不同的时间是否高度相关？

3. 关联的特异性：是否存在明确的因果联系，并在不同群体或时间之间产生不同的影响？例如，老鼠携带的疾病菌株导致了欧洲的腺鼠疫爆发。这种联系很明确，表明那些住在离老鼠繁殖地方更近的地方——即靠近下水道或人口稠密地区——的人可能受鼠疫影响最大。但单亲家庭是否会导致收入下降的问题更加模糊。在这种情况下，没有明确的联系，我们无法区分对不同群体的影响。对于鼠疫例子，有一个明确的因果路径或机制。对于第二个例子，可能有许多潜在的机制——例如单亲导致父母注意力下降，从而导致收入降低。单亲并不直接导致收入下降。相反，两者之间可能存在许多干预机制，使得因果关系很难辨别。

4. 时间性：许多有趣的因果问题都受到反向因果关系的影响。是经济衰退导致了股市崩盘，还是股市崩盘导致了经济衰退？在某些情况下，时间性问题永远不会出现，因为一个事件明显先于另一个事件，它们间的关系就像疾病和死亡的关系一样。我们可以使用更复杂的统计工具来查看时间性。我们可以使用时间序列技术滞后结果并查看某些变量是否会成为更好的预测变量，参见文献（Wooldridge，2013）。第11章结束时对时间性的主题进行了粗略的讨论。本书不对这些工具进行介绍。

5. 剂量效应：效应的强度是否随着获得的干预次数的增加而增加？例如，吸烟者患癌症的比例是否随着每天吸烟数量的增加而增加？找到干预次数增加和结果增加之间的关系可以证明存在因果关系。

6. 合理性：也称为气味测试。这是常识吗？尽管这个世界还有很多我们不知道的地方，但人类确实有非常复杂的启发式方法。

7. 一致性：整个用户行为理论是否一致？它是否广泛适用于特定情况下关于用户行为的其他文献？

8. 实验：我们在前面的章节中已经讨论了实验。

9. 类比：它是否类似于我们可以轻松测试的其他现象？

这对于思考因果关系非常有用。这些标准迫使我们全面分析情况并统计一些额外的信息：

❏ 优势比（请参阅第 6 章）。

❏ 剂量效应：干预变量增加一个单位与其对结果变量的影响之间的关系。

❏ 安慰剂测试：查找可用于比较效果的时间或地点。

❏ 时间性检验：找出 X 如何与 Y 的滞后版本相关。这在第 11 章中简要讨论过，如果将 Y 滞后 $1 \sim 3$ 个时期后与 X 的相关性比 X 与 Y 的相关性或 X 与 Y 滞后 5 个时期以上的版本相关性强得多，那么这可以增加因果关系论证的可信度。

在实践中，这些工具对于识别因果关系以及进一步探索变量非常有用。

12.6 总结

统计匹配是一种非常强大的技术，可以让我们更好地理解数据中的因果关系。与准实验设计的情况不同，统计匹配将估计因果效应的大小和方向，而不需要太多设计工作。如果你想了解个人资料图片对用户留存时长的因果效应，则应该从匹配开始。

如果添加适当的覆盖范围和足够的混杂变量，则可以生成诸如"添加个人资料图片导致用户留存时长增加 5%"之类的调见。使用观察数据估计因果效应的能力使这种方法在工业中非常有用。

统计匹配也确实会出现一些问题。匹配未针对大型数据集进行优化。这意味着作为数据科学家，你必须找到足够的数据样本进行匹配，这最多可以得到两个因素之间的因果关系。匹配还需要配合一些复杂的分析才能获得良好的结果。倾向得分匹配通常不会使数据集平衡，因此通常不得不依赖更复杂的方法。

匹配可以帮助我们发现因果关系以及这些关系的大致大小。但是，在某些情况下，由于数据缺乏覆盖面或难以相信统计匹配结果，使用希尔因果关系条件可以使结果更可信。希尔因果关系条件通常是处理黏性因果 Web 的好方法。一般来说，大多数变量之间是存在因果关系的，但影响很小。作为数据科学家，你的工作就是找到对行动或结果有巨大影响的几个变量。统计匹配和希尔因果关系条件在实践中对于寻找影响较大的因果因素非常有用。

12.7　可实践的洞见

本章的可实践洞见如下：

❑ 匹配可以用作一种启发式方法来查找以类似方式移动的变量组（核心混杂因素）。

❑ 倾向得分匹配对于大型数据集很有用，但 GenMatch 对于较小的数据集更好。

❑ 逻辑技巧和简单的技术，如大优势比、剂量效应、安慰剂测试和时间性，可以使潜在的"因果"变量更可信。

❑ 选择偏差越大意味着数据越不支持因果推断。某些具有大量选择偏差的特征永远无法控制。

备注

本章没有详细探讨这种方法，但是参考书目中包含的阅读材料——特别是文献（Bates & Watts，1988）——探索了可以帮助你在某些情况下推断因果关系的剂量反应模型。

来自观察数据的因果推断对于开发推断至关重要，因为许多困难的问题不容易适用于 A/B 测试或准实验。统计匹配可以帮助我们理解难以处理的因果关系。本章探讨了统计匹配，它是一种工具，可以确定现实世界数据中的因果效应，并帮助我们在因果框架中拼凑变量和混杂因素之间的关系。

统计匹配可帮助我们确定组或聚合因果效应。例如，我们可以研究添加汇总了所有用户的个人资料图片的处理效果。从理论上讲，对于每个用户，都有个人资料图片的个人"因果关系"或处理效果。

举个更具体的例子：也许有一种非常有效的药物治疗，但它不会以同样的方式影响每个人。一些参与者（比如男性）对药物治疗的反应要好得多，得到了很大的治疗效果，而女性则得到了较小的治疗效果。通过 A/B 测试，我们可以探索感兴趣的因素的个别处理或因果效应。第 13 章将探讨增益模型，它有助于估计 A/B 测试结果的个体处理效果（或因果效应）。

增益建模

第 12 章讨论了统计匹配的主题，以便从观察数据推断因果关系。本章将转向一个完全不同的主题：我们将重点关注已有 A/B 测试结果并希望进一步了解个体处理效果的情况。个体处理效果是特定干预对个体而非群体的因果效应。

回想一下，第 10 章讨论了这种推断的一个显著局限性：我们正在估计组级处理效果。然而，实际上，处理效果因人而异。个体的某些处理效果可能比群体的处理效果更大或更小。

正如第 6 章所述，A/B 测试评估的是平均处理效应（ATE），为我们提供了群体 ATE。ATE 可以解释为干预变量对整个组平均结果的因果效应，但干预或因果效应对于每个人或子组而言并不相同。

实际上，一些用户可能有较大的处理效果，而其他用户可能有较小的或负面的处理效果。在实践中，我们希望找到最能从干预中受益的用户，并让他们接受干预。本章将帮助我们根据 A/B 测试结果估计个体处理效果或因果效应，并找到处理效果最大的用户。我们将用来估计个体处理效果的统计方法称为增益建模（uplift modeling）。

本章将介绍增益模型的示例、解释和应用。16.4 节将在 R 语言中应用这些方法。

13.1　什么是增益

增益建模是一个工具包，专门用于对行为或"干预"对客户结果的增量影响进行建模。它是一种有用的行为定位工具，通过将 A/B 测试（因果推断）的优势与预测的验证特性相结合而创建。当应用于获取新用户、将非付费用户转化为付费用户、追加销售、交叉销售以及对用户流失和留存进行建模时，它是最有效的。请注意，增益建模在用户开发和行为的四个关键领域（获客、参与度、留存和收入）中都很有用。

增益建模有助于回答一个关键问题，即针对谁——谁会对某些刺激做出积极反应？我们可能有兴趣举办赢回活动（将不活跃的用户带回活跃状态）或建立促销活动来让用户购买价值更高的产品。定位和优化活动非常有效的方法是构建增益模型。

作为一个工具包，它正变得广泛流行，特别是自从它在 2012 年巴拉克·奥巴马总统的竞选活动中使用以来。在那场活动下，数据科学家应用增益模型来确定哪些选民会对奥巴马的竞选邮件、广告、电话和其他外展方法做出积极反应。从本质上讲，他们正在寻找可以改变行为的选民——特别是让投弃权票的选民投票支持奥巴马。这种定位技术避免了可能会做出消极反应或不会被外展影响的人。使用增益模型还可以测试正面和负面消息传递策略，并针对最容易接受这些消息类型的选民群体进行个性化设置。

本章将探讨基于 Lalonde 数据集进行增益建模的用途、方法和实际应用。Lalonde 数据集包括从实验性就业计划获得的数据。本研究的目的是检验就业计划对未来收入的影响。我们使用这个数据集是因为它很容易获得（即公共数据），通常用于证明因果推断方法的有效性，而且很小。所有这些技术都可以应用于特定产品 A/B 测试数据。

13.2　为什么采用增益建模技术

在增益建模流行之前，许多分析师过去常常依靠预测来模拟用户留存和流失。即使在今天，增益建模也没有得到应有的广泛使用。这主要是因为它需要两个广泛的过程：精心策划 A/B 测试；随后的复杂建模工作。

企业通常依赖预测建模，因为这样就不需要进行 A/B 测试了。这样的建模总比没有好，但不是很有效。为了说明原因，我们将探索一个赢回活动的例子。假设我们正在努力防止活跃用户变得不活跃。我们构建了一个预测模型来确定哪些用户可能在下个月变得不活跃。然后，我们向所有这些用户发送电子邮件。假设定位营销电子邮件平均每位用户花费 0.25 美元。

有一部分用户不会回复我们的电子邮件，因此我们在这些用户身上有所亏损。但是，更令人担忧的是，我们也可能会失去那些对我们的电子邮件做出负面回应的用户。我们只想联系那些离开了但在收到电子邮件后会回来的用户。这是一个更加微妙的命题。

预测哪些用户会在收到电子邮件后返回不仅是预测性的，而且本质上也存在因果关系。如第 8 章所述，预测建模可能是一种糟糕的定位工具，尤其是在有争议的活动中，因为它可能适得其反。我们可能会向原本不会离开的人发送电子邮件，这些人可能会在收到电子邮件后选择离开。

为了避免这个问题，我们将 A/B 测试的因果效应估计与优雅的预测建模相结合，以确定个体处理效果或干预对个体的因果效应。起初，我们可能会对这种方法持谨慎态度，因为它难以解决复杂问题。回顾一下第 6 章，要进行的 A/B 测试数随干预变量的数量成倍增长。对于非常复杂的 A/B 测试和较小的样本量，此工具包可能效果不佳。

但是，我们不要把精华和糟粕一起丢掉。增益建模应该包含在每个分析师的工具包中，因为它可以帮助你针对从这些干预措施中受益最大的用户进行处理。

增益建模不同于统计匹配和基于观察数据的其他类型的因果推断（见第 11 章和第 12 章）有两个原因：（1）它基于 A/B 测试或真正的随机化；（2）它重点关注异质处理效应，或干预对个体或子组的影响，而不是整个实验组的平均效果。当我们关注异质处理效应时，我们可以确定干预的目标对象。

既然已经探索了增益建模的用途，我们将继续对增益建模的工作原理进行概念性解释。

13.3 理解增益

增益建模基于增益的营销理念。增益是归因于促销或广告的销售额增长。增益建模是一种确定可归因于活动或促销的增益的方法。它对实验数据（即实验组和对照组）使用预测技术来估计增益。

增益模型可以通过看起来与实验个体相似的对照组用户来预测活动对用户子组的影响。这允许我们对子组反事实进行建模（例如，如果子组 X 没有接受干预会怎样？）。

反事实基于对照组中的子组，根据观察数据这些子组看起来像实验组。你可能会注意到，这些与我们在第 11 章中遇到的建模因果关系的问题是相同的。它们也会影响我们理解异质因果效应的能力。我们将在本章中讨论这些问题。

增益建模的目标是将用户分为以下四组：

- ❑ **确定的事情**：我们将转化的用户。
- ❑ **可被说服**：根据营销活动进行转化的用户（我们的目标群体）。
- ❑ **失去的原因**：永远不会转化的用户，营销活动对他们没有影响。
- ❑ **请勿打扰**：用户会对活动做生负面回应。

通过增益建模，我们试图找到可被说服的用户——基于持续促销活动被说服试用我们的产品的用户。我们可以基于实验数据构建模型来找到这些用户。

接下来，我们将探讨增益建模与传统预测方法（见第 8 章）的不同之处。

13.4 预测与增益

使用预测建模，我们不能轻易地将四类用户分开，从而找到可被说服的用户，这意味着我们可能将目标误锁定在"请勿打扰"用户类别。

通过预测模型，我们还试图预测结果，例如投票行为或购买行为。相比之下，增益建模更关注的是谁将根据我们采取的"干预措施"来修改他们的行为。可以看到，这与传统的预测框架和因果推断问题都不同，因为我们想要预测哪种处理对给定个体（或子组）的影响最大。

传统的预测建模通常侧重于实验组用户，没有对照组（换句话说，它通常不是随机数据）。由于预测建模中没有对照组，因此我们无法对增益进行建模。正如第 8 章所讨论的，预测建模并不能帮助我们推断因果关系。

因果推断和预测之间的核心区别在于方法的级别，例如个人或群体。在因果推断中，我们（通常）只能估计整个群体的 ATE；而在用户分析预测中，我们通常估计每个个体的拟合值或预测值。

ATE 是整个群体（实验组和对照组）的处理效果的预估。要使用因果过程的预测⊖模型，我们需要估计个体处理效果。个体处理效果是对给定个体的干预结果。

个体处理效果可能与群体处理效果有很大差异。例如，女性因吸烟而患癌症的风险可能与男性不同。女性患癌症的风险可能更高，但群体处理效果可能低估了女性的这种风险。我们想知道这些差异，以便政策制定者可以更准确地针对高危人群，从而对降低人口中癌症患者比例产生巨大的影响。

13.5 增益困难

由于我们永远不会知道个体干预效果，因此在增益方面会出现一些主要问题。在大多数情况下，一个个体不会同时处于实验组和对照组。因此，我们仍然需要找到"看起来像"对照人群中个体的实验个体，从而估计对用户的个体干预效果。在现实中，我们能做的最好的事情是根据重要的观察特征（例如性别）估计子群处理效果（Subpopulation Treatment Effect，STE）。

STE 有两个警告使其无法用于真正的因果推断：

❑ 针对个体的干预效果：即使是子群干预也可能不适用于某些个体，就像 ATE 一样！

❑ 未观察到的特征：未观察到的特征可能会影响因果效应的大小，因此我们的模型将无法捕捉真实的影响。这是在从观察数据进行因果推断时不断出现的一个问题。

不幸的是，此时，发现 STE 是我们能做的最好的事情。即便如此，重要的是要认识到这种建模方法可能会出错。

我们定义两个概念：

❑ **主效应**：实验中最主要的因果效应。

❑ **异质处理效应**：干预对不同子群的影响。

虽然这些影响因实际例子而异，但通常干预的主效应大于异质处理效应，有时甚至是显著的。例如，吸烟对男性和女性患癌症风险的影响的差异可能比吸烟和不吸烟之间的差异更小。通过增益建模，我们试图找到这些异质处理效应，但由于它们较小，错误的模型或干预的主要效应很容易掩盖它们。

由于我们无法验证因果效应（仅预测结果），因此很难确定"最佳"模型并验证变量选择方法。我们将在后面的部分讨论在实践中似乎有效的方法。

⊖ 在这个建模框架中，"预测"意为"最大化概率"。我们将在本章的增益模型中看到这是如何形式化的。要查看更正式的数学解释，请参阅参考文献。

13.5.1 Lalonde 数据集

本节将花一些时间来解释我们将在本章以及第 16 章中 R 语言代码清单中使用的数据集。

Lalonde 数据集是经济学中常用的数据集。它是从一项关于就业计划对未来收入影响的随机实验中获得的。干预变量是美国国家工作示范就业计划，这是一个针对那些在就业市场上难以立足的人的短期计划，其主要参与者人群包括最近从监狱获释的人、从戒毒所或其他康复机构获释的人以及高中辍学的人。

可以看到，这不是一般人群的随机样本，而是无法稳定就业的人群。请注意，该实验的数据具有内部有效性，这意味着它适用于参与者（与参与者人群相似的用户），我们无法将结果外推到一般人群（外部验证）。

该计划从 1975 年到 1977 年为参与者提供了为期 12 个月的最低工资补贴工作。它还为参与者提供了密切的监督和支持。这是一个公共数据集，由 Lalonde（1986）以及 Dehejia 和 Wahba（1999）使用，其中包含 445 名参与者，其中 185 人接受了实验。它具有以下协变量：年龄、性别、教育水平、黑人、西班牙裔、婚姻状况、学位（是或否）、1974 年的收入和 1975 年的收入。干预变量是某人是否参与了该计划。结果变量是 1978 年的收入。

尽管这不是产品分析数据集，但由于变量和上下文易于理解，因此它是一个非常受欢迎的数据集，可以用来检查这些想法。在处理产品数据集时，我们可以使用类似的设置。

13.5.2 增益建模

我们已经介绍了增益建模和 Lalonde 数据集，接着我们来看看增益建模的统计技术的概述。我们将探索各种经验方法，从最早的设置开始逐步发展到更现代的技术。我们将介绍三种不同类型的模型：（1）差分响应模型；（2）交互模型；（3）基于树的模型。在基于树的模型中，我们将探索增益森林和因果条件推断森林。在本节中，我们还将探索将随机森林作为预测方法的基础知识。

在差分响应模型中，我们在两个单独的模型中对实验组和对照组进行建模。在交互模型中，我们将干预建模为与自变量的交互效应。在基于树的模型中，我们使用决策规则根据增益的大小来划分组。

如前所述，本节中的所有方法都依赖于 A/B 测试（详见第 6 章）的结果。处理必须随机化才能使增益建模起作用。所有这些模型都有一些基本组件：

- ❑ 结果：我们要预测什么？（对于 Lalonde 数据集，它是未来的就业。）
- ❑ 处理：我们正在采取的行动是随机的。（在本例中，它指就业计划，我们已尽最大的能力让人们随机参与该计划。）
- ❑ 对照组：没有接受干预的组。（在本例中，指未受邀参加就业计划的个人。）
- ❑ 实验组：接受干预的组。（在本例中，指参与就业计划的组。）

13.5.3 差分响应模型

增益建模最直接的方法（也是实践中最不准确的方法）是差分响应模型。这种方法可以分别对实验组和对照组进行建模，然后将预测值相减来计算增益。

以下是步骤：

1. 建立一个模型来预测实验组的结果。

2. 建立一个模型来预测对照组的结果。

3. 将两个模型的预测结果相减以计算增益。

我们通常使用相同类型的模型（本例中使用逻辑回归模型）和相同的预测变量（见13.5.1节）来构建这两个模型。代码清单 16.18 说明了如何在 R 语言中用差分响应模型拟合 Lalonde 数据集。

虽然差分响应模型是一种非常简单的策略，但它在实践中效果不佳。为了使差分响应模型正常工作，每个模型生成的预测结果对于实验组和对照组都必须是正确的，以便相减的差等于增益。可以想象，这通常是不正确的。预测侧重于外部效度，而因果关系在很大程度上依赖于内部效度。对于实验组和对照组，我们最终可能会得到完全不同、不正确或不可靠的模型。我们知道我们无法轻松验证这一点。

如前所述，异质处理效应通常很小，因此在减去不完美的模型结果时可能会丢失效果。此外，在构建预测模型时，我们可能会删除对增益有影响但预测效果不佳的变量。基础模型也可能不适合我们的实验组数据、对照组数据或两个数据集，从而导致预测结果不佳。

由于我们需要完美的模型来支持这种方法（而这种模型很少存在），因此差分响应模型通常没有用。请注意，"足够好"的模型在这里是不够的。为了克服差分响应模型的缺点，学者们开发了另一种称为交互模型的增益建模技术。下一小节将详细讨论这种方法。

13.5.4 交互模型

从上一节可以明显看出，差分响应模型在实践中通常无法产生良好的结果，因此，人们提出了一种使用逻辑回归的单模型方法。Lo（2002）描述了交互模型的正式数学设置。

交互模型使用交互项将差分响应模型方法组合成一种功能形式，以模拟处理效果。以下是构建此类模型的步骤：

1. 使用自变量或特征构建逻辑回归模型。

2. 添加一个交互项（指示用户是否接受干预的二元变量），使其与自变量相乘。

3. 用交互项等于 0 的模型中减去交互项等于 1 的模型。

如第 8 章所述，在基线逻辑回归模型中，除截距外，每一项均为 0。此基线模型是对照组模型。这是交互项等于 0，但自变量可以为正的模型。

我们使用 Lalonde 数据集探索示例模型设置。我们的结果是预测下一年的就业情况。为简单起见，我们将保留三个自变量（年龄、过去的收入和婚姻状况）。我们将使用处理标志作为虚拟变量，用于判断用户是否接受干预（如果接受干预，则为 1，否则为 0）。如果我们想使用交互模型，则可以通过以下方式进行设置：

$$x = 截距 + b_1 \times 年龄 + b_2 \times 过去的收入 + b_3 \times 婚姻状况 +$$
$$c \times 处理标志 + d_1 \times 处理标志 \times 年龄 + d_2 \times 处理标志 \times$$

$$过去的收入 +d_3 \times 处理标志 \times 婚姻状况$$

$$p = \frac{e^{(x)}}{1 + e^{(x)}}$$

对于模型设置，我们使用了逻辑函数形式（请参阅 8.3.3 节）。结果是找到工作的概率。在这个示例模型中，b 系数代表自变量的主效果（年龄、收入和婚姻状况对就业的主要影响），c 是干预的主要影响（就业计划的影响），d 系数是由于干预而产生的自变量的影响。代码清单 16.20 中在 Lalonde 数据集上实现了一个交互模型。

根据第 8 章，逻辑回归的系数被解释为比值比（odds ratio）的对数，但可以转换为概率，有关内容请参阅 8.3.3 节。我们可以在我们的模型中解释这些系数，以确定每个因素影响获得就业的概率。

我们可以通过考虑一组特定的用户特征（例如 18～25 岁、女性、无学位等）来计算"个体处理效果"。然后，将这些数据插入模型中，以获得就业的概率。此处将个体处理效果用引号括起来的原因是，它实际上是一个子群处理效果，可能不包括所有重要的特征。

然后，我们可以用实验组模型（处理标志为 1）减去对照组模型（处理标志为 0）来计算整个群体的增益。

与差分响应模型类似，使用交互模型也存在一些问题：

❑ 从这个例子中我们可以看出，在实践中一个非常现实的问题是这个模型中有大量的项。因为有这么多相似的变量，所以我们最终可能会遇到多重共线性问题——也就是说，一个变量可能被一个或多个其他变量预测。模型通常需要简化，但是实际上我们很难有效地简化模型。

❑ 逻辑回归有非常具体的函数形式。我们可能想尝试一些可以分解亚群的非线性方法。下一节将研究另一种建模工具来帮助我们对非线性亚群效果进行建模——基于树的模型。树方法天然便是非线性的，可以适应亚群分裂。

13.5.5　基于树的模型

在第 8 章中，我们探索了用于预测的决策树。决策树模型可以找到将一组数据分类的最佳分区。当我们引入这个概念时，我们将决策树比作一个"二十问"的游戏，在这个游戏中，我们试图猜测玩家正在考虑哪个国家。决策树根据决策规则在每个节点将数据拆分成两组。在那个例子中，一个潜在的规则可能是"这个国家在亚洲吗？"或"它以字母 A 开头吗？"我们反复提问，直到到达根节点，在那里我们对数据进行分类。

决策树如何确定最优规则？决策树模型遍历所有潜在的变量拆分并计算度量。本节将讨论此类树最流行的形式——熵——但还有很多其他形式。我们将在本节中仅介绍分类树。

熵也可以被认为是信息增益。我们通过创建越来越相似的分组来获取信息。信息论中的熵基于以下原则：发生的概率越低，信息或熵就越高。我们可以考虑将熵测量为 1/ 发生概率。例如，字母 x 和 y 与字母 a 和 e 相比具有更高的熵，因为它们出现的频率较低。

与决策树每个节点中的数据比例相关的熵的数学定义如下：

$$熵 =- \sum p(x)\log(p(x))$$

其中，$p(x)$ 是类中观测值的比例。

现在，我们用两个例子来探索一下这个等式。我们需要用二元方程来计算它的值。我们计算拆分比例为 0.25 和 0.75 时的熵值：

$$熵 =-(0.25 \times \log_2 (0.25))-((0.75) \times \log_2 (0.75))=0.81$$

首先，我们假设我们有以下拆分：

$p(x)$	熵（近似值）
0.5，0.5（随机拆分）	1
0.334，0.667	0.9
0.25，0.75	0.8
0.2，0.8	0.7
0.1（完美拆分）	0

从这张表中可以看到，当完美拆分时，熵为零；也就是说，每个节点的对象标签均相同。此时，不确定性处于最低点，我们拥有完美的信息。当我们从拆分中没有得到任何信息时，熵为 1，这时不确定性达到最高点。随机拆分发生在不确定性最高且熵为 1 时。其他拆分介于两个极值点之间。

我们不会详细计算特定决策树的信息增益。从这个讨论中可以看到，我们希望通过拆分使每个节点具有更多的类同质性，进而使数据的无序性更低。

我们回顾一下决策树算法的步骤：

1. 搜索：在每个节点（从根节点开始），搜索最优属性以将数据拆分为不同的类别。为此，请运行统计检验以确定最佳属性并拆分。
2. 应用规则：应用规则并将训练数据拆分到适当的组中。
3. 重复步骤 1 和 2，直到构建出整棵树。这种方法被称为"贪心算法"，因为它在每个点都做出最好的选择，以期实现全局最优解。

现在我们已经回顾了决策树模型，接着我们来看如何使用基于树的模型构建增益模型并量化对不同子群处理效果。我们将探索两种不同的模型：（1）随机森林增益模型；（2）因果条件推断森林模型。首先，我们应该检查一下随机森林模型，因为这两个模型都是随机森林模型的变体。

13.5.6　随机森林模型

随机森林模型是许多决策树模型的集合，其中案例的输出是树的模式（分类）或均值（回归）。决策树存在过拟合的问题。随机森林纠正了这个问题，增加了给定模型的一致性，并且通常不太可能陷入糟糕的局部最小值或局部低点。

树通过假设过去的节点是最优的来解决预测问题。类似于博弈论中的前向归纳，我们假设过去的行为是理性的，前向归纳可能会错过全局最优方案。

在计算机科学中，我们经常看到这种问题。具体来说，决策树实现了贪心算法或自上而下的决策过程，做出最优的局部决策以期找到全局最优决策。然而，当我们以这种方式前进时，它让我们陷入了非最优的全局方案。

通俗地说，多棵树比一棵树好，因为就像单个数据点可以变化很大一样，单个树也是如此。例如，我们可以有两个具有良好预测结果的非常不同的树。我们想同时使用两棵树，因为通过对它们的结果求平均，我们可能会得到更好的预测结果。

在传统的决策树模型中，我们寻求最大化信息（即熵）。拆分标准是最好的方法，因为它增加了我们拥有的信息量，因为它通常会导致每个节点的拆分相对均等。

使用基于树的增益方法，模型有些不同。我们将在本节后面讨论增益模型和条件推断模型的拆分标准。

在传统的决策树模型中，叶子节点是对象的类别或预测值。在增益模型中，树的叶子节点是增益或值。我们将在本章末尾给出一个因果条件推断森林的例子。在我们详细介绍基于增益树的模型之前，我们将讨论如何构建简单的随机森林。随机森林增益模型和因果条件推断森林模型都将依赖于随机森林模型。

13.5.6.1 随机森林的工作原理

既然我们已经了解了随机森林比决策树模型更好的原因，那么我们来讨论一下随机森林的具体细节。以下是创建随机森林模型的步骤：

- ❑ 随机抽样数据。这只是意味着我们随机选择一些观察数据来构建树。例如，我们可能会从 1000 个样本中挑选 250 个来构建决策树。采取的是无放回抽样。如第 4 章所述，"有放回"意味着每次选择不会改变分布的组成，也就是说，每次选择后都将所选对象放回列表。
- ❑ 随机抽样数据集的变量或特征。我们挑选一些来构建每棵树。例如，假设有 8 个特征，我们选择 5 个来构建树。我们总是将一些变量（至少一个）分开，并且不将它们包含在训练数据集中。可以使用不同的特征集构建不同的树。
- ❑ 构建决策树并计算相关指标：袋外错误率、近似度和变量重要性。本节稍后将介绍这些内容。我们尽可能地让这棵树自然生长，不修剪它。如第 8 章所述，修剪是指通过去除预测能力很弱的部分以减小决策树的大小的过程。

现在我们已经建立了决策树模型，可能会出现什么问题呢？随机森林模型的质量取决于两个因素：

- ❑ 低树相关性——每棵树的相关程度如何。当包含较少的特征时，树的相关性较低。
- ❑ 预测的强度，当包含更多特征时会更高。

我们需要权衡这两个目标，找到构建每个模型时包含的最佳特征数量。我们在使用训练数据集和测试数据集时都应做到这一点。

为了评估随机森林模型的质量，我们可以使用三个矩阵：

- ❑ **袋外（Out-of-Bag，OOB）错误率矩阵**：此矩阵给出内部模型错误率。对于每棵树，都有三分之一的案例被排除在外。我们使用模型来预测每个测试案例类别。然后，我们为所有这些测试案例取多数类，并将其与真实结果进行比较。在所有观察数据中错误预测多数类的案例的比例便是 OOB 错误率估计。

❑ **近似度矩阵**：这个矩阵决定了案例或观察数据之间的关系。它是一个 $N \times N$ 的矩阵，其中 N 是数据集的长度。如果两个案例在同一个终端节点中，近似度增加 1。我们针对所有树计算这个指标，并通过除以树的数量对其进行归一化。输出应该是这两个案例在同一个终端节点中出现的次数的比例。

❑ **变量重要性矩阵**：该矩阵提供了许多树中各个特征的相对重要性。这里的想法是，如果一个变量非常重要，那么它将大大降低预测的准确性。这并不重要，它不应该影响预测的准确性。它们按以下方式计算：

1. 对于给定的测试案例，在 OOB 错误率估计中计算该案例正确分类的实例。

2. 随机更改给定变量的值，并查看 OOB 错误率在这种情况下如何变化。例如，我们可以将"已婚"改为"未婚"，看看它如何影响 OOB 错误率。

3. 从没有置换变量的旧结果中减去正确分类的新结果。

4. 对数据集中的 N 个案例重复步骤 1 到 3。通过除以 N 对其进行归一化，结果便是每个变量的原始重要性分数。

现在我们已经了解了随机森林模型的工作原理，接下来我们将这些概念应用于随机森林增益模型和因果条件推断森林模型。

13.5.6.2 增益森林

上一节已经探索了随机森林的基础知识，本节将继续讨论增益森林。我们将遵循与随机森林相同的过程，从单个树模型开始。在接下来的几段中，我们将讨论增益树。回想一下，我们将增益定义为干预对个体或案例的增量影响。要构建增益树，我们需要有以下类型的变量。这些可能不同于预测随机森林模型。

❑ 我们需要年龄或种族等可能导致不同处理效果的特征。例如，18 岁的人在就业计划中的经历可能与 25 岁的人大不相同。年龄可能是寻找就业计划对未来收入的异质处理效应的一个很好的候选特征。像个人身高这样的特征可能不太适合探索异质处理效应，即使它是预测收入的一个很好的变量。身高可能不会影响就业计划对收入的处理效果的大小。

❑ 我们希望找到与实验组具有相似特征的对照组，这样就可以估计子组的处理效果。回想一下，当没有随机化机制时，我们无法确定个体处理效果，只能确定平均处理效果。在这里，假设我们有与实验组非常相似的对照组（因为随机化）来估计人群的某些异质特征的增益。

常规决策树模型和增益模型之间的主要区别是拆分标准。上一节中讨论的拆分标准是用于将案例划分为单独节点的规则。对于增益模型，我们需要满足以下两个目标的拆分标准：

❑ 如果变量对实验组和对照组之间的差异没有影响，则查找等于零的拆分标准。基本上，树中不应该有针对身高的拆分，但应该有针对年龄的拆分。

❑ 根据对照组找出导致结果最大增益或损失的特征。一种方法是寻找那些能够最大化实验组和对照组之间差异的特征。我们查看每次拆分时实验组和对照组的特征分布，并尝试找到使结果差异最大化的特征。这里的拆分基于实验组和对照组的概率分布之间的散度（KL 散度）。更多技术细节，请参阅参考文献。

该模型添加了标准，使其对拆分时实验组和对照组的大小敏感，并防止将数据集的一个分支作为控制组而将树的其余部分作为实验组的情况。

这只是一棵树。该算法对训练数据的一部分进行随机抽样，然后构建一棵又一棵树，对结果进行平均，就像在随机森林模型中一样。

13.5.6.3 因果条件推断森林

另一种估计增益的算法是由 Leo Guelman、Montserret Guillen 和 Ana Perez-Marin（2015）开发的因果条件推断森林。我们将用 R 语言使用对应的包（uplift）来实现它，如代码清单 16.21 所示。

该模型试图纠正增益森林模型的一些问题。这里有两个问题：

❑ 过拟合：对数据中不存在的模式进行了建模。
❑ 偏向于拆分许多次的协变量：我们更有可能选择具有更多拆分选项的协变量。例如，按年岁定义的年龄可能比性别（男性或女性）的拆分次数更多，两者对于预测增益同样有用，但年龄更有可能被选中。

对于决策树，通常通过修剪或删除树中预测性不强的部分来纠正过拟合问题。对于增益模型，一种建议是删除协变量和干预变量之间没有交互作用的变量。然后，根据协变量和干预变量之间交互作用的可能性对其他协变量进行排序。我们通过统计检验确定是否存在交互作用。这在一定程度上可以解决过拟合和选择偏差问题。这种方法的详细解释可以见文献（Guelman，2013）。

13.5.6.4 变量选择

我们在第 7 章借助无监督方法（如 k 均值算法和主成分分析算法），在第 8 章借助监督学习方法（如套索回归）。粗略地讨论了特征选择关于如何选择机器学习和人工智能（Artificial Intelligence，AI）中的特征，有大量工作要做。文献（Hastie et al.，2009）提供了更全面的统计特征选择概述。

为增益建模选择正确的特征很重要，因为我们正在寻找亚群效果。我们将使用文献（Radcliffe & Surry，2011）中的以下标准：

❑ 变量越少越好。使用很多变量很可能会导致过拟合。如第 8 章所述，当模型拟合噪声而非信号时，就会发生过拟合现象，从而导致更差的预测结果。
❑ 删除高度相关的变量。变量高度相关是因果推断的一个问题。正如在第 6 章中提到的，假性相关对于因果推断来说是一个令人讨厌的问题。它使得确定因果关系而非虚假关系变得困难。出于这个原因，高度相关的变量会导致无法解释且不稳定的模型。
❑ 提高模型的质量和稳定性。这个标准意味着我们需要测试模型并找到最佳模型，其中"最佳"意味着最具预测性和一致性的模型。使用随机森林是去除不稳定模型的一种方法，因为它们聚合了许多树模型。

☐ 使用主要变量而不是促进变量。我们可以通过一个过程或促进变量使一个因素导致一种结果。例如，烟囱清洁工曾经有很高的癌症发病率。我们可以保留一个主要变量，例如清扫烟囱的职业，或者我们可以保留一个促进变量，例如一天内清理的烟囱数量。与其用一天内清理的烟囱数量，不如用清扫烟囱的职业。别担心——我们可以使用一天内清理的烟囱数量来确定剂量效应（见第 12 章）。

这些标准可以按以下三个方面进行组织，以便在选择增益模型的特征时进行考虑：

☐ 预测。

☐ 结果的一致性。

☐ 独立。

一般来说，前两个可以通过为预测模型选择变量而实现。第三个对于模型解释和实施是有用的。如果变量高度相关，则会导致模型不稳定，甚至无法确定因果关系。这在用户分析中尤其成问题，因为许多变量都是高度相关的。

13.5.6.5 Lalonde 结果

为了使我们探索的概念更加具体，我们将这些概念应用于 Lalonde 数据集。在代码清单 16.11 ～ 16.17 中，前面描述的增益模型已应用 R 语言实现。正如本章前面讨论的，Lalonde 数据集的数据来自一个随机实验，其中接受干预的个体被登记在就业计划中。我们可以使用增益模型来查看不同的亚群受就业计划的影响。增益模型将帮助我们确定未来的就业计划的瞄准对象。

对于这个例子，结果变量是非零收入。干预变量为是否参与了就业计划。我们有多种变量来定义子组，例如年龄、种族、以前的收入、婚姻状况等。

我们将使用此数据集运行因果推断树模型来确定增益。我们将探索变量对因果推断树模型的重要性的度量，看看哪些置换特征对处理效果影响最大。

回想一下，变量重要性是衡量特征变化影响预测准确性的指标。换言之，具有较高预测性的变量会导致 OOB 错误率大幅增加，它具有较高的变量重要性。

如图 13.1 所示，西班牙裔和教育水平是 Lalonde 数据集中增加 OOB 错误率的最重要变量，而婚姻状况、以前的收入（1975 年）和年龄的重要性较小。你可能已经注意到，为了简单起见，图 13.1 中已删除了一些不重要的变量。我们在代码清单 16.23 中计算了净信息。

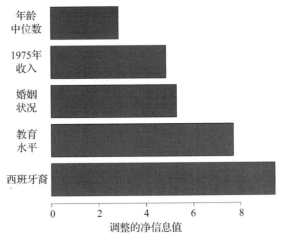

图 13.1 因果条件推断森林的调整净信息值

图 13.2 显示了这些变量如何影响处理效果。首先，预计主效应是就业计划后就业收入增加约 10%，而真实的平均处理效果为 11%。其次，我们可以考虑异质处理效应，或者某些属性如何影响 1978 年就业的处理效果大小。我们可以在图 13.2 中看到，西班牙裔和参与就业计划两个变量对 1978 年的就业有负面影响。相比之下，其他变量——尤其是已婚和受过高等教育，可以导致更大的积极处理效果。

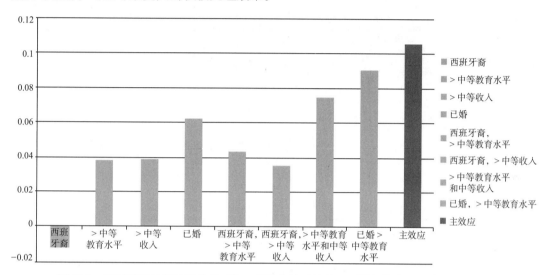

图 13.2 不同子组处理效果差异（前 8 项并非绝对效果，而是与特定子组有关的差异）

本节向我们展示了许多因果效应确实可以对不同组产生异质处理效应。评估相关子组的增益很重要。从那里，我们可以找到哪些组可能会取得干预的最大的优势或最大的因果效应。请注意，这些影响都是估计的，它们不是"真正的"子组或个体处理效应。换句话说，这些是我们对较小子组处理效应的"最佳"猜测。可以看到，一些次级效应非常小，而另一些则稍大，但它们都比主效应小。这对于增益建模非常典型——异质处理效应通常小于主效应。

13.5.6.6 增量增益曲线示例

我们可以使用增量增益图来可视化模型的质量，增量增益图展示了相对于用户百分比的增益。图 13.3 展示了使用随机森林增益模型和因果条件推断森林模型针对不同用户五分位数（quintiles）的效果。用户群按效果降序排列。增量增益或垂直轴也可以称为"增益"。基线显示随机目标模型的增益。请注意，对于最后一个五分位数，随机目标模型和任一模型之间没有区别。

对于 Lalonde 数据集的示例，图 13.3 包括两个模型——因果条件推断模型和随机森林增益模型，以及随机目标模型。可以看到，因果条件推断模型更好。

13.5.6.7 模型性能：Qini

Qini 是衡量增益效果的指标。它是增量增益曲线（对于每个模型）和代表随机目标模型的对角线之间的面积。

在图 13.3 中，对于因果条件推断森林模型，Qini 是模型之间的面积——因果条件推断森林模型和随机目标模型间的面积。对于 Lalonde 数据集，两个模型的 Qini 分别为 0.35 和 0.0045。

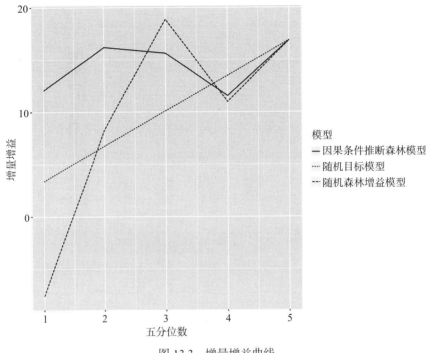

图 13.3　增量增益曲线

Qini——曲线下的面积——代表了与随机目标模型相比模型增益的改进。我们通过将训练模型应用于测试数据并计算模型的增益来计算增量增益曲线。请参阅文献（Radcliffe & Surry，2011）全面了解 Qini 和对收入的增益效果。

13.5.6.8　因果推断

我们如何在因果推断框架内解释增益结果？在本章中，我们询问了就业计划是否会导致明年的就业增加。我们询问了因果效应的大小。

我们首先估计就业计划使下一年找到工作的概率增加了约 10%。然后，我们可以了解提供该计划的成本，如未来支付的税款，以及在减少再犯罪率和减少公共计划使用方面对公共预算的效益。这样，我们就可以确定是否要继续运行就业计划。

接着，通过增益模型，我们能够估计就业计划对某些相关亚群的子组效应或因果效应。根据增益模型，我们估计已婚会使就业计划对就业的因果效应增加约 6%，而高等教育使就业计划对就业的因果效应增加约 4%。西班牙裔将就业计划的因果效应降低了约 1%。可以看到，就业计划对不同的亚群产生了不同的影响。

如果你想为未来的就业计划选取目标用户群体，你可能希望选取那些能体验到最大积极效果的工人。另外，你可能希望重构就业计划以定位那些未能从计划中获得很多收益的用户。所有这些潜在的行动计划都是由从数据中得出的因果洞见直接决定的。

请记住，由于实验结果是由内部效度定义的，因此这些结果可能仅适用于被测试的群体。换句话说，由于该计划预先选择了与公共机构有关的个人，因此就业计划对于其他与公共机构无关的个人而言效果有所不同。这些人本可以根据更好的社交技能被预先选择，从而导致比其他联系较少的人群经历更大的因果效应。如果实验或实验设计发生于用户漏斗后期中，我们也会看到 Web 产品中初始预选的问题。

总的来说，本节中描述的增益建模和其他因果方法的主要好处是它们提供了清晰的说明性洞见。因果推断为我们提供了信息，以便我们做出符合组织目标的明确决策。我们的洞见是有道理的、清晰的和规范的，可以在未来带来更好的结果。

13.6　可实践的洞见

本章的可实践洞见如下：

❑ 对于获客、参与度、留存和收入（用户开发周期的所有部分），增益建模可以提供可实践的信息。

❑ 要使增益建模正常运行，必须有 A/B 测试数据。

❑ 运行增益模型可以像使用正确设置运行逻辑回归一样简单。

❑ 更复杂的模型可解决非线性问题，纠正一些传统增益模型的问题。

❑ 增益模型提供了两全其美的优势——预测效用和因果推断。

增益建模应包含在每个分析师的工具包中，因为它具有强大的估计个体因果效应的能力。它还提供了我们想知道的重要信息——特定干预将如何影响不同的亚群。

我们也可以考虑适用于自己的个体处理效果。应该服用这种药物吗？应该喝红酒吗？应该如何改变行为才能活得更久？本章通过解释增益建模的工作原理以及如何在实践中实现它，帮助解决了用户分析中的这个问题。

本书的第五部分将介绍基本方法、预测方法和因果推断方法的 R 语言实现相关的知识。

第五部分 *Part 5*

基于 R 语言的基本方法、预测方法和因果推断方法

第 14～16 章主要介绍与 R 语言相关的知识。这部分的目标不是向读者讲解 R 编程语言，而是让读者理解 R 语言通常是如何通过命令实现简单的统计分析的。第 14～16 章使用的 R 语言版本是 3.5.3（2019-03-11）。本部分的目标读者是已经熟悉了一门其他编程语言的读者，读者无须精通这门语言。

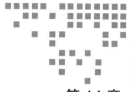

指标的 R 实现

本章属于介绍性章节，我们将：

❑ 安装 R 和 R Studio。

❑ 介绍 R 和 R Markdown 的基础知识。

❑ 创建和分析统计分布。

❑ 回顾指标创建。

本章将结合在第 4 章提到的统计分布和指标等概念，回顾 R 编程语言的基础知识。后面的章节将介绍 R 中 A/B 测试、基于观察数据的预测和因果推断、增益建模和人口预测等的实现。

14.1　为什么选择 R 语言

R 语言是一种用于统计计算和统计制图的编程语言，可以帮助我们将原始数据转化为漂亮的图表视图，是最好用的软件工具之一。为什么我们选择 R 语言呢？因为 R 语言非常容易上手，并且可用于复杂统计计算。由于被很多学术统计专家使用，因此在某些方面，R 语言具备非常全面的统计库。此外，由于 R 语言在 GNU 项目下是开源的，因此有很多的开发爱好者开发了大量支持统计和机器学习的包。R 语言还提供许多编程功能（例如面向对象），这些功能使其成为强大的数据分析工具。最重要的是，它是免费的！

我们在本书中使用小的数据集，主要是方便读者了解复杂的数学概念和统计概念。但是，实际上这些技术也可以使用大的数据集。R 语言具有多线程能力，可以与 Hadoop 和其他大数据应用程序进行交互。

R 语言之所以很好用，是因为作为复杂的编程语言，很多情况下它可以通过命令行的方式来运行一些简单的统计计算。因此，即使你不熟悉 R 语言，不懂编程，你也应该能够学到很多东西，能够实现本书中讨论的大多数应用程序，然后将它们应用于自己的数据集。

下一节将帮助刚接触 R 语言的读者安装 R 环境。如果你已经安装并准备好使用 R 和 RStudio，则可以跳过这部分。

14.2　R 基础入门：R 语言简介及安装

我们先简单介绍一下 R 语言的历史，然后再介绍安装和环境搭建。

14.2.1　R 语言

R 软件环境由 Ross Ihaka 和 Robert Gentleman 于 20 世纪 90 年代在贝尔实验室开发。R 语言易于使用，并且已经为开发者们提供了大量统计相关的包和特定领域的包，主要是基于 C 语言开发的。所以在用 R 语言处理大型数据存储时，可以通过 R 函数直接调用 C 函数，这可以大大增益编程效率。使用时，最好使用像 apply() 这样的迭代函数，而不是编写 for 循环。如果使用 for 循环而不是函数，R 将为循环中的每一项调用一次 C 函数，而不是为整个函数调用一次。

要安装 R，请访问站点 www.r-project.org/。你得选择需要 Windows、Mac 或 Linux 哪个版本，以及所在地区，然后下载相应镜像文件。对于 Windows，R 的默认安装路径是"Program Files"，由于此路径名称中包含空格，这可能会在使用时导致问题，因此，建议在安装该程序时选择 Documents 或其他目录。除了安装 R 环境之外，建议也安装一个 R 集成开发环境（Integrated Development Environment，IDE）。对于那些刚接触编程的人来说，通过友好的编程界面以及语法自动补齐功能，IDE 能更容易地让开发者们运行代码以及查看运行结果。R 最好的 IDE 是 RStudio。

当然读者也可以选择一些轻量级的 R 编辑器，不过在本书中，我们将主要使用 RStudio，因为 RStudio 内置了许多强大的功能，使 R 开发环境更易于使用。RStudio 允许用户创建多个项目空间分支，简化版本控制（这非常重要，因为 R 开发环境不能很好地处理包版本冲突），内置 RMarkdown 工具（有助于开发者创建优美、专业的文档文件），能直接连接到数据库并运行数据查询脚本，提供 4 个选项卡方便用户查看代码、输出结果、图形和 R 运行环境。RStudio 个人开发版也是免费的，可以从 www.rstudio.com/ 下载。

什么是 R 包

包是指用来完成特定任务的一组程序，在安装完成后便可使用。例如，可能有一个 {numbers} 包，它能帮助用户完成加法运算，将两个数字相加。另外，可能还有一个 {dyplr} 包，它提供简单、直观的函数帮助用户操作和清理 R 中的数据。

如果系统是 Mac，那么 R 应该已经安装好了。如果用的是 Windows，在安装完 R 环境之后，安装 RStudio 工具之前，可能会遇到加载 R 包失败的问题。安装时，需要注意的是，

需要确保 R 和 RStudio 在相同的根目录下，这样它们就能够访问同一路径下的 R 包。要查看库文件的安装路径，可以在 R 和 RStudio 的运行行中输入 .libPaths()，如果两边返回的路径是一样的，那么安装就没问题了。下面的示例显示了运行指令后输出的库文件的默认安装路径：

```
> libpaths() # in R
[1] "C:/PROGRAM/R/R-212~1.2/library"
```

14.2.2　RStudio

在前文我们提到，RStudio 是用于开发 R 程序的 IDE，它具备一个强人的编辑器功能——方便用户创建和修改 R 程序，以及一个自带的工具——可将数据可视化并创建数据报告。

如图 14.1 所示，RStudio 界面有 4 个面板。左上角的面板是输入代码的地方，我们可以在这里输入想运行的代码。单击顶部的绿色箭头（或者按快捷键 <Ctrl+Enter>）即可运行此代码。单击顶部的蓝色磁盘按钮即可保存代码。

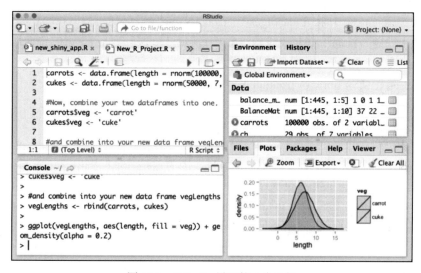

图 14.1　RStudio 界面的 4 个面板

左下角的面板是控制台，我们可以在这里执行代码并查看输出结果。如图 14.1 所示，每个"＞"后，已执行的代码行显示为蓝色，输出结果为黑色。当程序运行出错时，控制台还能让我们通过断点的方式查看程序运行的步骤，这对于程序调试来说帮助非常大。通过追溯从第一个函数运行到当前位置，罗列出所有经过的函数，断点运行可以展示程序如何从第一个函数入口一步一步运行到当前位置。

右上角的面板主要显示 R 运行环境的基本信息，包括我们创建的对象和定义的函数的信息。左上方的面板用来展示 R 脚本、RMarkdown 等。

右下角的面板提供一些其他的功能。"Files"选项卡的作用类似于文件资源管理器，主要用来显示本地计算机中的目录结构，通过单击相应的文件夹图标我们可以导航到任何文件夹，并通过单击文件名启动相应的文件。

"Plots"选项卡显示我们绘制的图。"Packages"选项卡列出了 R 环境中安装的包。"Help"选项卡方便我们查看 R 函数文档。

RStudio 是一个很棒的开发环境，它可以让我们在同一窗口中运行统计分析，显示输出结果并绘制数据曲线。

14.2.3　安装 R 包

首先，打开 RStudio 工具，然后在菜单栏位置找到"文件"菜单，单击后找到"创建文件"选项。然后，创建一个新的 R 项目，放在所选择的子目录中。

使用 RStudio 项目能更好地帮我们归类不同的 R 项目。每个 R 项目都有自己的工作区、历史、工作路径和支持文件。这可以让我们更好地跟其他开发人员协同工作，提交代码至代码仓库，比如 GitHub。

要安装软件包，请按照下列步骤操作：

1. 安装：运行命令 install.packages("packageName") 安装 R 包。这个时候，运行窗口会输出问题，询问下载包镜像的位置。我们可以选择离自己最近的镜像地址，例如，我选的是加利福尼亚州伯克利的镜像。
2. 加载：运行命令 library("packageName") 将包加载至当前会话。

如下例所示：

```
>install.packages("packrat")
>library(packrat)
```

请注意，示例中包名 packrat 需要带上引号，因为这是一个字符串。

安装 packrat 包是为了进行版本控制。所谓版本控制，是指在不同的会话中，可以使用同一个包的不同版本。高版本的 R 包可能更改了函数名或有其他改动，这可能导致代码无法执行。packrat 的用途主要就是解决这个问题：对于当前所在的项目，packrat 提供所需包的版本快照。

安装 packrat 后，我们可以运行 packrat::init()，这样当前的项目就变成了 packrat 项目，也就是说这时候项目包库就是独立的。现在，当运行程序时，包版本更改就不会影响到项目了。

现在，我们已经创建了一个新的 packrat 项目，可以开始 R 程序开发了。我们先创建一个简单的 RMarkdown 文件。

以后再使用 packrat 时，就不用再安装一遍，只需通过函数 library() 引入就可以了。

14.2.4　RMarkdown

RMarkdown 是一款可用来编辑 R 语言代码及显示 R 程序运行结果的框架工具，可帮助我们创建 HTML、PDF 、MS Word 文档和 PowerPoint 或 HTML 演示文稿。如果你使用过 HTML、XML 或 LaTeX，就会知道什么是"标记语言"，这类语言使用标签来定义文档中的元素。Markdown 就是标记语言中的一种，RMarkdown 利用 Markdown 编写出优美的代码和输出，不需要像在其他标记语言中那样使用标签。如果需要用 R 来进行统计计算，RMarkdown 会帮我们保存分析结果以及计算结果。

RMarkdown 预装在 RStudio 工具的高版本中，如果当前版本中没有 RMarkdown 工具，那么可以通过运行如下命令来安装：

```
# install.packages("rmarkdown")
```

RMarkdown 工具非常容易上手。它包含三个重要功能：

❏ 文本格式化。

❏ 代码分块。

❏ 代码编译。

在 RMarkdown 中，用户是无法控制程序间的间距的。不过，也有一些特殊情况。例如，按 <Enter> 键将创建新段落。还有一些更复杂的情况，这里我们先不讨论。

虽然能够通过这些方式调整格式，但如果想要按照我们期望的格式来显示，这可能还有些困难。要调整格式，我们需要不停地在输出和 Markdown 文档之间来回移动。

我们先用 RMarkdown 编写一个简单的文档。表 14.1 罗列了 Markdown 语言中几个简单的书写工具，比如创建标题、列表和表格时常用的语法。我们先花几分钟来了解一下这些工具，了解如何用 Markdown 进行写作。在 RMarkdown 中，默认情况下，强调和突出语句分别用斜体和粗体的格式来呈现。

表 14.1　Markdown 写作语法

写作工具	Markdown 语法
Header	# Header
List • Item1 • Item2 • Item3	*Item1 *Item2 *Item3
Italics(emphasized)	_italics_
Bold(strong)	**bold**

RMarkdown 工具支持 R 代码块嵌入。操作很简单，只需单击顶部的"Chunks"按钮或在块代码的开头添加 '''{r}，在尾部加上 ''' 即可。此外，也可以使用键盘快捷键 <Ctrl+Alt+I> 来完成块代码的嵌入。然后在块代码中，可以编辑想运行的代码。如果想在文档中输出代码，则需要添加 echo = TRUE 代码。如果在文档中只想显示代码但不显示运行结果，则可以使用 eval = FALSE。此外，还可以分别使用 warning = FALSE 和 errors = FALSE 来禁止警告和错误消息的输出。此外，块代码越小越好，因为当程序编译出错时，RMarkdown 不会告诉你出错的位置。

RMarkdown 还提供其他参数，用来决定是否需要将输出结果缓存起来，以及用何种格式来打印图形结果和文本输出。参数使用详情见 yihui.name/knitr/。使用前不要忘记安装必要的包和函数。

在代码块之外，如果想引用文本中的变量，则可以通过类似 '''r mean(1:10)''' 的方式引入。

我们可以参照表 14.1 中的语法写一些句子，例如：

```
# First RMarkdown
This is my first RMarkdown. It is exciting and cool.
This is the string that I printed: Hello World
```

文档编写完成后，就可以编译成我们想要的格式。单击"Knit"按钮，或者按快捷键 <Ctrl+Shift+K>，即可执行编译操作。RStudio 会将编译完成的结果显示在左下方面板的 RMarkdown 选项卡上。编译运行结束后，文档文件会在新窗口中生成。

还可以通过运行 rmarkdown::render("") 直接渲染文档。Markdown 对象完成编译后，项目目录中就会按照定义好的格式生成一个新文档。

14.2.5　R 数据读取

在 R 语言中，一般情况下，我们可以通过一个函数完成大部分数据格式的读取。要读取 CSV 文件（文件中数据用逗号隔开），只需要运行 read.csv ("file_path") 函数即可。如果我们希望在文件读取过程中将字符串作为字符串而不是因子读入，则可以在 read.csv() 命令后增加参数 stringsAsFactors=FALSE。在 R 语言中，字符串由一系列字符组成，因子是一组映射到数值的字符串。例如，假设我们有一个虚拟变量，用来存储"male""female"数据，创建因子变量后，就可以将"male"映射到数值 1，将"female"映射到数值 2。

如果文件中数据是通过制表符 TAB 进行分割的，则需要运行 read.table (file_name, sep="\t")。函数 read.table() 非常好用，一般在数据不是 CSV 文件格式时使用比较多，它能够读取不同格式的数据。

```
# Reading in a CSV file
dataset <- read.csv("~/Projects/practice_csv.csv")
# Reading in a TAB file
dataset <- read.table("~/Projects/practice_tab.tab", sep="\t")
```

如果在 R 中进行数据集建设，并需要保存这些数据集或其他对象，则可以使用 saveRDS() 存储为 R 数据对象。如果需要读取 R 数据对象，可以使用 readRDS()。R 数据对象的扩展名是 .rdata。请注意，对于这类数据类型的输入，除非另有说明，一般第一行都会当作标题行。

最后，读取 JSON 或 XML 文件中的数据，我们可以使用指定包（比如 jsonlite 和 xml2）进行数据读取。

下一节将介绍数据集中的空值和缺省值。

14.2.6　R 中的 NA

许多数据集会有空值概念的定义。在 R 语言的数据处理中，空值处理是一个难题。R 将数据集中的所有空值转换为 NA，即占位符。如果不对这些占位符进行处理，程序执行就会报错，函数将返回 NA。

在 R 中，NA 可以简单地被数字或其他值覆盖。如果 NA 的定义有特殊意义，则可以直接替换为对应的数值。处理 NA 的另一种简单粗暴的方式，就是直接将它们从数据集中删除，这会将所有包含 NA 的行删掉。

```
# Removing rows where any column has an NA value
dataset_na_removed <- na.omit(dataset)
```

许多函数都包含一个参数用来指定如何处理 NA。例如，在均值函数 mean() 中，设置
na.rm = TRUE 意味着我们将从均值的计算中删除 NA。对于其他函数关于 NA 参数的语法，
请查看具体文档。

```
# Removing NA values from the mean function
mean_your_data <- mean(data[,1], na.rm = TRUE)
```

不要将 NaN 和 Inf 与 NA 混淆。NaN 和 Inf 表示数据是无穷大、不确定的或者复数。

下一节将使用 R 语言可视化并演示第 4 章中提到的数据分布和第 5 章中提到的指标建
设。在这里，我们将主要关注正态分布和指数分布。

14.3 分布抽样

4.1 节讨论了正态分布及其用途。我们可以从给定均值和标准差的正态分布中，使用
rnorm() 函数生成随机数。这些随机生成的数字，我们可以想象成"潜在"的用户数据。当
然，真实的用户数据可没那么容易获取，使用随机数数据集只是方便我们研究和学习。

我们一起看看，这些正态分布在不同的标准下是如何变化的。所谓抽样，是指我们从
分布中抽取样本来评估分布的特征。在代码清单 14.1 中，我们从 3 个均值相同但标准差不
同的正态分布中抽样，标准差分别为 1、3 和 3。通过改变观察数据数量，我们观察分布的
形状是否发生变化。第 3 个正态分布的观察数据数量是前 2 个分布的 10 倍。你能猜出第 3
个正态分布会发生什么吗？

代码清单 14.1 从正态分布中抽样数据

```
# Library ggplot2
library(ggplot2)
# Setting Random Seed
set.seed(100)

# Sampling from some normal distributions and putting them into a data frame
normal_data = data.frame(
  normal1 = rnorm(100, 1, 1),
  normal2 = rnorm(100, 1, 3),
  normal3 = rnorm(1000, 1, 3)
)

# Density plots of these distributions
a <- ggplot(normal_data, aes(x = normal1)) +
    # Density Plot
    a + geom_density() +
    # Title
```

```
    ggtitle("Normal Distribution: Standard Deviation = 1, Observations = 100") +
    # X and Y Axes Titling
    ylab("Density") + xlab("Normal 1") +
    # Title Formatting
    theme(plot.title = element_text(hjust = 0.5))

b <- ggplot(normal_data, aes(x= normal2))
    b + geom_density() + ggtitle("Normal Distribution: Standard Deviation = 3,
      Observations = 100") +
    xlab("Normal 2") + ylab("Density") + theme(plot.title =
        element_text(hjust = 0.5))

c <- ggplot(normal_data, aes(x= normal3))
    c + geom_density() + ggtitle("Normal Distribution: Standard Deviation = 3,
      Observations = 1,000") +
    xlab("Normal 3") + ylab("Density") + theme(plot.title =
        element_text(hjust = 0.5))
```

在我们从正态分布中抽样之前，我们需要设置一个随机种子，以便我们可以复制结果以供后续参考。我们在图 14.2 中绘制了第一个正态分布，在图 14.3 中绘制了第二个正态分布，在图 14.4 中绘制了第三个正态分布。我们使用的是密度图，它可以被认为是一个平滑的直方图。密度越高，匹配该值的点就越多。

本节将使用数据帧来保存数据集的 R 对象，可以通过 data.frame() 指令来生成。在接下来的几个章节中，我们将使用 R 中的基础绘图工具和包 ggplot() 来创建图形。

本节中展示的几个图是使用包 ggplot2 创建的。该软件包按以下方式工作。首先，我们使用 ggplot() 函数加载数据。然后，通过调用其他函数来绘制图形细节。例如使用函数 ggtitle() 来展示图形标题。在图 14.2 ～图 14.4 中，密度图由函数 geom_density() 完成绘制。

第一个正态分布（见图 14.2）比第二个正态分布（见图 14.3）窄。第三个正态分布（见图 14.4）比其他分布更平滑、更宽。由于观察数据数量较多，因此更平滑，由于标准差较大，因此更宽。

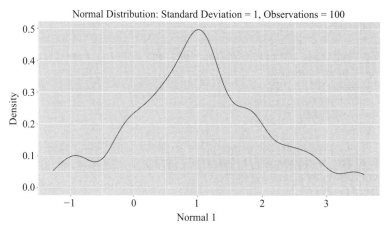

图 14.2　第一个正态分布的密度图，标准差为 1，观察数据数量为 100

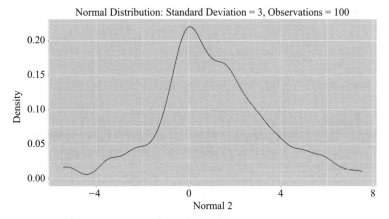

图 14.3 第二个正态分布的密度图，标准差为 3，观察数据数量为 100

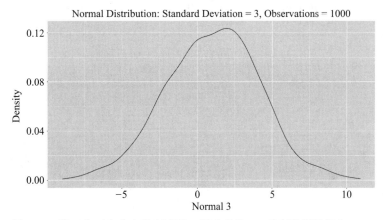

图 14.4 第三个正态分布的密度图，标准差为 3，观察数据数量为 1000

请注意，三个正态分布的均值是相同的，均为 1。我们也可以改变均值。由于正态分布的形状保持不变，这意味着分布的最高密度将切换到新的均值处。均值等于正态分布的众数。

为了让这个有趣，假设我们要从指数分布中抽样。我们在 4.1.8 节讨论了指数分布。在 R 中，为了从指数分布中抽样，我们使用 rexp() 函数。

在代码清单 14.2 中，我们通过抽样同时改变速率来创建三个指数分布。速率参数告诉我们指数分布的增长速度。在本例中，我们将速率参数从 1 改变到 3，并将观察数据数量从 100 改变到 1000。图 14.5 ～图 14.7 绘制了这三个指数分布。

代码清单 14.2 从指数分布中抽样数据

```
# Setting Random Seed
set.seed(100)

# Sampling from random exponential distributions
exp_data = data.frame(
  exp1 = rexp(100, 1),
  exp2 = rexp(100, 3),
```

```
    exp3 = rexp(1000, 3)
    )

# Density plot for each of the distributions
a <- ggplot(exp_data, aes(x = exp1))
        a + geom_density() + ggtitle("Exponential Distribution: Rate = 1,
            Observations = 100") +
        ylab("Density") + xlab("Exponential 1") + theme(plot.title =
            element_text(hjust = 0.5))
b <- ggplot(exp_data, aes(x = exp2))
        b + geom_density() + ggtitle("Exponential Distribution: Rate = 3,
            Observations = 100") +
        ylab("Density") + xlab("Exponential 2") + theme(plot.title =
            element_text(hjust = 0.5))
c <- ggplot(exp_data, aes(x = exp3))
        c + geom_density() + ggtitle("Exponential Distribution: Rate = 3,
            Observations = 1,000") +
        ylab("Density") + xlab("Exponential 3") + theme(plot.title =
            element_text(hjust = 0.5))
```

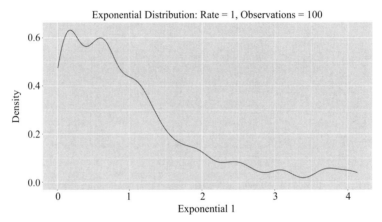

图 14.5　指数分布的密度图，速率为 1，观察数据数量为 100

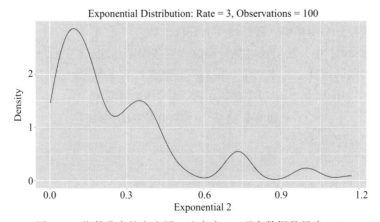

图 14.6　指数分布的密度图，速率为 3，观察数据数量为 100

可以看到，速率参数越大，分布趋向于零的速度就越快。同样，观察数据数量越多，分布就越平滑。

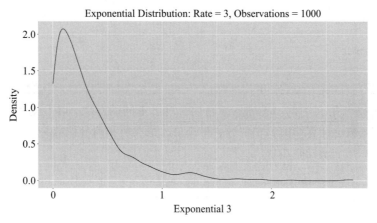

图 14.7　指数分布的密度图，速率为 3，观察数据数量为 1000

14.4　汇总统计量

我们已经在 R 中对一些正态分布和指数分布进行了抽样，接下来我们将计算这些样本的均值、中位数和标准差。这里，我们可以使用 R 内置函数，例如 mean() 函数，它的用法非常简单。如果数据中有 NA 或 NaN，只需声明一下函数需要如何处理这些空值即可。代码清单 14.3 生成了第一个正态分布和指数分布的基本汇总统计量。

代码清单 14.3　汇总统计量

```
# Creating data easy for use
normal1 <- normal_data$normal1
exp1 <- exp_data$exp1

# Finding the mean of a distribution
mean(normal1)
## [1] 1.002913

mean(exp1)
## [1] 0.9874761

# Finding the median of the distribution
median(normal1)
## [1] 0.9405801

median(exp1)
## [1] 0.6955635

# Finding the standard deviation of the distribution
```

```
sd(normal1)
## [1] 1.016102

sd(exp1)
## [1] 0.9242444

summary(normal1)

summary(exp1)
```

我们也可以调用 R 中的 summary() 函数，对于不同的对象，该函数具有不同的含义。对于分布，该函数会计算均值、中位数、最小值、最大值和四分位数。

```
# Summary Statistics in R
summary(normal1)
##    Min. 1st Qu. Median   Mean 3rd Qu.   Max.
## -1.2720  0.3912 0.9406 1.0030  1.6560 3.5820

summary(exp1)
##     Min. 1st Qu.   Median     Mean 3rd Qu.     Max.
## 0.008003 0.325817 0.695564 0.987476 1.295371 4.129465
```

我们可以观察到，正态分布的中位数和均值大致相同，但指数分布却不是。

正态分布有一些很好的特性。那我们如何知道用户数据是否服从正态分布？我们可以使用 Q-Q 图来确定数据是否近似服从正态分布。

14.5 Q-Q 图

Q-Q 图是一种建模技术，主要用来比较样本数据与已知分布，从而检验数据的分布情况。Q-Q 图的原理是，样本数据的百分位数应与相同分布的百分位数是相似的。例如，如果已知分布中百分之九十的样本数据小于 5，如果分布相同的话，那么另一分布的百分位数应该与之相同。如果两个分布的百分位数相同，则 Q-Q 图中的点将落在 45° 直线上。

我们来看正态 Q-Q 图是如何比较两个正态分布的。我们随机创建一个正态分布图，Q-Q 图应该与正态分布的 Q-Q 图相匹配。结合本例，看看是不是这样的？

通过执行代码清单 14.4 的程序，我们将得到一个 Q-Q 图。Q-Q 图可以帮助我们比较正态分布（见图 14.8）的第一个样本和指数分布（见图 14.9）的第一个样本的正态性。我们可以通过 Shapiro-Wilk 检验来验证结果。Shapiro-Wilk 检验假设分布是正态的，如果验证后发现不是正态的，那么就会返回一个显著的结果。

代码清单 14.4 Q-Q 图

```
# Q-Q plot of the distributions to determine normality
# Normal
qqnorm(normal1, main=c("Normal Q-Q Plot"), xlab="Normal Theoretical Quantiles",
  ylab="Normal Data Quantiles")
qqline(normal1, col = 2)
```

```
# Exponential
qqnorm(exp1, main=c("Exponential Q-Q Plot"), xlab="Normal Theoretical Quantiles",
  ylab="Exponential Data Quantiles")
qqline(exp1, col = 2)

# We can also use a normality test - in this case, the Shapiro-Wilks
# normality test
shapiro.test(normal1)

##
## Shapiro-Wilks normality test
##
## data: normal1
## W = 0.98699, p-value = 9.355e-08

shapiro.test(exp1)
##
## Shapiro-Wilks normality test
##
## data: exp1
## W = 0.8457, p-value < 2.2e-16
```

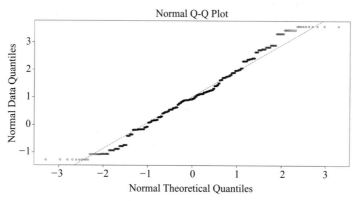

图 14.8 正态分布的 Q-Q 图

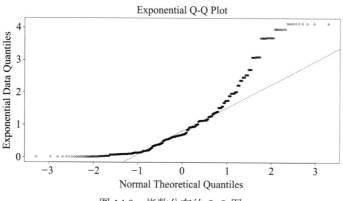

图 14.9 指数分布的 Q-Q 图

通过绘制 Q-Q 图，我们可以看出指数数据不服从正态分布，因为图 14.9 中的点不像图 14.8 那样形成 45° 直线。这个结果完全正确！

14.6 计算方差和高阶矩

有时候，我们需要从分布中查看更复杂的指标，这些我们在 4.1.7 节中已经探讨过了。本节将结合 R 一起来计算这些指标。我们已经知道方差是标准差的平方，偏度和峰度是高阶矩。简单来说，偏度是指分布被推到一边或另一边的程度，峰度是指尾部的厚度。偏度和峰度反映了有多少样本数据处于极端情况。

在简单计算高阶矩时，需要加载 e1071 库。本节将用 R 代码计算正态分布和指数分布的方差、偏度和峰度。

在代码中，我们可以使用 library() 函数或 require() 函数。这些函数的用法类似，不过如果在使用 require() 函数时没有加载库，函数将返回 FALSE 和警告消息，而 library() 会返回错误消息。代码清单 14.5 在 R 中计算了高阶矩。

代码清单 14.5 计算方差和高阶矩

```
# Installing the e1071 library
#install.packages('e1071')
library(e1071)

# Calculating the variance
var(normal1)
## [1] 1.032464

var(exp1)
## [1] 0.8542278

# Calculating skew
skewness(normal1)
## [1] 0.1661437

skewness(exp1)
## [1] 1.499829

# Calculating kurtosis
kurtosis(normal1)
## [1] -0.03226981

kurtosis(exp1)
## [1] 2.039756
```

14.7 直方图和数据分档

我们在 4.1.3 节中讨论过直方图和数据分档。直方图是一个非常不错的可视化工具，在 R

中创建它非常简单。接下来，我们就用 R 语言为上述示例分布创建一些直方图。

代码清单 14.6 为第一个正态分布样本和指数分布样本构建了直方图，图 14.10 是正态样本的直方图，图 14.11 是指数分布样本的直方图。在 14.3 节中，我们曾绘制了这些分布的密度图。密度图的形状与直方图类似，这两个图均可用来可视化大部分点（数据）所在的位置。不同的是，直方图有分档区间，而密度图是没有的。

在直方图中，我们会对数据进行分档操作。那一般我们应该分多少个组呢？这个答案既是一门艺术，也是一门科学。回答问题之前，我们先来看看不同的分档方式下，分布会如何变化。

请注意，如果我们直接运行代码清单 14.6 中的代码，ggplot 函数会报错。程序会向我们显示一条警告信息：'stat_bin()' using 'bins = 30'. Pick better value with 'binwidth'。这条告警的意思是，我们需要设置分档区间。

代码清单 14.6　绘制直方图

```
ggplot(normal_data, aes(x=normal1)) +
  # Histogram Plot
  geom_histogram() +
  # Titling and Title Formatting
  ggtitle("Histogram of a Normal Distribution") +
  ylab("Count") +
  xlab("Normal 1") +
  theme(plot.title = element_text(hjust = 0.5))

ggplot(exp_data, aes(x=exp1)) +
  geom_histogram() +
  ggtitle("Histogram of an Exponential Distribution") +
  xlab("Exponential 1") +
  ylab("Count") +
  theme(plot.title = element_text(hjust = 0.5))
```

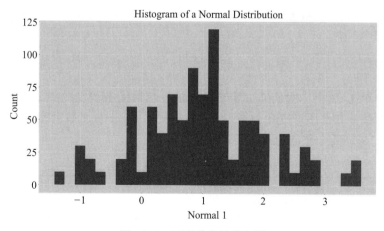

图 14.10　正态分布的直方图

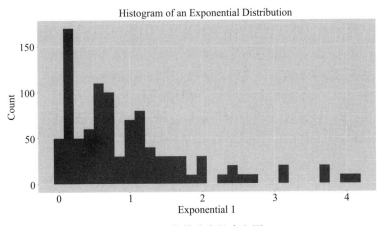

图 14.11　指数分布的直方图

接下来，通过设置不同的分档区间，我们一起来看看第一个正态分布样本和第一个指数分布样本会如何变化。在 R 中，我们一般使用函数 stat_bin() 来设置 ggplot 直方图中的分档区间。我们还可以使用 R 内置函数 hist() 来绘制直方图（对少量分档区间的情况来说，这种可视化数据方式非常高效），这里我们使用 breaks 参数控制分档。stat_bin() 也有 breaks 参数，它的用法与 R 内置函数 hist() 的 breaks 参数用法类似。

在使用 breaks 参数时，通常有很多可选项供我们选择，比如：

❏ 指定一个数字，定义直方图的柱形数量。
❏ 指定一个向量，定义直方图柱形之间断点。
❏ 指定一个函数，计算柱形之间的断点。
❏ 指定一个函数，计算直方图的柱形数量。
❏ 指定一个函数的字符串名称，用于计算直方图的柱形数量。

在本示例中，我们暂时只使用改变分档区间数的参数用法。接着，通过取变量值范围，然后将该范围除以分档区间数再加 1，R 就能计算出直方图的断点。这将帮助我们找到直方图的最佳等距圆整值。

分档的默认函数是 Sturges 公式：ceiling(log2(length(x)) + 1)。本质上是计算变量长度的对数。

在代码清单 14.7 中，我们通过将直方图的分档区间数改变为 25、50 和 100 来查看正态分布和指数分布的图形变化。图 14.12 的直方图用 hist() 函数创建，breaks 为 25。图 14.13 ～图 14.15 为用其他方式创建的直方图。

代码清单 14.7　正态分布的分档

```
# Different binning options (normal)
# Base histogram, breaks = 25
hist(normal1, main = "Histogram of a Normal Distribution", xlab="Normal 1",
  ylab="Count", breaks = 25)
```

```
# ggplot histogram, breaks = 25
ggplot(normal_data, aes(x = normal1)) +
  # Histogram binnings
  stat_bin(bins = 25) +
  # Titling
  ggtitle("Normal Distribution, Breaks = 25") +
  xlab("Normal 1") + ylab("Count") +
  # Title formatting
  theme(plot.title = element_text(hjust = 0.5))

ggplot(normal_data, aes(x = normal1)) + stat_bin(bins = 50) +
  ggtitle("Normal Distribution, Breaks = 50") +
  xlab("Normal 1") + ylab("Count") + theme(plot.title = element_text(hjust = 0.5))

ggplot(normal_data, aes(x = normal1)) + stat_bin(bins = 100) +
  ggtitle("Normal Distribution, Breaks = 100") +
  xlab("Normal 1") + ylab("Count") + theme(plot.title = element_text(hjust = 0.5))
```

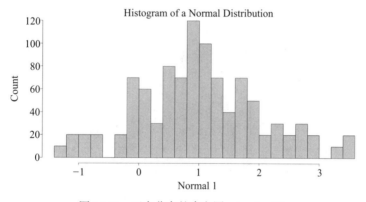

图 14.12　正态分布的直方图，breaks=25

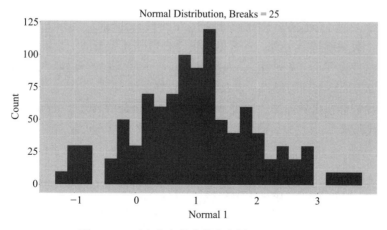

图 14.13　正态分布的分档直方图，breaks=25

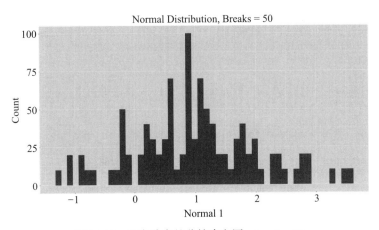

图 14.14 正态分布的分档直方图，breaks=50

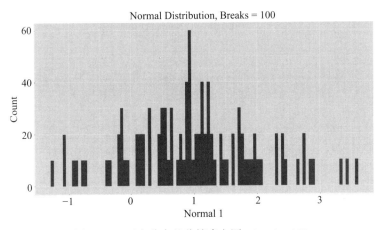

图 14.15 正态分布的分档直方图，breaks=100

从上面三个正态分布直方图中我们可以看到，分档区间数对直方图形状的影响非常大。分档区间越多，数据就越不平滑，但可以说更符合数据原始形式，但我们也更容易在一些细节中迷失。这就像一个"好故事"，好故事需要有一些留白，这样读者才会有无限遐想，当然我们也得忠于故事本身的形式，以及背景、人物、情节等。

接下来，我们会在指数分布上改变 breaks 大小，看看指数分布分档区间改变时直方图如何变化。在代码清单 14.8 中，我们将改变指数分布的分档区间数，使其分别为 25、50 和 100。图 14.16 ~ 图 14.18 分别是分档区间数变化时，指数分布的直方图。

代码清单 14.8　指数分布的分档

```
# Different binning options (exponential)
ggplot(exp_data, aes(x = exp1)) +
    # Histogram Binning
    stat_bin(bins = 25) +
```

```
# Titling
ggtitle("Exponential Distribution, Breaks = 25") + xlab("Exponential 1") +
ylab("Count") +
# Title Formatting
theme(plot.title = element_text(hjust = 0.5))

ggplot(exp_data, aes(x = exp1)) + stat_bin(bins = 50) + ggtitle("Exponential
Distribution, Breaks = 50") +
ylab("Count") + xlab("Exponential 1") + theme(plot.title = element_text
(hjust = 0.5))

ggplot(exp_data, aes(x = exp1)) + stat_bin(bins = 100) + ggtitle("Exponential
Distribution, Breaks = 100") +
ylab("Count") + xlab("Exponential 1") + theme(plot.title = element_text
(hjust = 0.5))
```

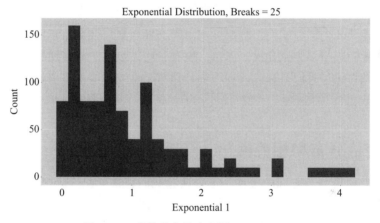

图 14.16　指数分布的直方图，breaks = 25

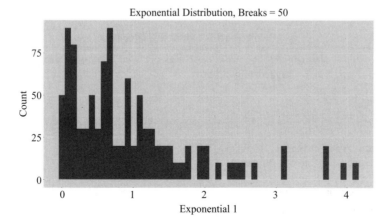

图 14.17　指数分布的直方图，breaks = 50

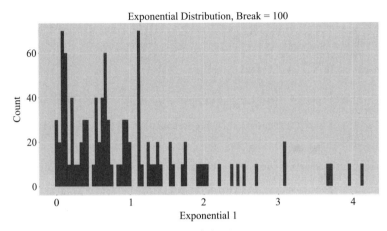

图 14.18 指数分布的直方图，breaks = 100

对于直方图，我们需要明白，数据分档不同会导致最后的分布不同，有时候甚至会误导我们，所以我们应当多尝试几次。当然，也有一些高级方法能帮助我们确定最佳分档方式，但这里不做讨论。我们只想让读者理解分档对于直方图非常重要，因为直方图在用户分析中非常常见。

14.8 双变量分布和相关性

本节将研究两个分布之间的关系，这个话题我们曾在 4.1.9 节讨论过。假设上述示例中的第一个正态分布是指用户产品中停留的天数，指数分布是指用户个人图片中的点赞数。我们来看看这两个分布有什么关系。

在代码清单 14.9 中，我们将两个分布图同时绘制了出来。然后，我们将两个变量之间的线性相关性计算出来。最后，我们将计算回归线。

代码清单 14.9　绘制双变量分布

```
# Plotting the relationship between our normal and exponential
# distributions, i.e. days in product
# Add Hmisc package
library(Hmisc)

# and likes
likes <- data.frame(cbind(normal1, exp1))
colnames(likes)<- c("Days", "Likes")

ggplot(likes,aes(Days, Likes))+
  stat_summary(fun.data=mean_cl_normal) +
  geom_smooth(method='lm',formula=y~x) +
  ggtitle("Relationship Between Days and Likes") +
  theme(plot.title = element_text(hjust = 0.5))
```

```
# With histograms, we bin the data. # Finding the correlation
cor(normal1, exp1)
## [1] 0.01346588
```

在代码清单 14.9 中，我们首先使用函数 cbind()（用来将列向量进行合并）创建数据集。创建过程中，我们将正态分布和指数分布的样本作为两列数据进行组合，从而形成一个数据帧。数据集由这些数据帧组成。我们也可以使用 rbind()（将行向量进行合并）来创建。然后，我们对列进行命名，这样当我们绘制成图时，用户就知道它反映的是什么数据。

接下来，我们用 ggplot 函数创建一个图，然后在图中添加一条回归线，并且在线上增加置信区间。这可以通过以下函数来完成。首先，geom_smooth (method = 'lm', formula = y~x) 用来生成回归线，在这里我们将参数指定为一个公式，当然它还有一些其他用法。接着，我们用 stat_summary() 函数添加置信区间。图 14.19 展示的是我们用第一个正态分布样本和第一个指数分布样本创建的图。最后，我们可以使用 cor() 函数计算它们的相关性。

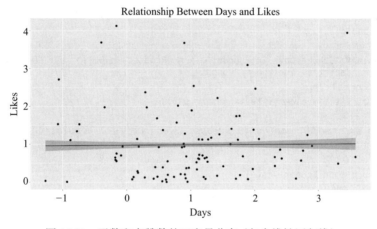

图 14.19　天数和点赞数的双变量分布（包含线性回归线）

结果显示，两个分布之间的相关性很低。这个结果正是我们所预期的，因为两个分布毫无关系。回归线也基本平坦，这表明天数和点赞数之间没有线性关系，无论正负。

指标计算

接下来，我们将回归 5.1.5 ～ 5.1.7 节中讨论过的一些指标创建技术。我们先尝试计算时期指标和队列指标。

我们将指数分布作为示例数据的分布。指数分布数据来自一款 Web 产品中过去三个月新增用户。每个月新用户作为一组，我们想计算这些用户在产品中停留的时长。代码清单 14.10 计算了本例中时期留存时长和队列留存时长间的关系。图 14.20 展示了三组数据的分布图。

代码清单 14.10　计算时期指标和队列指标

```r
# Setting the seed
set.seed(100)

# Data frame with the different cohorts that we have created
cohort_model <- data.frame(
  cohort_number = factor(c(rep(1, each = 1000), rep(2, each = 2000),
    rep(3, each = 4000))),
  cohort_data = c(cohort1 <- rexp(1000, 1),
                  cohort2 <- rexp(2000, 1.5),
                  cohort3 <- rexp(4000, 3))
                  )

# Density plot by cohort
ggplot(cohort_model, aes(x=cohort_data, color=cohort_number)) +
  # Density Plot
  geom_density() +
  # Grayscale
  scale_color_grey() +
  theme_classic() +
  # Titling
  labs(title = "Cohort Days in Product", x = "Product in Days", y = "Density",
    color = "Cohort", linetype = "Cohort") +
 # Title Formatting
  theme(plot.title = element_text(hjust = 0.5))

# Average and median months in product over the full population
mean(cohort_model$cohort_data)
## [1] 0.5220862
median(cohort_model$cohort_data)
## [1] 0.3204659



# Average months in product by cohort
means_cohort <- tapply(cohort_model$cohort_data, cohort_model$cohort_number, mean)
medians_cohort <- tapply(cohort_model$cohort_data, cohort_model$cohort_number, median)

# Average months in product by cohort
mat_cohort <- matrix(c(means_cohort, medians_cohort), 3, 2)
rownames(mat_cohort)<-c("cohort1", "cohort2", "cohort3")
colnames(mat_cohort)<- c("mean", "median")
mat_cohort
## mean      median
## cohort1 0.9714811 0.6734068
## cohort2 0.6660809 0.4735058
## cohort3 0.3377401 0.2317998



# Adjusting for the users in each cohort
total_length <- length(cohort_model$cohort_data)
size_cohort <- c(table(cohort_model$cohort_number))
```

```
# Adjusting for the users in each cohort
total_length <- length(cohort_model$cohort_data)
size_cohort <- c(table(cohort_model$cohort_number))

# Multiplying the cohort numbers by the number of users
colSums(mat_cohort*(size_cohort/total_length))
## mean      median
## 0.5220862 0.3639454
# Note: This is the same result as above

# We could equally weight each cohort
colSums(mat_cohort*(1/3))
    mean      median
## 0.6584341 0.4595708
```

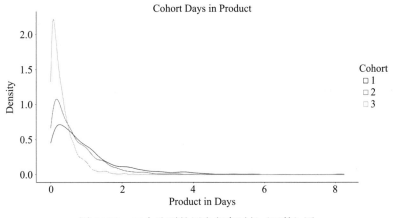

图 14.20 三个队列的用户留存时长（天数）图

接下来，我们计算最简单的情况，即整个时间段的留存时长。我们把所有队列的均值放在一起。

```
# Average and median months in product over the full population
mean(cohort_model$cohort_data)
## [1] 0.5220862
median(cohort_model$cohort_data)
## [1] 0.3204659
```

我们按队列计算每组用户留存时长（天数）的均值和中位数。我们可以通 apply() 函数系列中的 tapply() 来获取聚合指标。这些函数是 for 循环的替代品，它们使用起来通常比在 R 环境中编写 for 循环更快。for 循环用来对一组数据循环迭代。在本例中，我们将迭代用户队列，计算它们的均值和中位数。

然后，我们将数据放入矩阵中，矩阵也是一种 R 数据结构。对于诸如矩阵乘法和特征向量计算之类的线性代数运算，矩阵非常有用。我们用 matrix() 函数创建矩阵对象，martix() 函数有 3 个参数，第一个参数是数据，第二个参数是行数，第三个参数是列数。

```
# Average months in product by cohort
means_cohort <- tapply(cohort_model$cohort_data, cohort_model$cohort_number, mean)
medians_cohort <- tapply(cohort_model$cohort_data, cohort_model$cohort_number, median)

# Average months in product by cohort
mat_cohort <- matrix(c(means_cohort, medians_cohort), 3, 2)
rownames(mat_cohort)<-c("cohort1", "cohort2", "cohort3")
colnames(mat_cohort)<- c("mean", "median")
mat_cohort

            mean      median
## cohort1 0.9714811 0.6734068
## cohort2 0.6660809 0.4735058
## cohort3 0.3377401 0.2317998
```

在这里，我们简单地计算了用户在产品中的时期留存时长的均值（月数）和队列留存时长的均值（月数）。

假设我们想根据队列大小来标准化数据。我们也可以假设不同队列的权重相等，进而标准化数据（见 5.1.8 节），然后看看这如何改变结果。在接下来的代码中，我们将使用一些新函数，例如 table() 函数，它将帮助我们按每个队列中元素数量对队列的长度进行求和。colSums() 是一个很棒的函数，因为它能够完成对应列的求和。

```
# Adjusting for the users in each cohort
total_length <- length(cohort_model$cohort_data)
size_cohort <- c(table(cohort_model$cohort_number))

# Multiplying the cohort numbers by the number of users
colSums(mat_cohort*(size_cohort/total_length))
     mean      median
 ## 0.5220862 0.3639454
 # Note: This is the same result as above

 # We could equally weight each cohort
 colSums(mat_cohort*(1/3))
    mean      median
 ## 0.6584341 0.4595708
```

假设我们想根据队列大小来标准化数据。在本例中，权重相等的队列，它的均值和中位数均有所增加。

14.9 奇偶进度比

本节将讨论最后一个主题，奇偶进度比（Parity Progression Ratio，PPR）。根据计算结果，我们将绘制出相对应的图形，然后查看断点将会在哪里出现。

这里，我们需要先回顾一下 5.2.6 节中提到的"收入"示例。我们创建一个函数来计算该比率：购买次数最大值达到 x 次的用户数 / 购买次数最大值为 $x–1$ 的用户数。然后，我们将这些比率绘制成图。

首先，我们创建原始数据向量。向量是一种 R 数据类型，向量中所有值都属于同一类型。在这里，向量的各元素为相较于基础用户数据，新增用户数或新增用户比例。接着，我们创建一个 R 函数来计算比率。为此，我们取原始数据向量从第二个数字到最后一个数字的向量，然后将其除以向后移动 1 位的列表数据。这个操作将一次性计算出比率向量。

接着，我们使用 function() 命令创建新函数，函数参数在括号内定义。这里唯一的参数是每一步的用户向量。一般函数通常会定义参数，这样函数输出会随着输入的不同而返回不同的结果。在本例中，此函数将帮助我们计算出进度比并且将结果打印出来。接下来，我们将用这个例子进行演示。

在本例中，我们将函数名定义为 calculate_ratio，并且在函数中调用 return() 函数返回向量，该函数只返回一个对象。如果希望返回结果为多个向量或矩阵，那么需要将返回的结果保存为列表，列表是另一种 R 数据类型。

该比率的计算方式为：下一阶段的用户数除以当前阶段的用户数。我们可以绘制这个结果，看看随着购买量的增加，这个比率是如何变化的。

代码清单 14.11 演示了如何计算 PPR。图 14.21 是用函数绘制的进度比。

代码清单 14.11　奇偶进度比

```
# Original vector of progression by users. It consists of the same numbers as
# in Chapter 3.
user_progression <- c(10000, 7800, 3560, 2875, 2000, 1876,1450, 1000, 543, 500, 450,
    425, 410)

# Function to calculate the progression ratios
calculate_ratio <- function(list_progress){
                # Create a matrix
                len_list <- length(list_progress)
                ratios <- matrix(c(NA), len_list-1, 1)
                # Calculate ratios
                ratios <- list_progress[2:len_list]/
                list_progress[1:len_list -1]
                # Return list
                return(ratios)
                }


# Or we can skip the function altogether and just use two commands
progression_length <- length(user_progression)
progression_ratios <- user_progression[-1] / user_progression[-progression_length]


# Here we call the function and return the list that we calculated
progression_ratios <- calculate_ratio(user_progression)

# Plot the outcome
prog_ratios <- data.frame(cbind(c(1:length(progression_ratios)), progression_ratios))
colnames(prog_ratios)<-c("purchases", "ratios")
```

```
ggplot(data=prog_ratios, aes(x = purchases, y = ratios)) +
  # Line
  geom_line() +
  # Points
  geom_point() +
  # Titling

  ggtitle("Purchasing Parity Progression Ratios") +
  xlab("Purchases") +
  ylab("Ratios") +
  # Title Formatting
  theme(plot.title = element_text(hjust = 0.5))
```

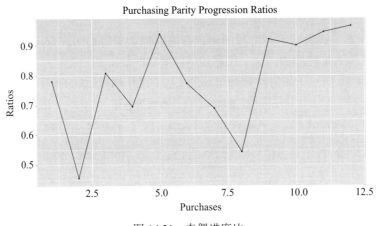

图 14.21 奇偶进度比

　　用户黏性很强的产品该比率会很快接近 1。对于本例来说，也是一样的：第九次购买之后，用户仍会进行下一次购买。

14.10 总结

　　我相信经过本章示例演示，你应该能够成功地学会：

❏ 在 RStudio 中运行 R。

❏ 创建新的 R 项目并在项目内嵌入 RMarkdown 文档。

❏ 绘制分布图并计算统计矩。

❏ 创建函数和指标。

第 15 章将介绍如何用 R 语言实现 A/B 测试和预测建模。

A/B 测试、预测建模和人口预测的 R 实现

第 14 章介绍了如何安装 R 环境，如何创建 R 数据对象，以及如何从分布中抽样。这一章将介绍基于 R 实现的 A/B 测试、预测建模和人口预测，这些概念我们在第 6 ～ 9 章中已经讲解过。学完本章，你应该能够：

❑ 用 R 运行 A/B 测试。

❑ 分析 R 中 A/B 测试的结果。

❑ 用 R 构建简单的聚类模型和预测模型。

❑ 用 R 交叉验证模型。

❑ 为 Web 产品进行人口预测。

❑ 理解并绘制人口的长期动态图。

本章将从技术层面概述 A/B 测试的定义、构建和分析。首先，我们将构建一个实验数据集来实现和测试这些概念。然后，我们将实现第 7 ～ 9 章中提到的预测模型。

15.1 A/B 测试

本章首先利用第 4 章提到的分布样本建立数据集。一旦我们创建了一些人造数据，在促销案例中，我们就可以检验实验组和对照组之间是否存在统计差异。人造数据的好处就是，每次的统计检验结果是已经预知的，人造数据的副本可以在本书英文版的网站上找到。这个网站也包含一份真实的，且标签已更改的产品分析数据集，供读者基于真实数据来实践这些技术。

在处理真实数据时，我们需要同时思考这些数据的生成过程：用户参与了哪些活动才创建了这些数据？我们还得思考要关注的指标有哪些，例如均值或中位数。此外，我们得思考数据是否服从正态分布、指数分布等常见的统计分布，这样才可以确定合适的统计检验。第 6 章已提供了一些数据、问题类型的示例，以及适用于它们的统计检验。本章将在 R 中介绍 A/B 测试的几个示例，这里已知"真实"分布。这在现实生活中几乎是不可能的，但它们会帮助我们更好地理解这些概念。如第 6 章所述，A/B 测试有实验组和对照组，统计检验的目的是确定两组的期望指标是否相似。如果指标结果不同，我们想知道它们有多大的差异以及差异存在于哪些方面。

15.1.1 统计检验

基于 6.5 节所讲的内容，本节将用 R 语言运行多个 A/B 测试示例。假设我们要对网站上新促销横幅进行 A/B 测试，我们想在对所有用户开放前测试其有效性。实验组用户将会看到新横幅，对照组用户将看到没有促销信息的替代横幅。为了验证横幅的价值，我们可以使用一些关键指标来计算此促销的效果。

在代码清单 15.1 中，我们构建了 A/B 测试的数据。在这里，我们参照第 14 章中的做法，首先设置一个随机种子以便数据是可复制的。然后，按照我们设计的指标来执行统计检验。最后，验证统计检验是否有效。在实际操作过程中，测试过程不会如此简单，不过，如果作为初学者，使用清晰的分布对于理解这门技术是非常友好的。因为我们从已知分布中抽样，所以我们能够预知统计检验是否正确。

代码清单 15.1 构建 A/B 测试的数据

```r
# Creation of A/B testing data
set.seed(101)

# Creating the A/B testing outcomes
# Exponential distribution, time on webpage
treated_timeonpage <- rexp(2000, 1.5)
control_timeonpage <- rexp(2000, .5)

# Normal distribution, average revenue
treated_averev <- rnorm(2000, 10, 5)
control_averev <- rnorm(2000, 15, 5)

# Poisson distribution, number of purchases
treated_purchases <- rpois(2000, 2)
control_purchases <- rpois(2000, 2)

# Binomial distribution, CTR
treated_CTR <- rbinom(2000, 0:1, .5)
control_CTR <- rbinom(2000, 0:1, .57)

# Putting all the variables together
# Treatment data set
user_treated <- data.frame(user_id = 1:2000, treated = as.factor(1), time_in_product =
```

```
treated_timeonpage, purchases = treated_purchases, rev_user = treated_averev,
CTR = treated_CTR, region = sample(LETTERS[1:4], 2000, replace = T), gender =
rep(c("F", "M"), 1000))

# Control data set
user_control <- data.frame(user_id = 1:2000, treated = as.factor(0), time_in_product =
control_timeonpage, purchases = control_purchases, rev_user = control_averev,
CTR = control_CTR, region = sample(LETTERS[1:4], 2000, replace = T), gender =
rep(c("F", "M"), 1000))

# Let's look at some of the data
full_data <- rbind(user_treated, user_control)
```

在这里，我们首先分别为每个指标创建实验组和对照组的用户分布。这些指标分别为在网站的停留时间、平均收入、购买次数和点击率（CTR）。开始之前，需要先评估一下每个指标分别要用到哪些统计检验。

如代码清单 15.1 所示，我们将所有人造数据放入两个数据帧（实验数据帧和对照数据帧）中。接下来，查看前 5 个值，我们来验证一下数据组合是否正确。如代码清单 15.2 所示，我们用 head() 函数查看处理后的数据集。

代码清单 15.2　查看处理后的数据集

```
#15.2 View of data set
head(full_data)

##   user_id treated time_in_product purchases  rev_user CTR region gender
## 1       1       1       0.7879605         0  3.738263   0      D      F
## 2       2       1       2.1166552         2 18.977046   1      D      M
## 3       3       1       0.2795787         4 23.063693   0      A      F
## 4       4       1       0.2102539         0  7.167367   1      C      M
## 5       5       1       1.0628510         1  6.828969   0      B      F
## 6       6       1       0.3266455         1  9.516845   1      C      M
```

接着，运行一些统计检验。我们考虑的第一个指标是平均收入。根据每组每用户的平均收入，我们绘制出了两种分布，如图 15.1 所示。本节中所有的图都遵守以下约定：实验组对应实线，对照组对应虚线。

我们运行韦尔奇 t 检验：方差不等（这与 6.5.4.2 节中使用的学生 t 检验不同，在 t 检验中方差相符）。学生 t 检验更容易计算并且可以给出大致的结论，但在实践中它不是最好的选择。在实践中，韦尔奇 t 检验是首选，因为样本很可能具有不同的方差或样本量。韦尔奇 t 检验的零假设是实验组和对照组每用户平均收入相同。在 R 中，我们使用 t.test() 函数来运行韦尔奇 t 检验。

代码清单 15.3 给出了 R 中韦尔奇 t 检验的输出。两种分布之间的预估差异为 –5 美元。p 值几乎为零，这意味着实验组和对照组分布很可能不同。结果可以用以下方式解释：促销活动使实验组用户比对照组用户平均少花 5 美元。

代码清单 15.3 运行 A/B 测试结果分析

```
# Run some analysis of the A/B testing outcomes
# t-Test
# In this example, we want to see if there is a difference between average
# revenue from the users who saw the promo and those who did not.

# Load ggplot package
library(ggplot2)

# Density plot of ARPU By treatment and control
ggplot(full_data, aes(x = rev_user, color = treated)) +
  geom_density(aes(linetype = treated)) +
  labs(title = "Average Revenue Per User by Treatment Group",
       x = "Average Revenue Per User", y = "Density",
       color = "Treated", linetype = "Treated") +
  theme(plot.title = element_text(hjust = 0.5))

# Running a t-test
t.test(user_treated$rev_user, user_control$rev_user)

##  Welch two-sample t-test
##
## data:  user_treated$rev_user and user_control$rev_user
## t = -31.741, df = 3997.3, p value < 2.2e-16
## alternative hypothesis: true difference in means is not equal to 0
## 95 percent confidence interval:
##  -5.333737 -4.713168
## sample estimates:
## mean of x mean of y
##  9.896065 14.919518
```

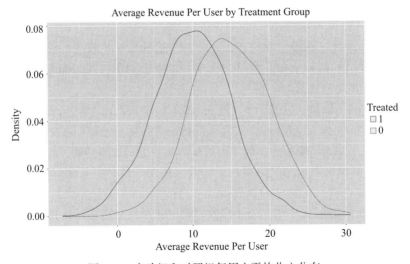

图 15.1 实验组和对照组每用户平均收入分布

如果 p 值较大，那么我们需要判定何时拒绝零假设。比较好的一种处理方式是考虑假阳性（或 I 类错误）。如果使用 0.05 的 p 值，则假阳性结果的概率为 1/20。假设 A/B 测试中有 20 个参数，这个置信度意味着将有一个指标实际上并不显著却表现出显著差异。0.01 的 p 值可以被认为是假阳性结果的概率为 1/100。因此，如果有 100 个指标，其中一个将得到假阳性结果。

这种分析对于这个产品来说不是很好，但对我们有好处，因为我们发现了这些信息！我们在第 6 章也提到过，这种分析很容易满足于一两个指标。通常来说，这是一种错误的做法，无论从短期还是长期运行来看，我们都应该测试许多指标才能判定功能改变的收益到底有多大。

现在，我们来看促销横幅如何影响用户的购买点击率。我们设置的零假设是实验组和对照组用户的 CTR 相同。首先，我们将两组分布绘制出来，如图 15.2 所示。然后，我们将使用卡方检验来评估两组点击率是否存在差异，这里可以参考 6.5.4.1 节中所讲的内容。在 R 中，我们通过调用 chisq.test() 函数来执行卡方检验，如代码清单 15.4 所示。

代码清单 15.4　运行卡方检验

```
# Chi-squared test
# In this example, we want to see if there is a difference in click-through
# rate (CTR) to purchase between those users who saw the promo and those
# who did not

# Density plot of CTR by treatment
ggplot(full_data, aes(x = CTR, color = treated)) +
  geom_density(aes(linetype = treated)) +
  labs(title = "Click-Through Rate by Treatment Group", x = "Click-Through Rate",
      y = 'Density', color = "Treated", linetype = "Treated") +
  theme(plot.title = element_text(hjust = 0.5))

# Run the chi-squared test
ct <- chisq.test(user_treated$CTR, user_control$CTR)
ct

##  Pearson's chi-squared test with Yates's continuity correction
##
## data:  user_treated$CTR and user_control$CTR
## X-squared = 229.52, df = 1, p value < 2.2e-16

ct$expected

##                 user_control$CTR
## user_treated$CTR         0          1
##               0 1069.0325 441.9675
##               1  345.9675 143.0325

ct$observed

##                 user_control$CTR
```

```
## user_treated$CTR       0      1
##                   0 1202    309
##                   1  213    276
```

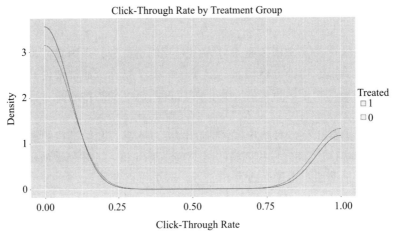

图 15.2　实验组和对照组的点击率分布

我们用二项分布中的一个例子作为参考，这里我们不会对二项分布进行深入讨论，更多信息请参考文献（Ashenfelter et al., 2006）。

从卡方检验的结果中，我们看到促销活动对实验组用户的点击率有负影响，点击横幅的用户较少。实验组和对照组之间的这个差异非常显著。两组用户之前的一些指标都反映出，促销活动并没有像预期的那样提高点击率和收入。

这个结论很有趣。我们再看几个指标，看看它们能否帮助我们更好地理解实际过程中到底发生了哪些事情。我们先来看看用户在促销页面上停留时长，然后利用生存分析方法来可视化和理解这种差异。生存分析是一种常见的分析方法，用以分析功能是如何影响用户留存（指用户在产品中停留的时长）的。

在代码清单 15.5 中，我们使用了生存分析方法，这个概念我们曾在 6.5.4.3 节中讲过。代码清单 15.5 中定义的 surv_curv() 函数会读取我们的数据，然后构建生存曲线。该函数的工作方式如下：（1）我们需要将执行它的步骤离散化，因此我们将数据四舍五入到小数点后一位；（2）我们需要计算每一步的存活比例，所以我们将存活时间大于步数的用户数相加。

代码清单 15.5　生存分析

```
# Library survival
library(survival)

# Function to calculate survival curves
sur_curve <- function(treated_rd, steps){
  # Create output object
    survival_mat <- matrix(c(NA), length(steps), 1)
    for(i in 1:length(steps)){
      # Calculate proportion surviving
```

```
    survival_mat[i] <-
        sum(ifelse(treated_rd >= steps[i], 1, 0))/length(treated_rd)
    }
    # Return matrix
    return(survival_mat)
}


# Round data and calculate steps for survival curve
treated_rd <- round(user_treated$time_in_product, 1)
steps <- seq(from = 0, to = max(treated_rd), by = .1)
control_rd <- round(user_control$time_in_product, 1)

# Call survival function to plot data
survival_treated <- sur_curve(treated_rd, steps)
survival_control <- sur_curve(control_rd, steps)

# Plot survival curves for treatment and control groups
full_survival <- as.data.frame(cbind(survival_treated, survival_control))
colnames(full_survival) <- c("treated", "control")
full_survival$seconds <- c(1:48)

ggplot(full_survival) +
  geom_line(aes(seconds, treated, linetype = "1")) +
  geom_line(aes(seconds, control, linetype = "0")) +
  labs(title = "Probability of Survival by Treatment Group",x= "Seconds",
      y = "Proportion", linetype='Treated') +
  theme(plot.title = element_text(hjust = 0.5))
```

预建函数 survfit() 中包含 survival 关键字，我们可以用它来构图。不过在代码清单 15.5 中，我们引入了自定义的生存分析函数。一般来说，自定义函数灵活性更强，我们可以根据实际需要自定义参数、可视化效果等。

正如直方图数据分档那样，离散化数据的方式（或创建图形的步骤）对最终图形效果有非常大的影响。与数据分档类似，尝试不同的产品特定值会很有用。这里使用 0.1 秒的步长。图 15.3 展示了通过绘制随时间变化的存活比例而创建的生存曲线。

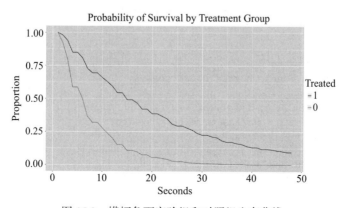

图 15.3　横幅负面实验组和对照组生存曲线

接下来，我们来看两条生存曲线是否不同。为了确定这一点，我们使用 6.5.4.3 节描述的对数秩检验，这个统计检验用于确定两条生存曲线是否相同。我们的零假设是，实验组和对照组的生存曲线是相同的。为了方便计算，我们需要引入包 survival，然后使用包里的 survdiff() 函数来进行对数秩检验。关于如何运行对数秩检验，请参阅代码清单 15.6。

代码清单 15.6　运行对数秩检验

```
# Let's calculate the log-rank test between the treatment and control
# groups' time from click-to-purchase

# Survival analysis, log-rank test
fit <- survdiff(Surv(as.numeric(as.character(full_data$time_in_product)))
  ~ full_data$treated)
fit

## Call:
## survdiff(formula =
           Surv(as.numeric(as.character(full_data$time_in_product))) ~
##     full_data$treated)
##
##                       N Observed Expected (O-E)^2/E (O-E)^2/V
## full_data$treated=1 2000     2000     1121       688      1089
## full_data$treated=0 2000     2000     2879       268      1089
##
##  Chisq= 1089  on 1 degrees of freedom, p= <2e-16
```

如图 15.3 所示，我们绘制出了生存曲线，由此我们可以看出，对照组用户在网页上停留的时间长度明显长于实验组。基于对数秩检验的低 p 值，两条生存曲线显著不同。由此我们发现，促销横幅对用户在页面的停留时长、收入和点击率的影响是负面的。

我们再来看一个更重要的指标——购买次数：促销活动如何影响购买行为？这里，我们将使用泊松检验，这是一种比较两个泊松分布的统计检验。泊松分布对给定数量的事件在固定时间间隔内发生的概率进行建模。在本例中，事件是指购买次数。我们的零假设是，实验组和对照组的用户平均购买次数是相同的。代码清单 15.7 展示了如何运行泊松检验。

代码清单 15.7　运行泊松检验

```
# Load MASS package
library(MASS)

# Poisson process model, number of purchases

# Density plot of CTR by treatment
ggplot(full_data, aes(x = purchases, color = treated)) +
  geom_density(aes(linetype=treated)) +
  labs(title = "Purchases by Treatment Group", x = "Purchases", y = 'Density',
       color = "Treatment",linetype = "Treatment") +
  theme(plot.title = element_text(hjust = 0.5))

# Poisson test: Are they different?
```

```
parms_t <- fitdistr(user_treated$purchases, "poisson")
parms_c <- fitdistr(user_control$purchases, "poisson")
n <- nrow(user_treated)

poisson.test(c(n, n), c(as.numeric(parms_t$estimate), as.numeric(parms_c$estimate)))

##   Comparison of Poisson rates
##
## data:   c(n, n) time base: c(as.numeric(parms_t$estimate),
## as.numeric(parms_c$estimate))
## count1 = 2000,   expected count1 = 2014, p value = 0.658
## alternative hypothesis: true rate ratio is not equal to 1
## 95 percent confidence interval:
## 0.9263576 1.0496602
## sample estimates:
## rate ratio
## 0.9860835
```

请注意，这里程序运行的结果是一个取正整数的计数变量。如其他统计检验一样，我们首先将两个分布绘制出来，如图 15.4 所示。然后，我们引用 R 中比较流行的一个统计计算包 MASS 来进行泊松检验。

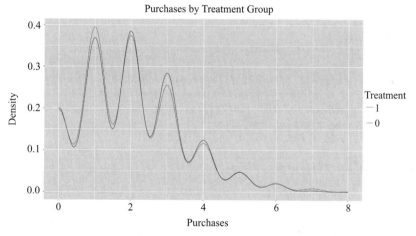

图 15.4　实验组和对照组用户购买次数的分布

可以看到，p 值等于 0.658，这表明在购买指标方面，两个分布实际上是相同的，即实验组和对照组中每个用户的购买次数没有差异。

对于收入、点击率和网页停留时长，促销横幅会产生负面影响，但对于购买指标，行为保持不变。用户购买相同数量的商品，但促销后商品价格更低。由此，我们可以推断出，促销活动可能通过降低价格而产生了预期的效果，但并没有真正促使用户购买更多次。所以，后续我们可能不再尝试这种促销活动，因为它对收入和点击率产生了负面影响，并且不会增加购买行为。

下一节将讲解功效分析，以此确定所需的样本量，我们曾在第 6 章提到过这种分析。

15.1.2　功效分析

功效分析通常用于确定完成 A/B 测试所需的样本量，以此满足某些标准。一般来说，样本量越大越好，但有时添加用户会产生成本。那么我们怎样能确定下限值，即需要的最小用户数？我们可以使用功效分析，6.5.5 节中曾探讨了一个示例。

从那个例子中，我们得出如下基本标准：

❑ 我们有 100 万用户。假设收入服从正态分布。

❑ 他们目前的平均支出为 5.25 美元。

❑ 标准差等于 1 美元。

❑ 我们想要较高的显著性水平，比如小于或等于 0.01。

❑ 功效为 0.90。

❑ 我们希望看到变化量至少为 0.50 美元。

通过这种方式，我们可以计算所需的样本量。首先，为了确保测试的显著性和功效，我们需要得到对应的 Z 值。然后，我们将这些 Z 值相加再乘以标准差。最后，我们将该数字除以分布的平方差。代码清单 15.8 展示了这一点。

代码清单 15.8　功效分析

```
# Power analysis
# Let's work through the example in Chapter 7

# Equation: N = sigma^2 (Z1 +Z2) / (mean_difference)^2
z1 <- qnorm(.99) # Statistical significance of the t-test
z2 <- qnorm(.90) # Power of the statistical test
sigma <- 1 # Standard deviation
change <- 5.75 - 5.25 # Estimate of the effect

# Calculating the numerator
num <- sigma^2*(z1+z2)^2
num
## [1] 13.01694

# Calculating the denominator
denom <- change^2

# Sample size for treatment (and control)
(2*num)/denom
## [1] 104.1355
```

从这个分析中，我们推测我们至少需要 106 名参与者，实验组 53 名参与者，对照组 53 名参与者。我们得四舍五入成一个整数（且需要是一个偶数），因为我们需要创建两个组。当然，还有其他方法可以计算不同量或分布的统计功效，这个示例只是为了帮助你快速了解功效分析是如何进行的。

本节用 R 语言演示了 A/B 测试和功效分析。下一节将回顾第 7 ～ 9 章提过的预测建模示例。

15.2　聚类

本节将介绍用 R 实现监督学习和无监督学习的方法。首先，我们将基于第 7 章介绍过的小样本数据集应用 k 均值和主成分分析（PCA）的无监督学习技术。

15.2.1　k 均值

如 7.2.3 节所述，k 均值算法是一种聚类算法，可将用户群划分为指定数量的组。在本例中，我们想将用户群分为两组，即"鲸鱼"和局外人。

在代码清单 15.9 中，我们首先将数据加载到 R 中，然后应用 k 均值算法找到两个簇。在 R 中，我们用 kmeans() 函数来计算 k 均值对象，并且通过命令 kmeans()\$centers 获取簇中心。k 均值算法的参数是"鲸鱼"数据帧（本例中的数据可以在本书英文版的网站上找到，数据集名为 book_whales_k_means_chapter_11.csv）。

代码清单 15.9　"鲸鱼"和局外人示例的 k 均值算法

```
# Example of k-means for whales and wallflowers

# Load the data from your directory
whales <- read.csv("whales_k_means.csv")

# Get first 6 rows of the data set
head(whales)

##   usernum socialbeh profiledesc level2day1 userfriends
## 1       1         1         121          1           2
## 2       2         1          54          0           4
## 3       3         1          16          1           3
## 4       4         1          87          1          12
## 5       5         1         291          1           5
## 6       6         1         111          0          12

# Calculate centers
whales_kmeans <- kmeans(whales[, 2:5], centers = 2)
round(whales_kmeans$centers, 2)
##   socialbeh profiledesc level2day1 userfriends
## 1      0.25       21.33       0.42        2.67
## 2      0.50      163.25       0.62        6.62

# add clustering to our dataset
whales$kmeans <- whales_kmeans$cluster
```

k 均值算法找到了两个簇。第 1 组可能是局外人，第 2 组可能是"鲸鱼"。"鲸鱼"不同于局外人，平均而言，"鲸鱼"有更多的朋友（7 vs 3），拥有更长的个人资料（163 个字符 vs 21 个字符），更有可能进行社交行为并在第一天达到 第 2 级。

　　从 k 均值对象中，我们也可以获取到其他信息，例如通过运行 kmeans()\$clusters 命令可以知道每个用户属于哪个组，通过运行 whales_means\$withinss 命令可以获得拟合优度指标，例如簇内平方和。运行? kmeans() 指令可获取更多信息。

15.2.2　主成分分析

　　接下来，我们运用 PCA 方法来更好地理解变量。正如在第 7 章讲到的，我们将添加一个留存变量以使数据集更有趣（本节已添加该数据）。

　　我们将探索数值变量的变化。PCA 一般用于理解混杂变量的变化以及高位数据的降维。所谓的降维，意思是对高维变量集（即大变量集）进行线性变换，得到一个较小的变量集，让它来解释大部分变化。PCA 的双标图显示了信息压缩后的二维信息。关于 PCA 的更多说明和介绍，请参阅 7.2.4 节。

　　PCA 最适用于数值变量，因此为了使分析更简单，我们删除所有其他类型的变量。我们仅从个人资料长度、好友数和留存时长这三个维度进行分析。

　　代码清单 15.10 展示了如何使用 prcomp() 函数运行 PCA。我们对用户个人资料长度、好友数和用户在产品中留存天数这三个指标取对数，用以降低数据的右偏度。另外，我们希望数据能缩放和居中，这样结果就不会受变量之间幅度差异的影响。输入数据转换的一般经验法则是，数值变量尽可能接近正态分布，类别型数据是二进制的。这种操作，尽管会受到算法的影响，通常也能帮助我们获得最好的结果。

代码清单 15.10　对"鲸鱼"和局外人数据运行 PCA

```
# PCA for whales and wallflowers data

# First, add a new retention variable to the data set
whales$daysproduct <- c(12, 2, 5, 0, 1, 5, 5, 0, 1, 1, 3, 15, 6, 0, 5, 10, 1, 3, 2, 4)

# Let's create a PCA data.frame with just numeric variables
pca_data <- data.frame(profile_len = log(whales$profiledesc + 1),
  friends = log(whales$userfriends + 1), retention = log(whales$daysproduct + 1))

# Let's run PCA on the scaled and centered data
pca <- prcomp(pca_data, scale = TRUE, center = TRUE)

# Rotation by component
pca

## Standard deviations:
## [1] 1.3572668 0.9133865 0.5688162
##
## Rotation:
##                       PC1         PC2        PC3
## profile_len -0.6659015  0.07732564  0.7420215
```

```
## friends     -0.5780273  0.57533240 -0.5786856
## retention   -0.4716563 -0.81425634 -0.3384184

# Let's calculate how much variance is explained by each factor
cumulative_prop <- data.frame("components" = c("first", "second", "third"),
                              "prop"= (pca$sdev)^2/sum(pca$sdev^2))

# Plot the variation explained by each factor (bar graph)
ggplot(data = cumlative_prop, aes(x = components, y = prop)) +
  geom_bar(stat = "identity") +
  labs(title = "Variation Explained by Component", x='Components', y = "Proportion") +
  theme(plot.title = element_text(hjust = 0.5))
```

现在我们已经运行了 PCA，并且创建了一个 PCA 对象。根据该对象，我们可以对标准差求平方得到方差，然后将每个成分除以总方差得到每个成分的比例。

每个成分的大小如图 15.5 所示。我们要计算每个成分的旋转量，这可以通过调用 PCA 对象来实现，见代码清单 15.10。

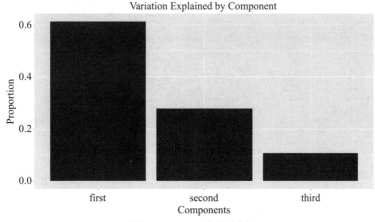

图 15.5　PCA 成分比例

既然知道了成分的大小和旋转量，接下来我们想看看数据的双标图。这里，我们将使用 R 中另一种 PCA 算法 princomp() 来计算相同或相似（一般结果区别不大）的对象，并用双标图（包含点和线的二维视图）将结果绘制出来，见代码清单 15.11。

代码清单 15.11　绘制双标图

```
# Plot biplot
pca2 <- princomp(scale(pca_data, center = TRUE, scale=TRUE))
biplot(pca2, expand = .85, col = c("black", "blue"), cex = 1, pc.biplot = 2,
  main = "Whales and Wallflowers Biplot")
```

条形图由不同成分组成，每个成分都有相对应的大小，如图 15.5 所示。这些成分所代表的比例加起来和为 1。我们可以看到，超过 60% 的变化是由第一个成分解释的。根据旋转情况，我们知道第一个成分主要是个人资料长度和好友数。第二个成分解释了近 30% 的变化，主要是留存时长和好友数。旋转情况主要帮助我们理解大部分变化来自哪里。

　　根据第一个和第二个成分值绘制点在双标图中的位置，如图 15.6 所示。我们还可以看到三个数值因素向量以及它们之间的关系。

　　如图 15.6 所示，双标图可以帮助我们在两个维度上可视化 PCA 结果。双标图同时包含了两个坐标系，是点和向量的混合图。这些点是单个观察数据在二维空间上沿 x 轴和 y 轴（分别指第一和第二成分方向）的值。向量代表用户留存时长、个人资料长度和好友数等特征。可以看到，"鲸鱼"几乎完全在右手边（点 6、7、11、13、15、16 和 20），而局外人在左边。就前两个成分而言，局外人比鲸鱼更多样化。

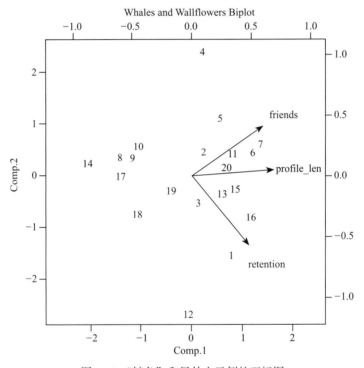

图 15.6 "鲸鱼"和局外人示例的双标图

　　k 均值算法和 PCA 均值算法都是无监督学习技术，因为这两种技术的分析结果均没有结果变量或分类器。在我们试图分类的数据集中，我们没有针对数据打标签，比如"鲸鱼""局外人"，而是在处理过程中使用变量的概念来进行数据分类。

　　下一节将研究预测技术。在预测技术中，所有的模型都有结果变量。

15.3　预测模型

　　接下来，我们将介绍线性回归、逻辑回归、决策树和支持向量机。按照第 8 章介绍的顺序，下面我们将从线性回归开始切入主题。

15.3.1 线性回归

线性回归是目前使用最广泛的预测模型。8.3.2节曾对预测模型进行了描述性、图形化和数字化解释。本节将使用回归技术，结合其他的变量尝试预测用户在产品中的留存时长（天数）。值得注意的是，我们采用指数分布变量的对数来确保更好的模型拟合，这种做法与之前我们在PCA中的做法类似。

与其他示例一样，此回归示例仅用于演示。包含20个观测值的数据集太小了，训练的模型效果不足以让人们相信。通常来说，每个协变量至少需要10～20个观测值才行。因此，要想让模型效果可靠，我们希望至少有40～80个观测值。

代码清单15.12展示了R中线性回归的实现。在代码中，我们在lm()函数（lm是linear model的缩写）中使用模型公式，并设置data = our_dataset（这里是指加载数据集）。当我们在回归对象上调用summary()函数时，我们将会得到系数、显著性水平、R^2，以及拟合优度。在R中，输入对象名称并运行，我们可以使用summary()或print()函数，通常可以将R对象有用的信息打印出来。

代码清单 15.12 实现线性回归

```
# Linear regression
lm_retention <- lm(log(daysproduct + 1) ~ socialbeh +
                log(profiledesc + 1) + level2day1 +
                log(userfriends + 1), data = whales)

# Summary table
summary(lm_retention)

## Call:
## lm(formula = log(daysproduct + 1) ~ socialbeh + log(profiledesc +
##     1) + level2day1 + log(userfriends + 1), data = whales)
##
## Residuals:
##      Min       1Q   Median       3Q      Max
## -1.42820 -0.30614 -0.01349  0.55797  1.20845
##
## Coefficients:
##                       Estimate Std. Error t value Pr(>|t|)
## (Intercept)            0.80194    0.39157   2.048   0.0585 .
## socialbeh             -0.22654    0.47011  -0.482   0.6368
## log(profiledesc + 1)   0.23126    0.11789   1.962   0.0686 .
## level2day1            -0.11218    0.41212  -0.272   0.7892
## log(userfriends + 1)  -0.07531    0.31632  -0.238   0.8150
## ---
## Signif. codes:  0 '***' 0.001 '**' 0.01 '*' 0.05 '.' 0.1 ' ' 1
##
## Residual standard error: 0.8202 on 15 degrees of freedom
## Multiple R-squared:  0.2292, Adjusted R-squared:  0.02361
## F statistic: 1.115 on 4 and 15 DF, p value: 0.386
```

当我们在 R 中运行模型时，它会生成代码清单 15.12 中的汇总表。请注意，输出的第一部分是模型。我们试图根据社交行为、个人资料长度对数、是否第一天达到 2 级，以及用户好友数的对数预测用户在产品中的停留时长（天数）的对数。在此模型的汇总表中，我们可以看到系数、标准误差、p 值和 R_0^2 关于这些结果的解读，我们在 8.3.2 节中曾讨论过。

如果我们相信这个模型（假设数据足够多，并满足普通最小二乘法分析的假设），我们可能会注意到，显著性水平在10%以下的唯一系数是用户个人资料长度。模型调整后的 R^2 较低，这意味着模型没有解释太多变化，它类似于训练集上的误差指标。同时，我们还想了解模型测试数据集上会如何表现。

通过使用 predict() 函数，我们可以基于线性回归模型预测每个用户的结果，以此评估我们模型的质量，如代码清单 15.13 所示。为了得到单位为天数的留存时长预测结果，我们需要对估计值求指数。

代码清单 15.13　利用模型进行预测

```
# Predictions
table_pred <- data.frame(cbind(exp(predict(lm_retention, whales) + 1),
  whales$daysproduct))
colnames(table_pred) <- c("Predictions", "Actual")
table_pred

##    Predictions Actual
## 1    12.078797     12
## 2    10.814897      2
## 3     7.493380      5
## 4    10.028931      0
## 5    14.028321      1
## 6    11.863053      5
## 7    11.309127      5
## 8    11.338501      0
## 9     5.580107      1
## 10    4.881043      1
## 11   15.388456      3
## 12   12.989416     15
## 13   10.772847      6
## 14    6.061418      0
## 15   16.324663      5
## 16   17.176782     10
## 17    5.753125      1
## 18    5.753125      3
## 19   10.924661      2
## 20   15.363480      4
```

我们可以看到，用户在产品中停留的实际天数和预测天数，对于某些个体（例如用户1）来说是接近的；对于其他个体（例如用户2）来说差别很大。由此可见，该模型的误差还是很高的。

15.3.2 逻辑回归

逻辑回归的作用就是根据给定结果输出概率。8.3.3 节曾尝试用逻辑回归的方法来计算用户发送消息的概率。

还是"鲸鱼"和局外人示例,我们假设社交行为变量表示用户是否发送了消息。同样,我们拟合一个简单模型,不对任何特征进行选择,也不进行模型验证。

如代码清单 15.14 所示,我们使用 glm()(缩写全称为 generalized linear model,也叫广义线性模型)函数来运行逻辑回归,并将模型公式作为第一个参数,family = binomial 作为第二个参数,数据集作为第三个参数。glm 对象的 summary() 方法将首先打印模型,然后输出回归结果,主要的打印输出对象是系数(此处为对数比值)、p 值以及 AIC(或逻辑回归拟合优度)。我们将把对数比值更改为概率来解释这个模型。

代码清单 15.14 构建逻辑回归

```
# Building the logistic regression
glm_social <- glm(socialbeh ~ level2day1 + log(daysproduct + 1) + log(profiledesc + 1)
  + log(userfriends + 1), family = binomial, data = whales)

# Summary table
summary(glm_social)

## Call:
## glm(formula = socialbeh ~ level2day1 + log(daysproduct + 1) +
##      log(profiledesc + 1) + log(userfriends + 1), family = binomial,
##        data = whales)
##
## Deviance Residuals:
##    Min      1Q   Median      3Q      Max
## -1.5198  -0.6933  -0.2430   0.6180   1.6072
##
## Coefficients:
##                       Estimate Std. Error z value Pr(>|z|)
## (Intercept)            -4.3374     2.5070  -1.730   0.0836 .
## level2day1              0.6835     1.2259   0.558   0.5771
## log(daysproduct + 1)   -0.2366     0.9624  -0.246   0.8058
## log(profiledesc + 1)    0.3386     0.4840   0.700   0.4842
## log(userfriends + 1)    1.5497     1.2408   1.249   0.2117
## ---
## Signif. codes:  0 '***' 0.001 '**' 0.01 '*' 0.05 '.' 0.1 ' ' 1
##
## (Dispersion parameter for binomial family taken to be 1)
##
##     Null deviance: 25.898  on 19  degrees of freedom
## Residual deviance: 17.674  on 15  degrees of freedom
## AIC: 27.674
##
## Number of Fisher Scoring iterations: 5
```

如果我们相信这个模型（即假设数据样本足够大），用户在产品中的留存时长（天数）对社交行为有负面影响，并且其他变量是正面影响。没有显著的变量。我们将计算基础模型的概率，然后对函数进行泛化。要根据系数计算概率，我们需要使用 find_prob() 函数：

```
# Probabilities
p = exp(glm_social$coef[1])/(1 + exp(glm_social$coef[1]))
p
## (Intercept)
##   0.0129019

# Finding probability function, useful for finding specific probabilities
find_prob <- function(coef){
  p = exp(coef)/(1 + exp(coef))
  return(p)
}
```

基础模型意味着每个虚拟变量和数值变量都等于零，即意味着用户没有朋友，没有发送过信息等。根据这个模型，发送消息的概率为 1.3%。好友数对发送消息的比值（odds）有显著影响，其他变量在这个模型中影响比较小。

15.3.3 决策树

本节将运用分类树算法来预测用户是否会表现出某种社交行为。这里，我们还会使用其他指标，比如精度、召回率和 $F1$ 分数，来评估预测质量。精度衡量我们在对选定的观察结果进行正确分类时，我们做得好不好；召回率衡量在样本中的阳性样本进行分类时，我们做得好不好。$F1$ 分数是这两个指标的综合指标。

决策数是一种数据分类方法，它基于某种决策规则找到"最佳"数据拆分（参见 8.3.4 节和 13.5.5 节）。决策树在 R 有多种使用方法，可以在不同的 R 包中运行使用。例如，在 rpart 包中，我们可以使用 rpart() 函数来构建决策树。

代码清单 15.15 给出了在数据集上创建决策树时的运行结果。我们可以看到，当在 rpart() 对象上调用 summary() 方法时，R 输出了一些重要的信息，包括 OOB 错误、变量重要性、决策树拆分（见图 15.7）、拟合优度，以及均方误差。关于这些变量更深入的解释和结果，请参见 8.3.4 节和 13.5.5 节。

我们可以看到，在个人资料长度这个维度，只有一次拆分。当长度大于 43 个字符时，我们将其归类为 1；否则，我们将其归类为 0。如果我们预设的拆分不起作用，比如在某些数据缺失的场景下，输出时就用替代拆分来进行填补。在实际中，当缺少数据时，决策树是一个非常不错的选择。

代码清单 15.15　构建决策树

```
# Decision tree
library(rpart) # Decision tree package
library(rattle) # Nice plotting of trees
```

```
## Loading required package: rpart
# Building a decision tree
tree_social <- rpart(socialbeh ~ level2day1 + log(daysproduct + 1) +
  log(profiledesc + 1) + log(userfriends + 1), data = whales)


# Summary of the tree model
summary(tree_social)


## Call:
## rpart(formula = socialbeh ~ level2day1 + log(daysproduct + 1) +
##     log(profiledesc + 1) + log(userfriends + 1), data = whales)
##   n= 20
##
##          CP nsplit rel error   xerror      xstd
## 1 0.2747253      0 1.0000000 1.105684 0.1571116
## 2 0.0100000      1 0.7252747 1.105684 0.1571116
##
## Variable importance
## log(profiledesc + 1) log(userfriends + 1) log(daysproduct + 1)
##                   43                   35                   13
##           level2day1
##                    9
##
## Node number 1: 20 observations,     complexity param=0.2747253
##   mean=0.35, MSE=0.2275
##   left son=2 (10 obs) right son=3 (10 obs)
##   Primary splits:
##       log(profiledesc + 1) < 3.781341  to the left,  improve=0.27472530,
##           (0 missing)
##       log(userfriends + 1) < 1.242453  to the left,  improve=0.14835160,
##           (0 missing)
##       level2day1           < 0.5       to the left,  improve=0.09890110,
##           (0 missing)
##       log(daysproduct + 1) < 1.700599  to the left,  improve=0.06593407,
##           (0 missing)
##   Surrogate splits:
##       log(userfriends + 1) < 1.497866  to the left,  agree=0.90, adj=0.8, (0 split)
##       log(daysproduct + 1) < 0.8958797 to the left,  agree=0.65, adj=0.3, (0 split)
##       level2day1           < 0.5       to the left,  agree=0.60, adj=0.2, (0 split)
##
## Node number 2: 10 observations
##   mean=0.1, MSE=0.09
##
## Node number 3: 10 observations
##   mean=0.6, MSE=0.24


# Plotting the tree
fancyRpartPlot(tree_social, main = "Decision Tree To \n Predict Whales and
  WallFlowers")
```

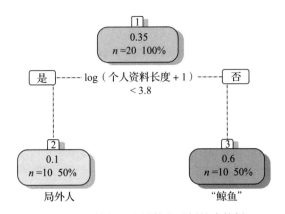

图 15.7　"鲸鱼"和局外人示例的决策树

接下来，我们将计算决策树模型的误差。代码清单 15.16 计算了决策树的精度、召回率和 $F1$ 分数，这些概念我们在 8.4.3 节中曾讨论过。从运行结果的错误率我们可以推断出，模型精度比较高，大多数观察数据都得到了正确的分类；召回率不高，对于应该归类为真的阳性样本，我们还需要继续提升准确性；$F1$ 分数是两者的结合，所以参考意义不是很大。如果想改进这个模型，应该着重提高召回率。

代码清单 15.16　计算精度和召回率

```
# Calculating precision and recall from tree split
whales$pred_social <- predict(tree_social, type = 'vector')
tabs <- table(whales$pred_social, whales$socialbeh)

precision <- tabs[1,1]/(tabs[1,1] + tabs[1,2])
precision
## [1] 0.9

recall <- tabs[1,1]/(tabs[1,1] + tabs[2,1])
recall
## [1] 0.6923077
# Precision is high, recall is low

# Calculating the F1_score
f1_score <- 2/((1/recall) + (1/precision))
f1_score
## [1] 0.7826087
```

15.3.4　支持向量机

本节将介绍预测建模的最后一个分类算法，支持向量机（SVM）。同样，我们也使用"鲸鱼"和局外人数据集来预测社交行为或者预测用户是属于"鲸鱼"还是属于局外人。在 R 中，有两个包实现了 SVM，分别是 e1071 包和 ksvm 包。

在代码清单 15.17 中，我们加载 e1017 包，应用 SVM 模型来预测用户社交行为。我们可以尝试不同的核并使用 predict() 函数来计算 $F1$ 分数。在这里，读者可以试试自己计算 $F1$ 分数。

代码清单 15.17　拟合 SVM 模型

```
# Loading the library and setting the seed
library(e1071)
set.seed(101)

# Fitting a simple SVM with radial basis kernel
svm_fit <- svm(socialbeh ~ profiledesc + level2day1 + userfriends, data = whales)
summary(svm_fit)
## Call:
## svm(formula = socialbeh ~ profiledesc + level2day1 + userfriends, data = whales)
##
## Parameters:
##    SVM-Type:  eps-regression
## SVM-Kernel:  radial
##       cost:  1
##      gamma:  0.3333333
##    epsilon:  0.1
##
##
## Number of Support Vectors:  16

# Tuning the SVM by searching for the best parameters with 10-fold CV
obj = tune.svm(socialbeh ~., data=whales,cost=seq(1:10),gamma=2^(-2:2))
obj

## Parameter tuning of 'svm':
##
## - sampling method: 10-fold cross-validation
##
## - best parameters:
##  gamma cost
##   0.25    3
##
## - best performance: 0.1430022
```

我们也一直在探索最佳成本和伽马参数。通过调用 tune.svm() 方法，我们可以指定要测试的成本和伽马值。由于这个数据集很小，并且很好地验证了这些想法，但它不足以有效预测结果。

在代码清单 15.17 中，我们使用径向基核拟合模型。然后，我们搜索 1～10 的成本参数和 0.25～4 的伽马参数，以获得最佳参数来优化我们的模型。在本例中，我们使用十折交叉验证寻找最佳参数，最佳伽马参数为 0.25，最佳成本参数为 3。

我们可以使用 R 中的 SVM 做很多事情，包括绘制决策边界、编写核以及模型调优。这里，我们不做深入讨论。如果你想深入学习的话，可以看看其他 SVM 书籍，例如文献（Hastie et al.，2009）。

15.3.5 交叉验证

本节将演示交叉验证方法，这个方法我们在8.4.2节中曾介绍过。我们将使用留一交叉验证法来验证线性回归结果。在实际运用中，有许多不同的方法可以交叉验证数据。在留一交叉验证法中，我们预留一个观察样本，然后在剩余数据上运行模型，针对数据集中的每个观察样本重复此过程。

在本例中，我们将建立20个模型，每次留下一个观察样本用于模型测试。然后，根据20个模型的测试观察样本评估回归错误率。

线性回归有一个真实的输出，即用户在产品中的留存时长（天数）。我们可以实现一个for循环，将模型运行20次，然后对预留观察样本进行预测。R中有很多包可以帮助我们完成这件事，不过为了更好地理解到底发生了什么（见代码清单15.18），建议至少写出这一过程的部分代码。图15.8给出了实际结果与预测结果。在预测用户在产品中的留存时长这个方面，该模型预测的结果如何？

代码清单 15.18　留一交叉验证法

```
# Leave-one-out cross-validation
# Set seed
set.seed(101)

# Create data.frame to save data
CV_outcome <- data.frame("predicted" = as.factor(rep(0:1, 20)), "test" = rep(1:20,
  each = 2), "retention" = NA)

# Run this model 20 times and save the test data
for(i in 1:20){
  # Create 19 obs training set
  training <- whales[-i,]

  # Build linear regression model
  lm_ret <- lm(log(daysproduct + 1) ~ socialbeh +
              log(profiledesc + 1) + level2day1 +
              log(userfriends + 1), data = training)

  # Predict test data outcome
  pred <- predict(lm_ret, whales[i,])

  # Save actual outcome to compare
  test <- log(whales$daysproduct[i] + 1)

  # Save in data.frame
  CV_outcome$retention[((2*i)-1)] <- test
  CV_outcome$retention[2*i] <- pred
}

# Plot the result (difference)
ggplot(data = CV_outcome, aes(x = test, y = retention,
      group = predicted)) +
```

```
geom_line(aes(linetype = predicted)) + geom_point() +
labs(title = "Leave-one-out Cross Validation Results", x='Test', y = "Retention",
    linetype='Predicted') +
theme(plot.title = element_text(hjust = 0.5))
```

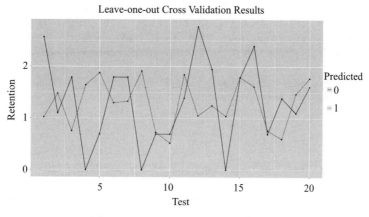

图 15.8　留一交叉验证法的预测结果

从留一交叉验证法中，我们可以看到数据集中的变化比模型中的变化更大。这是意料之中的。我们很难预测某些观察结果，例如点 4、5、8 和 12。

本节介绍了第 8 章中提到的预测建模技术。下一节将转向一个全新的主题，人口预测，这个我们曾经在第 9 章介绍过。

15.4　人口预测

本节将介绍第 9 章中提到的人口预测模型。开始之前，请先花点时间理解一下第 9 章中介绍的方法。这样做可以帮助你理解本节中描述的大部分 R 方法，因为我们将通过 R 代码来探索第 9 章中讨论的所有示例，例如一般转移矩阵、"千刀万剐"式用户消亡等一些典型示例。

9.3.2 节讨论了转移矩阵。接下来，我们将利用转移矩阵预测人口。

我们可以将转移矩阵乘以上一时期的人口来预测新的人口。在代码清单 15.19 中，我们将 Web 产品的用户预测前移 20 个时期，以查看随着时间的流逝，不同群体的分布。图 15.9 展示了 20 个时期内的总人口预测结果，图 15.10 展示了 20 个时期内的子群体人口预测结果。

人口预测是一种有用的工具，可以预测产品中的子群体人口随时间的变化。正如我们在图 15.10 中看到的，虽然每个组人口都在增长，但随着时间的推移某个组占整体的比例会下降，用户结构发生变化，这会影响 Web 产品的社会结构。

代码清单 15.19　人口预测

```
### Building the transition matrix
row1 <- c(1.25, 0, 0, 0, 0)
row2 <- c(.5, .5, .4, .05, 0)
row3 <- c(0, .2, .1, .05, 0)
row4 <- c(.5, .25, .5, .8, 0)
row5 <- c(0, .05, 0, .1, 1)
trans_mat <- matrix(rbind(row1, row2, row3, row4, row5), nrow = 5, ncol = 5)
initial_pop <- matrix(c(1000, 1000, 1000, 1000, 1000), nrow = 5, ncol = 1)

# Population projection, 1 period
new_pop <- trans_mat %*% initial_pop
new_pop
##      [,1]
## [1,] 1250
## [2,] 1450
## [3,]  350
## [4,] 2050
## [5,] 1150

# Population projection, 20 periods
mat_new <- matrix(NA, nrow = 5, ncol = 20)

library(expm)

mat_new <- matrix(NA, 5, 20)
for(i in 1:20){
            mat_new[, i] <- trans_mat %^% i %*% initial_pop
            }

# Plotting the population projection
# Total population
pop_frame <- data.frame(population = colSums(mat_new), period = 1:20)

ggplot(pop_frame, aes(x = period, y = population)) +
  geom_line() + geom_point() + labs(title = "Population over 20 Periods", x ='Period',
    y = "Population") +
  theme(plot.title = element_text(hjust = 0.5))

# Subgroup population
# Building a data frame
subpop_frame <- data.frame(c(mat_new), rep(1:5, 20), rep(1:20, each = 5))
names(subpop_frame) <- c("population", "subgroups", "period")

# Plotting subgroup population growth over 20 periods
subpop_frame$subgroups <- as.factor(subpop_frame$subgroups)
ggplot(subpop_frame, aes(x = period, y = population, group = subgroups)) +
  geom_line(aes(linetype = subgroups)) +
  labs(title = "Subgroup Population over 20 Periods", x = 'Period', y = "Population",
      linetype = 'Subgroups') +
  theme(plot.title = element_text(hjust = 0.5))
```

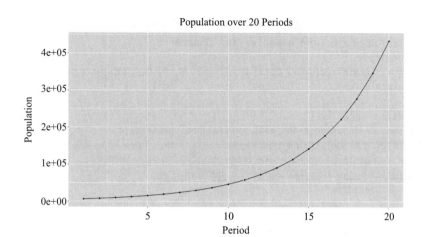

图 15.9   20 个时期内人口预测结果

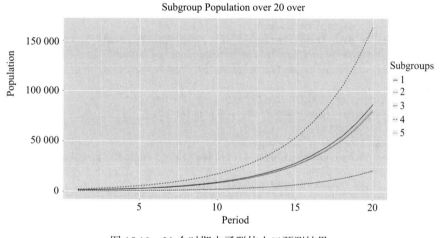

图 15.10   20 个时期内子群体人口预测结果

下一节将继续介绍 9.4 节中的两个预测示例。在这两个模型中，我们添加了扩散（即口碑增长）因子。

15.4.1   示例 1：“千刀万剐”式用户消亡

本节将继续探索 9.4.2 节的示例 。在这个例子中，我们将展示了小增长率是如何导致人口快速下降的。在第 9 章中，我们保持这两个示例中的留存比例相同，只改变传播速度（口碑率）。

本节将通过 R 语言介绍第一个用户消亡示例。首先，我们将预测 5 个时期内的人口。代码清单 15.20 创建了一个预测函数 project_func()，用于预测前 5 个时期的人口矩阵。

代码清单 15.20 用户消亡示例

```
## Population projection examples for Chapter 9
# First example
example_1 <- t(matrix(c(0.09, 0.13, 0.13, .65, 0, 0, 0, .36, 0), nrow = 3, ncol = 3))
pop <- matrix(c(100000, 50000, 25000), nrow = 3, ncol = 1)

# Projection function
project_func <- function(trans_mat, initial_pop, periods){
  # Defining the output object
  mat_new <- matrix(NA, nrow = dim(trans_mat)[1], ncol = periods)
  # Projecting the population out n periods
  for(i in 1:periods){
                  mat_new[, i] <- trans_mat %^% i %*% initial_pop
}
# Returning a matrix with the population in each period by subgroup
return(mat_new)
}

# Projecting population out 5 periods
example1_mat <- project_func(example_1, pop, 5)
example1_frame <- data.frame(c(example1_mat), rep(1:3, 5), rep(1:5, each = 3))
names(example1_frame) <- c("population", "subgroups", "period")
example1_frame$subgroups <- as.factor(example1_frame$subgroups)

# Plotting subgroup population growth over 20 periods
ggplot(example1_frame, aes(x = period, y = population,
        group = subgroups)) +
  geom_line(aes(linetype = subgroups)) +
  labs(title = "Subgroup Growth over 5 Periods", x = 'Period', y = "Population",
        linetype = 'Subgroups') +
  theme(plot.title = element_text(hjust = 0.5))
```

如图 15.11 所示，随着时间的推移，所有子群体人口都在下降；第三组的人口规模在下降之前是增加的；第二组的人口下降最为剧烈。

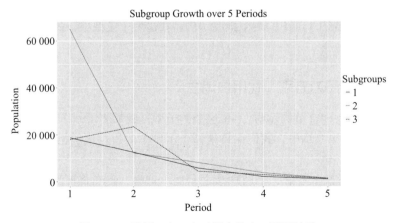

图 15.11 示例 1 中 5 个时期内的人口预测结果

接下来，我们将计算特征值向量和人口振荡，我们曾在 9.4.2.5 节和 9.4.3.3 节中讨论过。首先，要在 R 中计算特征值向量，我们可以使用基础函数 eigen() 创建一个对象，其 object$value 等于矩阵的特征值向量。

要查看人口将如何随时间波动，我们必须首先将虚数特征值转换为极坐标形式，然后将该信息转换回可读格式，以便我们可以按时期查看振荡曲线。代码清单 15.21 计算了用户消亡示例的特征值向量和人口振荡曲线。

代码清单 15.21　计算特征向量

```
# We calculate the eigenvectors so that we can understand how our population
# will change over time.
# Calculating the eigenvalues
e <- eigen(example_1)

## Plotting population oscillations
e$values
## [1]  0.439616+0.0000000i -0.174808+0.1965679i -0.174808-0.1965679i

## Function for creating the eigen plot
eigen_plot <- function(e_value){
  # Calculating the polar coordinates to model oscillations
  a <- Re(e_value)
  b <- Im(e_value)
  magnitude <- sqrt(a^2 + b^2)
  theta <- atan(b/a)
  # Calculating the oscillations
  x = c(1:20)
  y = (magnitude^x)*2*cos(theta*x)
  list_eigen <- list("x_values" = x, "y_values" = y)
  return(list_eigen)
}

# Plotting
# Creating the data.frame
plot_object <- eigen_plot(e$values[2])
eigen_frame <- data.frame(plot_object)

# Plotting population oscillations over the first few periods
ggplot(eigen_frame[1:6, ], aes(x = x_values, y = y_values)) +
  geom_line() + labs(title = "Population Oscillations over Periods 1-6", x = "Period",
    y = "Eigen + Conj") +
  theme(plot.title = element_text(hjust = 0.5))
```

图 15.12 显示了用户消亡示例的人口振荡曲线。很明显，人口会下降，在第 2 时期有个比较明显的波动，随后出现一些小的波动，之后逐渐趋于零。

接下来，我们将寻找可以保持人口比例不变的长期增长率。我们可以绘制 Lokta 方程并找到它等于 1 的位置。代码清单 15.22 展示了如何用 R 计算 Lokta 方程（结果见图 15.13）。

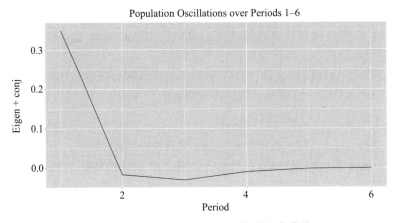

图 15.12 示例 1 人口在 6 个时期的振荡曲线

代码清单 15.22 Lokta 方程计算

```
# Finding the stationary population
y = function(x){
                .099*exp(-1*x) + .135*exp(-2*x) + .07*exp(-3*x)
                }
ggplot(data.frame(x = c(-1, 0)), aes(x)) +
  stat_function(fun = y) + geom_hline(yintercept = 1, linetype = "dashed") +
  labs(title = "Stationary Population - Lokta's R", x = 'X', y = 'Y') +
  theme(plot.title = element_text(hjust = 0.5))
```

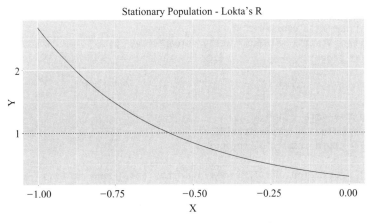

图 15.13 示例 1 的 Lokta 方程计算

15.4.2 示例 2：指数增长

接下来，我们继续探讨 9.4.3 节中曾提到的典型示例。与在用户消亡示例中的做法类似，我们在 5 个时期内对人口进行预测。图 15.14 展示了示例 2 中 5 个时期内的人口预测结果。像前面的示例中那样，我们计算了复数特征值，找到了稳态人口增长率。因此，代码清单 15.23 给出了与用户消亡示例中过程类似的指数增长过程。

代码清单 15.23　示例实现

```
# Example 2
example2 <- matrix(c(1.66, .65, 0,1.89, 0, .36, 1.7, 0, 0), 3, 3)
pop2 <- matrix(c(100000, 50000, 25000), nrow = 3, ncol = 1)

# Plotting the population
example2_mat <- project_func(example2, pop2, 5)
example2_frame <- data.frame(c(example2_mat), rep(1:3, 5), rep(1:5, each = 3))
names(example2_frame) <- c("population", "subgroups", "period")
example2_frame$subgroups <- as.factor(example2_frame$subgroups)

# Plotting subgroup population growth over 5 periods
ggplot(example2_frame, aes(x = period, y = population, group = subgroups)) +
  geom_line(aes(linetype = subgroups)) +
  labs(title = "Subgroup Growth over 5 Periods", x = 'Period', y = "Population",
  linetype = 'Subgroups') +
  theme(plot.title = element_text(hjust = 0.5))
```

如图 15.14 所示，所有队列的人口都在快速增长，但队列 1 的人口增长最快。值得一提的是，本例中的用户留存时长和示例 1 中的留存时长是相同的，这意味着这种效应完全是由增长率驱动的。

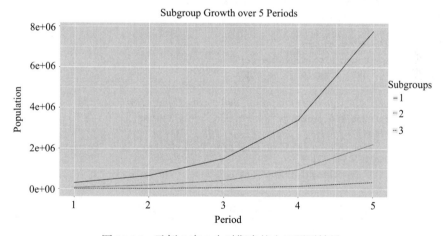

图 15.14　示例 2 中 5 个时期内的人口预测结果

同样，正如我们在用户消亡示例中所做的那样，我们将 6 个时期的人口振荡绘制成图形，如图 15.15 所示。在代码清单 15.24 中，我们计算了特征值向量。从这个示例中我们可以看出，人口在初期波动较大，在后期波动变小或减弱。

有关人口振荡和人口长期动态变化的更多信息，请参考文献（Keyfitz & Caswell，2005）。

在代码清单 15.25 中，我们计算稳定人口的长期增长率或 Lokta 方程。

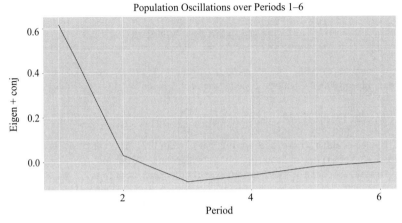

图 15.15　示例 2 人口在 6 个时期的振荡曲线

代码清单 15.24　计算特征值向量

```
# Calculating the eigenvalues for example 2
e2 <- eigen(example2)

> e2$values
## [1]  2.2764258+0.0000000i  -0.3082129+0.2824047i  -0.3082129-0.2824047i

# Plotting the population oscillations for example 2
plot_object2 <- eigen_plot(e2$values[2])

# Creating the data.frame
plot_object2 <- eigen_plot(e2$values[2])
eigen2_frame <- data.frame(plot_object2)

# Plotting population oscillations over the first few periods
ggplot(eigen2_frame[1:6,], aes(x = x_values, y = y_values)) +
        geom_line() +
    labs(title = "Population Oscillations over Periods 1-6", x = "Period",
        y = "Eigen + Conj") +
    theme(plot.title = element_text(hjust = 0.5))
```

代码清单 15.25　计算 Lokta 方程

```
## Calculating Lokta's R
y = function(x){
                .85*exp(-1*x) + 1.95*exp(-2*x) + 1.44*exp(-3*x)
                }

ggplot(data.frame(x=c(0, 1)), aes(x)) + stat_function(fun = y) +
    geom_hline(yintercept = 1, linetype = "dashed") +
    labs(title = "Stationary Population - Lokta's R", x = 'X', y = 'Y') +
    theme(plot.title = element_text(hjust = 0.5))
```

如图 15.16 所示，方程在 0.75 处为 1，这便是长期增长率。关于这部分与稳定人口理论关系的更多讨论和解释，请参考 9.3 节和 9.4 节。

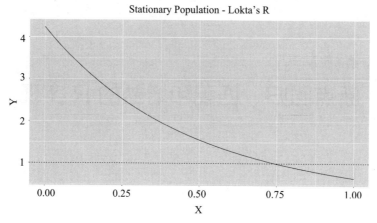

图 15.16　示例 2 的 Lokta 方程计算

15.5　总结

本章介绍了多种非常有用的技术，它们可用于在 R 中进行 A/B 测试、监督学习、无监督学习，以及人口预测。这些技术是所有分析师工具包的核心，如你所见，它们都可以用 R 来实现。R 可以像 STATA 和 SAS 一样用作统计编程语言，其中关键是了解执行统计计算的理论和函数。

有关这些主题更深入的探索，请参阅后面参考文献中建议的高级读物。R 语言具有更强大的预测建模和验证功能，通过 caret，你可以探索这些功能。第 16 章将用 R 继续探索第 10 ～ 13 章中讨论过的因果推断方法。

第 16 章

断点回归、匹配和增益的 R 实现

第 15 章介绍了 A/B 测试和预测建模的 R 实现。本章将介绍如何用 R 实现因果推断方法，如基于 R 实现双重差分建模、断点回归设计、统计匹配以及增益建模，这些概念我们曾在第 10 ～ 13 章讲解过。另外，本章将使用 Lalonde 数据集进行统计匹配以及增益建模。

学完本章后，你应该能够：

❑ 评估双重差分模型。

❑ 消除季节性的影响。

❑ 计算断点回归或中断时间序列模型的效果好坏。

❑ 实现统计匹配，包括模型平衡评估和匹配质量。

❑ 评估四种不同类型模型的增益效果。

❑ 计算 Qini 指数和最重要的异质子组效应。

本章内容最好与之前所讲的理论章节结合起来阅读。

16.1　双重差分建模

我们先回顾一下 10.4.3 节中介绍过的针对电视促销活动进行双重差分建模示例。首先，我们创建服从正态分布的数据集。然后，计算实验组的平均处理效果（ATT）并执行回归分析，评估标准误差和 p 值。

该示例引入了一个电视广告，这个电视广告在第一个市场区域投放，在第二个市场区域不投放。实验分为两个时期，分别为处理前和处理后。对于实验组来说，处理前后的区别主要就是是否投放电视广告。接下来，我们将尝试评估电视广告对用户下载量的影响，见代码清单 16.1。

代码清单16.1　双重差分评估

```
# Setting the seed
set.seed(101)

# Let's build an example of the DID example from Chapter 7
# We're running a TV experiment in DMA 1 and we're using
# DMA 2 # # as a "control"
# Pre and post are before and after the commercial ran
DMA_1_pre <- rnorm(100, 2100, 25)
DMA_2_pre <- rnorm(100, 2300, 25)
DMA_1_post <- rnorm(100, 4230, 25)
DMA_2_post <- rnorm(100, 3548, 25)

# Build treatment effect table
table_com <- matrix(c(mean(DMA_1_pre), mean(DMA_2_pre), mean(DMA_1_post),
  mean(DMA_2_post)), 2, 2)
table_com


##          [,1]     [,2]
## [1,] 2099.07 4230.052
## [2,] 2298.95 3547.363

# Calculating the ATT
ATT <- (table_com[1, 2]-table_com[2,2]) - (table_com[1,1]-table_com[2,1])
ATT
## [1] 882.5681
```

从运行结果可以发现，电视广告非常有效。在有电视广告的市场区域，每天的用户下载量增加了约882次。

接下来，我们运行10.4.3.4节中讨论过的回归分析，看看电视广告对用户下载量的影响是否显著（见代码清单16.2）。首先，我们需要针对本次干预（实验组和对照组）和时间（处理前和处理后）分别创建虚拟变量。最终得到本次干预和时间之间的ATT，也就是本次干预对实验组的平均"因果效应"（具体实现见代码清单15.19）。

代码清单16.2　双重差分回归

```
# DID regression

# First, build the data set as described above, two dummy variables for
# time and treatment
diff_data <- data.frame(rbind(cbind(DMA_1_pre, 1, 0),
                              cbind(DMA_1_post, 1, 1),
                              cbind(DMA_2_pre, 0, 0),
                              cbind(DMA_2_post, 0, 1)))
names(diff_data) <- c("downloads", "treated", "time")

# DID regression model
diff_model <- lm(downloads ~ treated + time + treated*time, data = diff_data)
```

```
summary(diff_model)

##
## Call:
## lm(formula = downloads ~ treated + time + treated * time, data = diff_data)
##
## Residuals:
##     Min     1Q  Median     3Q     Max
## -78.794 -16.219  -0.429  15.197  65.305
##
## Coefficients:
##               Estimate Std. Error t value Pr(>|t|)
## (Intercept)   2298.950      2.420   949.9   <2e-16 ***
## treated       -199.880      3.423   -58.4   <2e-16 ***
## time          1248.413      3.423   364.7   <2e-16 ***
## treated:time   882.568      4.841   182.3   <2e-16 ***
## ---
## Signif. codes:  0 '***' 0.001 '**' 0.01 '*' 0.05 '.' 0.1 ' ' 1
##
## Residual standard error: 24.2 on 396 degrees of freedom
## Multiple R-squared:  0.9993, Adjusted R-squared:  0.9992
## F-statistic: 1.769e+05 on 3 and 396 DF, p-value: < 2.2e-16


# Plot the experiment
diff_data$days <- c(rep(1:200, 2))
diff_data$treated <- factor(diff_data$treated, levels = c(1, 0),
  labels = c("DMA1", "DMA2"))

ggplot(diff_data, aes(days, downloads, color = treated)) +
  geom_line(aes(linetype = treated)) +
  scale_linetype_manual(values = c("solid", "dashed")) +
  scale_color_manual(values = c("black", "blue")) +
  labs(title = "Before/After Commercial, DMA 1 & DMA 2",
    x = "Days", y = "Downloads", color = NULL,
      linetype = NULL)  +
  theme(plot.title = element_text(hjust = 0.5))
```

如图 16.1 所示，我们分别绘制了实验组和对照组在处理前后的下载量。可以看到，干预后实验组和对照组的下载量均有所增加，只不过实验组增加得更多。

在双重差分建模的过程中，我们使用三个变量进行回归分析。第一个变量是干预，它是一个虚拟变量，用以表明当前样本是属于实验组还是对照组；第二个变量是时间，它也是一个虚拟变量，用以表明当前样本是在处理前还是处理后；第三个变量是干预和时间产生的交互效应，交互效应是指两个自变量对因变量（这里是指下载量）同时产生的影响。

可以看到，ATT 在统计上是显著的。本例中，时间和干预对结果的影响也是显著的。对于双重差分模型来说，这不是一个很好的例子，因为所有变量都是显著的。在实际应用中，对于我们来说，干预和时间之间有显著的交互效应才是有意义的。

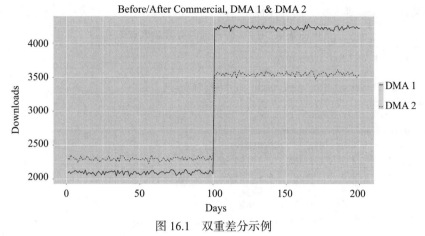

图 16.1　双重差分示例

这种评估方法与我们之前在简单表中的评估方法——两组的影响相减——是类似的。通过运行回归分析，在计算标准误差后，我们可以确定效果是否具有统计显著性。如果它是显著的，那么我们认为存在因果效应，说明我们的设计是有道理的。

另外，我们也可以在双重差分设计中将效果绘制出来。从图中可以看出，此过程是平稳的，因此均值和方差不随时间变化。在平稳过程中判断设计的好坏很容易，但现实的情况是，这个过程并不平稳。这意味着我们需要更多数据定义"处理前"时期，并且可能需要剔除季节性因素。在代码清单 16.7 中，我们将演示如何剔除季节性因素。

双重差分建模是一种非常强大的技术，它既可以在样本数据中找出因果关系，也可以通过绘图为我们提供更多的信息。16.2 节将继续探索另一种有用的技术，帮助我们从样本数据或断点回归中萃取洞见。

16.2　断点回归和时间序列建模

16.1 节讨论了如何在 R 中实现双重差分建模。本节将介绍 R 中另一个非常有用的准实验设计——断点回归。第 11 章已介绍断点回归背后的理论，本节将展示如何在 R 中实现断点回归。

16.2.1　断点回归

在 11.1 节中，我们讲解的第一个断点回归示例与用户分数相关，这个例子比较典型。50 分以上的用户自动获得一枚徽章，50 分以下的用户则不能获得。我们最感兴趣的是这个徽章是否会让用户留存更久。在当时的示例中，我们是通过对临界值附近的数据进行建模来探索答案。

在代码清单 16.3 中，我们将拟合 11.2.1 节中讨论的三个模型（回归模型、二次模型和 LOESS 模型），以评估获得徽章对留存时长（用户在产品中停留的天数）的"因果"影响。

为了拟合断点回归模型，我们需要从临界值左右两侧评估模型，本例中临界值为50。

代码清单16.3 断点回归分数临界点示例

```
# First, let's load the data
 rd_data <- read.csv('rd_data.csv')
# Here is a summary of the data in the file
 summary(rd_data[,(3:4)])

##     game_score      retention
##     Min.   : 1.0   Min.   : 0.02959
##     1st Qu.: 22.0   1st Qu.: 2.67194
##     Median : 49.5   Median : 4.29894
##     Mean   : 49.4   Mean   : 4.59727
##     3rd Qu.: 77.0   3rd Qu.: 6.21584
##     Max.   :100.0   Max.   :13.20937

# ggplot for initial cut point data
treat.ind <- ifelse(rd_data$game_score > 49, 1, 0)
ggplot(rd_data, aes(game_score, retention, linetype = as.factor(treat.ind))) +
  # Points
  geom_point() +
  # Loess model
  stat_smooth(size=1.5, method = 'loess') +
  # Cut-point line
  geom_vline(xintercept=50, linetype="longdash") +
  # Titling
  ggtitle("Regression Discontinuity Game Score Design") + xlab("Game Score") +
  ylab("User Days") +
  # Legend
  scale_linetype_manual(values = c(1,3), labels = c("Control", "Treated"),
  name='Treatment') +
  # Title Formatting
  theme(plot.title = element_text(hjust = 0.5))

# Regression
## Regression fit from the left side
fun_left <- lm(retention ~ game_score, data=rd_data, subset=game_score <= 50)

## Regression fit from the right side
fun_right <- lm(retention ~ game_score, data = rd_data, subset=game_score >= 50)

## Predict data from left and plot
new_left <- data.frame(game_score = rd_data$game_score[rd_data$game_score <= 50])
pred_left <- predict(fun_left,new_left)

## Predict data from right and plot
new_right <- data.frame(game_score = rd_data$game_score[rd_data$game_score >= 50])
pred_right <- predict(fun_right,new_right)

# Quadratic fit
## Quadratic model from the left side
```

```r
fit1 <- lm(retention ~ poly(game_score,2, raw=TRUE), data=rd_data,
  subset=game_score <= 50)

## Predict
left <- sort(rd_data$game_score[rd_data$game_score <= 50])
quadratic1 <- fit1$coefficients[3]*left^2 + fit1$coefficients[2]*left +
  fit1$coefficients[1]

## Quadratic model from the right side
fit2 <- lm(retention ~ poly(game_score,2, raw=TRUE), data=rd_data,
  subset=game_score >= 50)

## Predict
right <- sort(rd_data$game_score[rd_data$game_score >= 50])
quadratic <- fit2$coefficients[3]*right^2 + fit2$coefficients[2]*right +
  fit2$coefficients[1]


## LOESS fit
## LOESS fit from the left side
lo_left <- loess.smooth(
  rd_data$game_score[rd_data$game_score <= 50],
  rd_data$retention[rd_data$game_score <= 50],
  data = rd_data, family=c("gaussian"), span=.25)

## LOESS fit from the right side
lo_right <- loess.smooth(rd_data$game_score[rd_data$game_score >= 50],
   rd_data$retention[rd_data$game_score >= 50],
   data = rd_data, family=c("gaussian"), span=.25)


# Estimates for the three models
## Regression estimate
est <- data.frame("game_score" = c(50))
predict(fun_right, est) - predict(fun_left, est)
## 0.9756212
## Quadratic estimate
(fit2$coefficient[3]*(50)^2 + fit2$coefficient[2]*50 + fit2$coefficient[1]) -
  (fit1$coefficient[3]*(50)^2 + fit1$coefficient[2]*(50) + fit1$coefficient[1])
## 1.653323

# LOESS estimate
lo_right$y[1]-lo_left$y[50]
## 0.582847

## Plot the three model estimates
rd_data$Side <- ifelse(rd_data$game_score > 49, 'Right', 'Left')
ggplot(rd_data, aes(x=game_score, y=retention, group=Side)) +
  # Points
  geom_point() +
  # Vertical line
```

```
geom_vline(xintercept=50, color='black', linetype=4) +
# Linear models
geom_smooth(method='lm', se=FALSE, data=rd_data,
            aes(linetype='Linear', color='Linear')) +
# Polynomial curve
geom_smooth(method='lm', se=FALSE,
            formula=y ~ poly(x, 2, raw=TRUE), data=rd_data,
            aes(linetype='Polynomial', color='Polynomial')) +
# LOESS curve
geom_smooth(method='loess', se=FALSE, span=0.25, data=rd_data,
            aes(linetype='Loess', color='Loess')) +
# Legend
scale_color_brewer(NULL, palette='Paired', guide='legend') + scale_linetype_
  discrete(NULL) +
# Titling
labs(title="Three Regression Discontinuity Models", x = 'Game Score',
  y = 'Retention') +
# Formatting
theme(legend.position='bottom', plot.title=element_text(hjust=0.5))
```

我们使用 lm() 函数来绘制线性方程和二次方程的曲线。为了绘制二次方程曲线，我们需要使用 poly() 函数，其参数 2 指定在回归函数中对 x 变量进行平方。然后，使用预测的二次回归系数来预估临界点的 y 值。最后，使用 loess.smooth() 函数从临界值左右两侧预测 LOESS 模型。本例中，我们设定带宽参数为 0.25。你可以尝试调整一下带宽参数，看看它对 LOESS 模型的影响。

断点回归设计没有标准的函数形式，因此我们需要找到最可靠的模型。模型越健壮，靠近临界值的数据就越多；选择偏差越小，模型就越可靠。

在图 16.2 和图 16.3 中，我们从临界值的左右两侧绘制了这三个模型，用以查看每个模型对数据的拟合程度。将断点回归数据和模型绘制出来对于我们非常有帮助。

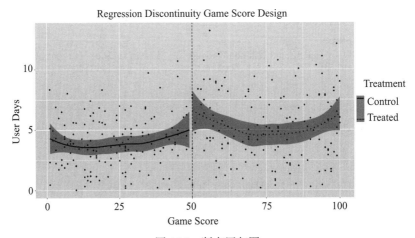

图 16.2 断点回归图

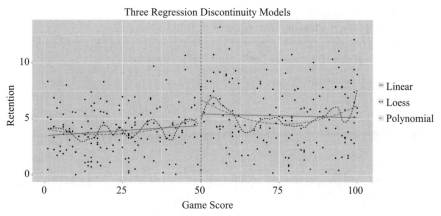

图 16.3　断点回归示例的 3 个模型

从这个例子可以看出，我们使用的模型以及指定模型的方式会导致对局部平均处理效应（LATE）的预测差异很大，变化范围为 [0.6, 1.6]。评估模型的唯一方法是查看它们与临界点的数据是否契合。在本例中，LOESS 模型和二次模型似乎最适合模拟真实差异。这是为什么呢？

最好的模型能让数据最大限度地靠近临界点，而不是越来越远。在本例中，首先我们可以抛开回归模型，因为它仅适用于中间数据的建模，如对分数大概在 25 和 75 之间的数据建模（考虑到回归线的计算方式，这是有道理的，但在本例中效果不佳）。二次模型拟合度较高，而 LOESS 模型拟合度较低。我们可以选择 LOESS 模型进行预测，因为它似乎最接近临界值数据，由于获得了徽章，用户留存时长大约增加了 1 天。LATE 预测并不精确，不过我们可以使用图形来帮助自己选择最适合数据的模型。

接下来，我们想看看其他混杂变量在同一个临界点是如何变化的，这部分我们曾在 11.2.2 节中提到过。在代码清单 16.4 和图 16.4 中，我们将根据分数绘制用户个人资料长度和好友数的曲线。

代码清单 16.4　断点回归混杂变量图

```
# Plotting the confounders
ggplot(rd_data, aes(game_score, profile_len, linetype=as.factor(treat.ind))) +
  # Points
  geom_point(aes(shape=as.factor(user_friends))) +
  # LOESS model
  stat_smooth(size=1.5, method = 'loess') +
  # Cutpoint line
  geom_vline(xintercept=50, linetype="longdash") +
  # shape for user friends
  scale_shape(name="User Friends",breaks=c("0","1"), labels=c("Friends", "No
  Friends")) +
  # Legend
  scale_linetype_manual(values = c(1,3), labels = c("Control", "Treated"),
  name='Treatment')
  # Titling and title formatting
  ggtitle("Regression Discontinuity Confounders: Profile Length and Friends") +
    xlab("Game Score") +
```

```
ylab("Profile Length") +
theme(plot.title = element_text(hjust = 0.5))
```

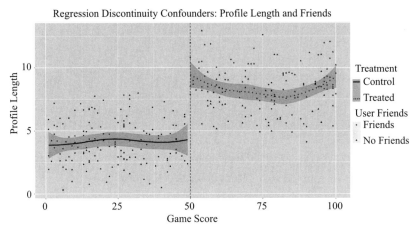

图 16.4　断点回归混杂变量随分数的变化

可以看到，两个混杂变量（用户个人资料长度和好友数）都在临界点处中断。因此，此断点回归设计无效。由于用户个人资料长度和好友数都是在用户获得徽章之前创建的，因此不管是这两个变量，还是这两个变量形成的组合变量，都可能影响局部平均处理效果（LATE）。在临界点处，我们无法确定获得徽章的因果关系。

16.2.2　中断时间序列

断点回归的一个特殊情况是中断时间序列（ITS），我们在 11.3 节曾初步探索过。在 ITS 设计中，中断或不连续的处理变量是时间。对于 ITS 设计示例，我们将针对 20% 促销折扣对一家电子游戏公司的年收入的影响进行建模（见代码清单 16.5）。我们假设在广告中期——第 50 天时发生了某种变化，如图 16.5 所示。图 16.5 绘制的是 100 天的用户平均收入。

代码清单 16.5　绘制中断时间序列图和 OLS 模型

```
# Install packages
library(forecast)
# First, let's load the data
its_data <- read.csv("its_data.csv")

# Plot the data
treat.its <- ifelse(its_data$days > 99, 1, 0)
ggplot(its_data, aes(x = time, y = profit, linetype=as.factor(treat.its))) +
  # Points
  geom_point() +
  # Cutpoint Line
  geom_vline(xintercept=100, linetype="longdash") +
  # Loess Model
  stat_smooth(size=1.5, method = 'loess') +
  # geom_smooth(method = 'lm') +
```

```
# Legend
scale_linetype_manual(values = c(1,3),
                    labels = c("Control", "Treated"), name='Treatment') +
# Titling and Title Formatting
ggtitle("Interrupted Time Series Design") + xlab("Days") + ylab("Profit") +
theme(plot.title=element_text(hjust=0.5))

# Regression model for ITS example
## Creating the variables for the regression; they are already included in the data set
its_data$treatment <- ifelse(as.numeric(as.character(rownames(its_data))) < 100, 0, 1)
its_data$time <- as.numeric(as.character(rownames(its_data)))
its_data$timetx <- as.vector(rbind(c(rep(0, 100), c(1:100))))

reg <- lm(its_data$profit ~ treatment + time + timetx, data = its_data)
summary(reg, robust=T)
##Call:
##lm(formula = its_data$profit ~ treatment + time + timetx, data = its_data)

##Residuals:
    Min      1Q   Median      3Q      Max
-130.574  -36.186   -8.402   37.089  148.324

##Coefficients:
            Estimate Std. Error t value Pr(>|t|)
##(Intercept) -85.3292    10.4486   -8.167 3.82e-14 ***
##treatment   270.1814    14.5952   18.512  < 2e-16 ***
##time          4.7806     0.1814   26.350  < 2e-16 ***
##timetx        1.2482     0.2528    4.937 1.69e-06 ***
---
##Signif. codes:  0 '***' 0.001 '**' 0.01 '*' 0.05 '.' 0.1 ' ' 1

##Residual standard error: 51.59 on 196 degrees of freedom
##Multiple R-squared:  0.9864,   Adjusted R-squared:  0.9862
##F-statistic:  4737 on 3 and 196 DF,  p-value: < 2.2e-16
```

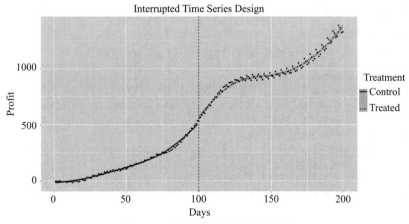

图 16.5 中断时间序列模型示例

这个回归模型拟合数据不太好。你可以尝试自己来绘制下。基于代码清单16.5，在ggplot 代码中添加 geom_smooth（method ="lm"）+，并移除 stat_smooth（size=1.5, method = 'loess'）+。绘制的结果如图 16.6 所示。

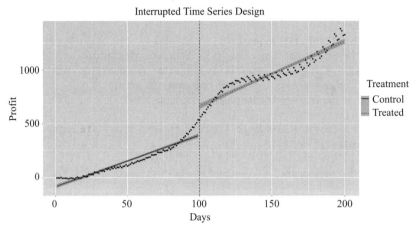

图 16.6　中断时间序列线性拟合

根据绘制出的图，我们发现线性模型在临界点附近似乎不太拟合。数据在临界点附近是非线性的。请注意，本例中的数据是通过 ARIMA 模型加上一些随机性创建的。线性模型不适合此处。

我们需要尝试用其他方法对时间序列数据进行建模。对于时间序列数据，我们根据时间顺序创建数据点索引。我们还经常遇到时间序列数据的自相关和季节性等问题。接下来，我们将使用时间序列 ARIMA 模型拟合数据，以此来预测局部平均处理效应（LATE）。

在代码清单 16.6 中，我们将根据收入数据（见 11.3.2.2 节）拟合 ARIMA 模型。通过引入 stats 包，调用 arima() 函数来拟合 ARIMA 模型，此函数具有很多参数。如果我们想对交互效应或其他变量进行建模，就使用 xreg 参数。然后，可以使用 order 参数对 AR 组件、差分组件和 MA 组件进行建模，并使用 seasonal 参数对季节性因素进行建模。我们使用 ts() 函数来构建时间序列数据向量。

代码清单 16.6　ITS 示例的 ARIMA 模型

```
# Interaction effects
IntReg <- cbind(It=(1:200)>100, It.w=((1:200)>100)*(1:100))
basic_interaction <- Arima(ts(its_data$profit, frequency=4), xreg=IntReg,
    order=c(1,1,1), seasonal=c(1,1,1))
summary(basic_interaction)
## Coefficients:
## ar1 ma1 sar1 sma1 It It.w
## -0.1018 0.2905 0.4878 0.2804 2.0008 -0.2670
## s.e. 0.3265 0.3112 0.0907 0.0997 1.3723 1.3841
##
## sigma^2 estimated as 7.698: log likelihood=-473.88
```

```
## AIC=961.76 AICc=962.36 BIC=984.67
##
## Training set error measures:
## ME RMSE MAE MPE MAPE MASE ACF1
## Training set 0.0604637 2.697216 2.135684 3.25818 5.831864 0.07681414
## -0.0004501119

# Calculating the p values for this model
(1-pnorm(abs(basic_interaction$coef)/sqrt(diag(basic_interaction$var.coef))))*2
## ar1 ma1 sar1 sma1 It It.w
## 1.842833e-01 1.909077e-10 7.495600e-08 4.936081e-03 9.318723e-02 8.742326e-08

Lagged Effect Model:

gradual_effect <- Arima(ts(its_data$profit, frequency=4), order = c(1,1,1),
  seasonal=c(1,1,1), xreg=IntReg)

gradual_effect
## Coefficients:
## ar1 ma1 sar1 sma1 It It.w It.lh
## 0.0099 0.0505 0.4970 0.0737 -264.0825 -7.5659 0.4921
## s.e. 0.6493 0.6466 0.1031 0.1150 39.9907 1.6988 0.0736
##
## sigma^2 estimated as 6.148: log likelihood=-450.93
## AIC=917.85 AICc=918.63 BIC=944.04
## Training set error measures:
## ME RMSE MAE MPE MAPE MASE ACF1
## Training set 0.1096493 2.403986 1.801487 2.890285 5.65562 0.06479407 -0.001792034

#Calculating the p values for this model
(1-pnorm(abs(gradual_effect$coef)/sqrt(diag(gradual_effect$var.coef))))*2
## ar1 ma1 sar1 sma1 It It.w It.lh
## 0.0000000 0.0000000 1.417557e-06 5.212685e-01 0.0000000 0.9378504 0.0000000
```

我们拟合的第一个模型有两个附加项——It 和 It.w，一个表示时期，一个表示时期的渐进效果。在第二个模型中，我们添加了另一个附加项，即干预期间的滞后 x 变量。

在第一个模型中，干预的主效应在 1% 的水平下不显著，但干预的渐进效应在 1% 的水平下显著。第二个模型与本示例无关，这里只是用来展示如何在 ARIMA 模型中对滞后效应进行建模。结果显示，滞后效应显著。在这里，我们本不应该使用滞后 x 变量，因为我们无法解释在干预（即 20% 的折扣）立即生效的情况下，为什么模型会具有干预滞后效应。

16.2.3 季节性分解

本节将介绍一种非常有用的技术，即季节性分解，我们曾在 11.4 节中提到过，对于用户数据尤其有用。大部分用户数据具有每日、每周和每年的周期属性。对于用户数据预测来说，将季节性从趋势线中分出来是非常有帮助的。

在 R 中，季节性分解可以通过 stl() 函数来实现。通常，stl() 函数不使用 11.4 节中讨论的技术，而季节性成子序列（比如所有的 12 月份数据）使用 LOESS 平滑。例如，当我们使用参数 s.window ='periodic' 时，平滑处理被均值取代。

在代码清单 16.7 中，我们将 stl() 应用于 ITS 示例中的时间序列数据。这个数据集实际上有四个区间，在前文示例中，我们只使用了第一个区间。图 16.7 所示为这种季节性分解的绘制结果。

代码清单 16.7　季节性分解

```
# Library
library(forecast)

# Seasonality decomposition
arima.stl = stl(ts(its_data$profit, frequency=4), s.window="periodic")

plot(arima.stl, main = "Seasonality Decomposition")
```

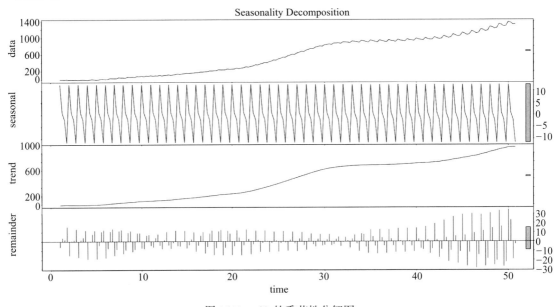

图 16.7　stl() 的季节性分解图

stl() 函数从示例数据中创建 3 个独立的数据组件：季节性组件、趋势组件和其他组件。大多数时候，我们想剔除数据的季节性部分，这样就可以使用趋势线来预测处理前和处理后的效果。季节性分解可能不会消除年度季节性（如果数据量不足）或其他特定于数据的季节性。这里，可能需要参考 11.4 节中涉及的理论，来尝试自己消除一些影响。

16.3　统计匹配

在接下来的两节中，我们将使用 Lalonde 数据集继续探讨第 12 章和第 13 章讨论过的统计匹配和增益建模的实现。

对于这部分实现，我们将使用一些流行的 R 包：Matching、genmoud、uplift、caret 和 stats。只要安装了 R 环境，这些 R 包均可以通过 library() 函数加载。统计匹配主要使用的包是 Matching，它是由 Jasdeep Sekhon 创建的。在增益建模中，我们主要使用的包是 uplift，它是由 Leo Guelman 开发的，能够帮助我们实现增益森林模型和因果推断增益模型。代码清单 16.8 展示了安装和加载包的命令。

代码清单 16.8 加载所需的包

```
# Load the packages needed for this chapter
install.packages(c("Matching", "rgenoud", "uplift", "caret", "skimr"),
  repos='http://cran.us.r-project.org')

## There are binary versions available (and will be installed) but
## the source versions are later:
## binary  source
## Matching 4.8-3.4   4.9-3
## rgenoud   5.7-12 5.8-2.0
## caret     6.0-47  6.0-80
library("Matching")
library("rgenoud")
library("uplift")
library("caret")
library("skimr")
```

首先来看一下 Lalonde 数据集，它包含在 Matching 包中。在代码清单 16.9 中，通过调用 head() 函数，我们给出了 Lalonde 数据集的前六行数据。接下来，通过调用 summary() 函数来看看每个变量的汇总信息。

代码清单 16.9 Lalonde 数据集

```
# Data set
data(lalonde, package = 'Matching')

# The first few rows
head(lalonde)
##   age educ black hisp married nodegr re74 re75      re78 u74 u75 treat
## 1  37   11     1    0       1      1    0    0   9930.05   1   1     1
## 2  22    9     0    1       0      1    0    0   3595.89   1   1     1
## 3  30   12     1    0       0      0    0    0  24909.50   1   1     1
## 4  27   11     1    0       0      1    0    0   7506.15   1   1     1
## 5  33    8     1    0       0      1    0    0    289.79   1   1     1
## 6  22    9     1    0       0      1    0    0   4056.49   1   1     1

# Summary of the data
skimr::skim(lalonde)

## Skim summary statistics
## n obs: 445
```

```
## n variables: 12
##
## __ Variable type:integer _____
## variable missing complete   n    mean    sd p0 p25 p50 p75 p100   hist
##      age       0      445  445  25.37   7.1 17  20  24  28   55  ▆▂▁▁▁
##    black       0      445  445   0.83  0.37  0   1   1   1    1  ▁▁▁▁▇
##     educ       0      445  445   10.2  1.79  3   9  10  11   16  ▁▁▁▇▃
##     hisp       0      445  445  0.088  0.28  0   0   0   0    1  ▇▁▁▁▁
##  married       0      445  445   0.17  0.37  0   0   0   0    1  ▇▁▁▁▂
##   nodegr       0      445  445   0.78  0.41  0   1   1   1    1  ▂▁▁▁▇
##    treat       0      445  445   0.42  0.49  0   0   0   1    1  ▇▁▁▁▆
##      u74       0      445  445   0.73  0.44  0   0   1   1    1  ▃▁▁▁▇
##      u75       0      445  445   0.65  0.48  0   0   1   1    1  ▅▁▁▁▇
##
## __ Variable type:numeric_____
## variable missing complete   n     mean      sd p0 p25     p50      p75    p100
  hist
##     re74       0      445  445  2102.27 5363.58  0   0       0   824.39 39570.7
  ▇▁▁▁▁
##
##     re75       0      445  445  1377.14 3150.96  0   0       0  1220.84 25142.2
  ▇▁▁▁▁
##
##     re78       0      445  445  5300.77 6631.49  0   0 3701.81 8124.72 60307.9
  ▇▃▁▁▁
```

Lalonde 数据集见 13.5.1 节，它是随机实验数据而不是样本数据。尽管我们将对其应用匹配算法，但它通常不是我们想要应用匹配算法的数据集类型，因为它不是样本数据。不过，为了确保在讲解匹配算法和增益模型时使用同一个示例，我们将使用 Lalonde 数据集来查找实验组用户和对照组用户，并进行比较。与 A/B 测试不同，在普通人群中更难实现随机化。因此，在这种情况下，对 Lalonde 数据集进行匹配也是有意义的。

鉴于这是一个实验数据集，我们可以立即计算 ATE。在代码清单 16.10 中，我们计算了就业计划的 ATE。

代码清单 16.10 计算 ATE

```
# ATE
mean(lalonde$re78[lalonde$treat == 1]) -
    mean(lalonde$re78[lalonde$treat == 0])

## [1] 1794.343

median(lalonde$re78[lalonde$treat == 1]) -
    median(lalonde$re78[lalonde$treat == 0])

## [1] 1093.515
```

在开始建模之前，我们需要清理 Lalonde 数据集。代码清单 16.11 创建了模型要用的数据集，数据输出是二元的，用以表示参与者在 1978 年是否有收入。本次干预是他们是否参加了就业计划。更多关于就业计划的介绍请参见 13.5.1 节。

然后，我们开始选择要在模型中使用的特征，并根据模型需求进行修改。本例中样本数据集中的特征包括：（1）年龄（年龄除以年龄中位数或25的虚拟变量）；（2）教育水平（完成学业的年数）；（3）学位（参与者是否完成了高中学业的虚拟变量）；（4）种族；（5）婚姻状况（参与者是否已婚的虚拟变量）；（6）1974年和1975年的收入。

我们还添加了一个虚拟变量，表示参与者在1974年或1975年是否没有收入，并对1974年和1975年的收入取对数。在将这部分数据输入模型前，需要将收入和教育水平归一化。归一化指将数值变量单位进行统一的过程。在代码清单16.11中，我们构建用于建模数据的变量。

代码清单 16.11 构建变量

```
# Fit model with binary outcome (whether participants had income in 1978)
lalonde$outcome_binary <- as.numeric(lalonde$re78 > 0)

# Building the features
lalonde$age_median <- lalonde$age > median(lalonde$age)
lalonde$no_earnings <- lalonde$re75 == 0 | lalonde$re74 == 0
lalonde$log_re74 <- log(lalonde$re74 + 1)
lalonde$log_re75 <- log(lalonde$re75 + 1)

## or with dplyr
library(dplyr)
lalonde <-
    lalonde %>%
    mutate(outcome_binary = as.numeric(lalonde$re78 > 0),
           age_median = age > median(age),
           no_earnings = re75 == 0 | re74 == 0,
           log_re74 = log(re74 + 1),
           log_re75 = log(re75 + 1))

# Z Normalizing function
zVar <- function(var){
  normal <- (var - mean(var)) / sd(var)
  return(normal)
}

lalonde$n_re74 <- zVar(lalonde$log_re74)
lalonde$n_re75 <- zVar(lalonde$log_re75)
lalonde$n_educ <- zVar(lalonde$educ)

## or using built in functions
lalonde$n_re74 <- as.numeric(scale(lalonde$log_re74))
lalonde$n_re75 <- as.numeric(scale(lalonde$log_re75))
lalonde$n_educ <- as.numeric(scale(lalonde$educ))

#ATE for employed
mean(lalonde$outcome_binary[lalonde$treat == 1]) -
    mean(lalonde$outcome_binary[lalonde$treat == 0])
## [1] 0.1106029
```

在代码清单16.12中，我们为后文要讲的匹配模型创建了基本的函数形式（或公式）。需要说明一下，本节的特征选择依赖于拟合模型的常用技术，例如尽可能地创建虚拟变量、归一化数值变量，以及对代码清单16.11中创建的对数正态变量取对数。在构建预测模型或其他类型的模型时，这些技术通常很有用。

代码清单 16.12　模型

```
### Full model
form <- outcome_binary ~ trt(treat) + age_median + n_educ + hisp + black + married +
  nodegr + no_earnings + n_re74 + n_re75

### Smaller model
form2 <- outcome_binary ~ trt(treat) + age_median + n_educ + hisp + married + n_re75
```

本节将介绍两种不同的统计匹配方法——倾向得分匹配和GenMatch匹配（一种用于匹配的进化搜索算法）。我们将运行的第一个模型是倾向得分模型（参见12.2节），它根据用户的倾向得分匹配用户。倾向得分适合用逻辑回归算法预测。然后，我们将使用模型的拟合值，根据分数对用户进行匹配，从而在对照组中寻找看起来像实验组的人。例如，假设实验组中的一个人接受处理的倾向分是0.79，然后我们发现，最接近的对照组用户接受处理的倾向分为0.80。那么，我们可以将这些用户匹配，寻找结果的差异。如果继续在整个数据集上这样做，那么将会得到平均处理效应（ATE）。

在R中，我们使用Match()函数来计算ATE、ATT或ATC，还可以得到预测结果的统计显著性。代码清单16.13实现了倾向得分模型，并针对1978年的收入计算了ATE。

代码清单 16.13　倾向得分模型

```
# Estimate the propensity model

# First, let's define the functional form
form_prop <- as.formula("treat ~ age_median + n_educ + hisp + black + married +
  nodegr + no_earnings + n_re74 + n_re75")

# Fitting a logistic regression model predicting treatment
prop_model <- glm(form_prop, family = binomial, data = lalonde)

# Let's use the Match function to calculate the average treatment effect
# Note that the "M=1" option means one-to-one matching, but
# multiple #users can be matched to the same control.

# Calculate the average treatment effect
match_relationship <- Match(Y = lalonde$outcome_binary, Tr = lalonde$treat,
  X = prop_model$fitted, estimand = "ATE", M = 1)

summary(match_relationship)

##
## Estimate... 0.11535
## AI SE...... 0.049992
```

```
## T-stat..... 2.3073
## p.val...... 0.021039
##
## Original number of observations.............. 445
## Original number of treated obs.............. 185
## Matched number of observations.............. 445
## Matched number of observations (unweighted). 2035
```

根据代码清单 16.13 的运行结果，ATE 估计值为约 11.5%，这是显著的，它随着参与者的匹配而增加。

在拟合倾向得分模型后，我们需要将协变量平衡可视化，以确定该模型是否确实良好。在 12.2.1 节，我们曾讨论过平衡意味着实验组和对照组彼此无法区分。特殊情况下，我们通过它们的均值和分布来判断实验组和对照组的每个特征是否相似。我们可以使用 MatchBalance() 函数来确定这些信息，Match() 函数有 match.out() 参数。MatchBalance 对象打印了统计检验中每个变量的结果 "Before Matching" 列显示了匹配前实验组和对照组的比较情况；"After Matching" 列显示了匹配后实验组和对照组的比较情况。

代码清单 16.14 中显示的打印输出包括比较、eQQ（基于第 14 章中的 Q-Q 图），以及每个变量匹配前后实验组和对照组的累积密度函数（另一个分布比较）均值。它还包括数值变量的 t 检验和分布 KS 检验的结果，通过它们可以确定两个均值或分布是否相同。根据 t 检验和 KS 检验，低 p 值表示均值和分布相同。请注意图 16.8 中根据代码清单 16.14 绘制的特征，你能确定哪里没有达到平衡吗？

代码清单 16.14　Match Balance 输出

```
# We want to check how the covariate balance has changed and plot it.
match_balance <- MatchBalance(form_prop, data=lalonde, match.out = match_
  relationship, nboots = 100)


##
## ***** (V1) age_medianTRUE *****
##                          Before Matching        After Matching
## mean treatment........    0.52432              0.50225
## mean control..........    0.46538              0.50773
## std mean diff.........    11.77                -1.0956
##
## mean raw eQQ diff.....    0.059459             0.007371
## med   raw eQQ diff.....   0                    0
## max   raw eQQ diff.....   1                    1
##
## mean eCDF diff........    0.02947              0.0036855
## med   eCDF diff........   0.02947              0.0036855
## max   eCDF diff........   0.05894              0.007371
##
## var ratio (Tr/Co).....    1.004                1.0002
## T-test p-value........    0.22142              0.81504
##
##
```

```
## ***** (V2) n_educ *****
##                          Before Matching        After Matching
## mean treatment........     0.083945               0.061652
## mean control..........    -0.05973                0.067569
## std mean diff........      12.806                -0.58331
##
## mean raw eQQ diff.....      0.22622                0.044421
## med  raw eQQ diff.....      0                      0
## max  raw eQQ diff.....      1.116                  1.116
##
## mean eCDF diff........      0.028698               0.0056862
## med  eCDF diff........      0.012682               0.0034398
## max  eCDF diff........      0.12651                0.022113
##
## var ratio (Tr/Co).....      1.5513                 1.2525
## T-test p-value........      0.15017                0.89538
## KS Bootstrap p-value..      0.01                   0.23
## KS Naive p-value......      0.062873               0.70228
## KS Statistic.........       0.12651                0.022113
##
##
## ***** (V3) hisp *****
##                          Before Matching        After Matching
## mean treatment........     0.059459               0.075281
## mean control..........     0.10769                0.089888
## std mean diff........     -20.341                -5.5299
##
## mean raw eQQ diff.....      0.048649               0.007371
## med  raw eQQ diff.....      0                      0
## max  raw eQQ diff.....      1                      1
##
## mean eCDF diff........      0.024116               0.0036855
## med  eCDF diff........      0.024116               0.0036855
## max  eCDF diff........      0.048233               0.007371
##
## var ratio (Tr/Co).....      0.58288                0.85094
## T-test p-value........      0.064043               0.11994
##
##
## ***** (V4) black *****
##                          Before Matching        After Matching
## mean treatment........     0.84324                0.83933
## mean control..........     0.82692                0.83933
## std mean diff........      4.4767                 0
##
## mean raw eQQ diff.....      0.016216               0.0039312
## med  raw eQQ diff.....      0                      0
## max  raw eQQ diff.....      1                      1
##
## mean eCDF diff........      0.0081601              0.0019656
## med  eCDF diff........      0.0081601              0.0019656
```

```
## max   eCDF diff........     0.01632         0.0039312
##
## var ratio (Tr/Co).....     0.92503              1
## T-test p-value........     0.64736              1
##
##
## ***** (V5) married *****
##                        Before Matching     After Matching
## mean treatment........     0.18919         0.17303
## mean control.........     0.15385         0.16303
## std mean diff........     8.9995           2.642
##
## mean raw eQQ diff.....    0.037838        0.002457
## med  raw eQQ diff.....        0               0
## max  raw eQQ diff.....        1               1
##
## mean eCDF diff........    0.017672        0.0012285
## med  eCDF diff........    0.017672        0.0012285
## max  eCDF diff........    0.035343        0.002457
##
## var ratio (Tr/Co).....     1.1802          1.0487
## T-test p-value........     0.33425         0.63625
##
##
## ***** (V6) nodegr *****
##                        Before Matching     After Matching
## mean treatment........     0.70811         0.75843
## mean control.........     0.83462         0.76742
## std mean diff........    -27.751          -2.0976
##
## mean raw eQQ diff.....    0.12432         0.0044226
## med  raw eQQ diff.....        0               0
## max  raw eQQ diff.....        1               1
##
## mean eCDF diff........    0.063254        0.0022113
## med  eCDF diff........    0.063254        0.0022113
## max  eCDF diff........    0.12651         0.0044226
##
## var ratio (Tr/Co).....     1.4998          1.0265
## T-test p-value........    0.0020368        0.49285
##
##
## ***** (V7) no_earningsTRUE *****
##                        Before Matching     After Matching
## mean treatment........     0.71892         0.75955
## mean control.........     0.77692         0.76778
## std mean diff........    -12.868          -1.9246
##
## mean raw eQQ diff.....    0.054054        0.002457
## med  raw eQQ diff.....        0               0
## max  raw eQQ diff.....        1               1
```

```
##
## mean eCDF diff........    0.029002          0.0012285
## med  eCDF diff........    0.029002          0.0012285
## max  eCDF diff........    0.058004          0.002457
##
## var ratio (Tr/Co).....     1.1678            1.0244
## T-test p-value........    0.16849           0.72005
##
##
## ***** (V8) n_re74 *****
##                       Before Matching    After Matching
## mean treatment........    0.050829          0.02376
## mean control..........   -0.036167         -0.036084
## std mean diff.........     8.5079            5.8291
##
## mean raw eQQ diff.....    0.096692          0.017754
## med  raw eQQ diff.....        0                 0
## max  raw eQQ diff.....      1.887             1.887
##
## mean eCDF diff........    0.019223          0.006249
## med  eCDF diff........     0.0158           0.0058968
## max  eCDF diff........    0.047089          0.014742
##
## var ratio (Tr/Co).....     1.0798            1.0944
## T-test p-value........    0.36951           0.27748
## KS Bootstrap p-value..      0.61              0.14
## KS Naive p-value......    0.97023           0.97987
## KS Statistic..........    0.047089          0.014742
##
##
## ***** (V9) n_re75 *****
##                       Before Matching    After Matching
## mean treatment........    0.10609          -0.024267
## mean control..........   -0.075484         -0.015784
## std mean diff.........     17.578           -0.84561
##
## mean raw eQQ diff.....    0.1893            0.012719
## med  raw eQQ diff.....        0                 0
## max  raw eQQ diff.....     1.8277            1.3657
##
## mean eCDF diff........    0.050834          0.0066403
## med  eCDF diff........    0.061954          0.007371
## max  eCDF diff........    0.10748           0.015233
##
## var ratio (Tr/Co).....     1.132             1.0407
## T-test p-value........    0.061767          0.84965
## KS Bootstrap p-value..      0.03              0.13
## KS Naive p-value......    0.16449           0.97224
## KS Statistic..........    0.10748           0.015233
##
##
```

```
## Before Matching Minimum p.value: 0.0020368
## Variable Name(s): nodegr  Number(s): 6
##
## After Matching Minimum p.value: 0.11994
## Variable Name(s): hisp  Number(s): 3
```

16.3.1 绘制平衡结果

本节将使用 Mark Huberty 创建的函数（见附录）来绘制 MatchBalance() 函数的结果。MatchBalance() 函数从 MatchBalance 对象中获取结果并将其放入图形中，图中绘制了 t 检验和 KS 检验的 p 值。匹配前的 t 检验用较深的阴影点表示，匹配后的 t 检验用三角形表示。匹配前的 KS 检验用较浅的阴影点表示，匹配后的 KS 检验用菱形表示。我们希望看到任何变量的三角形和菱形部不低于 10% 水平。图 16.8 绘制了倾向得分模型的匹配平衡结果。

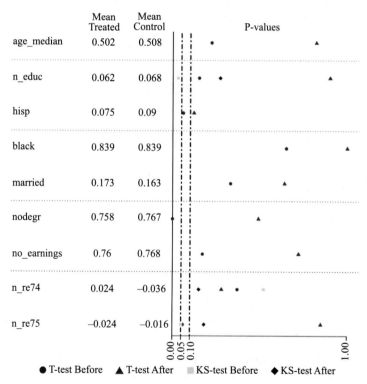

图 16.8　Lalonde 示例的匹配平衡结果

根据 MatchBalance() 函数，我们可以判断所选取的观察变量是否能够与倾向得分模型取得平衡。在匹配之前，我们无法通过几个变量［比如教育水平、种族、学位（nodegr）和 1974 年的收入等］实现平衡。对倾向得分进行匹配后，我们能够在所有变量特征上实现平衡。很多时候，即使使用倾向得分模型也无法实现平衡，因此另一个潜在的策略是尝试使用卡尺进行匹配。

16.3.2　卡尺匹配

回忆一下 12.2.3 节，你可能还记得卡尺限制了实验组参与者和对照组参与者之间倾向得分的差异量。例如，假设一个实验组用户的倾向得分为 0.1，最接近的对照组用户的倾向得分为 0.50，那么我们无法真正匹配这两个用户，因为他们差得太多了。然而，在当前模型中，我们正在匹配这些用户。卡尺将限制两个用户倾向得分之间的距离，这个模型将舍弃不能密切匹配的用户。

在这里，我们将卡尺设置为 0.05 的标准差。根据基础分布，我们会将匹配限制在相似用户上。要在 R 中运行，我们需要在 Match() 函数中添加 caliper 参数。代码清单 16.15 显示了基于卡尺匹配的 ATE。

代码清单 16.15　卡尺匹配

```r
# Rematch the model with a caliper so that scores equal to or less than
# 0.05 standard deviation of each covariate are dropped
match_caliper <- Match(Y = lalonde$outcome_binary, estimand = "ATE",
  Tr = lalonde$treat, X = prop_model$fitted, M = 1, caliper = .05)

summary(match_caliper)

##
## Estimate...  0.11575
## AI SE......  0.048587
## T-stat.....  2.3824
## p.val......  0.017202
##
## Original number of observations..............  445
## Original number of treated obs..............  185
## Matched number of observations..............  424
## Matched number of observations  (unweighted).  2005
##
## Caliper (SDs).....................................  0.05
## Number of obs dropped by 'exact' or 'caliper'  21

# Calculating match balance
caliper_bal <- MatchBalance(form_prop, data = lalonde, match.out = match_caliper,
  nboots = 100, print.level = 0)

# We need to define the covariates to include when we plot
covariates <- cbind(lalonde$age_median, lalonde$n_educ, lalonde$hisp, lalonde$black,
  lalonde$married, lalonde$nodegr, lalonde$no_earnings, lalonde$n_re74, lalonde$n_
  re75)
colnames(covariates) <- c("age_median", "n_educ", "hisp", "black", "married",
  "nodegr", "no_earnings", "n_re74", "n_re75")

# Plotting result; plot.pval is in the appendix
plot.pval(colnames(covariates), caliper_bal, legend = TRUE)
```

在这个例子中，卡尺匹配迫使我们舍弃了 21 个样本数据，这些数据没有相当的实验组用户或控制组用户。图 16.9 所示为通过卡尺方法绘制的新图，可以看到我们再次实现了平衡。

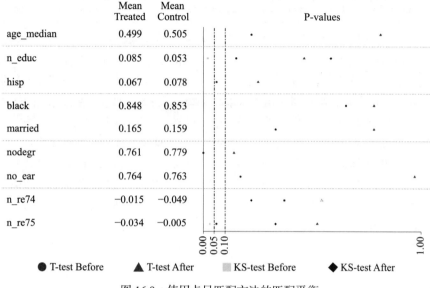

图 16.9 使用卡尺匹配方法的匹配平衡

16.3.3 GenMatch()

本节将尝试使用 GenMatch 函数来创建平衡数据集。在 12.3.1 节，我们曾介绍过为什么要处理倾向得分模型中的不平衡问题。GenMatch() 通过计算合适权重，以此在每个变量上实现实验组和对照组之间的平衡。另外，我们需要创建一个协变量矩阵 BalanceMat，并在此矩阵上实现平衡。GenMatch() 在计算合适权重的过程中会为每次计算都提供输出信息，所以结果打印出来会比较长。

之前也提到，GenMatch() 是一种计算量极大的算法，因此我们需要关注一下数据集的大小。数据集最好控制在 1000 用户以下。如代码清单 16.16 所示，GenMatch() 函数在处理给定的数据集。

代码清单 16.16 运行 GenMatch()

```
# Setting the seed
set.seed(101)

# Balance Matrix
balance_mat <- cbind(lalonde$age_median, lalonde$n_educ, lalonde$hisp,
  lalonde$married, lalonde$n_re75, lalonde$nodegr)

## or with dplyr
balance_mat <-
  lalonde %>%
  dyplr::select(age_median, n_educ, hisp, married, n_re75, nodegr) %>%
  as.matrix()
```

```
# Call genmatch
genout <- GenMatch(Tr = lalonde$treat, X = covariates, BalanceMatrix = balance_mat,
    estimand = "ATE", M = 1, pop.size = 16, max.generations = 10, wait.generations = 1)
```

GenMatch() 函数执行完成后，计算出了最佳权重。接下来，我们来看它是如何影响 ATE 的，如图 16.10 所示。代码清单 16.17 显示了使用 GenMatch 算法匹配 Lalonde 数据集后的 ATE。

代码清单 16.17 的运行结果显示，ATE 从约 11.5% 下降到约 10%，与匹配的数据集相比略有下降。我们可以在实验组和对照组之间取得平衡。在 KS 检验下，我们发现 GenMatch 模型比倾向得分模型效果更好。在倾向得分模型中，对于变量 1974 年的收入，匹配后的 p 值为 0.13，但在 GenMatch 模型中，匹配后的 p 值约为 0.25。这样，我们又取得了平衡。

如果无法取得平衡，那么可能处理效果不是因果关系或我们没有正确设计实验。通常来说，GenMatch 模型比倾向得分模型效果更好，但在数据集过大的情况下并不适用。不管使用的匹配算法的质量如何，只要数据集中存在核心缺陷，匹配算法将不起作用。例如，如果实验组用户没有考虑覆盖范围，那么我们对用户的匹配将无效，小范围分组可能有覆盖范围，所以匹配是没问题的。覆盖意味着存在强大的选择效应，并且没有对照组用户看起来像实验组用户。

代码清单 16.17　GenMatch ATE

```
# Now that GenMatch() has found the optimal weights, let's estimate
# our causal effect of interest using those weights
#
Genmatch_out <- Match(Y = lalonde$outcome_binary, Tr = lalonde$treat, X = covariates
    estimand = "ATE", Weight.matrix = genout)
summary(Genmatch_out)

##
## Estimate...  0.10164
## AI SE......  0.049571
## T-stat.....  2.0504
## p.val......  0.040323
##
## Original number of observations.............  445
## Original number of treated obs..............  185
## Matched number of observations..............  445
## Matched number of observations  (unweighted). 1996


# Let's determine if balance has actually been obtained on the variables of
    interest
#
match_gen <- MatchBalance(form_prop, data = lalonde,
                          match.out = Genmatch_out, nboots = 500,
                          print.level = 0)


# Plot the match balance outcome
plot.pval(colnames(covariates), match_gen, legend=TRUE)
```

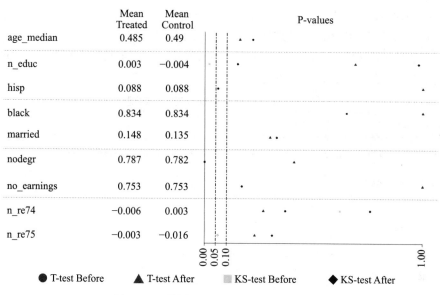

图 16.10 使用 GenMatch 的匹配平衡结果

不过，在那种情况下，我们至少可以确定主要的混杂变量。例如，如果我们发现"教育水平"是一个混杂变量，那么可以基于教育水平对样本进行分层（或按队列限制参与者的教育水平方差）或确保参与者在教育水平方面是真随机，这样就可以在下一次实验中尝试纠正。16.4 节将根据第 13 章的讲解继续介绍增益建模技术。

16.4 增益建模

本节将回顾确定处理对人口亚群的影响的技术。我们将继续使用 Lalonde 数据集展示如何计算增益和子组异质处理效应。需要强调的是，在实践中，我们不应该对相同数据同时应用统计匹配和增益建模技术，因为它们使用的数据类型通常是不一样的。增益建模适用于实验数据，而统计匹配适用于样本数据。

16.4.1 差分响应模型

本节将参考第 13 章的结构展开讲解。我们将用 R 实现四种类型的增益模型：（1）差分响应模型；（2）交互模型；（3）因果条件推断森林；（4）增益森林。

我们将使用差分响应模型预估增益。正如我们在 13.5.3 节中讨论的那样，差分响应模型通常不是预估增益的最佳方法，但它能帮助读者了解实现原理，以及与其他方法的差异。我们假设实验组和对照组都可以用相同函数形式的逻辑回归建模。在差分响应模型中，我们使用以下步骤：

1. 分别用处理组数据和对照组数据进行建模。

2. 根据处理组模型和对照组模型，获取完整数据集预测结果。

3. 从对照组预测结果中减去处理组预测结果，预估增益。

在代码清单 16.18 中，我们按照上述步骤进行实现。从结果来看，对总体增益的预估还不错，但是对子组效果的预估可能不是很准确。

代码清单 16.18　差分响应模型实现

```
# Two-model solution (simple)
# Treated model
treatment <- glm(form, family = binomial, data = lalonde, subset = treat == 1)

# Control model
control <- glm(form, family=binomial, data=lalonde, subset = lalonde$treat == 0)

# Calculating uplift
uplift_glm <- cbind(
  predict(treatment, newdata=lalonde, type="response"),
  predict(control, newdata=lalonde, type="response"))
  colnames(uplift_glm) <- c("treat_model", "control_model")
  model1 <- cbind(lalonde, uplift_glm)

# Predicted average treatment effect
model1$uplift <- model1$treat_model - model1$control_model
mean(model1$uplift)
## [1] 0.1045998

median(model1$uplift)
## [1] 0.06561073
```

平均预测增益为约 10.5%，增益中位数为约 6.6%。接下来，我们来看这个模型在随机抽样用户的数据上是如何预测增益的（见代码清单 16.19）。通过查看个体案例，我们可以了解模型如何工作。

代码清单 16.19　个体用户增益

```
# Sample users
set.seed(101)
sample_uplift <- sample(nrow(model1), 5)
model1[sample_uplift,]
```

##	age	educ	black	hisp	married	nodegr	re74	re75	re78	u74	u75
## 166	19	10	0	0	0	1	0.00	5324.11	13829.60	1	0
## 20	26	12	1	0	0	0	0.00	0.00	10747.40	1	1
## 315	25	10	1	0	1	1	0.00	0.00	0.00	1	1
## 291	33	11	1	0	0	1	0.00	0.00	0.00	1	1
## 111	20	9	1	0	0	1	6083.99	0.00	8881.67	0	1

##	treat	outcome	outcome_binary	age_median	no_earnings	log_re74
## 166	1	[74.3,25142.2]	1	0	1	0.00000
## 20	1	0.0	1	1	1	0.00000
## 315	0	0.0	0	1	1	0.00000

```
## 291        0         0.0          0          1          1  0.00000
## 111        1         0.0          1          0          1  8.71358
##      log_re75    n_re74      n_re75     n_educ treat_model control_model
## 166 8.580189 -0.5971577  1.5708308 -0.1090919   0.9877164    0.6741084
## 20  0.000000 -0.5971577 -0.7209076  1.0069053   0.7310072    0.6107346
## 315 0.000000 -0.5971577 -0.7209076 -0.1090919   0.7720531    0.5517217
## 291 0.000000 -0.5971577 -0.7209076  0.4489067   0.5876612    0.5618551
## 111 0.000000  1.6979470 -0.7209076 -0.6670904   0.4679087    0.6853267
##        uplift
## 166  0.31360800
## 20   0.12027256
## 315  0.22033143
## 291  0.02580618
## 111 -0.21741795
## or the dplyr way
## sample_n(model1, size=5)
```

结果显示，预测的个体处理效果差异比较大，差异范围从约 –31% 到约 22%。

16.4.2　交互模型

13.5.4 节曾介绍过交互模型是增益建模的另一种方法，它与逻辑回归一起应用。其实现步骤如下：

1. 创建一个模型，模型中预测变量与干预变量相互作用。

2. 分别对实验组模型和对照组模型进行拟合。

3. 从对照组的预测结果中减去实验组的预测结果，从而计算增益。

假设实验组为 1，对照组为 0，我们来计算效果。交互效应其实就是指干预行为如何影响预测变量。然后，从对照组预测结果中减去实验组预测结果，这样就可以预估出数据集的增益。代码清单 16.20 实现了交互模型。

代码清单 16.20　交互模型实现

```
# Interaction model, logistic regression
set.seed(101)

form_int <- outcome_binary ~ age_median + n_educ + hisp + black +
  married + nodegr + n_re74 + n_re75 + treat*age_median + treat*n_educ + treat*hisp +
  treat*black + treat*married + treat*nodegr + treat*n_re74 + treat*n_re75

interaction_md <- glm(form_int, family=binomial, data=lalonde)

summary(interaction_md)

##
## Call:
## glm(formula = form_int, family = binomial, data = lalonde)
##
## Deviance Residuals:
```

```
##      Min      1Q  Median      3Q     Max
## -2.2518 -1.3004  0.6614  0.9454  1.7129
##
## Coefficients:
##                    Estimate Std. Error z value Pr(>|z|)
## (Intercept)         1.81258    0.72408   2.503  0.01230 *
## treat               0.65674    1.13926   0.576  0.56430
## age_median         -0.16917    0.28783  -0.588  0.55670
## n_educ             -0.07650    0.19246  -0.397  0.69101
## hisp               -0.07571    0.82443  -0.092  0.92683
## black              -1.05700    0.66533  -1.589  0.11213
## married            -0.11194    0.39019  -0.287  0.77419
## nodegr             -0.23625    0.45349  -0.521  0.60240
## n_re74              0.43241    0.21843   1.980  0.04774 *
## n_re75             -0.25560    0.21636  -1.181  0.23747
## treat:age_median   -0.17018    0.47914  -0.355  0.72246
## treat:n_educ        0.01032    0.28235   0.037  0.97085
## treat:hisp         14.63231  686.74896   0.021  0.98300
## treat:black         0.12404    1.03436   0.120  0.90454
## treat:married       1.02582    0.69198   1.482  0.13823
## treat:nodegr       -0.41435    0.71095  -0.583  0.56002
## treat:n_re74       -1.30460    0.43954  -2.968  0.00300 **
## treat:n_re75        1.16248    0.44977   2.585  0.00975 **
## ---
## Signif. codes:  0 '***' 0.001 '**' 0.01 '*' 0.05 '.' 0.1 ' ' 1
##
## (Dispersion parameter for binomial family taken to be 1)
##
##     Null deviance: 549.47  on 444  degrees of freedom
## Residual deviance: 509.37  on 427  degrees of freedom
## AIC: 545.37
##
## Number of Fisher scoring iterations: 15
# Build a treat model
lalonde_treat <- lalonde
lalonde_treat$treat <- 1
treat_prediction <- predict(interaction_md, lalonde_treat, type = "response")

# Build a control model
lalonde_control <- lalonde
lalonde_control$treat <- 0
control_prediction <- predict(interaction_md, lalonde_control, type = "response")

# Predicted uplift
mean(treat_prediction - control_prediction)
## [1] 0.1035318

## or with dplyr
lalonde %>%
  mutate(treat_old = treat) %>%
```

```
mutate(treat = 1) %>%
mutate(pred_treat = predict(interaction_md, ., type = "response")) %>%
mutate(treat = 0) %>%
mutate(pred_control = predict(interaction_md, ., type = "response")) %>%
mutate(difference = pred_treat - pred_control) %>%
dplyr::summarize(mean(difference))
```

请注意，运行交互模型代码时，可能会收到警告：prediction from a rank-deficient fit may be misleading，这是因为交互建模涉及的项非常多，在模型拟合过程中，我们没有提供足够多的样本数据。这对于拟合涉及大量参数的交互模型是一个问题，我们需要提供更多的数据，模型才能生效。对于给定的数据来说，交互模型可能不是最好的拟合方法，不过如果数据多一些的话，交互模型可能会工作得很好。

以下是使用该模型的一些优势：

❑ 只需构建一个模型；

❑ 有助于理解变量是如何影响增益预测结果的（当有许多交互效应时，可能不是太好理解）；

❑ 逻辑回归易于理解。

我们可以像 8.3.3 节中介绍逻辑回归一样，对这些系数一一进行解释。从模型来看，1974 年的收入是显著的，并且与干预变量的交互效应也是显著的，显著性水平为 5%（参考其他已发表的学术文章，这是学术界公认的标准，不过越来越多的人倾向于采用更低的标准）。模型预测的平均增益约为 10.3%。

16.4.3 节将拟合因果条件推断森林和增益森林模型（参见第 13 章）。

16.4.3　因果条件推断森林和增益森林模型

本节将回顾增益树模型、因果条件推断森林（Causal Conditional Inference Forest，CCIF）和增益森林，我们曾在 13.5.6.2 节中详细讨论过。在 R 中，这些模型的实现都需要用到 uplift 包。接下来，我们将通过 Qini 系数（参见 13.5.6.7 节）对这些模型进行比较。

接下来，我们将添加一个模型验证组件。这不会涉及更复杂的方法，只是将数据简单地划分为训练集和测试集。我们曾在 8.4 节详细地介绍了交叉验证方法。在这里，我们用一种简单的方式评估模型质量，即将 80% 的数据用于训练，将 20% 的数据用于测试。然后，我们将比较因果条件推断森林模型和增益森林模型。

你可能还记得，CCIF 树模型有额外的标准，用于纠正过拟合和协变量有多次拆分时的选择偏差。增益森林模型是一种随机森林模型，它对于增益建模有特殊的拆分标准。

在代码清单 16.21 中，我们拟合了模型，然后预测实验组和对照组中每个参与者在 1978 年有工作的概率。在代码中，我们可以引入 caret 包，通过 createDataPartition() 函数来创建训练数据集和测试数据集。接下来，我们使用 uplift 包中的 ccif() 函数来运行 CCIF 模型。我们还可以更改 ccif 函数中的参数，如数据拆分次数、p 值等。这里，我们将演示具体过程，不过你也可以使用交叉验证来寻找模型的最佳超参数。

代码清单 16.21 因果条件推断森林实现

```
# Set random seed
set.seed(78)

#Load libraries
library('rsample')

# Create a training set and a test set
a <- createDataPartition(lalonde$outcome_binary, p = 0.8, list = FALSE)
training <- lalonde[a, ]
test <- lalonde[-a, ]

library(rsample)
data_split <- initial_split(data = lalonde, prop = 0.8)
training <- analysis(data_split)
test <- assessment(data_split)

### Fit causal conditional inference tree model
ccif_training <- ccif(formula = form,
                      data = training,
                      ntree = 100,
                      split_method = "KL",
                      distribution = approximate (nresample = 999),
                      pvalue = 0.1,
                      verbose = TRUE)

pred <- predict(ccif_training, test)
```

一旦运行了模型，我们就可以在测试数据集上评估模型的性能。在代码清单 16.22 中，我们首先按五分位数绘制了增益，然后使用增量增益曲线将增益森林模型与 CCIF 模型进行比较。我们还计算了 Qini 系数，即相对随机目标模型的改进。

代码清单 16.22 评估模型性能

```
### Evaluate model performance
perf <- performance(pred[, 1], pred[, 2], test$outcome_binary, test$treat,
  direction = 1, groups = 5)

## ggplot of quintiles
ggplot(data.frame(perf[, c("group", "uplift")]), aes(x = group, y = uplift)) +
  geom_line() +
  labs(title = 'Uplift Quintile Results, Causal Conditional Inference Forest Model',
  x= "Quintiles", y='Uplift') +
  theme(plot.title=element_text(hjust=0.5))

Q <- qini(perf, plotit=TRUE, main="Causal Conditional Inference Forest Model versus
  Random Targeting")

Q #Qini Object Output


## $Qini
## [1] 0.03466893
```

```
##
## $inc.gains
## [1] 0.1205433 0.1618563 0.1561969 0.1154499 0.1686474
##
## $random.inc.gains
## [1] 0.03372949 0.06745897 0.10118846 0.13491794 0.16864743
```

五分位图假设有五个独立的子组（按预估的增益从大到小进行排序）。每个组的增益值其实是每个实验子组和对照子组之间的实际差异。图 16.11 所示为五分位数的增益绘制结果。图 16.12 所示为 CCIF 模型的增量增益曲线（相对随机目标模型的改进）。由此，我们将计算 Qini 系数（参见 13.5.6.7 节）。

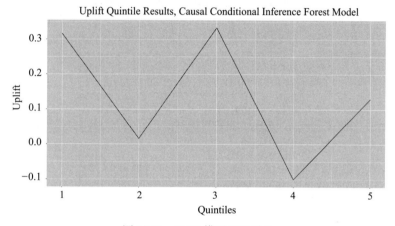

图 16.11　CCIF 模型子组增益

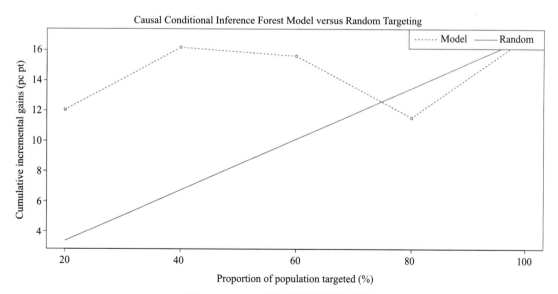

图 16.12　CCIF 模型的增量增益曲线

注意

本节中的结果可能会因随机种子不同、安装的 R 版本不同而不同。最好的方法是使用自举样本（bootstrap sample），为了简化用法，本节先不考虑这些。生成结果的 R 版本是 3.5.3。

CCIF 模型的 Qini 系数为 0.035。我们将其与增益森林模型的 Qini 系数进行比较。注意，0.035 是基于随机种子计算出的。要复现此处显示的结果，请使用相同的随机种子。

在代码清单 16.23 中，我们将 CCIF 模型与普通随机森林增益模型进行比较，看看 CCIF 模型是否确实更适合该数据集。图 16.13 所示为子组增益。图 16.14 所示为该模型的增量增益曲线。我们也计算了该模型的 Qini 系数。

代码清单 16.23　随机森林增益模型实现

```
# Setting the seed
set.seed(78)
### Fit upliftRF model
RF_training <- upliftRF(form,
                        data = training,
                        mtry = 3,
                        ntree = 100,
                        split_method = "KL",
                        minsplit = 3,
                        verbose = TRUE)


pred_RF <- predict(RF_training, test)


### Evaluate model performance
perf_RF <- performance(pred_RF[, 1], pred_RF[, 2], test$outcome_binary, test$treat,
  direction = 1, groups = 5)


## ggplot of quintiles
ggplot(data.frame(perf_RF[, c("group", "uplift")]), aes(x=group, y=uplift))
  + geom_line() +
  labs(title = 'Uplift Quintile Results, Random Forest Model', x= "Quintiles",
  y='Uplift') +
  theme(plot.title=element_text(hjust=0.5))


Q_RF <- qini(perf_RF, plotit = TRUE, main="Random Forest Model versus Random
  Targeting")


# Qini object output
Q_RF


## $Qini
## [1] 0.00450481
##
## $inc.gains
## [1] -0.07583475  0.08262592  0.18845501  0.10979061  0.16864743
##
## $random.inc.gains
## [1] 0.03372949 0.06745897 0.10118846 0.13491794 0.16864743
```

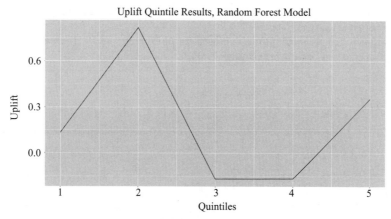

图 16.13　随机森林增益模型子组增益

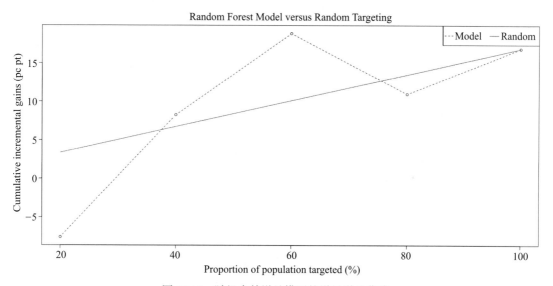

图 16.14　随机森林增益模型的增量增益曲线

该模型的 Qini 系数为 0.0045。这个值远远低于 CCIF 模型的 Qini 系数。由此可知，我们应选择 CCIF 模型而不是随机森林增益模型。

在代码清单 16.24 中，我们将两个模型绘制在一张图中，这样就可以将两者进行比较。图 16.15 所示为两个模型在五个五分位数上的增量增益。

代码清单 16.24　绘制模型

```
# Plot models

comparison_frame <- data.frame(incremental_gains = c(Q$inc.gains*100, Q_RF$inc.
  gains*100, Q$random.inc.gains*100), model = as.factor(rep(c("CCIF", "UForest",
  "Random"), each = 5)), quintiles = rep(1:5, 3))

# Incremental gains curves
```

```
ggplot(comparison_frame, aes(x = quintiles, y = incremental_gains, group = model)) +
  geom_line(aes(linetype = model)) +
  labs(title = "Incremental Gains Curves", x='Quintiles', y = 'Incremental Gains')+
  theme(plot.title=element_text(hjust=0.5))
```

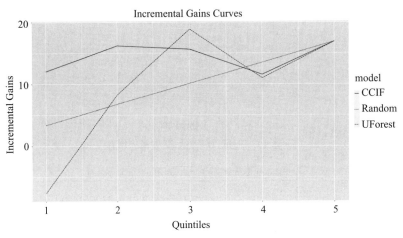

图 16.15　CCIF 模型和随机森林模型的增量增益曲线

我们试着理解一下模型中的特征。先来看模型中的主要子组（已婚、西班牙裔和其他人）。在第 13 章，我们做了很多分析，并按组计算了异质处理效应（见图 13.3）。

我们知道在给定测试集的情况下，CCIF 模型比增益森林模型要好。现在，我们可以在完整数据集上运行更好的模型（CCIF 模型），以便确定变量的重要性。

通过绘制变量重要性图，可以判断哪些特征可以帮助我们预测增益。在代码清单 16.25 中，我们为 CCIF 模型计算了变量重要性，并将结果绘制在图 16.16 中。

代码清单 16.25　为 CCIF 模型计算变量重要性

```
# Set the seed
set.seed(78)

#Causal conditional inference model on the full data set
ccif1 <- ccif(formula = form2,
              data = lalonde,
              ntree = 100,
              split_method = "KL",
              distribution = approximate(nresample = 999),
              pvalue = 0.1,
              verbose = TRUE)



summary(ccif1)

## $importance
##        var    rel.imp
```

```
## 1     n_educ 54.305408
## 2      n_re75 26.064842
## 3     married 12.864070
## 4 age_median  4.575095
## 5        hisp  2.190585
## $ntree
## [1] 100
##
## $mtry
## [1] 2
##
## $split_method
## [1] "KL"
```

```
# Variable importance
varImportance(ccif1, plotit = TRUE, normalize = TRUE, main="Relative Importance of
  Variables, CCIF Model")
```

```
# Adjusted net information value
niv_out <- niv(form2, data = lalonde, main="Adjusted Net Information of Variables,
  CCIF Model")
niv_out
```

```
## $niv_val
##               niv penalty adj_niv
## age_median  1.799  0.8711  0.9279
## n_educ     15.287  4.5315 10.7555
## hisp       10.734  2.0018  8.7322
## married     5.140  1.4209  3.7191
## n_re75     16.727  6.8211  9.9059
```

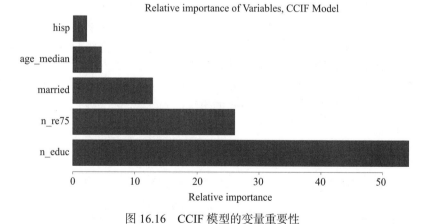

图 16.16 CCIF 模型的变量重要性

　　图 16.17 所示为 CCIF 模型各变量调整后的净信息值。净信息值决定了每个变量对增益
的预测能力。可以看到，种族、教育水平、婚姻状况和 1975 年以前的收入是可以帮助我们

定位的重要特征。我们在图 13.1 中展示了它们的影响。

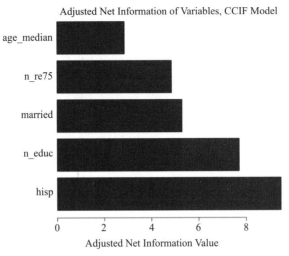

图 16.17　CCIF 模型各变量调整后的净信息值

在 uplift 包中，还有一个 ModelProfile() 函数。它可以将用户群拆解为目标群体。在这里，我们不做过多介绍。

16.5　总结

本章用 R 实现了第 10 ～ 12 章中介绍过的统计匹配、增益建模和人口预测技术。我们还使用 Lalonde 数据集实现了统计匹配。另外，我们还介绍了如何检查和绘制匹配平衡结果，如何创建匹配的对照组，以及匹配后如何计算 ATE。

除此之外，我们还实现了增益建模技术，介绍了第 13 章中涉及的所有模型：差分响应模型、交互模型、增益森林模型和因果条件推断森林模型。虽然我们已经讨论过这些知识的核心部分，但 R 的用法比我们在书中介绍的要多得多。要想有一个好的学习起点，建议多看看 R 包中的 uplift、caret 和 MASS，以及第 14 章和第 15 章中介绍过的 R 包。读者还可以找一些更高阶的书，更深入地实践自己的想法。

附录

代码清单 16.26 中使用了 plot.pval() 函数，它可以绘制变量之间的匹配平衡情况。

代码清单 16.26　匹配平衡

```
# Match balance
# This function was created by Mark Huberty at UC Berkeley

plot.pval <- function(covariates, bal.out, title=NULL, legend,legendx=0.15,lege
```

```
ndy=2.2, textsize=0.9, parcex=0.8, at1=-0.35, at2=-0.15, at3=-0.9,xlim1=-0.85) {

balanceMat <- function(cov, mbresults){

  # Calculate the number of covariates
  n <- ifelse(class(covariates)=="matrix", dim(covariates)[2], length(covariates))

  # Determine how the covariate names are provided, and then grab them
  if(class(covariates)=="matrix") rnames <- dimnames(covariates)[[2]]
  if(class(covariates)=="character") rnames <- covariates

  # Construct the matrix of statistics from the MatchBalance data and
attach it to the covariate names
  z <- t(sapply(1:n, function(x){
    c(rnames[x],
      round(bal.out$AfterMatching[[x]]$mean.Tr,3),
      round(bal.out$AfterMatching[[x]]$mean.Co,3),
      round(bal.out$BeforeMatching[[x]]$tt$p.value,2),
      round(bal.out$AfterMatching[[x]]$tt$p.value,2),
      round(bal.out$BeforeMatching[[x]]$tt$statistic,2),
      round(bal.out$AfterMatching[[x]]$tt$statistic,2),
      ifelse(is.null(bal.out$BeforeMatching[[x]]$ks$ks.boot.pvalue) ==
                0,round(bal.out$BeforeMatching[[x]]$ks$ks.boot.pvalue,2),
                NA),
      ifelse(is.null(bal.out$AfterMatching[[x]]$ks$ks.boot.pvalue) ==
                0, round(bal.out$AfterMatching[[x]]$ks$ks.boot.pvalue,2),
                NA))
  }))
  z <- as.data.frame(z)
  # return(z)

  z[,2:9] <- apply(z[,2:9], 2, function(x){as.numeric(x)})
  mat <- z[,2:9]

  # Apply the correct column names
  names(mat)<- c("Mean Tr.",
                "Mean Con.",
                "BM t p-value",
                "AM t p-value",
                "BM t stat",
                "AM t stat",
                "BM KS p-value",
                "AM KS p-value")
  # Apply the correct row names
  dimnames(mat)[[1]] <- z[,1]
  mat
}


# Take the function above and apply it to the data supplied in the command
results <- balanceMat(covariates, bal.out)
```

```r
# Set values of different parameters
xlim = c(xlim1,1); pchset = c(21,24,22,23); pchcolset = c("blue","red", "yellow",
  "darkgreen")

# Set margins and letter size
par(cex=parcex, mai = c(0.5, 0.35, 1.1, 0.35))

# Set number of rows
ny = nrow(results)

# Create the empty figure
if(!is.null(title)) plot(x=NULL,axes=F, xlim=xlim, ylim=c(1,ny),xlab="",ylab="",
  main=title)
if(is.null(title))   plot(x=NULL,axes=F, xlim=xlim, ylim=c(1,ny),xlab="",ylab="")

# Add the 0, 0.05, and 0.1 vertical lines
abline(v=c(0,0.05,0.1),lty=c(1,4,4), lwd=c(1,2,2))
axis(side=1,at=c(0,0.05,0.1,1),tick=TRUE, las=2, cex.axis=0.7)
# Add labels on top of the three areas of the graph
axis(side=3,at=at1,labels="Mean\nTreated",tick=FALSE, padj=0.5,cex.axis=textsize)
axis(side=3,at=at2,labels="Mean\nControl",tick=FALSE, padj=0.5,cex.axis=textsize)
axis(side=3,at=0.5,labels="P-values",tick=FALSE, padj=0.5,cex.axis=textsize)

# Fill the figure with the information which is inside the 'results' matrix
## Add the p values of the t statistics as points
for(i in 3:4) points(results[,i],ny:1, pch = pchset[i-3+1], col = pchcolset[i-3+1],
  bg = pchcolset[i-3+1])

## Add the p values of the KS statistics as points
for(i in 7:8) points(results[,i],ny:1, pch = pchset[i-5+1], col = pchcolset[i-5+1],
  bg = pchcolset[i-5+1])

# Second, add each variable name and the means for treated and control
for(i in 1:ny) {
  text(at3,ny-i+1,dimnames(results)[[1]][i],adj = 0,cex=textsize)
                                          # variable name
  text(at1,ny-i+1,results[i,1], cex=textsize)    # treatment mean
  text(at2,ny-i+1,results[i,2], cex=textsize)    # control mean
}

# Add dotted horizontal lines every two variables to make it prettier
for(i in seq(2,by=2,length.out=floor((ny-1)/2))) abline(h = i+0.5, lty = 3)

# Add legend
if(legend) legend(x=-1,y=-1, c(colnames(results)[3:4], colnames(results)[7:8]),
  pch=pchset, pt.bg = pchcolset, cex=0.8, ncol=2, xpd=NA)
}
```

参 考 文 献

Aberson, Christopher. *Applied Power Analysis for Behavioral Science.* New York: Routledge, 2010.

Andersen, Hanne, and Hepburn, Brian. "The Scientific Method." In *The Stanford Encyclopedia of Philosophy*, edited by Edward Zalta. 2015. https://plato.stanford.edu/cite.html.

Angrist, Joshua, and Evans, William. "Children and Their Parent's Labor Supply: Evidence from Exogenous Variation in Family Size." *American Economic Review,* 88 (1988), 450–477.

Angrist, Joshua, and Krueger, Alan. "Empirical Strategies in Labor Economics." *Handbook of Labor Economics,* Vol. 3A, edited by Orley Ashenfelter and David Card. North Holland: Elsevier, 1999.

Angrist, Joshua, and Pischke, Jörn-Steffen. *Mostly Harmless Econometrics: An Empiricist's Companion.* Princeton, NJ: Princeton University Press, 2008.

Applegate, David, Bixby, Robert, Chvátal, Vasek, and Cook, William. *The Traveling Salesman Problem.* Princeton, NJ: Princeton University Press, 2006.

Ashcraft, Adam, Fernández-Val, Ivan, and Lang, Kevin. "The Consequences of Teenage Childbearing: Consistent Estimates When Abortion Makes Miscarriage Nonrandom." *Economic Journal, 123,* no. 571 (2013): 875–905.

Ashenfelter, Orley, Levine, Phillip, and Zimmerman, David. *Statistics and Econometrics: Methods and Applications.* Danvers, MA: Wiley, 2006.

Bates, Douglas, and Watts, Donald G. *Nonlinear Regression Analysis and Its Applications.* New York: Wiley, 1988.

Bhaskaran, Krishnan, et al. "Time Series Regression Studies in Environmental Epidemiology." *International Journal of Epidemiology* 42, no. 4 (2013): 1187–1195. https://doi.org/10.1093/ije/dyt092.

Breiman, Leo. "Bagging Predictors." *Machine Learning* 24 (1996): 123–140.

Breiman, Leo. "Random Forests." *Machine Learning* 45, no. 1 (2001): 5–32.

Breiman, Leo, Friedman, Jerome, Olshen, Richard, and Stone, Charles. *Classification and Regression Trees.* Boca Raton, FL: Chapman and Hall, 1984.

Caraballo, Ralph, Shafer, Paul, Patel, Deesha, Davis, Kevin, and McAfee, Timothy. "Quit Methods Used by US Adult Cigarette Smokers, 2014–2016." *Preventing Chronic Disease* 14 (2017): E32.

Card, David, and Krueger, Alan. "Minimum Wages and Employment: A Case Study of the Fast-Food Industry in New Jersey and Pennsylvania." *American Economic Review* 84, no. 4 (1994): 772–793.

Casella, George, and Berger, Roger. *Statistical Inference.* Belmont: Duxbury, 2002.

Centers for Disease Control. *How Tobacco Smoke Causes Disease: The Biology and Behavioral Basis for Smoking-Attributable Disease: A Report of the Surgeon General.* Atlanta, GA: U.S. Department of Health and Human Services, 2010.

Chaiton, Michael, Diemert, Lori, Cohen, Joanna, et al. "Estimating the Number of Quit Attempts It Takes to Quit Smoking Successfully in a Longitudinal Cohort of Smokers." *BMJ Open,* 6, no. 6 (2016).

Chambliss, Daniel. *Making Sense of the Social World: Methods of Investigation.* Los Angeles: Sage, 2016.

Copeland, Jack. "The Turing Test." *Minds and Machines* 10, no. 4 (2000): 519–539.

Crevier, Daniel. *AI: The Tumultuous Search for Artificial Intelligence.* New York: BasicBooks, 1993.

Dehejia, Rajeev, and Wahba, Sadek. "Causal Effects in Non-experimental Studies: Reevaluating the Evaluation of Training Programs." *Journal of the American Statistical Association* 94, no. 448 (December 1999): 1053–1062.

Dehejia, Rajeev, and Wahba, Sadek. "Propensity Score Matching Methods for Non-experimental Causal Studies." *Review of Economics and Statistics* 84 (February 2002): 151–161.

Fearon, James, and Laitin, David. "Ethnicity, Insurgency, and Civil War." *American Political Science Review* 97, no. 1 (2003): 75–90.

Ferster, Charles, and Skinner, B. F. *Schedules of Reinforcement.* New York: Appleton-Century-Crofts, 1957.

Fiore, M. C., Bailey, W. C., and Cohen, S. J. *Treating Tobacco Use and Dependence (Clinical Practice Guideline).* Rockville, MD: U.S. Department of Health Human Services, Public Health Service, 2000.

Fisher, Ronald. *The Design of Experiments.* Edinburgh: Oliver & Boyd, 1935.

Fogg, B. J. "A Behavior Model for Persuasive Design." In *Proceedings of the 4th international Conference on Persuasive Technology,* ACM, 2009, p. 40.

Fogg, B. J. *Persuasive Technology: Using Computers to Change What We Think and Do (Interactive Technology).* San Francisco: Morgan Kaufmann Publishers, 2003.

Geisser, Seymour. *Predictive Inference.* New York: Chapman and Hall, 1993.

Giddens, Anthony, Duneier, Mitchel, Appelbaum, Richard, and Carr, Deborah. *Introduction to Sociology.* New York: W. W. Norton, 2009.

Guelman, Leo, Guillen, Montserret, and Perez-Marin, Ana. "Optimal Personalized Treatment Rules for Marketing Interventions: A Review of Methods, a New Proposal, and an Insurance Case Study." *UB Risk Center Working Papers Series,* 2014.

Guelman, Leo, Guillen, Montserret, and Perez-Marin, Ana. "Uplift Random Forests." *Cybernetics & Systems* 46, no. 3 (2015): 230–248.

Hastie, Trevor, Tibshirani, Robert, and Friedman, Jerome. *The Elements of Statistical Learning.* New York: Springer, 2009.

Henke, Nicolaus, Bughin, Jacques, Chui, Michael, Manyika, James, Saleh, Tamin, Wiseman, Bill, and Sethupathy, Guru. *The Age of Analytics: Competing in a Data-Driven World.* McKinsey Global Institute, 2003. https://www.mckinsey.com/business-functions/mckinsey-analytics/our-insights/the-age-of-analytics-competing-in-a-data-driven-world. Accessed June 6, 2018.

Hill, Austin Bradford. "The Environment and Disease: Association or Causation?" *Proceedings of the Royal Society of Medicine* 58, no. 5 (1965): 295–300.

Höfler, Michael. "The Bradford Hill Considerations on Causality: A Counterfactual Perspective?" *Emerging Themes in Epidemiology* 2, no. 1 (2005): 2–11.

Holton, Gerald. *Thematic Origins of Scientific Thought, Kepler to Einstein.* Cambridge. MA: Harvard University Press, 1988.

Hosmer, David, Lemeshow, Stanley, and May, Susanne. *Applied Survival Analysis.* Hoboken, NJ: Wiley & Sons, 2008.

Johnston, James, and Pennypacker, Henry. *Readings for Strategies and Tactics of Behavioral Research* (2nd ed.). Hillsdale, NJ: Erlbaum, 1993.

Kahneman, Daniel, Knetsch, Jack, and Thaler, Richard. "Experimental Tests of the Endowment Effect and the Coase Theorem." *Journal of Political Economy* 98 (1990): 1325–1348.

Kahneman, Daniel, Knetsch, Jack, and Thaler, Richard. "Fairness and the Assumptions of Economics." *Journal of Business* 59 (1986): S285–S300.

Kahneman, Daniel, Knetsch, Jack, and Thaler, Richard. "The Endowment Effect, Loss Aversion, and Status Quo Bias." *Journal of Economic Perspectives* 5 (1991): 193–206.

Keyfitz, Nathan, and Caswell, Hal. *Applied Mathematical Demography.* New York: Springer, 2005.

LaLonde, Robert. "Evaluating the Econometric Evaluations of Training Programs." *American Economic Review* 76 (1986): 604–620.

Lange, Paul, Kruglanski, Arie, and Higgins, Tory. *Handbook of Theories of Social Psychology: Collection: Volumes 1 & 2.* London: Sage, 2011.

Leatherdale, Scott. "Natural Experiment Methodology for Research: A Review of How Different Methods Can Support Real-World Research." *International Journal of Social Research Methodology* 22, no. 1 (2019): 19–35.

Lehmann, Erich, and Romano, Joseph. *Testing Statistical Hypotheses* (3rd ed.). New York: Springer, 2005.

Lemmens, Valery, Oenema, Anke, Knut, Knut-Inge, and Brug, Johannes. "Effectiveness of Smoking Cessation Interventions Among Adults: A Systematic Review of Reviews." *European Journal of Cancer Prevention* 17, no. 6 (2008): 535–544.

Lo, Victor. "The True Lift Model: A Novel Data Mining Approach to Response Modeling in Database Marketing." *SIGKDD Explorations* 4, no. 2 (2002): 78–86.

Maji, Subhransu, and Malik, Jitendra. *Fast and Accurate Digit Classification.* Technical Report UCB/EECS-2009-159. Berkeley, CA: EECS Department, University of California, Berkeley, November 2009.

Manyika, James, Chui, Michael, Brown, Brad, Bughin, Jacques, Dobbs, Richard, Roxburg, Charles, and Byers, Angela. *Big Data: The Next Frontier for Innovation, Competition, and Productivity.* McKinsey Global Institute, 2011. https://www.mckinsey.com/business-functions/digital-mckinsey/our-insights/big-data-the-next-frontier-for-innovation. Accessed June 6, 2018.

Matloff, Norman. *The Art of R Programming: A Tour of Statistical Software Design.* San Francisco: No Starch Press, 2011.

McCrary, Justin. "Manipulation of the Running Variable in the Regression Discontinuity Design:

A Density Test," *Journal of Econometrics* 142, no. 2 (2008): 698–714.

Miller, Rupert. *Survival Analysis*. New York: John Wiley & Sons, 1997.

Norcross, John, Mrykalo, Matthew, and Blagys, Marci. "Auld Lang Syne: Success Predictors, Change Processes, and Self-Reported Outcomes of New Year's Resolvers and Non-resolvers." *Journal of Clinical Psychology* 58, no. 4 (2002): 397–405.

Oakes, Michael. *Statistical Inference: A Commentary for the Social and Behavioural Sciences*. New York: Wiley, 1986.

O'Neil, Cathy. *Weapons of Math Destruction: How Big Data Increases Inequality and Threatens Democracy*. New York: Crown Publishers, 2016.

Phillips, Carl, and Goodman, Karen. "Causal Criteria and Counterfactuals: Nothing More (or Less) Than Scientific Common Sense?" *Emerging Themes in Epidemiology* 3, no. 1 (2006): 3–5.

Popper, Karl. "Conjectures and Refutations." In *Readings in the Philosophy of Science*, edited by Theodore Schick. Mountain View, CA: Mayfield, 1963.

Powers, Daniel, and Xie, Yu. *Statistical Methods for Categorical Analysis*. San Diego: Academic Press, 2000.

Prochaska, James, and Velicer, Wayne. "The Transtheoretical Model of Health Behavior Change." *American Journal of Health Promotion* 12, no. 1 (1997): 38–48.

Radcliffe, Nicholas. "Hillstrom's Mine That Data Email Analytics Challenge: An Approach Using Uplift Modelling." *Stochastic Solutions Limited* 1 (2008): 1–19.

Radcliffe, Nicholas. "Using Control Groups to Target on Predicted Lift: Building and Assessing Uplift Models." *Direct Marketing Journal* 1 (2007): 14–21.

Radcliffe, Nicholas, and Surry, Patrick. "Real-World Uplift Modelling with Significance Based Uplift Trees." White Paper TR-2011-1. *Stochastic Solutions*, 2011.

Reinhart, Alex. *Statistics Done Wrong: The Woefully Incomplete Guide*. San Francisco: No Starch Press, 2015.

Rogers, Everett. *Diffusion of Innovation* (5th ed.). New York: Simon and Schuster, 2003.

Rosen, Laura, Galili, Tal, Kott, Jeffrey, Goodman, Mark, and Freedman, Laurence. "Diminishing Benefit of Smoking Cessation Medications During the First Year: A Meta-Analysis of Randomized Controlled Trials." *Addiction* 113, no. 5 (2018): 805–816.

Rosenbaum, Paul. "The Case-Only Odds Ratio as a Causal Parameter." *Biometrics* 60 (2004): 233–240.

Rosenbaum, Paul, and Rubin, Donald. "Assessing Sensitivity to an Unobserved Binary Covariate in an Observational Study with Binary Outcome." *Journal of the Royal Statistical Society* B45 (1983): 212–218.

Rosenbaum, Paul, and Rubin, Donald. "Reducing Bias in Observational Studies Using Subclassification on the Propensity Score." *Journal of the American Statistical Association* 79 (1984): 516–524.

Rosenbaum, Paul, and Rubin, Donald. "The Central Role of the Propensity Score in Observational Studies for Causal Effects." *Biometrika* 70 (1983): 41–55.

Rubin, Donald. "Estimating Causal Effects of Treatments in Randomized and Nonrandomized Studies." *Journal of Educational Psychology*, 66, no. 5 (1974): 688–701.

Rubin, Donald. *Matched Sampling for Causal Effects*. Cambridge, UK: Cambridge University Press, 2006.

Rzepakowski, Piotr, and Jaroszewicz, Szymon. "Decision Trees for Uplift Modeling with Single and Multiple Treatments." *Knowledge and Information Systems* 32, no. 2 (2012): 303–327.

Sekhon, Jasdeep. "Multivariate and Propensity Score Matching Software with Automated Balance Optimization: The Matching Package for R." *Journal of Statistical Software* 42, no. 7 (2011): 1–52.

Shumway, Robert H., and Stoffer, David S. *Time Series Analysis and Its Applications: With R Examples*. New York: Springer, 2006.

Soltys, Michal, Jaroszewicz, Szymon, and Rzepakowski, Piotr. "Ensemble Methods for Uplift Modeling." *Data Mining and Knowledge Discovery* 29, no. 6 (2015): 1531–1559.

Su, Xiaogang, Kang, Joseph, Fan, Juanjuan, Levine, Richard, and Yan, Xin. "Facilitating Score and Causal Inference Trees for Large Observational Studies." *Journal of Machine Learning Research* 13 (2012): 2955–2994.

Su, Xiaogang, Tsai, Chih-Ling, Wang, Hansheng, Nickerson, David, and Li, Bogong. "Subgroup Analysis via Recursive Partitioning." *Journal of Machine Learning Research* 10 (2009): 141–158.

Thaler, Richard, and Sunstein, Cass. *Nudge: Improving Decisions About Health, Wealth, and Happiness*. New Haven, CT: Yale University Press, 2008.

Valente, Thomas, and Rogers, Everett. "The Origins and Development of the Diffusion of Innovations Paradigm as an Example of Scientific Growth." *Science Communication* 16, no. 3 (1995): 242–273.

Vigen, Tyler. "Spurious Correlations." http://tylervigen.com/spurious-correlations. Accessed June 21, 2018.

Wachter, Kenneth. *Essential Demographic Methods*. Cambridge, MA: Harvard University Press, 2004.

Wheelan, Charles J. *Naked Statistics: Stripping the Dread from the Data*. New York: W. W. Norton, 2013.

Wickham, Hadley. *Advanced R*. Boca Raton, FL: CRC Press, 2015.

Wooldridge, Jeffrey. *Introductory Econometrics: A Modern Approach* (5th international ed.). Mason, OH: South-Western, 2013.

Yeung, See. "Hypernudge: Big Data as a Mode of Regulation by Design." *Information Communication & Society* 20, no. 1 (May 2016): 118–136.

Ziman, John. *Real Science: What It Is, and What It Means*. Cambridge, UK: Cambridge University Press, 2000.

后　记

在学术界，我始终坚信"真理"隐藏在学科与学科之间，而不是单独存在于某一独立学科。这也是我写作此书的目的，通过融合定性工具和定量工具，探索"真理"。另外，我们总是专注于万物之间单一的联系，而不是结合人类行为的整体理论，导致我们在人类行为方面的探索进展微乎其微。

在社会科学的背景下，学术论文往往试图表明 X 导致 Y。我觉得人们将社会过程想得太简单了。社会过程并不遵循这种线性方程式的格式，而是一种更复杂的、多维的、循环的关系。例如，Y 也可能通过 Z 和 T 影响 X，X 可能与 Z 相关，但不通过 Y。根据科学方法探索社会过程，这便是我想写这本书的主要原因。我非常向往"宇宙社交理论"，在那里我们可以使用各种工具来验证这些理论。不应该只有自然科学家拥有复杂的、整体性的世界理论。

你可能已经注意到，本书还依赖于各个领域的工具。有些书籍在讲解过程中反复使用为数不多的工具，因为它们源于同一学科，我不是很赞同这种做法。在我看来，某些学科的方法论都是在按照预定路径发展，而不是从实际出发。在这本书中，没有什么是孤立存在的，本书引用的工具涉及多个学科，包括计算机科学、社会学、心理学、统计学和经济学等。工具来自哪个学科并不重要，重要的是它能解决你的问题。一旦开始探索，使用这些工具也仅仅就是一个开始。几乎所有学科都有适合探索的工具。

不要局限于当前的"数据科学"。社会科学探索是无止境的。理解用户行为通常非常困难，以至于我们需要广泛引入多个学科的工具包来理解和建模这种复杂的行为。

本书的目标是为读者提供理解 Web 环境中用户行为的最新工具的概览。本书有两个核心要点：

❑ 当尝试了解用户行为时，定性工具和定量工具集成使用的重要性。理论、基线和指标的开发依赖于概念化的定性想法。许多所谓的定量指标实际上是定性的，因为它们没有明确的规则和定义，非常随意。并非所有定性指标的定义都是相同的。我们需要付出更多的努力来开发定性技术。如果没有直观的定性基线，定量指标可能毫无意义，甚至具有欺骗性。

❑ 对人类行为建模时，因果推断的重要性。预测只能揭示一小部分潜在的"实践洞见"。大部分的洞见都依赖于因果关系推断，仅仅依靠人们每天创建的 2.5×10^{18} 字节的数据是无法形成的。想想这意味着什么？我们得努力优化行为改变的因果推断工具，同时需要了解这些工具的局限性，并正确使用预测方法。

从社会学概念开发技术到统计匹配，虽然本书涵盖了各种工具，但是如果要回答关于用户行为的一些最困难的因果问题，这些工具是远远不够的。如果设计正确，其中一些问题可能是可以回答的，但要想回答所有的问题，这几乎是不可能的。

人类不会随机化自己的行为，因此大多数社交数据都是观察样本。虽然互联网时代为简单的 A/B 测试提供了一些很好的实践机会，并帮助我们收集了大量的样本数据，但它并没有让因果分析变得更简单。

数千年来，人们一直在对社交行为中的关系进行理论化，但这些理论很难被验证。在实践中，根据样本数据进行因果推断既是一门科学，也是一门艺术。在没有创新设计或 A/B 测试的情况下，想验证效果几乎是不可能的。这样的世界更美好。如果因果关系很容易表现出来，那么人类行为将是可预测的、简单的、无趣的。

为探索这些简单问题，促进不同工具包的集成，并揭示主要的分析错误，本书提供了一个框架。最后，我想探讨一些这个领域悬而未决的问题。当前世界数据丰富，它引入的问题远比回答的问题要多得多。我们已经了解了一些基础知识，但这里还有一些问题依然需要考虑：

❑ 在用户数据无限（或接近无限）的世界中，预测的极限是什么？人类行为能否被完美（或接近完美）预测？这是两个非常有趣的问题，涉及近年来机器学习（Machine Learning，ML）和人工智能（Artificial Intelligence，AI）发展的核心。人工智能正在向很多领域发展，从针对疾病治疗开处方到预测犯罪。如果预测存在严格的限制，那么这些信息需要被理解和归档，以防因在使用过程中被忽视导致出错。在这个过程中，我们错了多少？某些人只是偏离了预测的规范吗？我们的数据有多大偏差？即使有好的数据，是否也有我们永远无法预测的事情？

❑ 人类行为改变的极限是什么？因果推断对改变人类行为真的有用吗？我们理解某事发生的原因，但这并不总是意味着我们可以轻松地改变它，或可以预测改变它的后果。我们对人一生中的行为变化知之甚少。行为改变什么时候发生，多久发生一次？对某些人来说，行为改变是不是比其他人更难？

❑ 我们是否在使用数据来扼杀创造力？许多公司仅仅关注行为改变的短期评估。例如，我们根据用户是否观看了推荐的电影来评估推荐系统。然而，如果推荐的每部电影都是恐怖电影的话，用户在看过其中几部电影后，就会感到无聊，然后离开。预测可以促进用户进行一些习惯性的动作，但这些行为并不能反映他们的真实想法或天生的创造力。这对创新产品来说有多大影响？创造力对人类有益。能够预测未来并自认为很擅长但实际上不擅长，是一件危险的事情。

❑ Web 产品有多容易让人沉迷，哪些人会沉迷？通过增加产品的黏性，我们正在使某些用户对某些行为上瘾。这些用户是谁？长期来看，对人们的生活有哪些影响？

❑ 最后，网络行为和互动如何影响一个人的现实生活和心理状态？互联网使我们能够与更大的世界互动。在网上，用户通常会选择同类人组成的回音室，也可能会与在现实生活中不太可能遇到的人（如在国外的人、不同年龄的人）互动。这如何影响自我认知、动机和现实生活中的行为？对于用户在互联网上的社交互动与现实生活中的互动有何不同？我们知之甚少。

这些问题可能永远不会得到回答，但这些问题可以指导我们更好地了解用户甚至更多的群体。

社会科学从来没有确定一种主要的工具包，因为社交行为没有办法简单地得到验证，尤其是不能随机化的复杂行为。整本书都在阐述这一点。社会过程是多维的、开放的、模糊的结果，其特点是信息不完整、具有数以百万计的潜在因果联系。它们非常难量化和建模。但当前的世界允许我们随机化、跟踪小的行为变化，也允许我们改变环境。因此，其中一些问题的答案几乎在我们的掌握之中，我们可以在理解人类行为及其因果关系方面取得进展。